07

한국의 경제발전과 사회변화

조영준 편

한국의 경제발전과 사회변화

초판1쇄 인쇄 2025년 12월 24일
초판1쇄 발행 2025년 12월 31일

편저자 조영준
발행인 노현철
발행처 도서출판 해남

출판등록 1995. 5. 10 제 1-1885호
주 소 서울특별시 마포구 마포대로8길 9 영명빌딩 405호
전 화 739-4822
팩 스 720-4823
이 메 일 haenamin30@naver.com
홈페이지 www.hpub.co.kr

ISBN 978-89-6238-211-2 93320

이 저서는 2021년 대한민국 교육부와 한국학중앙연구원(한국학진흥사업단)을 통해 K학술확산연구소사업의 지원을 받아 수행된 연구임(AKS-2021-KDA-1250002).

머리말

대한민국 건국 직후의 국민총생산(GNP)은 대략 17억 7,000달러 수준으로 추계된 바 있다(네이산 보고서). 그로부터 70여 년이 경과한 2021년, 한국의 경제 규모는 약 1조 8,000만 달러로 세계 10위이다(국제통화기금). 한국의 국내총생산(GDP)은 2,000조 원을 초과하게 되었으며, 1인당 국민총소득(GNI)도 4,000만 원을 넘어섰다(한국은행). 한국전쟁으로 인한 폐허 속에서 우방국의 원조 없이는 연명하기 어려울 정도로 가난하였던 나라가, 경제협력개발기구(OECD)의 개발원조위원회(DAC) 멤버로서 공적개발원조(ODA)의 중견 공여국으로 발돋움하였다. 정치제도의 발전과 시민 사회의 성숙까지 이루었고, 전 세계의 대중문화를 선도하는 역량까지 갖추게 되었다.

한국경제의 드라마틱하고 기적적인 성장에 대해 전 세계의 무수한 나라가 주목하였고, 성공 사례를 설명하기 위한 연구 역시 끊임없이 이루어졌다. 국내외의 쟁쟁한 학자들도 연구에 참여하였으며, 한국의 경험을 해외에 전파하기 위한 노력 역시 경주된 바 있다. 서울대학교 한국경제와 K학술확산 연구센터(소장 조영준)는 한국의 경제발전에 관한 연구를 심화하고, 성과의 확산을 촉진하기 위하여 2021년부터 다양한 노력을 하였다. 이 책은 그러한 노력의 결실 중의 하나이다.

한국경제가 눈부신 성장을 이룩한 역사는 국가와 시장, 기업과 산업,

그리고 인적자본과 사회문화라는 다양한 측면이 서로 얽히고 영향을 주고받는 가운데 빠른 속도로 전개된 복합적 변동의 결과물이었다. 경제 성장의 과정을 살피기 위해서는 해방 이후의 대한민국 시기만 고찰하는 것으로는 부족하며, 장기적인 관점에서 역사적 경로가 어떠하였는지를 확인할 필요도 있다.

조선 후기의 재정 기반이 어떤 식의 제도적 변동을 경험하였는지를 비롯하여, 식민지기와 해방 후를 거쳐 고도성장기, 그리고 21세기 사회적 전환에 이르기까지, 여러 측면에서의 변동이 실현된 양상을 구체적으로 고찰해야 한다. 한국 사회가 압축된 시간 속에서 근대국가의 형성, 자본 축적, 산업화, 인적자본의 확대, 그리고 국제정치적 환경 변화에 능동적으로 대응하는 과정 등을 경험하였기 때문이다.

이러한 과정은 단일한 원인으로 설명될 수 없으며, 거시적 고찰이나 정책 평가를 비롯하여 미시적 탐구에 이르기까지 다차원적인 스케일(scale)을 통해 들여다볼 필요가 있다. 이 책에서 재정과 제도의 축적, 자본시장의 형성, 산업정책과 기업 전략, 인구와 교육, 문화와 심리 등 다양한 요인을 중층적으로 다루게 된 이유이다. 이 책에서는 역사적 전환의 과정을 학제적으로 조망하고자 하였으며, 전체 총 3부로 구성하였고, 각 부에는 네 편의 논문이 수록되어 있다.

제1부에서는 국가와 시장의 관계에 주목하여 재정능력과 자본형성, 금융 및 산업정책의 전개를 분석하였다. 제2부에서는 기업과 산업을 중심으로 경제개발기 산업화 과정과 위기 이후의 구조 변화를 탐구하였다. 마지막으로 제3부에서는 인적자본과 사회문화적 요인을 통해 경제발전의 심층적 토대를 살펴보았다. 각 부는 독립적인 연구들을 모았지만, 전체적으

로는 한국 사회의 장기적 구조 변동을 입체적으로 드러내는 하나의 학술적 내러티브를 이루게끔 하였다.

제1부에서는 근대 이후 국가의 재정능력과 자본형성, 그리고 이를 둘러싼 금융·산업 정책의 변화를 통해 한국 경제발전의 제도적 기반을 탐구하였다. 제1장에서는 19세기부터 20세기 후반까지의 재정능력 형성 과정을 면밀히 추적하였다. 19세기 말 조선의 재정능력은 1800년경보다 하락한 것으로 추정되며, 개항 이후 대한제국 정부는 재정능력의 증대를 시도하였으나 제도적 기반이 취약하여 재정능력 함정에서 벗어나지 못하였다. 그러나 보호국 전락 이후부터 집중적인 투자가 이루어지면서 1906년부터 토지조사사업이 완료될 때까지 재정능력의 상승이 시작되었고, 식민지기 말에는 총독부의 재정능력이 식민지 초기에 비해 현저히 증가하였다. 비록 완전한 탈출은 이루지 못하였지만, 해방 이후 고도성장기인 1970년대에 이르러 한국은 조세부담률의 비약적 증가와 재정자율성 확보를 통해 대내외 신용에 필요한 재정적 기반을 마련하며 본격적으로 재정능력 함정에서 벗어났다. 이러한 변화는 식민지기의 유산, 1950년대 말 원조정책의 급변, 국방 수요의 급증, 재정능력에 대한 지속적 투자, 그리고 납세자 협력을 가능케 한 제도적 기반이 결합된 결과였다.

제2장에서는 식민지기와 해방 이후 국가 주도의 자본형성 과정을 수량적으로 고찰하였다. 식민지기 후반과 해방 이후 고도성장기에 재정투융자는 급격히 확대되었으며, 이는 정부저축 증대와 차관 도입, 그리고 민간저축 동원을 통해 재정투융자의 재량권을 강화하는 방향으로 전개되었다. 이러한 과정은 식민지기의 흐름을 일정 부분 이어받았지만, 해방 이후에는 독자적인 조직과 재량권의 확보, 그리고 자본형성의 용도 변화(사회간접

자본 중심은 불변이지만 농수산업 부문에서 광공업 부문으로 비중 이동)를 통해 새로운 국면을 맞이하였다.

제3장에서는 이러한 재정·자본의 제도적 기반 위에서 전시 경제기 금융시장의 성격을 분석하였다. 제2차 세계대전기 조선의 주식시장은 군수기업의 자금 조달과 저축 동원의 정책적 기구로 기능하였다. 조선거래소는 국영기관으로 개편되어 조선의 군수기업 주식을 주요 종목으로 거래하였으며, 시국주식으로서 배당과 주가 안정이 보장되었다. 비상시에도 거래소는 일사분란하게 운영되었고, 조선증권거래소는 주식거래뿐만 아니라 인수 업무를 포함한 발행기구로서 역할을 담당하였다. 해방 이후 군수기업 주식의 대부분은 국가 소유로 전환되어 사회간접자본으로 흡수되었고, 증권거래소 창립의 주역이 된 인적 기반 역시 이 시기의 경험을 바탕으로 형성되었다. 이러한 전시기의 제도와 경험은 1962년 증권거래법 제정 이전까지 한국 증권거래 제도의 중요한 준거로 작용하였다.

제4장에서는 1970년대 중화학공업 육성정책을 평가하였다. 중화학공업 육성정책은 산업구조를 전환하여 수출 주도 성장을 심화시키려는 전략으로, 금융 배분이 핵심 정책 수단이었다. 국민투자기금 설치와 해외 차관 도입을 통해 기업들이 경쟁적 규모의 생산시설을 확보할 수 있도록 지원하였고, 이는 1980년대 정책 종료 이후에도 기업이 자력으로 시설을 확장할 수 있는 기반이 되었다. 낮은 금융비용과 높은 타인자본 비율은 기업성장에 결정적으로 기여하였으며, 생산성 추계 결과 중화학공업 부문이 경공업보다 높은 생산성 증가율을 기록하였다는 점은 정책의 실효성을 뒷받침한다.

제2부에서는 국가 정책의 틀 속에서 기업과 산업이 어떻게 성장하고

구조 변화를 겪었는지를 고찰하였다. 제5장에서는 1970년대 삼성의 조선업 참여 과정을 통해 국가와 기업의 역동적 관계를 구체적으로 분석하였다. 삼성은 통영 안정조선소 건설 포기와 거제도 죽도조선소 인수 과정에서 정부 정책과 합작회사 일본 이시카와지마 하리마중공업(IHI)의 이해관계 사이에서 신중하게 움직였으며, 적극적 위험 감수보다는 정부 정책의 방향을 추종하면서도 영리를 극대화하는 전략을 취하였다. 이는 경제개발기 대기업의 행태가 단순한 정책 수용을 넘어 복합적인 대응 전략에 기반하였음을 보여 준다.

제6장에서는 해방 이후 석유산업의 성립과 에너지 전환 과정을 통해 산업정책의 진화와 국제적 요인을 탐구하였다. 1950년대부터 시작된 정유소 건설 노력은 군사정권기에 본격화되었고, 미국 원조 당국의 자금 투입 거부 속에서 메이저 정유사와의 합작이 실현되면서 1960년대 중반 정유산업이 성립되었다. 메이저들은 과잉 원유의 소비처로 신흥공업국인 한국을 주목하였고, 한국 정부는 석유 배급 통제를 철폐하고 민간기업 진입을 허용하여 경쟁구조를 형성함으로써 고도성장의 에너지 기반을 마련하였다. 이러한 과정은 국가 주도의 산업정책과 국제경제 환경이 교차하는 지점에서 이루어졌다.

제7장에서는 벨만 방정식과 3차원 시각화를 활용하여 정유산업 발전의 연속성을 분석하였다. 중화학공업화는 기술 축적과 인력 양성뿐 아니라 공장 건설, 장비 구매, 안전관리, 원자재 공급 등 광범위한 기반을 필요로 하였으며, 울산 정유공장의 사례는 정부 정책 이전부터 민간 부문에서 이미 기초가 구축되고 있었음을 보여 준다. 이는 산업화가 단일한 정책의 산물이 아니라, 축적된 경험과 기반 위에서 전개된 과정이었음을 잘

보여 준다.

제8장에서는 아시아 금융위기 이후 한국경제의 총요소생산성(TFP) 상승률 변화를 기업 데이터를 통해 분석하였다. 위기 이후 시장의 경쟁기능을 강화하는 정책이 효과를 발휘하면서 TFP가 상승하였으며, 특히 국제경쟁환경에 노출된 제조업 부문에서 그 상승폭이 컸다. 상장기업은 위기의 영향을 상대적으로 덜 받았지만, 비상장기업의 생산성은 위기 이후 뚜렷이 상승하였다. 또한 생산성이 높은 기업이 퇴출되는 역선택 현상이 관찰되어, 향후 이를 개선하기 위한 구조개혁의 필요성도 제기된다.

제3부에서는 인구, 교육, 심리와 문화 등 경제발전의 사회적 기반과 그 장기적 변동을 조명하였다. 제9장에서는 1960-1990년간 한국 여성 초중등교육의 확대 과정을 분석하였다. 초기에는 남성 위주로 교육이 확대되었으나, 이후 여성 교육이 팽창하며 성별 교육격차가 해소되었다. 여성 노동시장 여건 변화보다는 교육이 혼인에 미치는 영향, 여학교 및 여교사 공급 확대 등이 여성 교육 확산에 중요한 역할을 하였으며, 이는 한국 사회의 인적자본 축적구조에 근본적인 변화를 가져왔다.

제10장에서는 2000-2020년 지역 간 인구 불균형 확대의 인구학적 요인을 분석하였다. 이 기간 동안 시군구 간 인구 불균등 정도는 크게 확대되었으며, 그 주된 요인은 하위 시군구의 상대적 인구 감소, 특히 20-39세 인구의 이동률 차이였다. 이는 소규모 지자체 수 증가와 고령화 지자체의 확대로 이어졌으며, 출산율이나 사망률보다는 인구 이동이 불균형 확대의 핵심 요인으로 작용하였다.

제11장에서는 인지-동기 모델을 활용하여 20세기 후반 한국 경제성장의 미시적 토대를 사회심리적 관점에서 분석하였다. 기존의 유교자본

주의론이나 아시아적 가치론을 넘어, 문화사회학·사회심리학·인지인류학의 논의를 통해 사회심리적 경험과 조건을 인지적·동기적 요인으로 구분하고, 다중인과적 과정을 통해 경제발전의 기반이 형성된 메커니즘을 제시하였다.

제12장에서는 1970년대와 2010년대 이후의 국내외 구조, 문화, 국가 에이전시를 비교하여 한반도 평화 프로세스에 대한 신문 사설을 분석하였다. 1970년대는 미·소·중·일 등 강대국에 대한 수동적 기대가 지배적이었으나, 2010년대 이후에는 한국이 북한과 주변국에 대한 능동적 접근을 시도하는 방향으로 전환되었다. 이는 지난 20여 년간 국내외적으로 새롭게 형성된 구조적·문화적 속성과 더불어, 한국 지도자가 국민에게 호소하며 자주적 에이전시를 적극적으로 펼친 결과로 해석된다.

이상과 같이 구성한 이 책의 강점은 경제사, 경제정책, 경제이론, 응용경제, 사회학, 미디어 연구 등에 이르기까지 다양한 분야의 연구자가 다면적이고 학제적인(multi-disciplinary) 연구를 수행하였다는 점이다. 또한 방법론에 있어서도 텍스트 분석과 수량 경제 분석을 두루 적용하였고, 그 과정에서 자료 활용에 대해서도 선도적인 사례를 남길 수 있었다. 연구 결과, 이 책에 수록된 각 장의 논문은 서로 다른 시기와 주제를 다루지만, 근대국가 형성에서 고도성장, 그리고 오늘날의 사회문화적 전환에 이르기까지 한국 사회의 장기 지속적 변동을 유기적으로 보여 주고 있다.

재정능력과 자본 축적, 산업정책과 기업 전략, 인적자본과 사회문화의 변화가 맞물리며 형성한 한국의 경제·사회 구조는 글로벌 경제의 맥락 속에서 끊임없이 조정되고 재구성된다. 이 책에서는 이러한 변동의 과정과 메커니즘을 실증적으로 밝힘으로써, 한국 근현대사와 경제발전 연구의 폭과 깊이를 한층 확장할 수 있게 하였다.

이 책의 기획부터 출판에 이르기까지 여러분의 도움을 받았다. 우선 각 장의 초고를 발표한 세미나에서 토론에 임해 주신 여러 연구자, 편집 과정에서 도움을 준 박종령, 송범준 조교, 감수 과정에서 도움을 주신 권선주 교수님께 감사의 뜻을 표한다. 또한 연구센터의 행정 업무를 맡아 고생해 주신 이가영 실장님과 출판 과정에서 수고해 주신 해남의 노현철 사장님 및 편집진이 없었다면 사업의 성과를 순조롭게 공간하기 어려웠을 것이다. 모쪼록 이 책을 통해 한국경제 및 경제발전사에 대한 연구의 저변이 확대될 수 있기를 기대한다.

2025년 12월

조영준

차례

제3부 인적자본과 사회문화

제1부 국가와 시장

제1장

재정능력 함정으로부터의 탈출, 1800–1980

_ 김재호

1. 머리말

이 연구의 목적은 한국이 재정능력 함정(fiscal-capacity trap)으로부터 언제, 어떻게 탈출을 시작하여 마침내 성공하게 되었는가를 밝히고자 하는 것이다. 이를 통해 한국의 경제성장에서 중대한 역할을 수행한 국가의 재정적 기초에 대한 이해에 기여하고자 한다.

후발국의 공업화와 경제성장에서 국가의 역할은 중대한 의의를 가진다(Gerschenkron 1962). 한국의 고도성장과 관련하여 경제개발계획을 추진한 발전국가(developmental state)의 역할이 주목되어 왔으며 그 연원은 식민지기로까지 소급해서 논의되었다(김재호 2022a). 한국의 경제성장 과정에서 경제성장을 뒷받침하는 제도의 도입, 물적 기반의 조성, 그리고 교육을 통한 인적자본의 형성에 국가가 선도적인 역할을 하였다는 점은 널리 인정되고 있다. 일례로 식민지기 총독부와 해방 이후 한국 정부는 자본형성을 위한 재정투융자에 적극적이었다(김재호 2022b; 이 책 제2장).

이러한 국가의 역할을 수행하기 위해서는 그에 필요한 자원을 수취하는 국가의 능력이 필수적이다. Besley and Persson(2011: 6)은 경제성장을 조장하는 국가역량(state capacity)을 국가의 수취능력과 사회가 필요로 하는 재화 및 서비스를 제공할 수 있는 공급능력으로 분해하고, 전자를 재정능력(fiscal capacity)이라고 지칭하였다. 근대국가의 성립 과정에서 재정능력의 증대는 일반적으로 경험하는 현상이었다. 특히 공업화와 근대적 경제성장이 먼저 진행된 유럽의 국가들에서 중세 봉건제의 분권적인 재정제도가 중앙집권적으로 변모하면서 국가의 수취능력, 곧 재정능력이 증대하였다(Bonney 1995; Yun-Casalilla et al. 2012; Dincecco 2009; Dincecco 2015).[1]

그러나 서구 열강에 의해서 개항이 강제되었던 19세기에 중국이나 한국의 재정능력은 낮은 수준이었으며 재정능력을 증대해야 할 필요가 커졌음에도 재정능력을 증대하지 못하는 상황에 놓여 있었다. 중국은 19세기를 통하여 GDP에 대한 조세수입의 비중, 즉 조세부담률은 1.5%에서 2%에 불과하였으며(Zhang 2023: 3; Wang 2022: 48), 후술하듯이 한국은 1906년 이후 국세수입이 급증하였음에도 1911년의 조세부담률은 3.2%에 불과하였다. 19세기에 두 나라 모두 재정능력 함정에 빠져 있었던 것이다.[2]

국가의 수취능력인 재정능력은 조세부담률$\left(=\frac{\text{조세수입}}{\text{GDP}}\right)$이 일반적인 지표이다. 조세는 국가가 자신이 지배하는 영역의 주민으로부터 직접적인 대가 없이 수취하는 것을 말한다. 국가는 국채 발행, 은행 차입, 화폐 발행, 전매사업과 같은 다양한 방법으로 재원을 조달할 수 있음에도 재정능력을 조세부담률로 측정하는 이유는, 조세가 강제력(폭력)을 독점한 국가만이 수취할 수 있는 수입이라는 점에서 본질적인 의의를 지니고 있을 뿐만 아니라, 차입에 대한 담보 역할을 한다는 점에서 신용의 기반이 되기 때문이다(김재호 2023: 237).

관련된 연구가 축적되어 있지만(김재호 2023: 238-239), 이 연구는 장기

---

1 최근에 유럽을 벗어난 지역에 대한 연구가 이루어지기 시작하였으며, 아시아 지역의 재정능력에 관한 개괄적인 연구도 이루어졌다(Frankema and Booth 2020).

2 재정능력은 일종의 자본으로서 일반적인 자본처럼 투자에 의해 축적된다. '재정능력 함정'은 재정능력 투자를 위한 인센티브가 부재하기 때문에 투자가 이루어지지 않고 그 결과 재정능력이 미약해진 상태로 정의된다(Besley and Persson 2011: 22, 135). 그러나 19세기 한국에 재정능력 투자가 저조하였던 결정적인 요인은 투자에 필요한 재원을 조달하기 어려운 점이었다. 이 점을 고려하여 재정능력 함정을, 인센티브 부족에 국한하지 않고, 미약한 재정능력으로 인하여 재정능력 투자가 저조하기 때문에 재정능력의 증대가 이루어지지 못하는 악순환 상황으로 정의하고자 한다.

간을 조망한다는 점을 차치한다면, 문제의식 또는 관점에서 차이가 있다고 할 수 있다. 지금까지 대부분의 연구는 재정이나 조세 문제를 국가 권력에 의한 수탈 또는 식민 권력에 의한 대외 유출이라는 관점에서 접근하는 경향이 강하였으며, 이로 인해 대개 근대적 경제성장을 뒷받침하는 국가의 재정능력 증대라는 관점이 결여되어 있기 때문이다.[3] 무엇보다 재정능력 증대를 위한 투자가 어떻게 이루어졌는지 그 규모가 어느 정도 되는지에 관하여 고찰된 바가 없기 때문에 이러한 공백을 메우는 것에 주력하였다. 이하 다음과 같은 순서로 논의를 진행하고자 한다.

먼저 제2절에서는 개관하는 의미에서 재정능력의 장기 추이를 조세부담률을 중심으로 살펴보고자 한다. 조세부담률 시계열은 1911년 이후에 대해 추산이 가능하기 때문에 그 이전은 1800년경의 조세부담률 추계를 활용하였다. 제3절에서는 재정능력 증대를 위한 지출, 즉 재정능력 투자가 집중적으로 이루어졌다고 판단되는 20세기 초기에 이루어진 재정능력 투자의 규모를 추산한다. 제4절에서는 식민지기 재정능력의 증대가 갖는 한계와 그러한 한계가 해방 이후에 어떠한 과정을 거쳐서 극복되었는가, 그리고 그것을 가능하게 한 요인이 무엇인가를 시론적으로 검토한다. 마지막으로 제5절에서는 이상의 논의를 간략히 요약함으로써 글을 맺고자 한다.

---

3 '재정능력 함정'은 김재호(2014a)에서 예비적으로 논의한 바 있다. 그러나 고찰 기간이 갑오개혁 이후 1910년까지로 제한되어 있었기 때문에 개항 전 조선왕조와 식민지기와 해방 이후까지는 고려하지 못하였다. 또한 재정능력 투자의 추계와 재정능력 함정으로부터의 탈출을 판단하기 위한 기준도 제시하지 못하였다. 이 연구는 이러한 예비적 연구를 보완, 확장한 것이다.

2. 개관: 재정능력의 장기 추이

조선왕조가 재정능력이 취약한 것을 자각하고 재정능력 증대를 위해 의식적인 노력을 시작한 것은 19세기 후반, 정확히는 대원군 집권기(1863. 12-1873. 11)부터였다(Palais 1975; 연갑수 2001). 조선왕조의 재정능력은 어느 정도였는가? 1800년경 재정능력을 평가할 수 있는 지표인 조세부담률 $\left(=\frac{\text{조세수입}}{\text{GDP}}\right)$을 추계해 보면 [표 1-1]과 같다.[4] 한국은 '한국1'과 '한국2'로 두 가지 계열로 제시하였는데 국가의 공식적인 정규 조세만 집계한 것은 '한국1'이며, 여기에 비공식적인 각종 비정규 조세를 가산한 것은 '한국2'이다(이하에서 '한국2'는 괄호 안에 표시).

총생산(GDP)에 대한 조세수입의 비율인 총조세부담률(I)은 한국은 6.0(9.9)%, 일본은 14.9%로서 한국은 일본의 40.3(66.5)% 수준이었다.[5] 한국의 조세부담률은 국내총생산(GDP)에서 차지하는 농업의 비중을 75%로 가정하여 추계하였다.[6] 이러한 조세부담률 수준은 일본에 비해서는 낮은 수준이지만, 청대 중국보다는 높은 수준이었으며 명대 중국이나 영국을 제외한 18-19세기 주요 국가들의 조세부담률과 거의 대등한 수준이었다.[7]

---

4 GDP는 경지 면적에 단위당 생산량을 곱하여 농업 생산량을 구한 이후에 GDP 내 농업의 비율을 가정하여 구하였다. 자세한 추계 방법은 김재호(2019: 224-228) 참조.

5 추산과 관련된 상세한 내용은 김재호(2023: 242), 각주 12 참조.

6 농업의 비중이 과다하다고 판단하여 농업의 비중을 낮추면 GDP가 증가하여 조세부담률이 낮아지게 된다. 농업의 비중을 65%로 가정하는 경우에 총조세부담률은 5.2(8.6)%로 다소 낮아지지만 큰 차이는 없다.

7 Zhang(2023: 3-5, 33, 56-57)에 따르면 청대 중국은 18세기 후반 3-4%에서, 19세기 동안 1.5-2% 수준으로 감소하였는데, 다른 나라나 그 이전 중국에 비하여 이례적으로 낮은 수준이었다. 공식적인 조세부담률은 18세기 중반에 2%에서 19세기 중반에 1%로 감소하였다. 일본은 도쿠가와 및 메이지 초기에 조세부담률이 15-20%에 달하였으며, 18세기 영국

표 1-1 한국과 일본의 조세부담률(1800년경) (단위: 일본 석, %)

	한국1 (1800년)	한국2 (1800년)	일본 (1804년)	한국1/일본(%)	한국2/일본(%)	비고
총생산 (백만 석) (A)	24.1	24.1	93.3	25.9	25.9	
총농업생산 (백만 석) (B)	18.1	18.1	58.8	30.9	30.9	
중앙정부 총세입 (백만 석) (C)	0.69	0.90	1.54	44.8	58.4	京司, 幕府
전국 총세입 (백만 석) (D)	1.45	2.40	13.94	10.4	17.2	京司+地方官, 幕府諸藩
인구(백만 인) (E)	18.4	18.4	30.7	60.1	60.1	
1인당 조세부담 (석/인) (F=D/E)	0.08	0.13	0.45	17.3	28.6	
농업조세부담률(%) (G=D/B)	8.0	13.2	23.7	33.7	55.8	
중앙정부 조세부담률 (%) (H=C/A)	2.9	3.7	1.7	173.2	225.9	
총조세부담률(%) (I=D/A)	6.0	9.9	14.9	40.3	66.5	

주: 1) 한국1은 공식적 수입, 한국2는 비공식 수입을 포함.
2) 한국은 인구는 1800년, 조세 관련 정보는 1794년경의 추계치.
3) 한국의 중앙정부 총세입에는 왕실 수입이 포함.
4) 일본 석=0.6×조선 석으로 환산.
5) 1800년 한국의 총생산(GDP)은 농업 생산이 75%라고 가정하여 추산.

자료: 김재호(2019: 227), 표 1; 일본은 深尾京司·中村尙史·中林眞幸 편(2017: 57-60, 284).

은 10-15% 수준이었다. 혁명 이전 프랑스는 8%, 19세기 미국은 7%, 제정러시아는 6-7%, 19세기 오스만제국은 4-6% 수준이었다. 명대 중국은 5% 이상이었으며 송대 중국은 명대의 2배 이상이었다. 즉, 명은 청에 비하여 조세부담률이 2-3배, 송은 청의 5-7배였다. 다만 여기서 제시된 조세부담률이 중앙정부에 대한 국세부담률이라고 한다면, 조선왕조의 국세부담률(H) 2.9(3.7)%는 유럽 국가에 비해 낮은 편이었다. 또한 Wang(2022: 48), 이헌창(2021: 112), 양동휴(2012: 389) 참조.

반면에 중앙정부에 대한 조세부담률(H)은 한국이 일본보다 높아서 일본은 1.7%였는데 한국은 2.9(3.7)%였다. 막부(幕府)의 수입이 전체 조세수입에서 차지하는 비중이 한국의 중앙정부에 비하여 낮았기 때문이다. 정치체제의 차이를 반영하여 중앙집권적인 한국이 분권적인 일본에 비하여 조세수입이 중앙정부에 더 높은 비중으로 집중되어 있었다.

신뢰할 만한 조세부담률의 시계열은 1911년 이후부터 추계되어 있기 때문에 1910년까지의 조세부담률 추이에 대해서는 말하기 어렵다. 그렇지만 개항(1876) 또는 1900년경까지 경제 상황이 악화되었으며, 이와 함께 국가재정이 악화되었음을 보여 주는 증거는 많다(차명수 2014: 153-186; 이헌창 2021: 105-114). 19세기 초부터 중앙정부의 재고가 감소하였으며(박석윤·박석인 1982), 1840년대 이후에는 곡물저장(환곡)도 장부에만 기록된 곡물이 많아져 운영이 부실화되었다(문용식 2001). 민란이 빈번하게 발생하였으며, 특히 1862년에는 남부지방을 휩쓴 대대적인 민란이 발발하였다. 1894년의 동학농민봉기는 민란의 정점이었다. 경제가 악화되는 가운데 중앙정부의 재정수지 악화로 인하여 중앙 상납이 증가한 지방의 비공식적인 조세수취가 증가하였던 것이 민란의 주 요인이었다고 추측된다.[8]

갑오개혁 이후부터는 근대적 예산제도가 도입되어 예산 자료를 활용할 수 있기 때문에 조세수입의 추이를 통해서 재정능력의 추이를 살펴볼 수 있다.[9]

[그림 1-1]은 국세, 그리고 국세와 지방세를 합한 총조세의 추이이다.

---

8 19세기의 지방재정에 관해서는 김태웅(2012), 손병규(2018) 참조.

9 한국 재정의 장기적 추이에 관해서는 김재호(2018b) 참조.

그림 1-1 국세와 총조세의 추이, 1896-1943

(단위: 100만 圓)

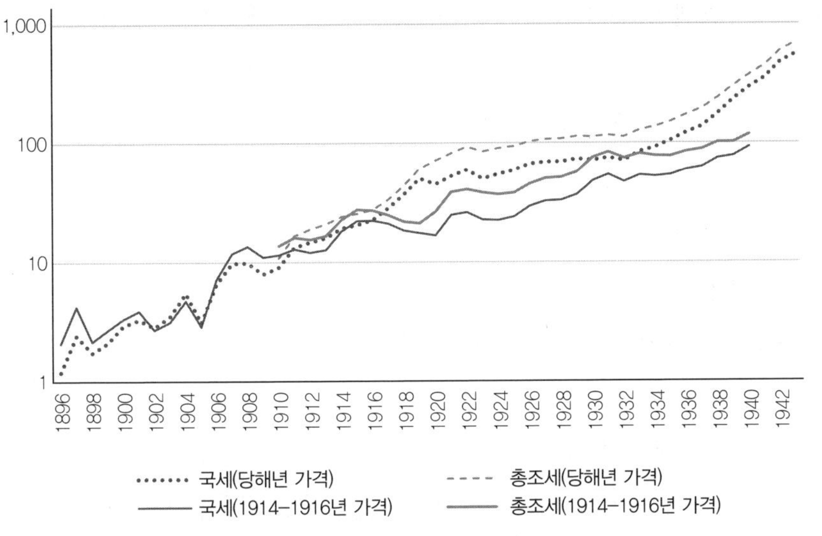

주: 1) 물가지수는 두 계열의 기준연도가 다르기 때문에 1914-1916년을 기준으로 조정하여 연결하였다.
2) 1896-1904년은 2元=1圓으로 환산하였다.

자료: 물가지수는 1896-1910년은 김낙년 외(2018: O3-4), 예천 소비자물가지수; 1911-1940년은 같은 자료, N10의 GDP디플레이터; 국세와 총조세는 김낙년 외(2018: T279-294), 총조세부담.

물가 변동을 고려하여 1914-1916년 가격으로 환산한 실질 조세수입을 중심으로 살펴보면, 국세수입은 1896년부터 1905년까지 등락이 심하지만 정체하는 추세를 보여 주고 있는데 1906년부터 1907년에 급격하게 증가하였다. 이 시기는 러일전쟁 이후 1904년 10월에 부임한 재정고문(目賀田種太郎)이 대한제국의 재정을 장악하여 '화폐정리'와 '재정정리' 사업을 본격적으로 전개하는 시기였다(오두환 1991; 이윤상 1996; 김재호 1997).

국세수입은 당해년 가격(경상가격)으로 1905년의 3.1백만 원(圓)에서

1906년의 6.5백만 원, 1907년의 9.8백만 원으로 빠르게 증가하였다. 이 시기에는 화폐정리사업, 즉 기존의 동전(엽전)과 백동화를 대한제국의 중앙은행으로 승격된 제일은행이 발행하는 새로운 화폐로 대체하는 과정에서 화폐공급이 경색되어 디플레이션이 진행되었기 때문에 물가하락을 반영한 실질 국세수입은 더욱 빠르게 증가하였다. 1914-1916년 가격 기준으로 1905년은 2.9백만 원, 1906년은 7.1백만 원, 1907년은 11.8백만 원으로 증가하였다. 1896년부터 1940년까지의 기간에서 1906-1907년의 변화가 가장 극적이었다. 특히 1906년은 전년 대비 경상 국세수입이 112.2%, 실질 국세수입이 149.2% 증가하였다.

1910년의 식민지 병합 이후 1914년, 1915년의 실질 조세수입의 증가도 상당히 급격한 것이었다. 1913년의 실질 총조세수입은 16.6백만 원이었는데, 1914년의 22.6백만 원, 1915년의 27.5백만 원으로 빠르게 증가하였다. 1914년은 지방제도가 대대적으로 축소 개편되었던 해이며 토지조사사업(1910-1918)이 본격적으로 진행되는 중으로 토지소유자를 지세납부자로 규정한 지세령이 발포된 해였다.

[그림 1-2]에서 식민지기 1911-1940년의 조세부담률 추이를 살펴보면, 1911년의 3.2%에서 1940년의 8.0%로 2.5배 증가하였다. GDP의 증가에 비하여 조세수입의 증가가 그만큼 더 빨랐다는 의미이다. 같은 기간에 가장 조세부담률이 높았던 것은 1931년의 8.5%였다. 경기 변동과 재정정책의 변화에 따라서 조세부담률이 변동을 하고 있지만 증가하는 추세를 확인할 수 있다.

앞에서 살펴본 [표 1-1]의 1800년경 조선왕조 조세부담률은 6.0(9.9)%였다. 이에 비하여 식민지 초기 1911년의 조세부담률은 3.2%로서 1800년

그림 1-2 조세부담률 추이, 1911-1940, 1953-2015

(단위: %)

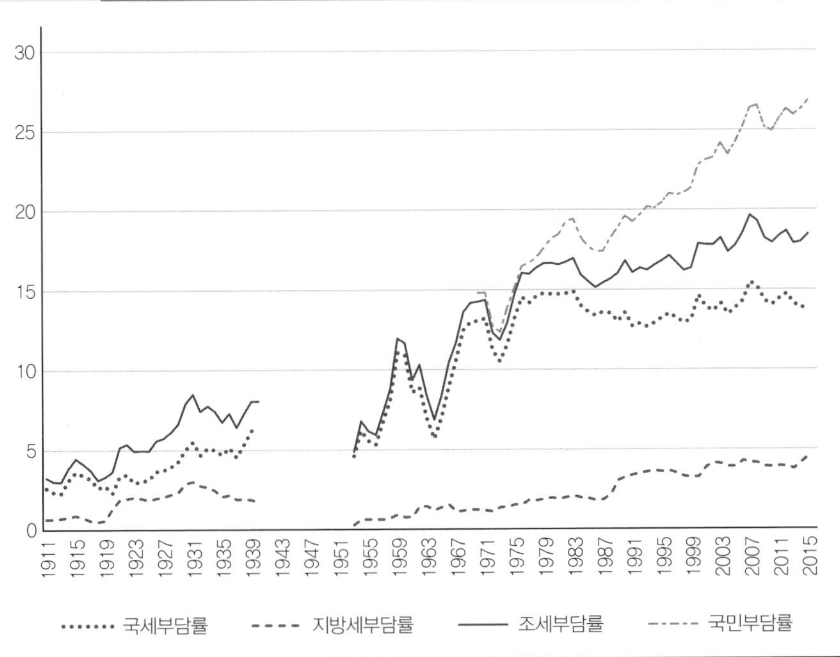

주: 1956년은 회계연도 변경으로 존재하지 않지만, 1953-1955년의 회계연도 기간을 기준으로 조정하였다. 조정 방법은 김낙년 외(2018: T1-15)의 주 4를 참조.
자료: 김재호(2023: 281-282), 부표 1에서 작성. 김낙년 외(2018: T279-294).

경의 53.3(32.3)% 수준으로 감소하였다. 앞에서 살펴보았듯이 1906-1907년에 조세수입이 급증하였음에도 병합 직후인 1911년의 조세부담률은 1800년경 조선왕조 조세부담률의 절반 수준에 불과하였던 것이다.

한편, 1800년경 중앙에서 수취하는 조세부담률(=국세부담률)은 2.9(3.7)%로서 1911년 총독부의 국세부담률 2.6%와 거의 동일한 수준이었다. 반면 1800년경의 지방세부담률은 3.1%로 공식 총조세부담률 6.0%의 51.7%를 차지한 반면에 1911년의 지방세부담률은 0.6%로서 총조세부담률 3.2%의 18.8%에 불과하였다. 이와 같이 조세부담률이 감소한 것은, 1911년 총독부의 국세부담률은 1800년경 조선왕조 시기와 비슷한 수준으로 유지되었지만, 지방세부담률이 크게 감소하였기 때문이었다.

지방세부담률이 감소한 요인은 조선왕조나 대한제국의 비정규 조세가 지방재정과 관련이 더 컸기 때문으로 추측된다. 갑오개혁에 의해 조세 금납화가 단행되고 국법에 규정되지 않은 채 관행적으로 징수되었던 '무명잡세'에 대한 철폐 조치가 있었으며, 환곡제도가 폐지되었던 것도 지방의 조세부담을 감소시켰을 것이다(김재호 2023: 247; 이영훈 2012: 434; 이영호 2001: 79-99). 보호국기 이후에 이루어진 재정정리 과정에서 황실재산 관리를 담당하였던 내장원이 축소 개편되었고 이에 수반하여 황실 관할하의 각종 조세가 정부루 이관되어 정리되었다(김재호 1992; 1997; 2026). 이와 함께 지방세를 정규 조세로 제도화하려는 시도가 있었지만 병합 직전까지도 진척이 여의치 않았다(김태웅 2012: 347-385).

또 한 가지 주목되는 것은 앞에서 살펴보았듯이 1800년경 정규 조세만 계산한 조선왕조의 총조세부담률은 6.0%, 비정규 조세까지 포괄한 조세부담률은 9.9%이었는데, 식민지 말기인 1940년에도 조세부담률은 8.0%로서 1800년경의 비정규 조세를 포함한 조세부담률 수준에는 미치지 못하고 있다는 점이다. 1941-1945년의 조세부담률은 전시체제하에서 조세가 증징되고 있었기 때문에 GDP가 정체 내지 하락하는 가운데 급증하였을 것으로 추측되지만, 1940년 시점에서는 조선왕조가 1800년경 중앙과 지방의 정규 및 비정규의 조세를 모두 포괄한 조세부담률 수준을 넘지는 못하였다. 절대액에서는 조세수입이 크게 증가하였지만 GDP로 나타난 경제력에 대비할 경우에는 1941년 이후 태평양전쟁에 돌입한 이후 비로소 총독부는 식민지 주민에게 조선왕조 수준의 조세를 부담시킬 수 있었던 것이다.

이와 같이 식민지기 조세부담률 수준은 높지 않았지만 질적으로는 큰 변화가 진행되었다. 조선총독부는 비정규적인 조세의 수취를 중단하고 일체의 조세를 정규적인 국세와 지방세로 수취하는 제도로 전환하였다. 총독부는 모든 조세를 정규화시키고 정규 조세의 부담률을 증가시킴으로써 재정능력을 강화하였다고 할 수 있는데, 이를 식민지 주민의 조세부담을 1800년경의 조선왕조의 조세부담률 수준을 초과하지 않고 달성하였다고 할 수 있다. 오히려 그렇기 때문에 조선총독부는 조세부담률 증가에 성공한 것은 아닐까? 또한 총독부는 조선왕조에 비하여 중앙재정으로 활용할 수 있는 국세수입의 비중을 대폭 증가시켰다는 점에서도 재정능력이 크게 증가하였다.

해방 직후 급락하였던 조세부담률은 정부 수립과 한국전쟁을 계기로 상승하였을 것으로 추측되지만 식민지기의 수준을 회복하는 것에는 상당한 시간이 소요되었다. [그림 1-2]에서 보듯이 1940년의 조세부담률은 8.0%였는데 1953년의 조세부담률은 4.9%(회계연도 조정치)에 불과하였으며 1958년에 8.8%에 도달하여 비로소 1940년 수준을 초과하였다. 1941년 이후는 조세부담률 추계는 없지만 조세부담률이 크게 증가하였을 것으로 추측되기 때문에 1945년 해방 직전 수준을 회복하기 위해서는 더 많은 시간이 필요하였을 것이다(김재호 2023: 250, 각주 20).

그런데 1959년에 11.9%, 1960년 11.7%까지 상승하였던 조세부담률은 이후 감소하기 시작하여 1964년에는 6.9%까지 하락하였다. 이와 같이 1950년대와 1960년대 전반까지는 조세부담률의 기복이 심하였기 때문에 재정능력이 안정적으로 증대하지는 못하였다. 이 시기는 1950년대 말부터 원조가 격감하여 경제 상황이 어려워졌으며 정치적으로도 4.19 학생운동(1960)으로 정권이 바뀌고 뒤이어 5.16 군사정변(1961)으로 군사정부가 정권을 장악하였던 매우 불안정한 시기였다. 1962년부터 경제개발 5개년 계획이 시작되었지만 시행착오를 거듭하고 있었다.

이후 1965년부터 1980년대 초까지는 조세부담률이 상당히 견실한 증가 추세를 보여 주었다. 도중에 1973년의 오일쇼크로 인한 불황으로 조세부담률이 낮아지기는 하였지만, 1964년의 6.9%로 바닥에 이른 후에 1980년 16.7%까지 빠르게 증가하여 1964년의 2.4배에 이르게 되었다. 이후에는 2007년의 19.6%로 정점에 이르기까지 아주 조금씩 증가하는 추이를 보여 주었기 때문에 조세부담률 증가는 1980년까지 거의 완료되었다고 할 수 있다. 이후는 사회보장기여금을 포함한 국민부담률의 증가가 변화를 주도하였다.

한국은 보호국기인 1906년부터 재정능력 함정에서 탈출하기 시작하여 식민지기에 조세부담률이 상당히 빠르게 증가하였다. 하지만 1940년에도 8.0%의 수준에 불과하여 그 수준은 높은 것이 아니었다. 19세기에 진행된 재정능력 감소 추세를 반전시켰다는 점에서 이러한 재정능력의 증대가 갖는 의의는 지대하지만, 1800년경 비공식 부담을 포함한 조선왕조의 조세부담률 수준에 미치지 못하였다는 점에 비추어 보더라도 탈출에 완전히 성공하였다고 보기는 어렵다.

해방 직후 조세부담률은 급감하였지만 1950년대를 통하여 식민지기 수준을 회복하였으며, 1964년을 저점으로 하여 1965년부터 1980년에 이르는 고도성장기에 조세부담률은 지속적으로 증가하였다. 그리하여 1980

년에 16.7%로 1940년의 2배 수준에 도달하였다. 이로부터 한국은 1970년대를 통하여 재정능력 함정으로부터 탈출하는 데 성공하였다고 추측된다. 그렇다면 무엇을 기준으로 재정능력 함정 탈출을 판정할 것인가? 이에 관해서는 20세기 초에 이루어지는 '탈출'의 시작에 관하여 먼저 고찰한 후에 제4절에서 검토하고자 한다.

3. 탈출의 시작: 20세기 초 재정능력 투자

앞에서 살펴보았듯이 실질 조세수입은 갑오개혁(1894-1895) 이후 1905년까지는 일정한 추세를 보이지 못하고 낮은 수준에서 정체하고 있었다. 그런데 1906년부터 급증하였으며 1911년부터 확인되는 조세부담률은 3.2%의 낮은 수준에서 출발하여 추세적으로 증가하였다. 이러한 재정능력의 증대는 그를 위한 투자가 이루어졌기 때문이었다.[10]

우선 근대적인 화폐 금융제도 수립에 필요한 투자이다. 러일전쟁 이후 대한제국이 일본의 보호국 상태에 놓이게 된 이후 재정고문(目賀田種太郎)의 주도하에 중앙은행으로 격상된 제일은행에서 발행한 신화와 기존의

10 재정능력 투자의 추산에 자료 부족으로 모든 투자지출을 망라할 수는 없다. 무엇보다 1904년 10월에 일본인 재정고문이 부임한 이후 대한제국의 재정을 장악하여 진행된 제도상의 변화, 곧 '재정정리'와 '화폐정리'가 탁지부 예산상의 재정지출에 충분히 반영되어 있지 않다. 우선 1905년부터 시작된 조세를 집중할 국고망의 편성에 기존의 일본은행인 제일은행을 대한제국의 중앙은행으로 승격시켜 활용할 수 있었다. 제일은행을 활용하지 못하였다면 중앙은행 설립에 상당한 재정지출이 필요하였을 것이다. 또한 재정고문이 조직한 재정고문부의 재정지출을 파악하기 곤란하다는 점이다(김재호 2023: 255-256). 재정고문부의 조직에 관해서는 김혜정(2015) 참조.

구화, 즉 동전(엽전)과 백동화를 교환하는 '화폐정리'사업이 진행되었다. 1911년 2월 현재의 화폐정리 수지결산표에 의하면(김재호 2023: 258; 朝鮮銀行史研究會 1987: 69), 화폐정리를 위한 지출은 구화를 신화로 교환해 주거나 매입한 비용이 14.4백만 원, 신화 제조비용이 6.8백만 원, 그리고 기타 경비로 0.93백만 원이 소요되어 합계 22.1백만 원이 지출되었다. 수입은 제일은행에서 화폐정리자금으로 차입한 3백만 원, 구화 매각대금 3.8백만 원, 잡수입 31천 원을 합하여 14.8백만 원이었다. 수입보다 지출이 컸기 때문에 7.3백만 원의 적자가 발생하였는데 미발행 신화 및 매입하여 보관 중인 구화를 국고보유 통화와 교환하여 2.95백만 원을 충당하였으며 남은 4.38백만 원은 한국은행으로부터 차입하여 수지를 맞추었다.

화폐정리에 소요된 지출총액 22.1백만 원은 1905-1910년간 중앙정부 세출 합계 111.3백만 원의 19.9%, 같은 기간의 국세수입 46.3백만 원의 47.8%에 달하는 거액이었다. 또한 1896-1904년의 중앙정부 세입총액 33.9백만 원(圓)의 65.2%, 같은 기간 국세수입 25.5백만 원의 98.6%에 달하였다(이하 1896-1904년은 2元=1圓). '화폐정리'를 대한제국이 실행하고자 하였다면 중앙정부의 세입 과반과 국세수입 전액을 투입해야 하였다는 의미이다.

다음은 토지조사사업을 위한 지출이다. [그림 1-3]에서 보듯이 토지조사관계 지출은 조선토지조사사업이 시작되는 1910년부터 급증하여 1915년에 정점에 도달한 이후 사업이 끝나는 1918년까지 감소하였다. 대한제국은 양전과 지계(地契, 토지소유증명서) 발행을 위하여 설치한 양지아문(1899-1902)과 지계아문(1902-1903)에 예산을 편성하였지만, 두 기관에 대한 지출은 143,095원으로 1899-1904년간의 중앙정부 세출의 0.53%, 같

그림 1-3 토지조사관계 지출의 추이, 1899-1918 (단위: 圓, %)

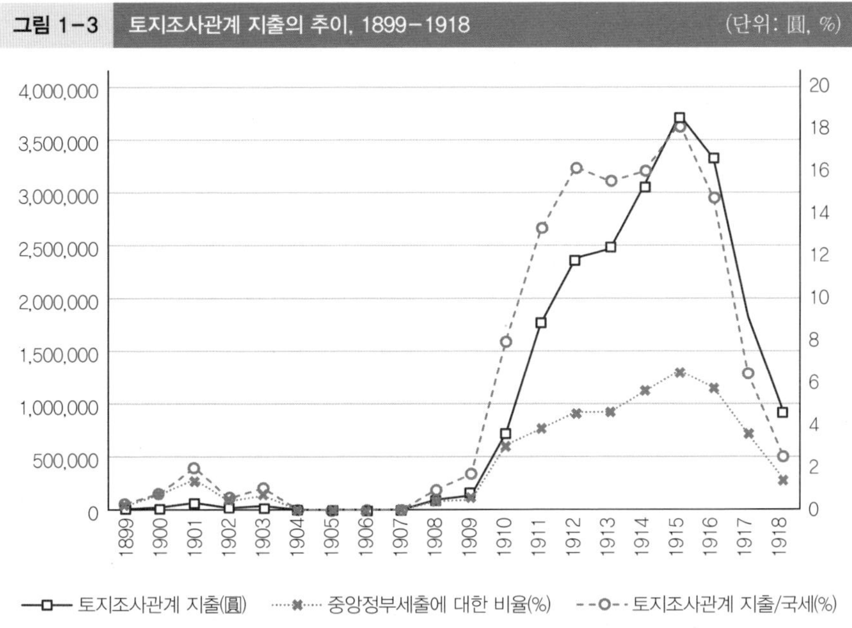

주: 1896-1904년은 2元=1圓으로 환산.
자료: 이윤상(1996: 149), 표 2-17; 이윤상(1996: 286-287), 표 3-13, 표 3-14; 김재호(1997: 396), 부표 II-2; 김재호(1997: 422), 부표 V-4;『朝鮮總督府統計年報』각 연도;『朝鮮總督府特別會計歲入歲出決定計算書』각 연도.

은 기간 국세수입의 0.71%에 불과하였다. 반면 '보호국'으로 전락한 이후에는 1908년의 측량강습비, 1909-1910년의 국유지 및 역둔토조사비, 1910-1918년의 임시토지조사비를 합하여 20.4백만 원이 지출되었다. 이는 1905-1918년간 중앙정부 세출의 3.7%, 같은 기간의 국세수입의 9.4%에 해당하는 규모이다. 특히 토지조사관계 지출이 가장 많았던 1915년에는 총독부 세출의 6.6%, 국세수입의 18.3%에 달하였다. 1915년의 토지조사관계 지출 3.74백만 원은 1902년의 중앙정부 세출(3.79백만 원)과 거의 동일한 규모였다. 또한 1899-1904년의 국세수입은 20.1백만 원이었는데,

1908-1918년의 토지조사관계 지출 20.4백만 원과 거의 같았다. 대한제국이 조선토지조사사업과 같은 규모의 사업을 시행하기 위해서는 국세 전액을 토지조사사업에 투입해야만 하였다는 의미이다. 대한제국 시기에 양지아문과 지계아문을 설치하여 근대적인 방법이 아니라 기존의 결부제(結負制)에 입각한 양전을 실시할 수밖에 없었던 것에는 무엇보다 이러한 비용 문제가 관련되어 있었을 것이다.[11]

한편, 재무기관의 일원화와 재무기관 직속의 징세기구 수립은 갑오개혁 시기부터 시도되었다. 재무기관의 일원화는 탁지부(탁지아문)에 지세와 호세를 비롯한 국세를 집중하고 각부 관청의 경비를 지급하도록 함으로써 상당한 진전이 있었다. 반면에 탁지부 직속의 징세기구 수립에는 실패하였다(김재호 2001). 재무기관의 일원화에서도 대한제국 수립 이후 황제 권력의 강화와 수반하여 내장원이 정부통제 밖에서 재산을 축적하였기 때문에 근본적인 한계를 안고 있었다. 이러한 황실재정 문제는 러일전쟁 이후 내장원이 폐지되고 대부분의 황실재산이 정부로 귀속되는 한편, 정부예산에서 편성된 황실비가 지급되는 방식으로 해소되었다(김재호 1992; 김재호 1997: 253-254, 423; 이윤상 1996: 281; 김재호 2026).

이상과 관련하여 [그림 1-4]에서 제시한 지출('징세')에는 관세사, 징세서, 국고금운반비(취급비), 금고건축비, 내국관세비(內國管稅費), 지방재무비, 재무관서(세무감독국, 세무서), 도지방비취급비, 면세출이 포함되어 있다. 1895년 예산에 편성된 관세사, 징세서는 법령은 제정되었지만 실제로

11 대한제국에 의한 광무양전에 관해서는 한국역사연구회(1995), 토지조사사업에 관해서는 宮嶋博史(1991), 김홍식(1997), 조석곤(2003) 참조.

그림 1-4 징세 관련 지출의 추이, 1895-1943 (단위: 圓, %)

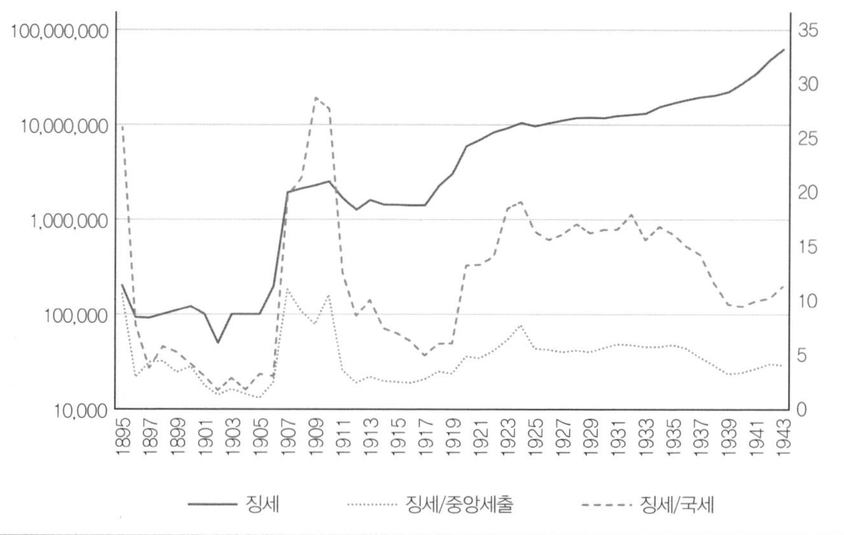

주: 1) 1896-1904년은 2元=1圓으로 환산.
2) 징세에는 1911년 이후는 면세출의 1/2, 도(道)지방비취급비가 포함.
자료: 이윤상(1996: 130), 표 2-10; 이윤상(1996: 147), 표 2-16; 이윤상(1996: 1286-1287), 표 3-13, 표 3-14; 김재호(1997: 396), 부표 II-2; 김재호(1997: 422), 부표 V-4; 『朝鮮總督府統計年報』 각 연도; 『朝鮮總督府特別會計歲入歲出決定計算書』 각 연도.

는 설치되지 못하였으며, 1906년 9월의 '관세관관제'에 의해 기존의 징세 업무를 주관하였던 지방관과 향리를 배제하고 탁지부 직속의 징세기구로서 세무감, 세무관이 설치되었다. 아울러 말단의 징세 업무는 종래의 군이 아니라 면이 담당하게 되었다. 1907년 이후에는 탁지부에 일본인 차관이 임명되어 산하에 재무감독국과 재무서가 설치되었는데 1910년 병합 이후에 폐지되었으며 관련 업무는 도(道)로 이관되었다. 면이 말단의 징세 업무를 담당한 것은 그대로였다. 1934년에는 소득세(개인소득세)가 도입되는 것을 계기로 세무감독국, 세무서가 설치되어 도에서 관장하던 징세 업무가 분리되었다.

징세 관련 지출의 추이와 중앙세출과 국세수입에 대한 비율을 살펴보면, 징세 관련 경비나 비율이 급하게 증가하는 시기가 눈에 띈다. 1895년에는 관세사와 징세서를 설치하기로 하여 예산상으로는 관련 지출이 중앙세출의 5.3%, 국세의 26.0%에 달하였지만 실행이 중단되었기 때문에 실제로 지출된 것은 아니었다. 징세 관련 경비가 증가하기 시작하는 것은 국고금운반비가 1905년의 100천 원에서 198.6천 원으로 2배 가까이 증가한 1906년이었지만, 무엇보다 전년 대비 10배나 증가한 1907년이었다. 징세 관련 지출이 1906년은 198.6천 원이었는데 1907년에는 1,923천 원으로 증가하였다. 1905년의 징세 관련 경비는 중앙세출의 1.0%, 국세의 3.2%, 1906년에는 각각 2.5%, 3.0%로 큰 변화가 없었지만, 1907년에는 각각 11.1%, 19.7%로 급증하였다. 특히 국세수입에 대한 비율이 병합 시점까지 크게 증가하였는데 1909년에는 28.7%, 1910년에는 27.7%에 달하였다.

병합 직후에는 재무감독국, 재무서의 폐지로 징세 관련 경비가 감소하고 세출이나 국세에 대한 비율이 급감하였는데 1919년경에 다시 증가하기 시작하였다. 주로 면 세출의 증가로 인한 것인데 앞에서 언급하였듯이 정확한 징세 관련 비용을 추산하는 것은 어렵지만, 1914년에 지방제도가 대대적으로 개편되었으며 1917년에 면제(面制)가 시행되고 지방재정이 제도화됨에 따라서 전체 재정에서 점하는 지방재정의 비중이 증가하는 것과 관련이 있을 것이다. 1914년에 단행된 지방제도 개편을 간단히 요약하면, 군은 317군 중에 97군이 통폐합되어 220군으로, 면은 4,341면 중 1,800면이 통폐합되어 2,522면으로, 동리는 44,648개에서 28,383개로 감소되었

그림 1-5 지방관계 지출의 동향, 1895-1943 (단위: 圓, %)

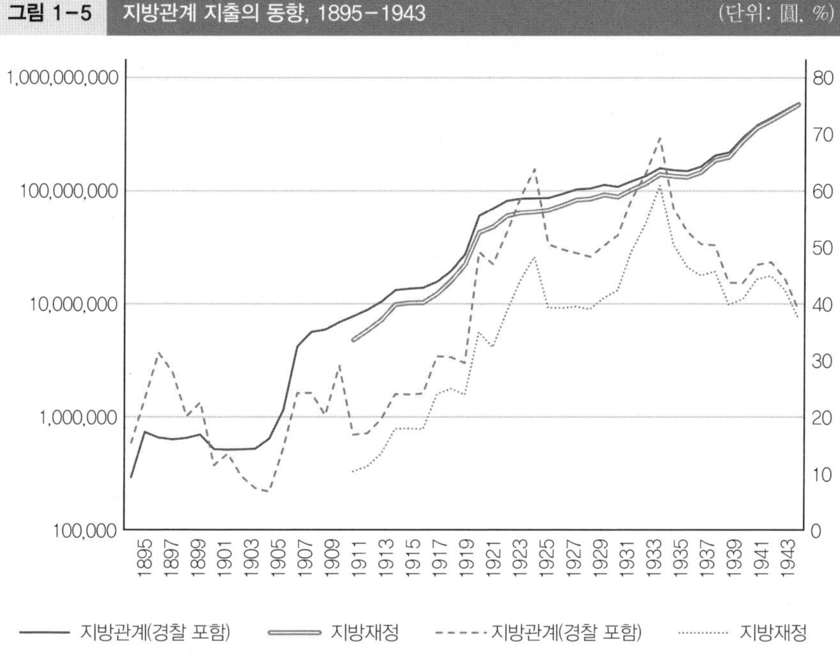

주: 1) 비율은 중앙재정 세출에 대한 비율.
2) 1895-1910년의 내부세출에는 경찰관계 비용이 포함되어 있음.
3) 1911-1920년은 경무비가 별도 항목이었으나 1921년부터 순사 봉급 등 경찰비용이 지방청에 포함되었기 때문에 1921년 이후에는 지방청경비에 1920년의 경무비/(지방청+경무비)의 비율(66.0%)을 적용하여 경찰비용을 추산함.
4) 지방관계 지출은 1895-1910년은 내부세출, 1911년 이후는 지방세출+경무비.
5) 1896-1904년은 1圓=2元으로 환산함.

자료: 김재호(1997: 397), 부표 II-3; 이윤상(1996: 130), 표 2-10. 1911-1943년은 김낙년 외(2018), Ch. T; 『朝鮮總督府統計年報』 각 연도; 『朝鮮總督府特別會計歲入歲出決定計算書』 각 연도.

다. 부는 종전과 같이 12부를 유지하였다(김태웅 2012: 413-510).

다음은 [그림 1-5]를 통해서 지방제도의 개편 및 지방재정의 제도화와 관련된 재정능력 투자의 추이를 살펴보기로 하자. 우선 1906년에 지방관계 지출이 전년의 0.64백만 원에서 1.15백 원으로 증가하였으며 1907년의 4.20백만 원으로, 1910년의 6.89백만 원으로 급증하였다. 특히 1907년은 전년 대비 265.2%의 증가율을 기록하였다. 이에 따라서 중앙재정 세출에 대한 상대적 규모도 1905년의 6.7%에서 1907년 24.2%, 1910년에는 29.0%로 크게 증가하였다. 이후 3.1운동을 경과한 1920년에는 지방관계 지출이 1919년의 27.4백만 원에서 60.1백만 원으로 전년 대비 119.0%로 급증하였으며, 상대적 규모도 29.5%에서 49.2%로 대폭 증가하였다. 1933년에 69.3%로 정점에 도달한 이후 하락하였는데 1941년에도 47.4%, 1943년에는 39.2%를 유지하였다.

1906년부터 지방관계 지출이 증가하는 것은 지방재정의 제도화를 반영한 것이었다고 말할 수 있다. 1906년부터 지방제도의 대대적인 개편이 이루어지는 1914년까지 지방관계 지출은 합계 80.4백만 원에 달하였다. 이는 1895-1905년간 지방경비를 지급하였던 내부예산 합계 6.4백만 원의 12.6배에 달하는 규모이다. 더욱이 1914년에도 지방관계 지출은 중앙세출에 비하여 24.0%에 불과하였기 때문에 앞으로 더 많은 추가 지출이 필요하였다.

마지막으로 새로운 조세 도입을 위한 지출에 관하여 살펴보자(김재호 2023: 265). 갑오개혁 이후 군포세를 계승한 호세는 전체 국세 중에서 2-3%의 비중에 불과하였기 때문에 사실상 지세가 조세수입의 거의 전부를 차지하였다. 지세는 1903년에 84.0%로 정점에 이른 후에 지속적으로 감소하여 1943년에는 4.3%에 불과하게 되었다.[12] 관세수입도 1910년대까

12 식민지기 조세에 관해서는 우명동(1987), 정태헌(1996a), 정태헌(1996b), 김옥근(1994), 박기주(2012), 정태헌·박우현·주동빈(2023)을 참조. 국세 중에 지세 비중이 크게 감소하였기 때문에 지세의 중요성이 약하였다는 인상을 줄 수 있는데, 지세는 국세로 부과되는

지는 20-30% 수준에서 등락하였으나 이후 지속적으로 감소하였는데, 병합 후에 10년간 종전 수준을 유지하였지만 이후 무관세를 원칙으로 예외조항을 지속적으로 철폐해 나갔기 때문이다. 반면에 1909년 주세가 신설되어 1920년대를 통해서 비중을 높여 갔으며 1930년대 중반 이후에는 지세를 능가하여 조세 중에서 최대 비중을 차지하였다. 1934년에는 개인소득세가 도입되는 것을 계기로 소득세 비중이 높아졌으며 1930년대 말에는 주세를 능가하게 되었다. 소득세는 과거에는 파악이 곤란하였던 개인의 다양한 소득을 과세 당국이 파악한다는 점과 원천징수를 가능하게 한다는 점, 그리고 경제가 성장함에 따라서 조세수입이 자동적으로 증가한다는 점에서 재정능력 증대에 획기적인 의의를 갖는다. 또한 1937년 중일전쟁 및 1941년 태평양전쟁의 발발로 전시체제로 돌입하면서 각종 전시특별세가 신설되어 비중을 급격하게 높여 갔다. 이러한 새로운 조세 도입은 기존의 지세 중심의 징세기구로서는 대처하기 어려웠기 때문에 새로운 징세기구를 필요로 하였다. 이 점은 앞에서 언급하였듯이 1934년의 개인소득세 도입을 계기로 세무국과 세무서가 설치되었던 것에서 확인할 수 있다(손낙구 2022). 국세 구성의 변화는 재무 관련 관공리(官公吏) 수에도 반영되어 있다(김재호 2023: 267).

이상의 재정능력 투자에 관한 고찰을 요약한 것이 [표 1-2]이다. 일단 지방관계 지출을 제외하면, 1905년부터 1918년까지 화폐정리, 중앙은행 설립, 토지조사, 징세기구 수립에 대하여 합계 39.8백만 원이 지출되었

외에 도세, 부세, 면세, 학교비와 같은 지방의 지세부가세 형태로 부과되었기 때문에 전체 조세수입에서 차지하는 중요성은 매우 큰 것이었다(박기주 2012).

표 1-2 재정능력 투자와 수입, 1905-1918 (단위: 圓, %)

	항목	금액(원)	비율1 (%)	비율2 (%)	기간	비고
재정능력 투자	화폐정리	7,380,000	18.5	6.1	1905-1910	제일은행 차입 300만 원+적자 438만 원
	중앙은행 설립	4,200,000	10.5	3.5	1909년	한국은행 주식 인수 300만 원+시설 인수 120만 원
	토지조사 관련	20,438,717	51.3	17.0	1908-1918	측량강습비, 역둔토조사비, 임시토지조사비
	징세기구 수립	7,823,544	19.6	6.5	1907-1910	內國管稅費, 지방재무비
	〈소계〉(A)	39,842,261	100.0	33.1		
	지방재정 관련(B)	80,419,927		66.9	1906-1914	1906-1914년간 지방관계 지출
	〈합계〉(C=A+B)	120,262,188		100.0		
수입	국세 I(D1)	25,461,306			1896-1904	
	국세 II(D2)	217,726,248			1905-1918	
	지방세(E)	40,759,043			1910-1918	1896-1909년은 지방세 자료가 없음.
	조세합계 I(F1)	25,461,306			1896-1904	국세만 포함. 국세 I(D1)과 동일함.
	조세합계 II(F2)	258,485,291			1905-1918	국세+지방세
	중앙세입 I(G1)	33,905,385			1896-1904	
	중앙세입 II(G2)	675,161,735			1905-1918	
비율	소계/국세 I(A/D1)%		156.5			
	소계/국세 II(A/D2)%		18.3			

표 1-2 계속 (단위: 圓, %)

	항목	금액(원)	비율1 (%)	비율2 (%)	기간	비고
비율	지방재정/지방세 (B/E)		197.3			지방재정은 1906-1914년, 지방세는 1910-1918년
	합계/조세합계 II (C/F2)%		46.5			
	소계/중앙세입 I (A/G1)%		117.5			
	소계/중앙세입 II (A/G2)%		5.9			
	합계/중앙세입 II (C/G2)%		17.8			

주: 1) 징세기구 수립은 1907-1910년의 합계로서 면세출은 제외.
2) 지방재정 관련에는 경찰경비 포함.
3) 1896-1904년은 2元=1圓으로 환산.

자료: 본문 참조. 중앙세입 I(1896-1904년)은 김재호(1997: 398), 부표 II-4; 중앙세입 II(1905-1918년)는 大藏省(1939: 851-860)에서 집계.

다. 구성을 보면 토지조사가 51.3%로 가장 큰 비중을 차지하였으며 그 다음에는 징세기구 수립 19.6%, 화폐정리 18.5%, 중앙은행 설립 10.5%의 순서였다.[13] 이러한 재정능력 투자는 1896-1904년간 국세수입의 156.5%, 중앙세입의 117.5% 규모로 같은 기간의 모든 국세수입과 정부 세입을 투입해도 실행이 불가능하였다고 할 수 있다. 반면에 1905-1918년간에는 국세수입의 18.3%, 중앙세입의 5.9%로 하락하여 국세수입이나 세입으로 충당할 수 있을 정도가 되었다. 1905-1918년의 국세와 세입이 그 이전 1896-1904년에 비하여 월등히 증가하였기 때문이었는데 국세는 8.6

13 화폐정리와 관련된 지출에는 지출에서 수익을 뺀 적자만 포함하였다. 그리고 제실(帝室) 채무정리 지불액 383,813원이나 각궁의 인원 감축, 황실비 증액 등과 같은 황실재정 정리와 관련된 지출은 포함되어 있지 않다.

배, 세입은 19.9배나 증가하였다. 재정능력 투자에 대하여 국세수입이 크게 증가하였다는 것은 그만큼 투자의 성과 또는 효율이 컸다는 뜻으로 해석할 수 있을 것이다.

그러나 여기에 지방관계 지출을 가산하면 총계 120.3백만 원으로 크게 증가하게 된다. 이 중에 지방재정 관련 지출이 66.9%로 가장 큰 비중을 차지하였다. 재정능력 증대에 지방재정이 양적으로는 가장 큰 문제였음을 확인할 수 있다. 지방재정 관련 지출은 지방세수입의 197.3%나 되어 지방세로 충당할 수 없어 절반 정도는 중앙정부의 부담으로 해결해야만 하였다. 이러한 거액의 재정능력 투자가 가능하였던 것은 세입이 조세수입에만 의존하지 않았기 때문이었다. 1906년 이후 국세수입이 증가하였지만, 재정지출이 더 급하게 증가하고 있었기 때문에 조세수입만으로 재정능력 투자에 거액을 지출하는 것은 곤란하였다.

1905-1910년의 대한제국과 1911-1918년의 총독부 세입 구성을 살펴보면(大藏省 1939: 851-860; 김재호 2023: 270), 경상부에 속한 조세 비중은 1905-1910년간 53.7%에서 1911-1918년간 27.1%로 감소한 반면에 관업 및 관유재산수입이 2.8%에서 22.7%로 급증하였다. 또한 양 기간 모두 임시부에 속한 수입의 비중이 상당히 큰 비중을 차지하였다. 1905-1918년간 부족한 세입을 보전하기 위하여 공채금이 97.9백만 원(세입의 14.5%), 차입금이 36.9백만 원(5.5%)이 도입되었으며, 일본 정부의 총독부에 대한 무상원조라고 할 수 있는 보충금이 1910년부터 1918년까지 69.6백만 원(세입의 10.3%)이 지원되었다. 1910-1918년간의 보충금 69.6백만 원과 차입금 36.9백만 원을 합한 165.1백만 원은 [표 1-2]의 재정능력 투자 합계 120.3백만 원과 거의 동일한 규모였다. 특히 재정능력 투자는 조세수입이

증가하기 전에 사전적으로 투입되어야 하기 때문에 이러한 자금이 외부에서 도입되지 않았다면 시도조차 어려웠을 것이다.[14]

4. 탈출의 한계와 해방 이후의 성공

앞에서 살펴본 바와 같이 1906년부터 조세수입이 급증하였으며 1911년 이후 조세부담률은 3.2%에서 1940년 8.0%까지 증가하였다. 식민지기 동안 상당히 빠른 속도로 조세부담률이 증가한 것은 틀림없지만 그 수준이 높다고 할 수는 없다. 해방 이후에는 한국전쟁 휴전 이후 식민지기 1940년의 수준을 초과하였으며, 특히 1960년대 중반부터 1970년대에 걸쳐서 지속적으로 조세부담률이 증가하여 1980년에는 16.7%에 도달하였다. 1940년 조세부담률의 2.1배로 증가하였다.

미군정기와 한국전쟁이라는 과도기를 거쳐서 1950년대 후반에 이르러 조세부담률은 식민지기 1940년 수준을 회복하였지만,[15] 과연 한국은 어느 시점에서 재정능력 함정의 탈출에 성공하였다고 말할 수 있는가? 한 가

---

14 지금까지 살펴본 재정능력 투자는 당시의 경제 규모나 재정 규모에 비하면 거액이지만 실제에 비하여 과소하게 집계된 것이다. 앞에서 언급하였듯이 자료가 부족하거나 제일은행이나 통신관서와 같이 기존의 시설과 조직을 활용한 것은 누락되어 있기 때문이다. 황실재정 정리 관계 지출도 집계에서 빠져 있다. 일반행정과 같은 식민지 통치기구 수립과 관련된 지출도 제외되었다. 또한 재정에 관한 지식과 경험을 갖춘 재정고문을 비롯한 인적자원을 일본에서 수입함으로써 재정능력 투자와 관련된 인적자본의 축적을 위한 시간과 비용을 절약하였다고 할 수 있다.

15 미군정기와 정부 수립 이후 1950년대의 세제에 관해서는 최상오(2012), 김재호(2014b) 참조.

지 기준을 제안한다면, 국세수입으로 중앙정부의 경상지출을 충당할 수 있게 되면 재정능력 함정에서 탈출하는 데 성공하였다고 판단할 수 있을 것이다. 대개 세출예산의 임시부에 속해 있는 자본형성이나 일시적인 재정지출이 아니라 피용자보수(인건비)나 중간소비, 경상이전, 이자 등과 같이 일상적으로 중앙정부를 운영하기 위한 경상지출을 국세수입으로 충당할 수 있다면 재정의 지속 가능성은 확보되었다고 할 수 있기 때문이다.[16]

[그림 1-6]에서 경상지출에 대한 국세 비율을 살펴보면, 식민지기에는 1918년에 88.4%까지 증가하였지만 이후 하락하였다가 1930년대 후반부터 다시 상승하였는데 1943년에도 57.4%에 머물렀다. 이러한 점에서 총독부가 주도한 재정능력 투자는 조세수입 특히 조세부담률의 증가라는 점에서 성과를 거둔 것은 틀림없지만, '재정자립'을 성취하지 못하였다는 점에서는 목적 달성에 성공하지는 못하였다. 다만 총독부재정(조선총독부특별회계)에는 해방 이후 한국 정부의 일반회계나 일반재정에는 포함되지 않은 철도와 같은 공기업(관업)이 포함되어 있다는 점을 고려할 필요가 있다.

일관성을 위해서 총독부특별회계 경상지출에서 철도작업비를 차감한 다음 국세 비율을 구하면 $\left(\frac{\text{국세}}{\text{경상지출}-\text{철도작업비}}\times 100\right)$, [그림 1-6]에서 보듯이 차감하기 전의 비율보다 상당히 높아진다. 특히 1917년 8월부터 1925년 4월까지 철도경영이 남만주철도주식회사(이하 만철)에 위탁되

16 최근 IMF의 GFS(Government Finance System: 2014) 체계에서는 수익(revenue)에서 비용(expense)을 차감한 금액을 재정운영수지(operating balance)로 지칭하고 있는데, 기존의 경상수입에서 경상지출을 차감한 경상수지(=정부저축)와 큰 차이가 없이 통용될 수 있다. 일반적으로 재정운영수지 또는 경상수지는 재정의 지속 가능성을 판정하는 기준으로 간주되고 있다. 경상수입에 가장 중요한 수입은 말할 것도 없이 조세수입이다(김재호 2021: 143-144).

그림 1-6 경상세출과 경상지출에 대한 국세의 비율, 1896-1979 (단위: %)

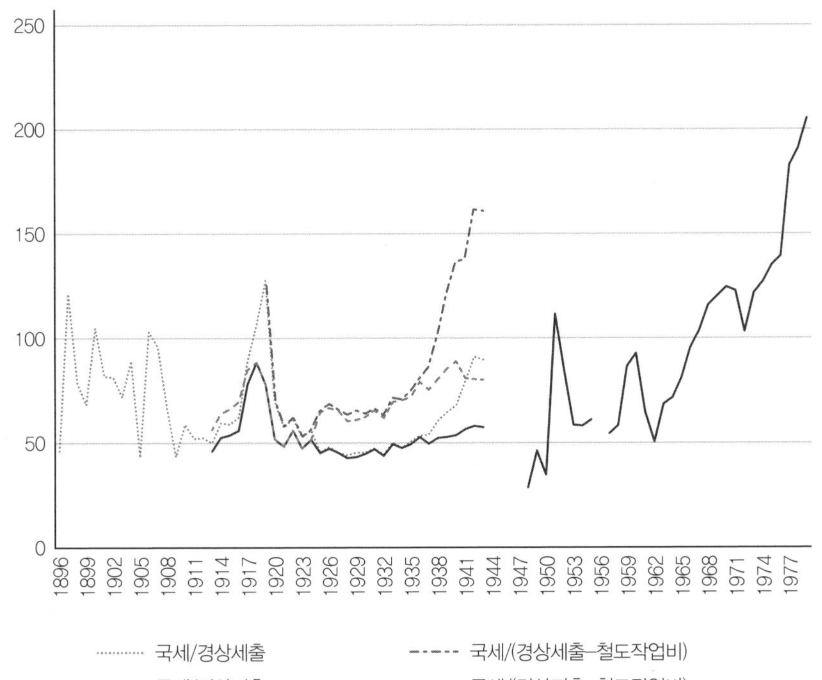

주: 1) 1896-1910년은 중앙재정, 1911-1943년은 총독부특별회계, 1961-1979년은 일반재정.
2) 경상세출과 경상지출 간에는 약간의 차이가 있음. 경상세출은 세출예산상의 경상비와 임시비 구분에 따랐으나, 경상지출은 세출예산을 경상계정과 자본계정으로 구분하여 구함(김재호 2022b를 참조).
3) 총독부재정에서 경상지출에는 피용자보수, 중간소비, 이자, 경상이전으로 구함. 1961-1979년의 일반재정에서는 일반경비, 봉급 및 연금, 교부금, 정부 내 지출, 국방비, 협정제비. 김재호(2022), 부표 3, 부표 4에서 경상지출에서 정부저축을 차감하여 구함.
4) 1948-1960년은 경상지출 자료가 없기 때문에 세출의 70%로 추산함.
5) 1956년은 회계연도가 없음.

자료: 김재호(2022b), 부표 3, 부표 4;『朝鮮總督府特別會計歲入歲出決定計算書』각 연도; 국세는 김낙년 외(2018: Ch. T); 1948-1960년의 세출은 한국개발원(1991), 표 3-3.

었기 때문에 1925년부터 차이가 생기고 있는데 1925년에 64.8%, 1934년에 70.5%, 1938년에 80.4%, 1940년 89.0%로 꾸준히 증가하였다. 이후 다소 감소하였지만 1943년에도 80.1%를 유지하였다. 이와 같이 철도작업비를 감안할 경우에 총독부재정은 1930년대 이후에는 국세수입으로 경상지출의 70-80% 정도를 충당할 수 있을 만큼 재정능력이 증대하였음을 확인할 수 있다.

더욱이 경상지출이 아닌 경상세출에서 철도작업비를 차감한 다음에 국세와의 비율을 구하면 더욱 큰 차이를 확인할 수 있다. 철도를 만철에 위탁하였던 1918년에 106.3%, 1919년에 127.8%에 달하여 100%를 초과하였으며 이후 60%대로 감소하였지만 1933년부터 다시 증가하기 시작하여 1938년에는 101.2%로 재차 100%를 초과하였다. 이후에도 꾸준히 증가하여 1942년에 161.2%, 1943년에 160.5%에 도달하여 1910년대 말 수준을 크게 초과하였다. 총독부는 1930년대 말 이후에는 철도작업비를 제외할 경우 국세로 경상세출을 충당하기에 충분한 재정적 역량을 갖게 되었다. 다만 철도작업비를 제외할 경우에 발생한 경상부의 잉여는 철도 운영에 투입되어야만 하였기 때문에 다른 곳에 자유롭게 사용할 수 없다는 점에서 근본적인 한계를 갖고 있었다.

한편, 해방 직후에는 경상지출에 대한 국세의 비율이 식민지 시기에 비하여 급락하여 1948년에 28.6%에 불과하였다. 1950년대는 한국전쟁 기간인 1951년에 111.7%로 급증하였다가 급감하는 등락이 심한 양상을 보였다. 1961년 이후에는 꾸준히 증가하여 1967년에는 103.7%에 도달하여 국세로 경상지출, 즉 일상적인 정부의 경비는 국세로 모두 충당할 수 있게 되었다. 이후에도 지속적으로 증가하여 1979년에는 205.2%에 달하게 되었다. 1970년대 말에 이르면 국세로 경상지출을 모두 충당한 후에도 경상지출 규모에 상당하는 잉여가 남았기 때문에 정부는 자본형성이나 임시적인 지출에 직접 지출하거나 또는 국채나 차입에 대한 이자(경상지출에 포함)는 물론 원금까지도 상환할 수 있을 만큼의 재정능력을 확보하게 되었다. 이러한 점에서 한국은 1960년대 말 늦어도 1970년대 후반에 이르러 마침내 재정능력 함정으로부터 탈출하는 데 성공하였다고 할 수 있다. 탈출을 시작한 1906년부터 계산하면 대략 70년의 시간이 소요되었다.

아울러 조세부담률은 1965년에 8.4%에 이르러 1940년의 수준(8.0%)을 초과하였는데, 이와 같이 한국 정부의 재정능력이 1960년대 중반 이후 식민지기 총독부의 재정능력을 능가하게 된 요인은 무엇인가?

첫째, 한국은 보호국기와 식민지 초기에 진행되었던 '화폐정리', 토지조사사업, 징세기구 수립, 지방재정의 제도화 등을 위하여 재정능력 투자를 반복할 필요가 없었다(김재호 2014b). 조선은행은 한국은행으로 이어졌고 토지대장은 그대로 사용되었으며 세무관서도 기본적인 편제와 인적 요소에 큰 변동이 없었다. 지방제도는 지방자치와 관련하여 번복을 거듭하였지만 중앙의 지방에 대한 통제는 확고하였다.

둘째, 1950년대 말부터 원조가 격감하여 1960년대를 통하여 원조에 대한 의존도가 대폭 낮아졌는데 원조공여국인 미국의 정책이 1950년대 말부터 무상원조에서 유상원조(차관)로 전환되었기 때문이다. 이에 따라 1960년대에는 1950년대와 같이 원조물자 판매대금(대충자금)에 의존하여 재정을 운영하는 것이 불가능하게 되었다.

셋째, 1953년에 체결된 한미방위조약은 군사비 부담을 경감시켰지만 군사비를 본국에 전적으로 의존하였던 총독부와는 비교할 수 없는 것이었

그림 1-7 중앙 재무관계 관공리(공무원)의 추이, 1909-2013 (단위: 명)

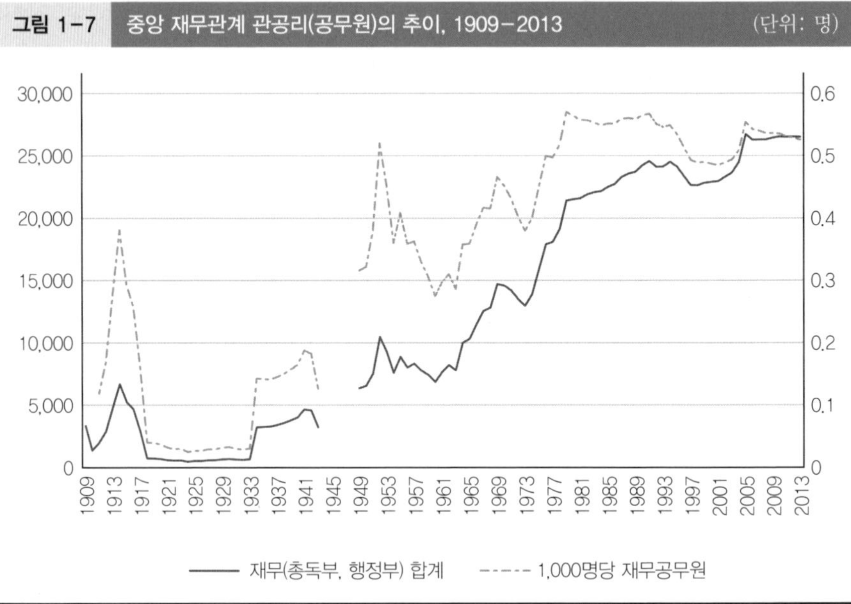

자료: 1909-1943년은 [그림 1-7]과 동일, 1949-2013년은 『대한민국통계연감』(내무부) 참조(김재호 2016; 김낙년 외 2018: Ch. T).

다. 더욱이 1960년대에 이어진 북한의 도발과 미국의 베트남전쟁 비개입 정책을 아시아 우방에게 적용한다고 선포한 닉슨 독트린(1969)은 군사비 지출에 대한 수요를 가중시켰음이 틀림없다.

넷째, 한국 정부에 의한 재정능력 투자가 이루어졌다. 재정능력 투자의 규모를 추산하지는 못하였지만 [그림 1-7]에서 보듯이 국세 징수를 비롯한 중앙 재무관계 공무원의 숫자가 식민지기에 비하여 월등히 증가하였다.[17] 1952년에 재무관계 공무원 수가 1만 473명까지 급증하였다가 감

---

17 공무원 수와 구성에 관해서는 김재호(2016) 참조.

소하였던 것은 이러한 전체 동향을 반영한 것이었다. 재무관계 공무원 수가 1960년까지 최저 수준으로 감소하였지만 식민지기에 비하면 현저히 많았다(1943년 3,232명, 1960년 6,872명). 더욱이 1961년 이후부터 재무관계 공무원 수는 빠르게 증가하였다. 인구 1,000명당 재무관계 공무원의 숫자를 살펴보면, 식민지기에 비하여 해방 이후 월등하게 증가한 것을 확인할 수 있다(1941년 0.19명, 1979년 0.57명). 해방 이후에는 분단으로 정부의 관할 범위가 반감하였음에도 식민지기에 비하여 재무 관련 공무원이 크게 증가하였다. 또한 1966년의 국세청 설립은 재정능력 강화에 대한 정부의 강렬한 의지를 보여 주는 것이었으며, 여러 차례 이루어진 세법 개정과 1977년 부가가치세 도입은 간접세 세수 확대를 위한 획기적인 조치였다(재경회·예우회 2011: 81-82).

그러나 이상의 요인만으로 재정능력의 증대를 모두 설명할 수는 없다. 해방 이후 대한민국 정부가 수립되고 의회제도가 갖추어지는 제도적 변화가 있었기 때문이다. 식민지기에 비하여 조세부담률이 현격히 증대하였던 것에는 식민지 통치가 가지고 있는 근본적인 한계를 극복할 수 있었기 때문이라고 생각된다. 식민지 국가는 조세를 납부하는 식민지 주민으로부터 재정능력 증대를 위하여 협력을 얻는 것이 곤란하였다. 총독부는 납세자의 협력을 구하지 않을 수 없었기 때문에 부협의회, 도평의회, 부회 및 도회 등의 극히 제한적인 대의기구를 구성하기도 하였지만, 납세자의 대표가 과세동의권을 행사할 수 있는 전국적 범위의 의회제도가 부재하였다는 점에서 근본적인 한계가 있었다(김동명 2002; 2007; 2018). 동시에 이러한 제한된 대의기구라도 있었기 때문에 재정능력 증대를 위한 제한된 협력이 가능하였다고 할 수 있다. 식민지 말기 전시체제하에서 조세를 대폭 증징할 수 있었지만, 전쟁이라는 비상시에 가능한 것이었으며 지속 가능한 것이 아니었다.

해방 후 대한민국 정부의 수립과 헌법에 의한 조세법률주의 또는 과세동의권의 인정이라는 제도적 변화가 곧바로 재정능력 증대의 효력을 발휘하였던 것은 아니지만, 정부가 납세자의 협력을 구하기 위한 제도적 기초가 놓였다는 점에서 중대한 의의를 지닌다(김재호 2014b: 135-139).[18] 1962년에 경제개발계획이 시작되고 경제개발을 위한 자금 동원을 위하여 1966년에 국세청이 설립된 이후 1970년대 말까지 조세부담률이 빠르게 증가하였던 것이 단지 정부의 강제력에 의해서만 가능하였다고 말하기는 어려울 것이다. 선거에 의해서 구성한 국가와 경제개발에 대한 국민의 협력이 있었기 때문이며 이러한 협력을 이끌어낼 수 있는 제도를 갖추고 있었다는 점이 식민지기 총독부와 구별되는 한국 정부가 지닌 재정능력이었다고 생각된다.

5. 맺음말

지금까지 1800년경부터 현대에 이르기까지 한국의 재정능력이 어떻게 추이하였는지를 조세부담률을 지표로 삼아 살펴보았다. 19세기 말의 재정능력은 1800년경보다 하락하였던 것으로 추측되며 19세기 중반부터 특히 개항 이후 개화파 정권과 대한제국은 재정능력 증대를 시도하였지만 빈약

18 의회제도 수립과 경제성장의 관계에 관해서는 North and Weingast(1989) 참조.

한 재정능력으로 인해 재정능력 증대가 이루어지지 못하는 상황, 즉 재정능력 함정에 빠져 있었다.

재정능력을 위한 투자는 한국이 일본의 '보호국'으로 전락한 직후부터 토지조사사업이 완료되는 시기까지 집중적으로 이루어졌다. 이 기간에 화폐 교환과 중앙은행 설립, 황실재정을 포함한 재정정리, 지방제도 및 징세기구 개편, 토지조사사업이 진행되었다. 이 사업을 위한 투자 규모는 당시 재정수입에 비추어 막대한 것이었기 때문에 갑오개혁의 개화파 정부와 대한제국의 빈약한 재정능력으로는 시도조차 어려운 것이었다. 보호국기 대한제국의 재정수입은 물론 총독부의 재정수입으로도 부족하였기 때문에 부족한 자금은 일본으로부터 공채와 차관으로 조달되었다.

이러한 재정능력 투자의 결과 한국은 1906년부터 재정능력 함정으로부터 탈출하기 시작하였으며 식민지기 말기에 이르면 총독부의 재정능력은 식민지 초기에 비하여 크게 증가하였다. 또한 조세 중에서 국세의 비중이 증가하였으며 비정규 조세가 소멸하고 정규 조세로 대체되었다는 점에 근본적인 변화가 있었다. 그렇지만 조세부담률의 수준이나 국세로 경상지출을 충당할 수 있는 역량에 비추어 재정능력 함정으로부터 완전히 탈출하지는 못하였다.

결국 한국이 재정능력 함정에서 탈출하는 데 성공한 것은 고도성장기인 1970년대에 이르러였다. 해방 직후의 혼란과 한국전쟁을 거친 다음, 그리고 1950년대 원조에 대한 의존이 불가능해진 이후, 나아가 4.19 혁명과 5.16 군사정변이라는 심각한 정치적 변동을 겪은 다음에 진행된 경제개발계획의 과정에서 한국의 재정능력은 식민지기의 재정능력을 확실하게 뛰어넘을 수 있었다. 이때 와서 한국의 재정은 국세수입으로 경상지출을 충당하고 남는 여유분을 정책적 필요에 따라 사용할 수 있는 자유도를 확보하는 한편, 국세수입으로 원리금 상환이 가능하게 되었기 때문에 국채 발행과 차관 등 자금 조달을 위한 대내외 신용에 필요한 재정적 기반을 확보할 수 있었다.

해방 이후 재정능력 함정으로부터 탈출이 가능하였던 요인은 식민지기 재정능력 투자의 유산, 1950년대 말의 원조정책의 급변, 분단으로 인한 군사비 지출의 급증, 그리고 한국 정부의 재정능력 투자가 있었다는 점과 함께 해방 이후 근본적인 제도 변혁이 이루어졌기 때문이었다. 독자적 재정정책을 수립할 수 있는 국가의 수립과 국회에 의한 과세동의권 인정에 의해서 식민지 권력은 기대하기 어려운 납세자로부터 협력을 구할 수 있는 제도적 조건이 갖추어졌던 것이다.

제2장

'재정투융자'와 국가에 의한 자본형성, 1913-1988

_ 김재호

1. 머리말

이 연구의 목적은 식민지기 조선총독부와 해방 이후 한국 정부에 의해서 이루어진 '재정투융자'(fiscal investment and loan)를 추계하고 분석함으로써 국가에 의한 자본형성의 전개 과정을 수량적으로 고찰하고 그 의의를 검토하는 것이다.

개항 이전 조선왕조로부터 식민지기를 거쳐 해방 후 고도성장기에 이르기까지 경제성장과 관련하여 중대한 변화의 하나는 국가 재정의 성격이 변화하였다는 점이다. 조선왕조의 경우 노동력이나 물자를 무상으로 동원하거나 재정지출을 통하여 궁궐이나 성곽을 수축하였지만 사회간접자본이나 민간의 자본형성을 위한 지출은 미약하였다(김재호 2021). 이와 달리 조선총독부나 한국 정부는 자본형성을 핵심적 기능으로 수용한 국가였다. 한국사에서 자본형성에 적극적인 국가의 등장은 20세기에 진행된 새로운 현상이었다.

재정투융자는 정부가 재정적으로 조달한 자금을 투자와 융자로 지출하는 것을 의미한다. 재정적으로 조달한다고 하는 것은 경상수입에서 경상지출을 차감한 정부저축과 이러한 자체 자금이 부족할 경우에는 원조, 국채 발행, 중앙은행 차입, 차관 등에 의해서 재정투융자에 필요한 자금을 재정기구 안으로 동원하는 것을 가리킨다. 투자와 융자는 이렇게 조달한 자금을 정부가 건물이나 설비 등의 고정자본을 직접 생산, 취득하거나 또는 민간에 보조금을 지급하거나 출자 및 융자를 행하는 것을 말한다.

재정투융자를 고찰하고자 하는 것은 말할 것도 없이 한국의 경제성장에 중대한 의의를 지니고 있기 때문이다. 시기에 따라 기복이 있지만 자본형성에 정부의 재정투융자 기여가 상당하였을 뿐만 아니라 특히 사회간접자본과 같이 민간이 담당하기 어려운 부문에서 재정투융자의 역할은 결정적이었다.[1]

이 연구는 재정투융자로 범위를 한정하였지만 식민지기 총독부의 산업정책에 대한 평가를 둘러싼 논쟁과 해방 후 발전국가(developmental state)의 기원과 역할에 대한 논쟁을 배경으로 하고 있다(Eckert 1991; 김낙년 2003a; 주익종 2003; 주익종 2008). 문제는 양측 모두 기업의 사례에 국한되어 산업정책과 직접 관련되어 있는 총독부의 재정투융자에 대한 충분한 고찰 위에서 논의되고 있지 않다는 점이다. 고도성장기 발전국가에 관한 논의에서도 경제성장에 있어서 시장친화적인 수출지향공업화 정책으로의 전환을 중시하는 입장과 발전국가에 의한 산업정책을 중시하는 입장으로 나뉘어 진행되었지만, 정부의 산업정책을 가장 직접적으로 보여 준다고 할 수 있는 재정투융자에 대한 연구는 후술하듯이 충분히 이루어지지 않았다.

우선 식민지기 조선총독부에 의한 재정투융자를 직접적인 주제로 한 연구는 찾기 어렵다. 다만 관련 연구로서 총독부의 고정자본형성에 대한 추계가 이루어졌으며(김재호 2006[2012]; 2018a), 총독부에 의한 사회간접자본 형성이 추계되고 기본적인 추이가 밝혀졌다(김재호 2009). 자금조달과 관련해서 특히 식민지기 일본 정부 재정과의 관련에 관해서는 平井廣一(1997)과 김낙년(2003b)에서 기본적인 사실관계를 파악할 수 있다.

한국 정부에 의해 이루어진 재정투융자에 관해서는 1950년대와 1960

---

1 한국의 경제성장에 민간(기업)의 역할을 부정하는 것은 전혀 아니다. 주지하듯이 해방 후 고도성장기에 재정투융자는 민간(기업)에 대한 유인체제의 역할을 수행하였으며 민간(기업)의 협력을 전제하고 있었다(박영구 2008; 김재호 2022a: 63-64).

년대의 경우 한국은행과 산업은행 조사부에 의해서 기초적인 연구가 이루어졌다(한국은행 1958; 산업은행 1964; 한국은행 1973). 특히 고도성장이 시작되는 1960년대 이후는『재정투융자백서』(재무부 1982; 1989; 1993)에 기초적인 사실관계가 정리되었다. 유한성(1987)은 이상을 종합한 것이라고 할 수 있다.

이와 함께『한국재정40년사』4권(한국개발연구원 1991)의 재정투융자 관련 통계 시계열 정리, 그리고 이에 근거한『한국재정40년사』7권의 윤건영(1991)의 연구가 고도성장기 재정투융자에 관한 대표적인 연구라고 할 수 있다.[2] 이후에도 이러한 초기 연구의 테두리를 벗어나지는 못하였다. 1950년대에 관해서는 앞에서 언급한 한국은행과 산업은행의 조사에 그치고 있으며 고도성장기에 대해서는『재정투융자백서』와『한국재정40년사』에서 진전되지 못하였다. 근년에는 거의 연구가 이루어지지 않고 있는데, 한국 정부의 산업정책에 대한 연구가 활발하게 이루어지고 있는 것과는 대조적이다(김재호 2022a: 61-65).

이러한 기존 연구의 한계 또는 지체는 기존 연구를 뛰어넘을 수 있는 자료를 찾기 어렵다는 점에 기인하는 바가 크지만, 고도성장기에 한정되어 있는 근시안적인 관점의 결과이기도 하다. 기존의 재정투융자 연구에서는 한국전쟁 휴전 이후부터 재정투융자가 이루어지게 되었다고 언급될 뿐이며 식민지기 총독부에 의한 재정투융자에 대해서는 언급조차 되지 않고 있다.

이 연구에서는 식민지기 재정투융자를 추계하여 재정투융자의 시계열

2 이외에도 김명윤(1966), 김동건(1983)의 연구를 참고할 수 있다.

을 연장함으로써 장기적 추이를 조감하고 기초적인 사실을 확인하는 것에 주력하였다. 식민지기의 조선총독부에 의해서 이루어진 재정투융자에 대해서는 1960년대와 1970년대 고도성장기의 재정투융자와 비교할 수 있는 방식으로 조선총독부특별회계의 세입과 세출 항목을 재분류하여 추계하였다. 고도성장기에 대해서도 기존 연구와 『재정투융자백서』에 정리된 사항은 반복할 필요가 없기 때문에 기존 연구에서는 주목하지 않았던 '일반재정'의 계정 분석을 통해서 재원조달 측면의 변화에 집중하였다.

이하에서는 우선 제2절에서 조선총독부의 재정투융자를 추계하여 해방 이후의 재정투융자에 연속시켜 장기 시계열을 구축하고자 한다. 이를 통해 장기적인 추이를 조감하고 전체 경제에서 점하는 재정투융자의 비중과 관련하여 몇 가지 지표를 살펴볼 것이다. 다음에는 재정투융자를 위한 자금의 조달(수입)과 사용(지출)의 양 측면으로 구분하여 제3절에서는 조달 측면을 고찰하고 제4절에서는 사용 측면을 고찰하고자 한다. 이를 통해서 식민지기 재정투융자와 해방 후 특히 고도성장기 재정투융자를 비교함으로써 각 시기의 재정투융자가 가진 특성을 파악한다. 마지막으로 제5절에서는 이상의 논의를 '국가에 의한 자본형성'이라는 관점에서 총괄하고자 한다.

2. 재정투융자의 추계와 개관

재정투융자는 예산 편성이나 재정운영의 편의상 사용된 용어이기 때문에 엄밀하게 정의된 개념이라고 할 수 없다.[3] 예를 들면, 재무부의 『결산개요』, 경제기획원의 『경제백서』, 그리고 재무부에서 발간한 『재정투융자백서』에서 사용되는 재정투융자 개념에는 융자나 출자가 포함되어 있기는 하지만, 이자나 배당금 등의 수익에 대한 고려가 없이 이루어지는 투자가 대종을 이루고 있다.

이에 반해 전후 일본 정부의 '재정투융자계획'에서 재정투융자는 유상자금의 유상지출, 즉 민간저축을 동원한 융자나 출자와 같은 금융적 활동에 한정되어 있었다(遠藤湘吉 1966; 福島量一 외 1973; 新藤宗行 2006). 한국의 경우에도 '재정투융자특별회계'(1987-1997)에서는 기본적으로 금융적 활동만을 지칭하고 있다. 이와 같이 재정투융자가 포괄하는 범위는 일정하지 않지만 이 연구에서는 고도성장기 한국 정부의 용례에 따라서 자본형성에 기여하는 실물적, 금융적 재정지출을 포괄하는 것으로 폭넓게 정의하고자 한다.

재정투융자 개념은 GDP 추계와 관련된 국민계정에서 사용하는 개념이 아니기 때문에 양자의 관계를 분명히 할 필요가 있다. 재정투융자는 정부의 자본형성과도 차이가 있기 때문이다. 재정투융자는 국민계정상 정부의 자본형성뿐만 아니라 '이전'에 속하는 자본이전도 포함하고 있다. 예를 들면, 민간기업의 설비투자에 대한 보조금이 해당된다. 나아가 민간과 지방정부의 자본형성과 관련된 융자와 출자도 재정투융자에 포함된다. 요약하면, 중앙정부의 자본형성을 비롯하여 민간 또는 지방정부에 대한 자본이전, 출자, 융자를 포괄하여 재정투융자라고 할 수 있다.

또한 고도성장기 한국 정부의 재정투융자는 중앙재정에 한정되어 파

3 재정투융자의 다양한 정의에 관해서는 재무부(1982: 11-23)를 참조.

악되었다. 중앙재정은 일반회계, 특별회계, 기금으로 대별할 수 있는데, 1960년대와 1970년대의 고도성장기에는 특별히 '일반재정' 범주를 설정하여 운용하였다. 즉, 일반회계에 추가로 원조와 관련된 특별회계(대충자금특별회계)와 재정투융자와 관련된 특별회계(경제개발특별회계, 재정자금운용특별회계 등)를 합쳐 '일반재정'으로 운용하였다.[4]

고도성장기의 재정투융자가 중앙재정에 국한되어 파악, 운용되었기 때문에 식민지기 재정투융자도 중앙정부에 해당하는 조선총독부 재정투융자에 한정하여 추계하였다. 조선총독부특별회계는 한국 정부의 일반회계와 특별회계에 해당되는 재정 활동을 구분하지 않고 단일한 회계로 운용되었기 때문에 조선총독부특별회계로부터 추계한 재정투융자는 해방 이후의 한국 정부에 의한 재정투융자와 연속적으로 파악할 수 있다.

해방 이후의 재정투융자에 대한 수량적 정보는 앞에서 언급하였듯이 재무부에서 발간한 『결산개요』와 『재정투융자백서』(1982; 1989), 그리고 『한국재정40년사』(한국개발연구원 1991)를 이용할 수 있다. 식민지기의 경우는 예산 편성이나 재정운영에서 '재정투융자'가 독립된 항목으로 관리된 바가 없기 때문에 고도성장기 재정투융자 개념에 준하여 새롭게 추계하였다. 『朝鮮總督府特別會計歲入歲出決定計算書』를 기본 자료로 사용하였는데 『朝鮮總督府統計年報』의 세입·세출 자료에 비해서 한층 더 상세하게 작성되어 있다(김재호 2006[2012]). 식민지기의 중앙재정에는 조선총독부특별회계 외에도 기타 특별회계가 3-4개가 운영되고 있었지만 재정 규모

4 한국전쟁 이후 재정투융자의 운영과 관련된 특별회계의 변화에 관해서는 『재정투융자백서』(재무부 1982; 1989; 1993)와 유한성(1987), 윤건영(1991)에서 자세하게 설명하고 있다.

가 미미하고 번거롭기 때문에 조선총독부특별회계만을 대상으로 재정투융자를 추계하였다.

추계 방법은 식민지기의 GDP를 추계할 때 사용하였던 방법과 동일하다(김재호 2006[2012]). 조선총독부특별회계의 모든 세출 항목에 대해서 피용자보수, 중간소비, 고정자본형성, 이전, 기타의 비율을 추정하여 '경제적 분류'를 행한 후에 동일한 성격별로 합산하는 방법을 취하였다. 나아가 재정투융자의 추계를 위해서 '이전' 중에서 자본이전을 구분하고 '기타'에서는 출자와 융자를 구분하였다. '이전'에 속한 기업에 대한 보조금은 추계의 편리를 위하여 전액 자본이전에 해당한다고 가정하여 추계하였다. 요약하면,

재정투융자 = 고정자본형성 + 자본이전 + 보조금(기업) + 융자 + 출자

가 된다.[5] 또한 재정투융자의 각 구성 부분에 대하여 '기능적 분류'를 행하여 재정투융자가 어떠한 용도로 지출되었는지를 파악하였다.

이와 함께 재정투융자를 위한 자금의 조달이 어떻게 이루어졌는지를 파악하기 위하여 [표 2-1]과 같이 식민지기 조선총독부특별회계의 세입·세출 항목을 경상계정, 자본계정, 보전계정으로 재편하였다.[6] 이를 통해서 재정투융자를 위한 가장 기초적인 자금이라고 할 수 있는 '정부저축'을 추

5 산식의 자본이전에는 보조금(기업)이 제외되어 있다. 추계상의 편의를 위해 구분하여 추계하였기 때문에 구분하여 제시하였다.

6 계정 구분은 현대 '한국통합재정수지'에서 사용되는 방식을 따랐다(기획재정부 2016: 7). 김재호(2022b: 214, 각주 6)를 참조.

표 2-1 세입 · 세출의 계정 구분과 내역

	수입	지출
경상계정	조세, 관업 및 관유재산수입, 이자, 배당금, 경상이전(기부금 등) 등	피용자보수, 중간소비, 이자상환 경상이전
자본계정	정부저축(경상수입－경상지출) 자산매각(토지매각 등) 역외유입(원조 등)	고정자본형성 자본이전, 보조금(기업) 출자, 융자 (이상 재정투융자) 자산매입(토지매입 등)
재정수지	자본수입－자본지출[＝(세입－보전수입)－(세출－보전지출)]	
보전계정	전년도 이월금 차입금(공채, 차입, 차관)	차년도 이월금(＝세계잉여) 차입원금 상환

주: 1) 이자상환은 이자와 원금의 구별이 곤란한 경우는 차입원금과 함께 보전지출에 포함.
2) 세계잉여는 차년도 이월금으로서 재정수지＋전년도 이월금＋차입금－차입원금 상환.

계하였다(정부저축＝경상수입－경상지출). 해방 이후에 대해서는 재무부가 발간한 『결산개요』와 경제기획원에서 발간한 『경제백서』에 '일반재정'에 대해서 계정 구분이 이루어져 있고 자본계정의 지출 항목에 재정투융자가 단일 항목으로 제시되어 있기 때문에 이를 이용하였다.[7]

좀더 상세하게 설명하면 경상계정에서는 경상수입으로 조세, '관업 및 관유재산수입'(이하 관업관유재산수입) 등의 일반적인 세입이 속하고 경상지출에는 주로 피용자보수와 중간소비에 대한 세출이 해당된다. 자본계정에서는 자본수입은 정부저축, 자산매각수입, 그리고 원조 등의 외국으로부터 유입된 자금으로 구성된다. 공채 발행이나 차입금과 같은 '보전수입'

7 1970년대 이후 일반회계, 특별회계, 기금을 포괄한 '통합재정수지'가 작성되었지만, 재정투융자 항목이 설정되지 않았고 융자에 대해서도 순융자만을 제시하고 있기 때문에 재정투융자의 자금조달에 대해서 일반재정처럼 파악하기는 어렵다.

은 자본계정에 포함시키는 경우도 있지만 재정수지 계산상 보전계정으로 분리하여 계산하는 것이 편리하기 때문에 따로 구분하였다. 자본지출에는 재정투융자에 속하는 고정자본형성, 자본이전, 보조금(기업), 출자, 융자가 포함된다. 차입원금 상환은 보전지출에 속한다. 자금의 출처와 관련하여 구분할 때는 조선총독부에 대해서는 역내, 역외라는 표현을, 한국 정부에 대해서는 국내, 국외라는 표현을 사용하였다.

이상의 방법으로 파악한 재정투융자의 추이는 [그림 2-1]과 같다. 해방 직후 재정투융자가 격감하는 단절이 있었지만 장기적인 추세로는 재정투융자는 지속적으로 증가하였다. [표 2-2]에 의하면 1913년부터 1988년까지 실질 재정투융자(2010년 가격)는 연평균 5.4%의 비율로 증가하였다. 재정투융자는 1913-1940년간에는 연평균 6.9%, 1954-1988년간에는 연평균 8.0%로 한국전쟁 휴전 이후 고도성장기까지의 재정투융자 증가율이 식민지기에 비해서 높았다. 1913-1940년의 27년간 6배 증가하였으며, 1954-1988년의 34년간 14배 증가하였다. 전 기간 1913-1988년의 75년간에 51배가 증가하였다. 같은 기간에 실질GDP의 연평균 증가율이 4.4%였기 때문에 재정투융자는 1%포인트 더 높은 속도로 증가한 셈이다. 이로부터 재정투융자가 증가하는 현상이 해방 이후 고도성장기에 처음 시작된 것이 아니라 식민지기에 시작한 현상이었으며 식민지기보다 해방 이후에 재정투융자의 증가속도가 빨라졌음을 확인할 수 있다.

[표 2-2]를 통해서 좀더 자세히 살펴보면, 식민지기 1910년대에는 기복이 심하여 뚜렷한 추세는 없었다. 1913-1920년간 연평균 0.6% 증가에 그쳤다. 1920년대 중반부터 장기간 재정투융자가 증가하였는데 1930년대 중반 이후 증가속도가 빨라졌다. 1921-1930년에 3.8%, 1931-1940

그림 2-1 재정투융자의 추이, 1913-1940, 1953-1988 (단위: 10억 원(2010년 가격))

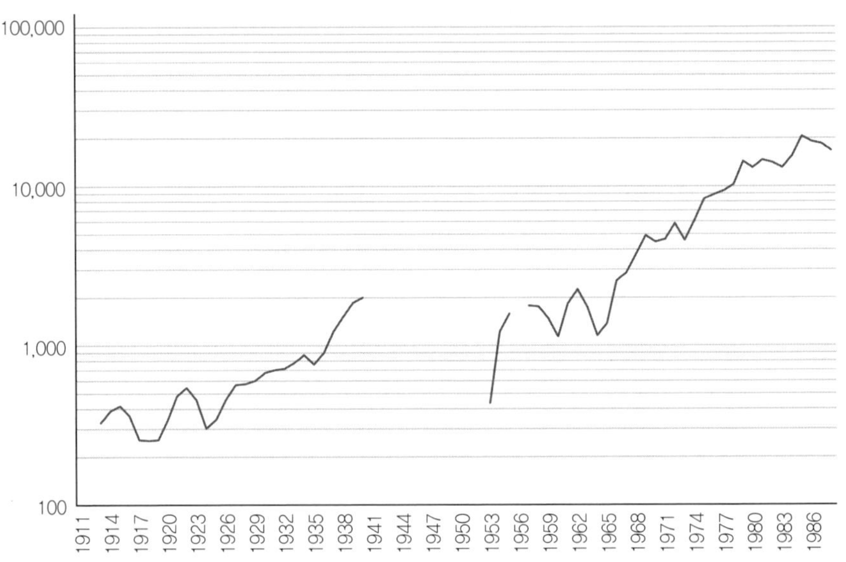

주: 1) 1953-1961년은 일반재정에 대한 재정투융자로서 기업특별회계(교통, 통신, 전매)의 직접투자는 제외.
2) 1962년 이후는 일반재정+특별회계+기금.
3) 1979년의 기금은 착오를 정정.
4) 실질재정투융자(2010년 가격)는 재정투융자/GDP 비율을 실질GDP(2010년 가격)에 적용하여 구함.
5) 1953-1972년의 재정투융자는 한국은행(1973: 38)의 [표 14]와 기본적으로 동일.
6) 1956년은 회계 기간의 변동으로 인하여 회계연도가 없음.

자료: 김재호(2022b: 243, 부표 1)에서 작성. 1913-1943년은 『朝鮮總督府特別會計歲入歲出決定計算書』 각 연도; 1953-1961년은 『한국재정40년사』 7권(1991: 477); 1962-1981년은 『한국재정40년사』 7권(1991: 488-489); 1982-1988년은 『재정투융자백서』(1989: 24-25); 2010년 가격 실질GDP는 김낙년 외 편(2018: N11-12).

년에 12.3%로 연평균 증가율이 가속되었다. 이후 실질 재정투융자를 추계할 수는 없지만 경상 재정투융자는 1943년까지 계속 증가하였다(1940년 242백만 엔, 1943년 372백만 엔; 김재호 2022b: 243, 부표 1). 재정투융자는 대공황과 1931년의 만주사변, 1937년의 중일전쟁을 거치면서 빠르게 증가하

표 2-2 재정투융자(2010년 가격)의 연평균 증가율과 GDP에 대한 비율 (단위: %)

기간	재정투융자(2010년 가격) 연평균 증가률	GDP(2010년 가격) 연평균 증가율	평균 재정투융자/GDP
1913-1920	0.6	3.9	2.0
1921-1930	3.8	2.7	2.3
1931-1940	12.3	4.5	3.6
1913-1940	6.9	3.6	2.7
1954-1960	-1.2	4.9	6.2
1961-1970	10.4	9.8	5.9
1971-1980	12.2	9.1	7.9
1981-1988	2.0	10.7	7.1
1954-1988	8.0	8.8	6.8
1913-1988	5.4	4.4	4.9

주: 1953년은 한국전쟁 중으로 이상치라고 판단하여 제외하였음(재정투융자의 1953-1960년 연평균 증가율은 14.7%).
자료: [그림 2-1]과 같음.

였던 것이다.

해방 직후부터 한국전쟁까지는 추계가 없지만 재정투융자가 격감하였을 것이 틀림없는데 휴전 이후 상당히 빠른 속도로 회복되었다. 1953년에는 1920년대 중반 수준에 불과하였지만 1962년에는 1940년의 수준을 초과하였다. 해방과 한국전쟁으로 인한 충격이 매우 컸음은 분명하지만 회복되는 속도도 빨랐다. 그러나 기복이 심하여 재정투융자가 빠르게 증가하였지만 1957년을 정점으로 감소하였다. 이로 인해서 1954-1960년 동안에는 연평균 증가율이 -1.2%로 재정투융자 규모는 감소하였다. 같은 기간의 실질GDP 성장률 4.9%에 크게 미치지 못하였다. 이후 반전하

그림 2-2 재정투융자의 비중과 중앙 재정 규모, 1913-1943, 1953-1988 (단위: %)

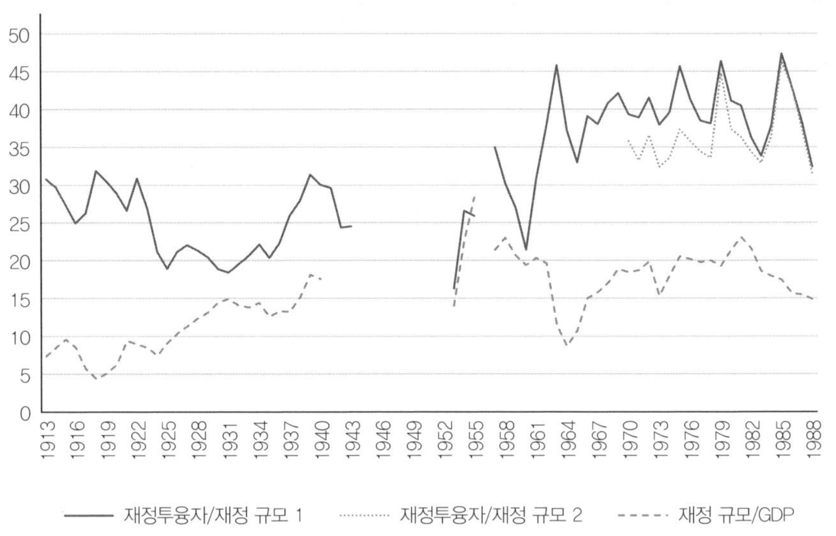

주: 1) 1956년은 회계연도가 없음.
2) 재정 규모 1은 1913-1943년은 조선총독부특별회계 세출순계, 1953-1961년은 일반재정 세출, 1962-1988년은 중앙재정 지출 및 순융자.
3) 재정 규모 2는 1970-1988년 공공 부문 지출 및 순융자(기업특별회계 포함).
4) 재정 규모/GDP 계산에서 재정 규모는 1913-1940년은 총독부세출순계, 1953-1961년은 일반재정 세출, 1962-1969년은 중앙재정 지출 및 순융자, 1970년 이후는 공공 부문 지출 및 순융자를 적용함.

자료: 김재호(2022b: 245-246, 부표 2)에서 작성. 1913-1943년은 『朝鮮總督府特別會計歲入歲出決定計算書』; 1953-1961년은 산업은행(1964: 6); 1962-1988년은 김재호(2018a: Ch. T).

여 1960년대와 1970년대는 재정투융자 증가율이 GDP 성장률을 초과하였다. 특히 1971-1980년은 재정투융자 증가율이 전 구간에서 가장 높은 연평균 12.2%를 기록하여 GDP 성장률 9.1%를 크게 초과하였다. 1980년대에는 증가속도가 감소하였으며 1980년대 후반에는 재정투융자 규모 자체가 감소하였다.

한편, 재정운영에 있어서 재정투융자가 어느 정도로 중요하였는지를 살피기 위하여 재정 규모(중앙재정 세출) 대비 재정투융자 비율을 살펴보면, [그림 2-2]에서 보듯이 식민지기에 비하여 해방 이후에 크게 높아졌다. 1913-1943년간 평균 25.0%인데 1953-1988년은 평균 36.7% 수준이었다. 식민지기 초기 1910년대에 30%대까지 증가하였다가 1920년대는 1925년의 18.9%까지 하락하였는데 1931년에도 18.4%의 낮은 수준에 머물러 있었다. 1932년부터 증가하기 시작하여 1939년 31.4%로 식민지기 최고 수준에 이르렀다. 이로부터 1930년대에 국가에 의한 자본형성이 본격적으로 진행되었음을 알 수 있다.

해방 직후는 수량적으로 확인할 수는 없지만 세입이 격감하였기 때문에 일반행정이나 국방 등 국가 유지를 위한 기초적인 재정지출에도 재원이 부족하였다. 이로 인해 재정지출에서 차지하는 재정투융자 비중은 식민지기 최저 수준 이하로 격감하였을 것으로 추측된다.[8] 그렇지만 한국전쟁 휴전 이후는 앞에서 살펴본 바와 같이 빠른 속도로 회복되어 1957년에는 이미 35.0%로 식민지기 최고 수준을 능가하였다.

1950년대 후반에는 재정투융자의 주된 자금원인 원조가 1957년을 정점으로 감소하였기 때문에 재정투융자가 재정지출에서 차지하는 비중이 1960년의 21.4%로 격감하였지만, 5.16 군사정변과 경제개발계획이 시작되는 1961-1962년부터 급속히 증가하기 시작하여 1963년에는 45.8%에 달하게 되었다. 중앙재정의 거의 절반 규모가 재정투융자에 투입되었다는 것은 놀라운 일이 아닐 수 없다. 1960년대 중반부터 1970년대에는 40%

8 해방 직후 미군정기와 정부 수립 이후 한국전쟁 기간까지의 재정에 관해서는 한국개발연구원(2010: 447-460)과 김재호(2014b)를 참조.

그림 2-3 GDP에 대한 재정투융자 비율, 1913-1988 (단위: %)

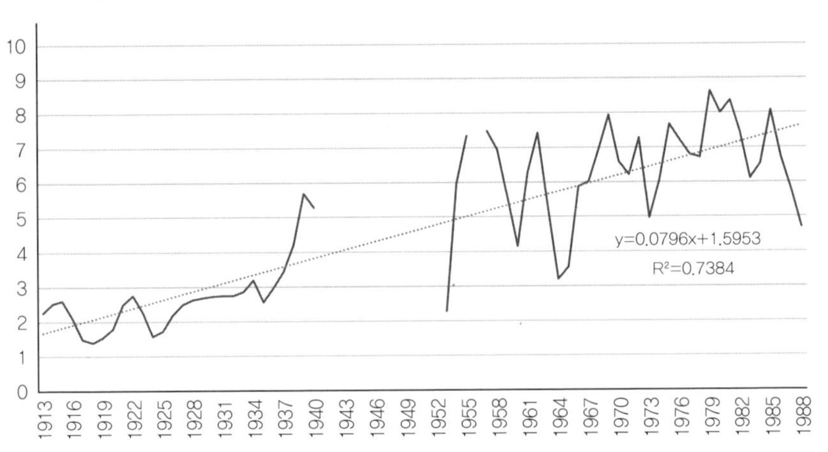

자료: [그림 2-1]과 같음.

를 전후하는 높은 수준을 안정적으로 유지하였다. 1975년 45.6%, 1979년 46.4%에 달하였으며 이후 다소 기복이 있었지만 1985년에도 47.4%를 기록하였다. 이로부터 식민지기에 시작한 국가에 의한 자본형성은 정부재정에 점하는 재정투융자의 비중 증가라는 점에서, 해방 이후 특히 1960년대 이후에 새로운 단계로 발전하였다고 할 수 있을 것이다.

재정투융자가 전체 경제에서 차지하는 비중을 가늠하기 위하여 GDP에 대한 비율을 살펴보면 [그림 2-3]과 같다. 1953년의 재정투융자는 GDP의 2.3%에 그쳐 1913년의 수준에 불과하였지만 1954년에 6.0%로 식민지기 최고 수준이었던 1939년의 5.7%를 초과하였다. 그 이후는 GDP 추계가 1940년까지밖에 없어서 알 수 없다. 해방 이후 GDP 대비 재정투융자의 규모는 식민지 시기보다 진폭이 크게 변동하였지만 추세적으로는 증가하여 1979년에는 최고 8.6%에 달하였다.

3. 재정투융자 자금의 조달

식민지기와 해방 후 고도성장기까지 재정투융자를 위한 자금은 어떻게 조달되었는가? 재정투융자를 위한 자금은 [표 2-3]과 같이 국경(지역)을 경계로 국내(역내)자금과 국외(역외)자금으로 구분할 수 있으며, 조달한 자금에 대해 원금 상환과 이자 등의 대가를 지불하는가에 따라서 무상자금과 유상자금으로 구분할 수 있다.

국내(역내)자금 중에서 대가를 지불하지 않는 무상자금은 정부저축으로서 경상수입에서 경상지출을 차감한 경상수입 잉여이다. 정부의 내부자금이라고 할 수 있다. 경상수입은 앞에서 살펴보았듯이 조세와 '관업관유재산수입'(철도, 전매수입 등)이 대표적이다.[9] 국외(역외)에서 조달되는 무상자금은 식민지기에는 일본 정부가 조선총독부에 지급하여 조선총독부특

표 2-3 재정투융자 자금조달 경로와 성격

	국내(역내)	국외(역외)
무상	정부저축	보충금, 원조
유상	국내 저축, 중앙은행 차입	대장성 예금부자금, 차관
	해방 후 국채	식민지기 공채

9 조선총독부의 재정운영을 예로 들면, 경상수입은 내국세, 관세로 구성되는 조세, 인지수입, 벌과금, 관업관유재산수입, 기타 수입으로 구분되는데 총독부의 경상수입에서 가장 눈에 띄는 것은 관업관유재산수입의 비중이 매우 크다는 점이다. 1925년, 1930년, 1935년, 1940년에는 60%를 초과할 정도였다. 관업관유재산수입 중에서 가장 큰 비중을 차지하였던 것은 철도수입과 전매수입이었다. 공채와 차입금은 보전수입으로 구분되고 보충금과 원조와 같은 역외유입자금은 자본수입에 속하기 때문에 경상수입에는 포함되지 않는다. 경상지출은 피용자보수, 중간소비, 이자지급, 경상이전이 해당된다(김재호 2022b: 247, 부표 3을 참조).

별회계의 세입으로 계상되는 '보충금'이 있고 해방 후에는 각종 원조가 있다. 한국전쟁 휴전 이후에는 대충자금특별회계에 계상되어 재정투융자를 비롯한 국방비 등 각종 정부지출에 사용되었다.

유상자금은 국내(역내)자금인 경우는 정부가 국채를 발행하여 국내 자본시장에서 소화하거나 중앙은행으로부터 차입하는 경우에 해당한다. 국채(공채)는 유상자금인 것은 분명하지만 어디에서 인수, 소화되는가에 따라서 국내(역내)자금일 수도 있고 국외(역외)자금일 수도 있다. 식민지기에는 공채는 일본의 자본시장이나 일본 정부의 '사업공채특별회계' 등의 특별회계에서 인수하였기 때문에 역외자금이라고 할 수 있으며, 해방 후 한국 정부가 발행한 국채는 한국은행이 인수하였기 때문에 국내자금이라고 할 수 있다.

이밖에 1970년대에 중화학공업화를 위해서 설치된 국민투자기금은 국내 민간저축을 은행을 통해서 동원하였는데, 이에 대해서 채권을 발행하였기 때문에 이자를 지급한다는 점에서 유상자금이었다. 유상자금으로서 국외(역외)자금인 경우는 앞에서 언급하였듯이 조선총독부가 공채를 발행하여 일본 자본시장이나 일본 정부가 인수하는 경우, 또는 일본 정부의 대장성 예금부에서 조선총독부에 대부하였던 예금부자금이 해당된다. 해방 후에는 한국 정부가 외국 정부나 외국 금융기관으로부터 차입하는 재정차관이 대표적이다.

먼저 [그림 2-4]를 통해서 정부저축이 재정투융자에 투입되는 자금을 어느 정도 충당할 수 있었는지를 살펴보기로 하자. 정부저축은 경상수입에서 경상지출을 차감한 것인데 IMF의 GFS체계의 '재정운영수지'에 대응하는 개념으로 재정운영의 지속 가능성을 보여 주는 지표이다(김재호

그림 2-4 정부저축과 재정투융자, 1913–1943, 1961–1979 (단위: %)

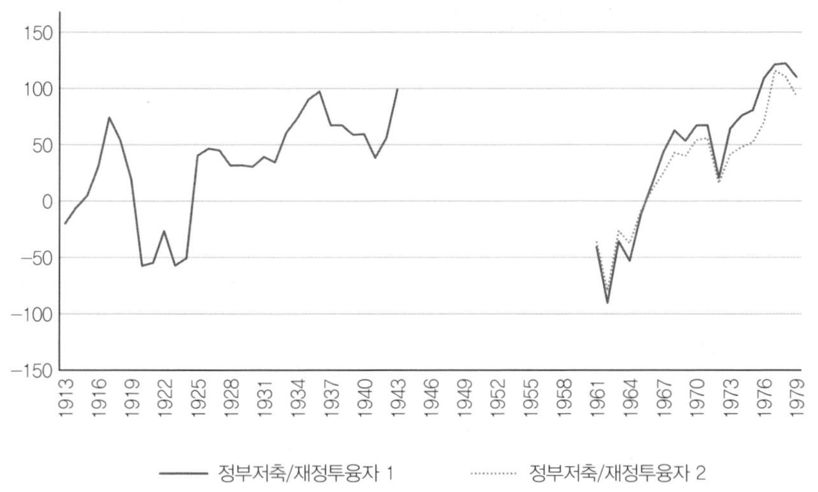

주: 1) 정부저축=경상수입−경상지출.
2) 1913-1943년은 조선총독부특별회계, 1953년 이후는 재정투융자 1은 일반재정, 재정투융자 2는 중앙재정 전체(일반재정+특별회계+기금).

자료: [그림 2-1]과 같음. 재정투융자 1과 정부저축은 김재호(2022b: 247-248, 부표 3, 부표 4)에서 작성.

2021). 100%는 정부저축으로 재정투융자에 필요한 자금을 완전히 충당할 수 있음을 나타내고, 마이너스 값을 갖는 것은 정부저축이 마이너스 값을 갖는 경우에 해당한다. 경상수입을 초과하여 경상지출이 이루어졌음을 의미한다.

식민지기에는 정부저축은 1913-1914년과 1920-1924년에는 마이너스였으나 1925년에 플러스로 바뀌었으며, 재정투융자 대비 정부저축의 비율이 1936년과 1943년에 97.2%와 99.0%로 100%에 근접하였다. 한국 정부의 경우에도 비슷한 양상으로 1965년까지 정부저축이 마이너스였으나 이후 플러스로 바뀌었고 재정투융자 대비 정부저축의 비율이 증가하였다.

정부저축이 일반재정 재정투융자에 대해서는 1976년에 109.2%, 전체 중앙재정 재정투융자에 대해서는 1977년, 1978년에 115.8%, 110.3%에 이르러 100%를 초과함으로써 정부저축으로 재정투융자를 완전히 충당할 수 있는 역량을 갖게 되었다.

해방 후에는 1972년에 급락한 경우 외에는 정부저축/재정투융자의 비율이 지속적으로 증가하고 있는 것에 반하여 특히 식민지 초기에는 부침이 심하였다. 1925년 이후 정부저축이 플러스 값을 갖게 되었으며 1936년에는 정부저축이 재정투융자를 거의 완전히 충당할 수 있는 역량을 갖게 되었다(90.1%). 하지만 1937년부터 1941년에 걸쳐 38.5%까지 급감하였다가 상승하여 1943년에는 99.0%에 이르렀다. 정부저축으로 재정투융자를 완전히 충당할 수 있는 재정능력을 갖게 되었다고 할 수 있다.

이와 같이 식민지기와 해방 이후 고도성장기에는 대부분 정부저축으로는 재정투융자를 위한 자금을 모두 조달할 역량이 부족하였기 때문에 국내(역내), 국외(역외) 자금을 동원하여 충당하였다.[10] [그림 2-5]는 국외(역외)자금의 대종을 이루는 원조와 차관을 중앙재정 규모와 비교한 것이다. 식민지기는 조선총독부 세출순계와 비교하였으며, 해방 후는 자료상의 문제로 일반재정, 중앙재정(일반회계+기타특별회계), 공공 부문(일반회계+기타

10 재정투융자를 위한 자금의 유입은 자본계정과 보전계정을 통해서 파악할 수 있다. 자본수입에는 앞에서 살펴본 정부저축과 보충금, 원조를 비롯한 국외(역외)자금이 있으며, 보전수입에는 차입금, 차관, 국채(공채) 수입이 있다. 식민지기는 역내자금은 정부저축, 자산매각, 차입에 의하여 조달되었으며, 역외자금은 보충금, 예금부자금, 일본 정부 일반회계, 금자금특별회계, 그밖에 동척과 만철로부터 유입된 자금, 그리고 공채를 통해서 조달되었다. 해방 후에는 '일반재정'의 경우에 국내자금은 정부저축, 국채 및 차입금, 산업부흥국채, 국외자금은 대충자금(원조), 재정차관예탁금으로부터 조달되었다(김재호 2022b: 247-248, 부표 3, 부표 4를 참조).

그림 2-5 원조와 차관 자금의 규모, 1913-1943, 1955-1979 (단위: %)

주: 1) 세출순계=세출−보전지출; 보전지출=이월금+차입금 상환.
2) 중앙재정=일반회계+기타특별회계+기금; 공공 부문=중앙재정+기업특별회계.
3) 원조와 차관은 세입에 포함된 부분.
4) 중앙재정의 원조에는 파월경비 지원이 포함.

자료: 김재호(2022b: 249-250, 부표 5, 부표 6); 기타는 재무부(1980); 김재호(2018a: Ch. T).

특별회계+기업특별회계)과 각각 비교하였다. 원조는 식민지기에는 보충금이 1913년에 세출순계의 19.5%의 규모였는데, 이후 지속적으로 감소하여 1919년에는 보충금이 지급되지 않았다. 그러나 1920년부터 반등하여 1924년에 11.2%까지 증가하였는데 이후에는 꾸준히 감소하여 1943년에는 0.9%에 불과하게 되었다.

해방 후에는 중앙재정의 세출(세출 및 순융자)에 대비하여 원조 비율이 1955년 25.6%였는데 급속히 증가하여 1958년에는 75.5%에 달하게 되었다. 식민지기에 비하여 해방 이후 원조의 상대적 규모가 월등히 커졌음을 알 수 있다. 1961년에도 73.6%의 높은 수준이었는데 이후 급속히 감소하였다. 식민지기 수준으로 원조의 상대적 규모가 감소한 것은 1960년대 중반을 지나면서부터였다.

한편, 차관은 식민지기에는 앞에서 언급하였듯이 공채수입에 해당한다. 1910년대에 조선총독부의 세출순계 대비 25%대에 이르렀으나 이후 감소하여 1923년에는 4.6%의 저점에 도달하였다. 이후 1943년의 24.1%까지 추세적으로 증가하는 경향을 보여 주었다. 해방 후 고도성장기는 식민지기에 비하여 재정 규모 대비 차관 규모가 작았다. 차관의 상대적 규모가 작았지만 원조가 급속하게 감소하였기 때문에 1970년을 전후해서 원조보다 차관이 더 커지게 되었다.

이렇게 원조와 차관의 상대적 크기가 역전되는 현상은 식민지기와 해방 이후에 동일하게 나타나고 있는데, 식민지기에는 차관(공채수입)의 상대적 규모가 1940년대까지 지속적으로 증가하는 경향을 보이는 반면에 해방 이후에는 증가 후 감소하는 양상을 보여 주고 있다는 점에서 차이가 있다.

이러한 원조와 차관의 상대적 규모의 변화에 따라서 조선총독부와 한국 정부는 모두 초기에는 역외(국외)자금에 의존하는 비율이 높았는데 시간이 흐름이 따라 역내(국내)자금의 비율이 높아지게 되었다. 그러나 총독부의 경우에는 역내자금의 비중 증가가 50% 수준에서 정체하고 있는 반면에 해방 이후에는 지속적으로 증가하는 추이를 보여 주었다(김재호 2022b: 227, 그림 6).

[그림 2-6]은 지금까지의 논의를 종합하여 국내(역내)자금과 국외(역외)자금의 대종을 이루는 정부저축, 원조, 차입이 재정투융자를 위해서 가용

그림 2-6 자금 구성: 정부저축, 원조, 차입, 1913-1943, 1961-1979 (단위: %)

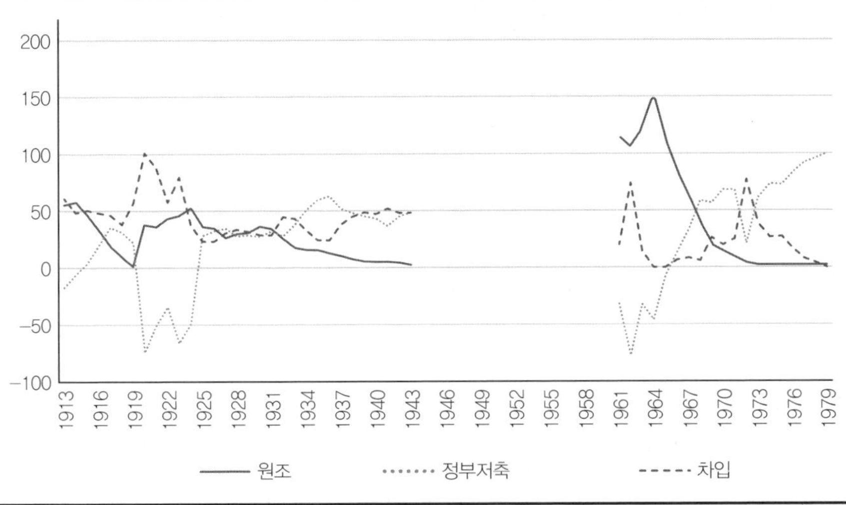

주: 1) 각 항의 비율은 국내(역내), 국외(역외) 자금 총액에 대한 비율임.
2) 원조는 총독부의 경우 보충금, 한국 정부의 경우는 일반재정에 대한 것으로 대충자금(원조)이며, 차입은 국채, 공채, 차관, 기타 차입금 등 유상자금을 모두 망라한 것이다.

자료: 김재호(2022b: 249-250, 부표 5, 부표 6)에서 작성.

한 전체 자금 중에서 차지하는 비중의 추이를 보여 주고 있다('차입'은 국채, 공채, 차관, 기타 차입금을 포괄). 식민지기와 고도성장기 모두 예상대로 정부저축의 비중은 높아지고 있으며 반대로 원조와 차입의 비중은 감소하였다. 한국 정부의 경우에 정부저축의 비중이 급속하게 증가하면서 차관을 포함한 차입의 비중이 급속하게 감소하였다. 다만 이러한 동향은 일반재정에 한정된 것이기 때문에 특별회계와 기금을 포함한 전체 재정의 동향과는 반드시 일치하지는 않는다. 전체 재정에서는 차관이 1970년대 후반에도 증가하고 있기 때문이다.[11]

이러한 한계가 있지만 정부재정의 중추를 이루고 있는 일반재정에서 정부저축이 증가하고 차입이 감소하는 것은 한국 정부의 재정 건전성 제고와 아울러 재정운영에 대한 재량권이 증가하고 있었음을 보여 준다. 특히 1970년대에는 정부저축의 증가와 함께 민간저축이 증가하고 있었기 때문에 민간저축을 국민투자기금(1973년 12월 설치)과 같은 제도를 통해서 재정투융자에 동원할 수 있었다는 점에서, 정부의 재정투융자에 대한 재량권은 한층 더 강화되었다.[12] 이러한 재정건전성의 증가와 정부저축과 민간저축의 증가는 1970년대 중화학공업화를 재정적으로 뒷받침하는 중요한 조건이 되었음이 틀림없다. 나아가 재정건전성은 차관이나 차입 등을 위한 신뢰를 제고한다는 점에서 정부의 재정능력을 강화시키는 것이었다.

다만 일반재정과 함께 일반재정 외의 특별회계를 통해서도 차관이 운영되었기 때문에 재정투융자에 투입되는 차관의 비중은 일반재정에서와 같은 수준으로는 감소하지 않았다(김재호 2022b: 229, 그림 8). 우선 1954-1972년까지 재정투융자에 투입된 국외자금의 추이를 살펴보면, 1960년대 후반 이후에 원조의 비중이 급감한 반면에 차관의 비중이 높아지고 있음을 확인할 수 있다. 원조는 1958년에는 최고 83.4%를 점하였는데 이후 감소하기 시작하였다. 1964년에도 원조가 30.1%를 점하고 있었지만 1966년에는 8.7%로 급락하였으며 이후 거의 유명무실하게 되었다. 반면에 차관의 비중은 1969년 이후 증가하여 1972년에는 34.1%까지 증가하였다.

---

11 같은 시기에 국가채무는 증가하였다(김낙년 외 편 2018: T351-360). 일반재정의 재정투융자와 전체 재정의 재정투융자 간의 차이에 관해서는 김재호(2022b: 227), 각주 14를 참조.

12 국민투자기금의 설치에 관해서는 재경회·예우회(2011: 98-100)를 참조.

이렇게 재정투융자에 투입되는 자금으로 차관이 여전히 상당한 비중을 차지하고 있었지만, 앞에서 언급하였듯이 1970년대 후반에 이르러 재정운영의 핵심이라고 할 수 있는 일반재정이 건전성을 확보하게 되고 정부저축의 증가와 함께 원조의 감소와 차관의 감소가 진행되고 있었다는 점은 주목할 필요가 있다. 실제로 중앙재정 전체 재정투융자와 전체 재정차관을 비교하면(김재호 2022b: 230, 그림 9), 재정투융자 대비 재정차관의 비율은 1970-1973년에 50% 수준으로 높아졌지만 이후 급속하게 감소하여 1979년에는 11.4%에 불과하게 되었다. 1980년에 56.5%까지 다시 반등하였지만 1979년의 오일쇼크와 정치적 요인을 감안하여 예외적인 변화라고 간주한다면, 1970년대의 이러한 재정투융자 대비 재정차관의 감소로부터 고도성장기 한국 정부가 앞에서 언급한 바와 같이 정부저축과 민간저축 등의 국내자금을 동원하여 재정투융자를 수행할 수 있는 역량을 갖추어 가고 있었다고 평가해도 좋을 것이다.[13]

마지막으로 조선총독부의 재정투융자가 지닌 식민지적 성격에 관하여 언급해 두고자 한다. 조선은행의 발권력이 제한되어 있었다는 점은 잘 알려져 있지만 조선총독부를 경유하지 않은 일본 정부에 의한 재정투융자가 행해지고 있었다는 점에도 주목할 필요가 있다.[14] 또한 태평양전쟁 시기

---

13 재정투융자의 재원에 대하여 연도별로 파악하기는 쉽지 않지만, 경제개발계획 기간별로 재정투융자의 재원별 분류는 추계되어 있다(유한성 1987: 80). 이에 따르면 재정투융자에 대한 정부저축의 비율은 제1차(1962-1966년)는 0%, 제2차(1967-1971년)는 54.0%, 제3차(1972-1976년)는 34.9%, 제4차(1977-1981년)는 37.1%이다. 재정차관의 비율은 각각 5.5%, 3.4%, 3.7%, 11.9%이다. 일반재정 재정투융자의 재원 구성과는 차이가 있는데 재정투융자가 포괄하는 범위가 다르기 때문이다.

14 "일본 대장성 예금부는 우편저금, 간이생명보험, 우편연금 등을 자금원으로 하여 주로 국책적인 사업이나 지방공공단체에 저리자금을 지원하는 형태로 운영하였다. 당시 한국

전시금융금고와 같이 일본제국의 재정투융자 일환으로서 군수공업과 관련하여 식민지 조선에 진출하는 기업에 융자되었다. 주로 식산은행을 대리인으로 하여 융자가 이루어졌다(배석만 2012; 정안기 2013).

해방 후에는 원조나 재정차관이 한국 정부의 재정기구 내에 유입되어 한국 정부에 의해서 재정투융자가 이루어졌다. 대충자금특별회계, 재정차관자금관리특별회계, 청구권자금관리특별회계 등 원조와 차관을 관리하는 특별회계가 설치되어 운용되었다. 해방 이후 원조자금과 차관자금의 사용에는 원조 당국과 협의가 필요하였지만(재경회·예우회 편 2011: 39-40), 한국 정부의 재정기구를 경유하지 않고 원조 및 차관 공여국의 정부가 직접 한국의 기업에 융자하는 방식으로 재정투융자가 이루어지지는 않았다. 식민지기에는 일본 정부의 원조라고 할 수 있는 '보충금'이 총독부특별회계의 세입에 편성되어 사용되었고, 공채금도 총독부특별회계에 편입되어 사용되었으나 그밖에 일본 정부가 직접 조선 내에 투융자하는 부분이 있었다는 점에서 식민지적 성격을 확인할 수 있다.[15] 또한 앞에서 언급한 대장성 예금부 자금과 같이 조선 내의 우편저금과 간이생명보험이 조선총독부가 아니라 대장성 예금부로 유입되어 일본 정부의 재정투융자에 이용되었다는 점도 독립국가라면 있을 수 없는 일이다.

해방으로 재정투융자에 큰 단절이 발생하였던 것은 일본제국의 해체

도 이러한 틀 속에 편입되어 있었다. 즉, 한국의 우편저금 등은 대장성 예금부로 예입되는 대신 그로부터 융자를 받았다. 먼저 예금부 자금의 유입은 한국의 특수금융기관이나 지방공공단체가 발행한 채권을 인수하거나 그들에게 대부금을 공급하는 형태로 이루어졌다"(김낙년 2003b: 90).

15 일본 정부 재정과 조선총독부 재정의 관련에 관해서는 平井廣一(1997: 1-9, 132-156)을 참조.

와 남북분단 그리고 한국전쟁으로 인한 것이었지만, 재정투융자와 관련해서는 앞에서 언급한 조선총독부를 뒷받침하였던 조건들이 와해됨으로써 기존 방식으로는 재정투융자를 위한 자금조달이 불가능하게 되었기 때문이기도 하였다. 결국 식민지기 말기까지 진행되던 정부저축의 증가, 원조(보충금)의 감소와 차관(공채)의 증가는 해방으로 인해서 극적으로 역전될 수밖에 없었다. 일반회계로는 경상지출도 충당할 수 없는 형편이었기 때문에 원조 없이는 재정투융자가 불가능하였다.[16]

4. 재정투융자의 형태와 용도

재정투융자의 목적이자 귀결은 자본형성이라고 할 수 있다. [그림 2-7]은 재정투융자와 총고정자본형성, 그리고 정부 부문 고정자본형성과의 관계를 보여 준다.

우선 재정지출에서 재정투융자의 비중이 높아지는 것이 반드시 전체 경제의 총자본형성 대비 정부 부문 자본형성이나 재정투융자의 상대적인 규모가 커지는 것은 아니라는 점을 알 수 있다. 식민지기나 1950년대에 비하여 경제성장이 본격화되는 1960년대 이후 총고정자본형성에 대한 재정

16 정부수입 이후 세입에서 차지하는 원조(대충자금)의 비중은 1949년 0.2%, 1950년 5.3%, 1951년 0%, 1952년 13.9%, 1953년 17.1%, 1954년 35.5%, 1955년 46.5%, 1956년(회계연도 없음), 1957년 54.1%, 1958년 54.0%, 1959년 42.1%, 1960년 35.2%, 1962년 39.6%이었다(재경회·예우회 편 2011: 46, 부표 1-5). 대충자금특별회계에서 경제부흥사업(경제부흥특별회계, 기타특별회계)에 지출되는 비중은 1954년 30.5%, 1955년 41.7%, 1957년 55.0%, 1958년 44.6%, 1959년 39.9%, 1960년 39.5%였다(재경회·예우회 편 2011: 48, 부표 1-7).

그림 2-7 
총고정자본형성과 재정투융자, 1913-1940, 1953-1988 
(단위: %)

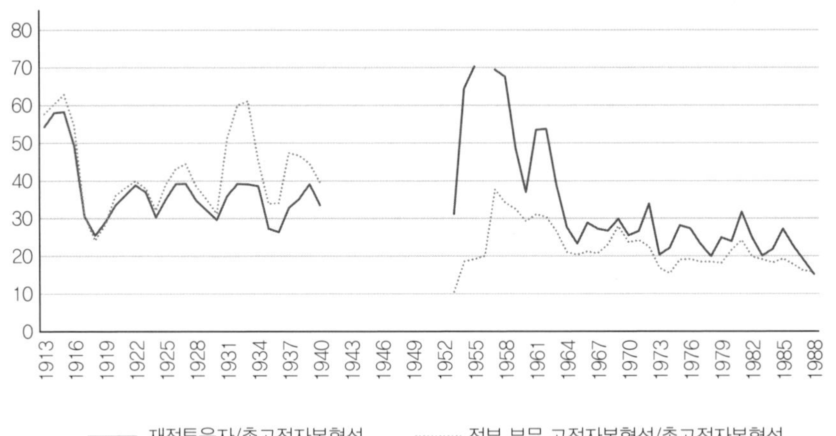

주: 총고정자본형성은 식민지기는 총독부+지방재정; 1953-1969년은 일반정부+정부기업; 1970년 이후는 일반정부.
자료: 김재호(2022b: 251-252, 부표 7)에서 작성; 총고정자본형성은 김낙년 외 편(2018: N26); 정부 부문 고정자본형성은 김낙년 외 편(2018: N219, T117); 재정투융자는 [그림 2-1]과 같음; 1953-1969년은 『한국경제통계연보』(한국은행), 각 연도(1967; 1975).

투융자의 비율이 낮아지고 있기 때문이다. 식민지기는 재정투융자가 총고정자본형성에 대하여 1915년에 최고 58.3%의 규모였는데 이후 감소하여 1918년 25.5%까지 하락하였지만 곧 증가하였으며 1933년의 39.1%, 1939년의 39.1%의 수준을 정점으로 일정한 수준을 유지하였다.

해방 이후에는 총고정자본형성 대비 재정투융자의 상대적 규모가 한국전쟁 휴전 이후 극단적으로 증가하였다. 1955년에는 70.3%에 달하여 정부의 재정투융자가 전체 경제의 고정자본형성을 대부분 담당하고 있었다고 할 정도였다. 한국전쟁 휴전 직후 급격하게 상승하였던 것은 원조(대충자금)의 투입이 주요한 원인이었다. 경제성장이 본격화되는 1960년대 이후에는 총고정자본형성에 대비한 재정투융자 비중은 20%대로 낮아졌으며 1980년에는 최저 15.2%에 불과하게 되었다. 전체 고정자본형성 대비 정부 부문 고정자본형성과 재정투융자의 상대적 규모가 작아지는 것은 민간 부문의 자본형성이 점차 활발하게 이루어졌음을 보여 주는 것이다.

한편, 재정투융자의 형태별 구성에서 식민지기 총독부와 해방 이후 한국 정부 간에는 큰 차이가 있었다. 무엇보다 [그림 2-8]에서 보듯이 식민지기에는 민간에 대한 융자가 거의 없는 것이나 마찬가지였다. 이러한 점에서 식민지기의 재정투융자는 고도성장기의 용어법에 따르면 '직접투자'였다고 할 수 있다. 조선총독부의 재정투융자에서 융자가 미미하였던 것은, 앞에서 언급한 바와 같이 식민지기에 이루어진 산업 부문에 대한 융

그림 2-8 총독부 재정투융자의 형태별 구성, 1913-1943 (단위: %)

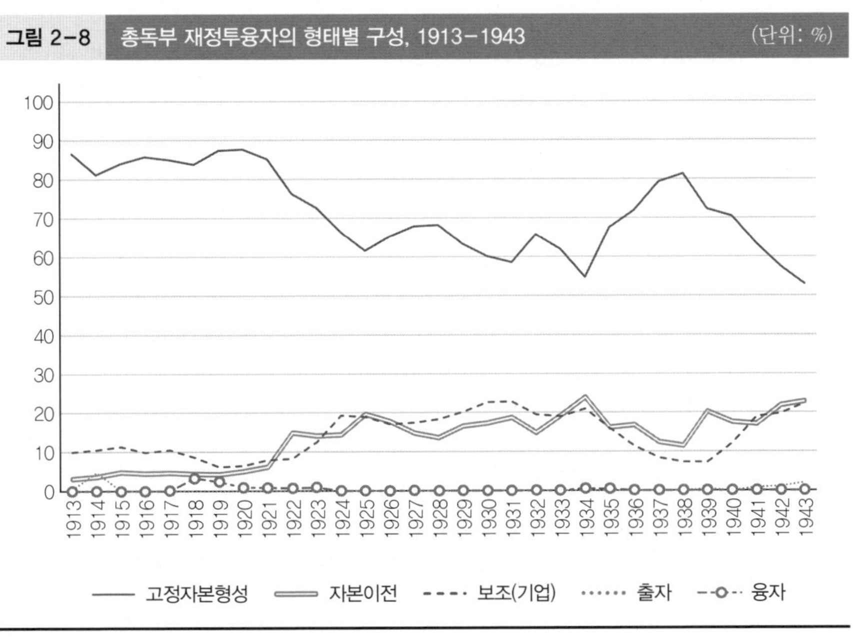

자료: 김재호(2022b: 253, 부표 8)에서 작성.

자는 조선총독부의 융자 방식이 아니라, 식산은행이 일본 자본시장에 채권을 발행하여 조성한 자금을 농업이나 광공업 부문에 융자하거나[17] 태평양전쟁 시기에 일본 정부에 의해서 운용되었던 전시금융금고와 같이 일본 정부의 재정투융자의 일환으로 조선 내 기업에 대한 융자가 이루어졌던 것과 관련이 있을 것이다.[18] 자금조달에서도 일본의 자본시장과 일본 정부의 대장성 예금부 자금을 활용할 수 있었다는 점에서 조선총독부는 한국 정부에 비하여 기업에 자금을 공급하는 역할을 수행할 필요성이 적었다고 할 수 있다.

조선총독부와 달리 한국 정부의 재정투융자에서는 [그림 2-9]에서 보듯이 융자가 상당히 큰 비중을 점하고 있었다. 1954년에는 54.3%에 달하였으며 이후 하락하여 가장 낮은 1972년에도 11.1%를 점하였다. 이후 증가하여 1978년에는 융자 비중이 31.7%로 상승하였으며 1984년에는 61.5%로 최고 수준에 도달하였다. 이러한 재정투융자에 의한 융자는 자본이전과 함께 민간의 자본형성에 기여할 것이기 때문에 국민계정에 계상되는 정부 부문의 자본형성으로는 집계되지 않는다. 이에 따라서 앞에서 살펴본 바와 같이 정부의 고정자본형성과 재정투융자 간에 차이가 크

17 식산은행의 자금운용에 관해서는 정병욱(2004) 참조.

18 이에 관해서는 추후의 과제로 남겨 두고자 한다. 다만 식민지기 최말기(1942-1945년)의 산업금융에 관해서는 안병직 외 편(1993: 202), 표 6-7을 참조. 이에 따르면 생산력 확충, 군수산업, 비계획산업에 대하여 투입된 산업자금은 1942년 1,056,930천 엔, 1943년 1,566,968천 엔, 1944년 2,194,384천 엔, 1945년 2,152,081천 엔(전망치)으로 합계 6,870,363천 엔이었다. 이 가운데 일본으로부터 조달된 자금은 1942년 50.6%, 1943년 51.4%, 1944년 61.6%, 1945년 34.4%, 합계 49.3%였다. 이로부터 계산하면 이 시기 조선총독부의 재정투융자는 조선 내에서 조달된 자금과 비교하여 1942년 53.4%, 1943년 48.9%, 일본으로부터 유입된 자금을 포함한 전체 자금과 비교하여 1942년 26.4%, 1943년 23.7%의 규모였다.

그림 2-9 한국 정부 재정투융자의 형태별 구성, 1953-1988 (단위: %)

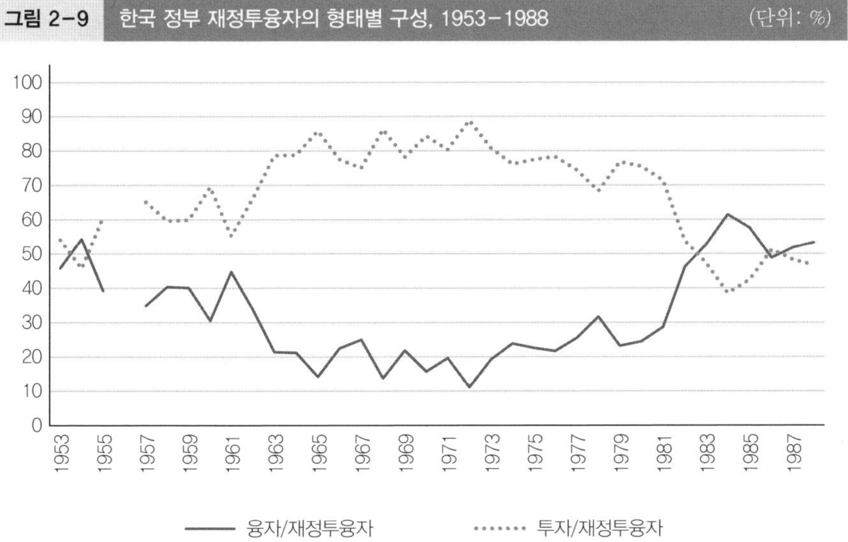

주: 1953-1961년은 기업특별회계(교통 통신 전매)의 직접투자 제외. 출자는 투자에 포함.
자료: 김재호(2022b: 254, 부표 9)에서 작성. 재정투융자 내역은 『한국재정40년사』 7권(1991: 492); 기금 융자는 『한국재정40년사』 7권(1991: 82-83). 미소한 차이가 있으나 내역이 정확한 숫자를 택함.

게 벌어지게 되었다.

마지막으로 [그림 2-10]을 통해서 식민지기와 해방 이후 재정투융자의 산업별 구성을 살펴보면, 먼저 장기간 변하지 않는 점은 '사회간접자본 및 기타'의 비중이 압도적으로 높다는 것이다. 그러나 상대적인 비중은 해방 후에 크게 낮아졌다. 1913년에 최고 94.3%에서 1934년에 67.3%로 낮아졌으나 이후 증가하여 1937년에 85.7%에 달하였다. 이후 점차 감소하여 1943년에 61.0%로 식민지기 최저 수준까지 하락하였다. 이와 같이 식민지기에는 대부분의 재정투융자가 '사회간접자본 및 기타'에 지출되었는데 운송통신 분야, 특히 철도에 집중되었다.[19]

그림 2-10 재정투융자의 산업별 구성, 1913-1943, 1955-1982 (단위: %)

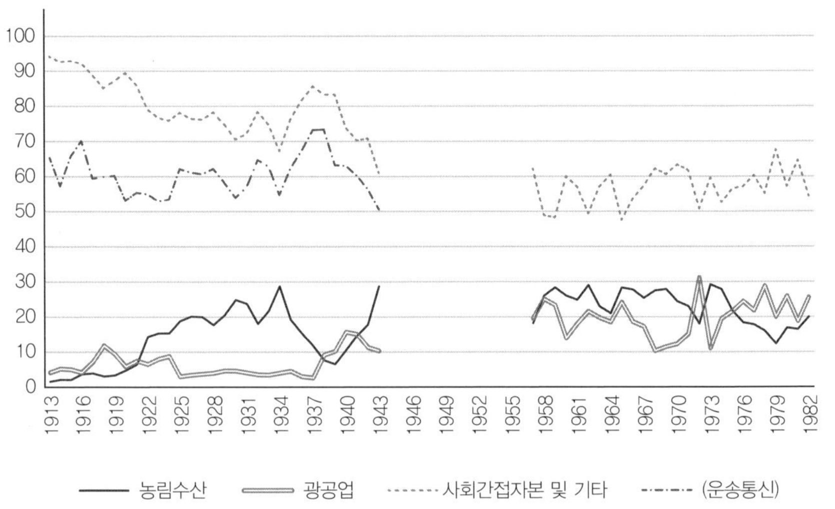

주: 1) 1913-1943년의 '연료 및 에너지'는 광공업에, '운송 및 통신'은 '사회간접자본 및 기타'에 포함.
2) 1953년 이후는 재정투융자 총계와 차이가 있음. 예산에 국한되어 기금은 제외.
3) 1953-1961년의 숫자는 일관성에 문제가 있음.
4) 1955년은 일반회계, 대충자금 및 기타 특별회계의 합계액.
5) 1956년은 회계연도가 없음.
6) 1957년은 일반회계 및 대충자금의 합계액.
7) 1957 회계연도는 예산, 기타는 결산.
8) 1958-1959년은 경제부흥특별회계를 통한 직접투자만 계상함.
9) 1960-1962년은 최종예산액.
10) 1980-1982년은 재정투융자총액과 차이가 있음.
11) 1983년부터는 『한국재정40년사』 7권(1991: 505)에 관련 내용이 수록되어 있으나 재정투융자 항목이 없어지고 경제개발비, 사회개발비 등으로 제시되어 있는데, 합계가 재정투융자와 차이가 크고 일관성에 문제가 있어서 이용하지 않음.

자료: 김재호(2022b: 255-257, 부표 10, 부표 11)에서 작성; 1913-1943년은 『朝鮮總督府特別會計歲入歲出決定計算書』 각 연도; 1955-1959년은 산업은행(1964: 19); 1960-1962년은 산업은행(1964: 21); 1962-1982년은 『한국재정40년사』 7권(1991: 494).

해방 후에는 '사회간접자본 및 기타'의 비중이 식민지기 수준보다 대

19 철도에 관한 재정자금 운용에 관해서는 박우현·정태헌(2020) 참조.

폭 낮아졌다. 1955년에 44.3%에 불과하였으며 1957년에 62.2%의 수준으로 급등하였지만 기복이 심하여 1965년에는 최저 47.5%까지 감소하였다. 정점에 해당하는 해에도 1970년의 63.4%, 1977년의 60.4%, 1979년의 67.7%로 식민지기 최저 수준에 머물렀다.

광공업의 비중은 식민지기에는 대부분 농림수산업에 비하여 낮은 수준에서 정체하였다. 1918년 11.8%로 증가하였지만 이후 감소하여 1925년에 3.0%까지 하락하였다. 이후 장기간 낮은 수준에 정체하였는데 1937년에도 2.6%에 불과하였다. 이후에는 광공업 비중이 상당히 빠르게 증가하여 1940년에 15.7%까지 증가하였다. 그러나 다시 감소하였지만 1943년에도 10.3%를 유지하였다. 1938년에서 1941년 사이에 광공업 비중이 크지는 않지만 농림수산업 비중을 초과하고 있는 것이 주목된다. 이와 같이 식민지기 총독부의 재정투융자는 '사회간접자본 및 기타' 부문과 농림수산업 부문에 집중되었으며, 식민지기 말기에 광공업 비중이 증가하였지만 단기간에 그쳤으며 비중도 낮았다. 다만 앞에서 언급한 대로 총독부를 우회하여 이루어지는 일본 정부의 재정투융자를 감안해야 할 것이다.

해방 이후에는 광공업 비중이 크게 높아졌다. 특히 1970년대 이후 지속적으로 높아지는 추세를 보여 주었다. 1950년대에 재정투융자의 광공업 비중이 높아졌던 것은, 일본 정부의 직접적인 재정투융자가 불가능해진 점도 감안해야 하겠지만, 국가, 곧 식민지기 총독부와 해방 이후 한국 정부의 산업화에 대한 의지에 차이가 있음을 보여 주는 것이라고 생각된다. 1955년에 재정투융자의 광공업 비중은 27.1%로서 식민지기 최고 수준을 크게 초과하였는데, 이후 기복이 심하였지만 가장 낮은 수준이었던 1968년에도 10.3%로 식민지기에 비하면 높은 수준이었다. 1972년에는 31.1%

까지 증가하였으며 오일쇼크가 있었던 1973년에 11.1%로 감소하였지만 이후 꾸준히 증가하여 1978년에는 28.8%에 달하게 되었다(1913-1943년 평균 6.6%, 1955-1988년 평균 20.2%). 중화학공업화 정책이 진행되었던 시기에 광공업에 대한 재정투융자가 증가하였음을 확인할 수 있다.

한편, 농림수산업에 대한 재정투융자와 광공업에 대한 재정투융자를 비교해 보면, 식민지기에는 산미증식계획이 시행되었던 1920년대와 1930년대 전반기에 농림수산업의 비중이 광공업을 크게 능가하였지만, 앞에서 살펴보았듯이 1938년부터 1941년까지는 역전되어 광공업 비중이 농림수산업 비중보다 높았다는 점이 주목된다. 해방 후에도 1960년대까지는 농림수산업 부문에 대한 재정투융자가 광공업 부문의 재정투융자를 능가하였는데 1970년대에는 다소 기복이 있지만 광공업 부문에 대한 재정투융자가 농수산업 부문에 대한 재정투융자를 초과하였다. 산업정책에 변화가 진행되었음을 반영하는 것이라고 생각된다.

이와 관련하여 앞에서 살펴보았듯이 식민지기에는 재정투융자 중에서 융자 비중은 무시해도 좋을 정도였는데 해방 이후에는 재정투융자 중에서 융자 비중이 크게 높아졌다. 차관이나 국채 발행 등과 같이 정부가 유상자금을 조달하여 민간에 원리금 상환을 조건으로 공급하는 방식이 채택되었다는 의미이다. 융자는 주로 수익이 발생하는 기업에 대해서 이루어졌기 때문에 재정투융자에서 광공업의 비중 증가와 관련이 깊다. 원리금을 상환받을 수 있다는 점에서 재정자금의 직접투자나 자본이전 등으로 지출하는 것보다는 정부 입장에서 자금을 효율적으로 활용할 수 있는 방법이었다.

1950년대에 융자 비중이 높았던 것은 국채자금과 대충자금(원조)의 융자가 이루어졌기 때문이며, 1960년대 경제개발계획이 시작되면서 융자 비중이 낮아졌다가 이후 1973년경부터 높아지기 시작하였다. 이는 융자기금의 설치와 밀접한 관련이 있었는데, 특히 1973년 12월에 설치되었던 국민투자기금은 중화학공업화 정책의 추진을 위한 것이었다. 국민투자기금에서는 채권을 발행하여 은행예금으로 축적된 국내의 민간저축을 동원하여 중화학공업화를 위하여 기업에 융자를 행하였다. 기금은 일반회계, 특별회계와 같은 예산과는 달리 국회 의결의 대상이 아니었기 때문에 상대적으로 정부의 재량권이 컸다.[20]

이상에서 살펴본 바와 같이 식민지기로부터 해방 이후 고도성장기에 이르기까지 재정투융자를 통해서 국가에 의한 자본형성이 이루어지고 있었지만, 1970년대 후반에 이르기까지는 필요한 자금은 정부의 자체 수입만으로는 조달할 수 없었다. 결국 경제성장 초기에 경제 규모가 작았을 뿐만 아니라 무엇보다 조세부담률이 낮았기 때문이었다.[21] 조세부담률은 증가를 지속하여 1970년대를 경과하면서 비로소 조세수입으로 경상지출, 경상세입을 충당할 수 있게 됨으로써 재정능력 함정으로부터 탈출할 수 있었다(김재호 2023; 이 책의 제1장). 원조와 차관, 그리고 차입이 있었기 때문

20 기금이 세입·세출 예산과 동일하게 국회의 의결을 받게 된 것은 2001년 「기금관리기본법」과 「국회법」이 개정된 이후였다. 다만 그 이전에도 기금에 대해서 예산 당국과 국회의 통제가 점차 강화되고 있었다. 1962년에 처음 기금이 도입될 때는 기금을 관할하는 중앙관서의 장이 전적인 재량권을 가지고 있었지만, 1973년의 「예산회계법」 개정으로 회계연도마다 기금운용계획을 수립하여 국무회의 심의를 거쳐 대통령의 승인을 받도록 하였으며, 정부가 기금운용계획서와 기금결산보고서를 세입·세출 예산안 및 결산과 함께 국회에 제출하도록 하였다(한국개발연구원 2010: 424-425).

21 조세부담률의 장기 추이에 관해서는 김재호(2018a: T293)와 김재호(2018b)를 참조. 조세부담률은 1911년 3.2%, 1940년 8.0%, 1953년 5.6%, 1960년 11.7%, 1970년 14.2%, 1980년 16.7%, 1990년 16.8%였다.

에 비교적 낮은 조세부담률로 높은 수준의 재정투융자를 행할 수 있었다고도 말할 수 있다.

이 점은 일본의 경우에 재정투융자를 위한 주된 자금이 국내 저축이었던 것과는 대조적이다(遠藤湘吉 1966; 福島量一 외 1973; 新藤宗行 2006). 한국의 경우는 1970년대에 이르러 국내 저축을 재정투융자를 위한 자금원으로 본격적으로 동원할 수 있었다. 특히 국내의 민간저축을 재정기구 내로 동원하는 방식은, 제2차 세계대전 이전 일본 정부의 대장성 예금부 자금의 운용, 그리고 이를 계승하여 전후 대장성에서 운용하였던 자금운용부 자금을 중심으로 한 '재정투융자계획'과 유사한 점이 있다. 이러한 점에서 한국은 1970년대에 이르러 비로소 일본의 '재정투융자계획'에서 볼 수 있는, 국내 저축을 동원하여 재정투융자를 수행할 수 있는 단계에 진입하였다고 평가할 수 있을 것이다.

5. 맺음말

재정투융자 규모는 해방 직후 단절이 있었지만 식민지기 이후 고도성장기에 이르기까지 추세적으로 증가하였으며, 특히 식민지기 후반인 1930년대와 해방 후 고도성장기인 1960년대와 1970년대에 증가율이 빨랐다. 재정에서 차지하는 재정투융자 비중도 증가하였는데 식민지기에 비하여 고도성장기가 월등히 높았다. 반면에 전체 자본형성에서 차지하는 재정투융자와 정부 부문 자본형성의 비중은, 공업화 수준이 낮았던 식민지기와 1950년대에 비하여 공업화가 본격화되는 1960년대 이후 고도성장기에 낮아졌다.

재정투융자가 사용된 용도는 식민지기부터 농림수산업이나 광공업에 비하여 '사회간접자본 및 기타' 부문이 차지하는 비중이 압도적이었다. 다만 전시통제기에는 다소 감소하였으며 해방 이후에는 더 크게 감소하였다. 특히 1970년대 이후에는 농림수산업에 비하여 광공업에 대한 재정투융자의 비율이 높아졌다. 재정투융자의 형태는 무엇보다 식민지기에는 융자 비율이 극히 미미하였지만 해방 이후에는 융자 비중이 크게 높아졌다. 이러한 차이는 식민지기에는 기업에 대한 융자가 일본 내 은행이나 식산은행 등의 금융기관을 통해서 이루어질 수 있었기 때문에 반드시 총독부 재정투융자를 통할 필요는 없었던 것, 그리고 전시통제기에서와 같이 조선총독부의 재정기구를 경유하지 않고 일본 정부의 재정투융자의 일환으로 이루어졌던 것과 관련이 있었다.

재정투융자를 위한 자금은 정부저축이 부족하였기 때문에 주로 원조와 차관 그리고 차입에 의해서 조달되었다. 특히 식민지기 전반과 해방 이후 1960년대까지는 역외 또는 국외에서 조달되는 원조와 차관의 비중이 매우 높았는데, 식민지기에 비하여 해방 이후에는 원조에 대한 의존도가 월등하게 높았다. 이러한 의미에서 국가에 의한 자본형성을 총독부와 한국 정부가 주도하였지만 주된 자금원은 총독부와 한국 정부의 내부 자금이 아니라 역외(국외)로부터 조달된 자금이었다.

식민지기 총독부와 특히 해방 후 한국 정부는 원조와 차관에 의존하였지만, 시간이 흐르면서 정부저축이 증가하였다. 재정의 자립도가 높아졌다고 할 수 있는데, 1970년대 후반에 이르러 일반재정에서 재정투융자를 정부저축으로 충당할 수 있는 역량을 갖추게 되었다는 점이 주목된다. 정부저축만으로 모든 재정투융자를 충당하지는 못한다고 하더라도 일반재정의 건전성은 정부의 재량권을 확대시키고 차관이나 차입 등을 위한 신뢰를 높인다는 점에서 정부의 재정능력을 강화시켰다.

식민지기 총독부와 비교하였을 때 재정투융자에 대한 재량권 강화가 해방 이후 특히 고도성장기 한국 정부가 가진 차이점이었다. 더욱이 총독부 재정에는 한국 정부와 달리 재정투융자를 위한 독자적인 재정 항목이나 특별회계가 별도로 설치되지 않았을 뿐만 아니라 조선총독부특별회계가 일본제국 재정기구의 일환으로 편성되어 일본 정부의 통제를 받고 있었다. 조선은행도 발권력이 제한되어 있었기 때문에 조선총독부의 재정투융자는 일차적으로 일본제국 전체의 분업구조에 규정될 수밖에 없었다.

식민지기 재정투융자는 철도를 중심으로 하는 사회간접자본에 집중되었으며 산업 부문에서도 광공업보다는 농림수산업의 비중이 높았다. 식민지기 말기에 광공업 비중이 높아지고 농수산업을 능가하는 새로운 변화를 확인할 수 있지만, 그 수준은 낮았다. 조선총독부의 재정투융자의 지향이 광공업보다 농업 부문에, 그리고 철도를 비롯한 사회간접자본의 형성에 있었기 때문이었지만, 독자적인 산업정책을 적극적으로 실행하지 않더라도 일본 기업의 직접투자를 유인하는 것으로 소기의 목적을 달성할 수 있었기 때문이기도 하였다. 자금조달에서도 식민지기의 조선총독부와 식산은행은 일본의 자본시장과 일본 정부의 대장성 예금부 자금을 활용할 수 있었다.

해방으로 재정투융자에 큰 단절이 발생하였던 것은 일본제국의 해체와 남북분단 그리고 한국전쟁으로 인한 것이었지만, 재정투융자와 관련해서는 앞에서 언급한 조선총독부를 뒷받침하였던 조건들이 와해됨으로써 기존 방식으로는 재정투융자를 위한 자금조달이 불가능하게 되었기 때문이었다.

1960년대 중반 이후 재정투융자를 위한 재원으로 정부저축이 증대하였으며 원조를 대신하여 차관이 도입되었는데, 이것은 1970년대의 민간저축 동원과 함께 재정투융자에 대한 정부의 재량권을 강화하였다. 이러한 재정투융자의 자금조달 측면의 변화는 1970년대의 중화학공업화 정책을 재정적으로 뒷받침하는 것이었다. 또한 1960년대에 경제개발계획이 시작되면서 재정투융자를 위한 전담조직(경제기획원)과 특별회계(경제개발특별회계, 재정자금운용특별회계 등)가 설치되는 획기적인 제도 변화가 있었다.

해방 이후의 재정투융자를 통해서 살펴본 국가에 의한 자본형성은 식민지기와 연속적 측면이 있음을 부정할 수 없지만 그대로 연장된 것은 아니었다. 무엇보다 재정투융자를 위한 독자적인 조직과 재량권의 확보라는 점에서 식민지기 총독부와 크게 차이가 나기 때문이다. 한국 근현대사에서 국가에 의한 자본형성은 일본의 식민지 지배와 함께 시작되었으며 식민지기 후반기에 새로운 국면으로 진입하였지만, 일본제국 재정기구의 일환으로 편성되어 재량권이 제약되어 있었다는 점, 재정투융자를 위한 전담 조직이나 특별회계가 없었다는 점, 그리고 광공업에 대한 비중이 낮은 수준이었다는 점에서 미숙한 것이었다.

마지막으로 이 연구는 식민지기 재정투융자를 새롭게 추계하여 해방 이후까지 연장하여 장기적인 추이를 확인하는 것에 주력하였다. 따라서 재정투융자의 구체적인 내용이나 제도 변화를 상세하게 고찰하지는 못하였다. 나아가 국가에 의한 자본형성의 전모를 파악하기 위해서는 조선총독부 외부에서 전개되었던, 일본 정부에 의한 재정투융자와 함께 재정투융자와 별도로 이루어진 정책금융에 대해서도 고찰이 이루어져야 할 것이다.

제3장

제2차 세계대전기 조선의 주식시장과 조선증권거래소

_ 이명휘

1. 머리말

제2차 세계대전 발발 이후 조선에서는 주식회사가 매년 300개 이상씩 신설되고, 불입자본금은 20% 이상 증가하였다(김낙년 외 2018: 911, 916). 상장회사의 시가총액이 1940년에는 GDP 대비 20%를 넘어섰다. 이러한 주식시장의 급격한 팽창 실태를 통해 해방 이후 한국 자본시장의 초기 조건을 밝히고자 하는 것이 이 연구의 목적이다. 구체적으로는 1939-1944년 주식시장의 데이터와 1943-1944년 운영된 조선증권거래소(朝鮮證券取引所)의 내부 문건을 검토하여 전시 말 군수기업의 자본조달과 저축동원의 실상을 구명하고자 하는 것이다.

식민지기 조선의 주식시장에 대한 선행 연구는 주식거래 조직과 거래소에 초점이 맞추어져 왔으며(홍성찬 1997; 이명휘 2000), 발행시장과 연결하여 자본시장 전체의 윤곽을 그려 내지는 못하였다. 이 연구에서는 기존 연구 성과를 1940년대까지 연결, 해방 이후의 한국 자본시장과의 연속성을 찾고자 하였다. 식민지 조선의 증권 자료는 일본의 주식시장 장기 데이터 구축 작업의 일환으로, 『일본증권사자료(日本證券史資料) 전전편(戰前編)』 4-5권을 중심으로, 기관발행 월보 등 기초 데이터가 상당수 축적되어 있다. 자료들을 수합·정리하면 1932년 1월-1943년 7월(조선거래소), 1943년 8월-1944년 12월(조선증권거래소)의 약 13년, 156개월의 시계열 확보가 가능하다. 나아가 일간지(『경성일보』, 『조선신문』, 『부산일보』, 『조선시보』) 주식란을 통해 상장기업의 동향과 시황 및 여론을 파악할 수 있다.

이 연구의 구성은 다음과 같다. 우선, 1939-1944년 주식시장의 전반적인 실태를 거래 종목, 주가 동향을 통해 개관하고, 1943년 8월 조선증권거래소가 설립되기까지의 배경을 검토하고, 조선증권거래소의 주요 거래 종목의 거래량, 주가 동향을 통해 전시 말기 식민지 주식시장의 역동을 추적하였다. 마지막으로 해방 이후 거래 종목, 거래 방식 거래원이 어떻게 변화되는지를 살펴봄으로써, 한국 증권시장의 초기 조건을 찾고자 하였다.

2. 1940년대 주식거래와 조선주식의 가격 변동

만주사변 이후 조선의 증권시장은 도쿄의 주식시장에 비하여 안정적이고 수익성이 높은 시장으로 인기가 높아졌다. 도쿄주식거래소(東京株式取引所) 종목(신주)의 주가지수와 수익률은 1932년 이후 하락세를 보이고 있으며 위험률도 높았다(平山賢一 2018: 124). 반면, 1939년 주식거래소로 개편된 조선거래소(朝鮮取引所)의 주거래 종목은 여전히 거래소 자체 주식이었지만 비중이 급감하고, 제조공업 주식의 비중이 높아지는 변화가 나타나기 시작하였다. 1940년대 투자자들은 조선 기업의 수익률과 안정성에 주목하면서 고배당 저평가 주식을 찾아 이동하였다(이영훈 외 2004: 158-159).

1939-1944년의 주식거래액과 주요 회사의 주가(조선본점 회사 주식 약 55-60종목의 50원당 월초 실물가격)를 [그림 3-1]에서 보면, 제2차 세계대전의 발발과 조선거래소의 주식거래소로의 개편(1939), 조선거래소의 해산(1943. 7), 조선증권거래소 설립·개장(1943. 8. 2)의 충격을 반영하고 있으며, 5개의 시기로 구분할 수 있다. 1기(1939년 1월-1940년 5월)는 중일전쟁의 장기화와 세계대전의 발발 시기, 2기(1940년 6월-1941년 11월)는 세계대

그림 3-1 주식거래액과 주요 종목의 가격(월초 실물가격, 50원당 시가) 변동 (1939. 1-1944. 12) (단위: 원)

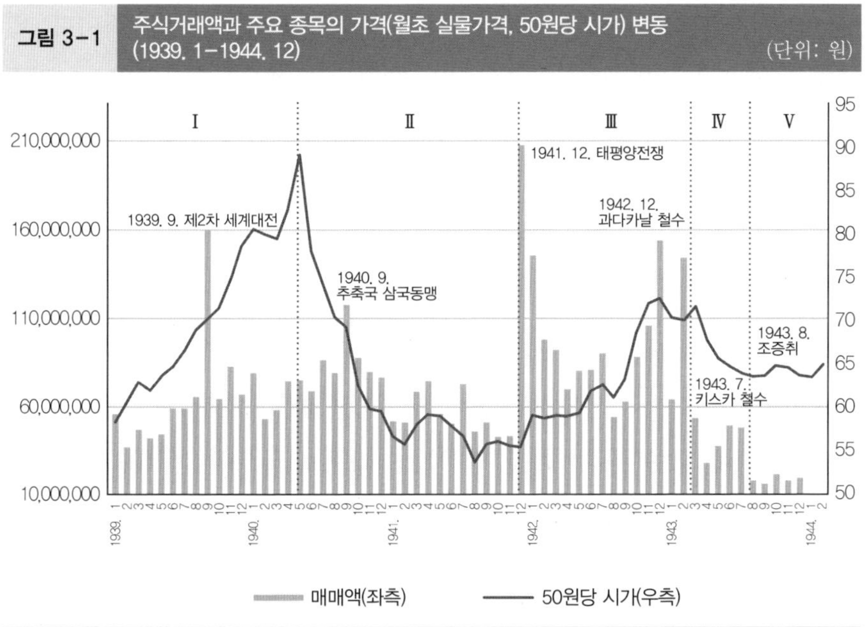

자료: 『조선거래소월보』(朝鮮取引所月報)(1939. 1-1943. 6); 『조선증권거래소월보』(朝鮮證券取引所月報)(1943. 8-1944. 2).

전 참전과 대일 무역공세가 격화된 시기, 3기(1941년 12월-1943년 2월)는 태평양전쟁이 발발한 직후, 4기(1943년 3월-1943년 7월)는 일제의 연속적 패전 시기, 5기(1943년 8월-1944년 2월)는 주식시장을 전면 통제하고 조선거래소를 해산, 조선증권거래소를 설립하여 전시통제기구로 장악하는 시기이다.

1) 1기(1939년 1월-1940년 5월): 주식시장 활황

제2차 세계대전 발발 전후 17개월간, 조선 대표 주식의 50원당 시가는 58원에서 89원까지 급상승하고 개장 이래 최대의 거래액을 돌파하였다.

제2차 세계대전이 조선의 주식시장에서는 호재로 작용하였던 것이다. 일제히 일본제국 전역에 조선 주식시장의 전도유망함이 설파되었고, '전시시세'(戰時相場)라는 용어로 기세를 알렸다.[1] 중일전쟁이 종결될 것이고, 선박을 비롯하여 수출산업에서 전시특수가 발생하리라는 기대로 조선의 주식시장은 과열되었다.[2] 활황의 수혜주는 조선의 지역주식(地場株)이었다. 일본에 비하여 조선에서 주식을 발행하는 것이 절차상 자유로울 뿐만 아니라, 중국 진출에 유리한 사업환경이 조성될 것이라는 낙관적 기대가 형성되었던 것이다.[3] 조선본점 상장회사는 평균 10% 이상의 배당률과 액면가의 1.8배에 달하는 주가를 보장하는 인기주로 급부상하였다. 1940년 5월, 조선 내 주요 주식 65종목의 현물시가를 보면, 제조공업 주식이 85.16원, 전기업이 74원이었으며 시가총액 합계가 7억 1,000만 원을 상회하였다. 기계공작·화학(고주파중공업, 용산공작), 광업(고바야시광업, 조양광업), 철도운수(조선경남철도, 조선운송), 전기(경성전기, 한강수전) 업종이 활황을 주도하는 주식 종목이었다.

2) 2기(1940년 6월-1941년 11월): 무역제재와 주가 폭락

이러한 활황세는 막상 일본이 세계대전에 참전하자 하락세로 돌아섰다. 연합국 측은 대일무역제재를 강화하였고, 주가는 급락하였다. 조선 대표 주식의 50원당 시가는 89원에서 53원까지 하락하였다. 삼국동맹 결성

1 「조선 경제계의 약진과 창업 이래 최고기록 갱신」, 『朝鮮取引所年報』(1939: 3).
2 『경성상공회의소 경제월보』 1939년 9월호, 23쪽.
3 『경성상공회의소 경제월보』 1940년 1월호, 45-46쪽.

을 호재로 한 1940년의 짧은 회복세(2-4월, 8-12월)도 하락세를 역전시키지는 못하였다. 미국이 일본에 대해 공작기계의 수출을 금지하고 일본 제품의 수입을 전면 통제하자 원료난으로 제조공업을 비롯하여 해운, 인견 주식이 폭락하고 투매가 속출하였다. 자재 부족, 무역 부진, 금융경색, 이윤 저하, 배당 감소의 악재로 주식시장은 소강 상태로 접어들었다. 조선총독부가 직접 개입하여 투자손실을 보상해 주고 안정적 수익을 보장해 줄 것을 호언하면서 주식투자를 권장하였다. 산업자금의 융통과 국민저축의 보호를 명분으로, 군수기업의 주식 발행을 지원하기 위한 인수기구를 정비하였다. 재정금융 기본방책요강(1941. 7)을 따라[4] 증권시장 개혁도 추진하였다. 「주식가격통제령」을 공포하고, 주가의 최저·최고 가격을 지정, 매매에도 개입할 수 있도록 하였다. 최저가격을 정하고 주가 하락을 방지하기 위하여 식산은행[5]과 조선은행의 자금을 주식 매입에 투입할 수도 있었다.

3) 3기(1941년 12월-1943년 2월): 태평양전쟁과 시국중점주 주가 상승

태평양전쟁이 발발하자 주식시장은 다시 활기를 띠기 시작하였다. 거래액이 급증하고, 조선 내 군수기업의 주가도 급등하였다. 1941년 10월 4,100만 엔까지 감소하였던 거래액은 12월 태평양전쟁이 발발하자 2억 엔을 넘어섰다. 1942년 6월 1일 전체 주식의 시가평균은 61원 91전으로 상승

4 『매일신보』 1941년 7월 12일자.
5 「조선식산은행령 중 개정의 건」, 제령 30호, 『朝鮮總督府官報』 1942년 9월 19일자.

하고, 조선본점 상장기업의 50원당 시가(실물)는 72원까지 상승하였다. 동요를 차단하기 위해 '성전'(聖戰)으로 전쟁을 미화하면서 총독부가 직접 주식시장에 개입하여 소액 국채를 발행하고 소화하기 위해 금융기구도 개편하였다. 저축채권, 보국채권, 두채권(豆債券),[6] 탄환우표(彈丸切手) 등이 발행되었고, 거액의 당첨권을 끼워 넣어 무이자 복권을 판매하는 저축상품도 등장하였다. 상설점포가 있는 곳 어디서나 복권, 채권, 우표를 판매하였고, 판촉행사도 열렸다.[7] 증권사는 전시가 장기화되면 단기 수익률이 아니라, 시국산업에 참여하고 국책으로 지원되는 기업을 찾아 투자해야 한다고 선동하였다. 그 영향으로, 수익률이 높은 것보다는 장기전에서 버틸 수 있는 정책적 지원이 가능한 사업이 부상하였다.[8]

4) 4기(1943년 3월-1943년 7월): 주식시장 통제와 국책 증권거래소로의 개편

일제가 1943년 3월 비스마르크해 해전에서 뉴기니 방어에 실패하고 더 이상 패색을 은폐하기 어려워지자 주가는 급락하였다. 연합군과의 공중전이 시작되자 주식시장은 개장 휴업 상태로 접어들었다. 전세에 대한 과장과 선전에도 주식시장은 반응하지 않았다. 청산거래의 반대매매 외에는 신규 거래가 중단되고 소강 상태가 이어졌다. 주식시장을 회생시키

6 액면 1엔의 채권으로 상환 기간 2년, 할증금 1-4등까지 추첨, 1등 500엔, 당첨확률은 30매 중 1매.
7 「여배우도 출동, 두채권을 팔다」(女優さんも出動, 豆債券を売る), 『조선신문』 1941년 9월 17일자.
8 『조선신문』 1941년 10월 8일자.

기 위해 특단의 긴급조치가 시행되었다. 1943년 6월 말 일본 내 11개소의 주식거래소를 통합하여 '일본증권거래소'(日本證券取引所)를 설립한 것이었다. 조선에서도 국책기관으로의 거래소 개편이 착수되었는데, 지점이 아니라 독자적인 증권거래소로 실물, 청산거래가 가능한 시장으로 조선증권거래소의 설립이 인가되었다. 이로써 주식회사 거래소는 해산되고 공영거래소가 출범하였다. 주식거래는 '생산확충 자금조달의 수단 및 국민의 투자 수단으로 전쟁에 복무'하기 위한 것으로 제한되었다.[9] 이어서 증권거래와 거래소의 기능을 명시한 「조선증권거래소령」(朝鮮證券取引所令, 1943. 7. 1)이 공표되었다.

3. 증권거래의 제도화와 조선증권거래소

「조선증권거래소령」은 조선에서 주식거래와 거래소에 대한 제도를 정비한 최초의 법령이었다.

조선증권거래소는 주식시장의 개설을 독점적으로 관할, 발행과 유통에 직접 개입(매출, 매입, 모집, 인수)하는 기관으로 설립되었다. 총독은 직접 주가의 조작, 상장주식의 인가와 폐지 권한을 조선증권거래소를 통해 행사할 수 있게 되었다. 증권거래 실무는 상세히 규정되었으며 시장의 감독과 감시, 투자자 보호의 체제가 정비되었으며, 상장기업의 신용도를 평가하는 역할까지 직접 거래소가 담당함으로써 시장에 대한 관리·감독·보

9 『殖銀調査月報』 1943년 1월호.

표 3-1	「조선증권거래소령」과 시행세칙의 주요 내용
설립 목적	국가경제의 적절한 운영, 유가증권의 공정(公正)한 가격 형성과 안정 및 유통 원활
설립 방식	총독부, 민간의 공동출자 특수법인, 자본금 1천만 원(20만 구, 1구 50원), 출자증권 발행(연 6% 배당금 보장)
조직	조선총독 임명: 이사장, 이사 3인 이상(4년 임기), 감사 2인 이상(2년 임기), 평의원
업무	① 유가증권시장의 개설 독점, ② 매출한 유가증권의 인수 또는 매입, ③ 인수 또는 매입한 유가증권의 매출 및 유가증권의 모집 또는 매출의 취급
거래원	① 자격: 주식회사, 보증금(일반 10만 원, 실물 5만 원), 자본금 기준(50만 원) 이상, ② 적립금 결산이익의 1/10 의무화, ③ 영업보고서, 대차대조표 공고
거래 방식	① 실물거래, 청산거래 2종류, ② 매매거래 기한: 실물거래 20일, 청산거래 3개월, 청산거래 단위 50주, ③ 단기 청산거래 점진적 폐지
상장주식	거래소 주식 상장 금지
운영	국채, 지방채, 총독이 인가한 유가증권의 취득, 은행예금, 우편저금으로 여유금 운용
	잉여금의 1/10 이내 준비금 적립
	배당 잉여금이 정부 이외의 출자자 불입 출자금액의 6%에 미달 시 총독이 보조금 지급
투자자 보호	배상책임, 증권거래의 안정성 보장, 거래소 회계규정 법제화, 감리관 임명 감독
상장기업 관리	상장회사 경영 상태 보고, 1/2분기별로 업무재산 상황 보고 의무화

자료: 「조선증권거래소령」(1943. 7. 1); 『조선총독부관보』에서 요약.

증 기능이 강화되었다. 조선증권거래소는 조선거래소(공칭자본 5,743,150원, 불입자본 1,544,400원)의 주식을 자본금 1,000만 원의 출자증권(1구좌 50원, 20만 구)으로 전환, 신규 발행하는 방식으로 설립되었다. 신규 모집된 출자자 수는 총 802명이었는데, 그중 조선 거주자는 650명으로 조선거래소 1943년 주주와 648명이 일치하였다.[10] 주주가 출자자로 전환되었던 것이다. 민간인 75%, 조선 거주자의 비중이 90%에 이르렀다. 일본 거주자는

10 조선증권거래소, 『출자자명부』(1944. 5. 1); 조선거래소, 『1943년도 영업보고서, 주주명부』.

표 3-2 조선증권거래소 사업개황 보고(1944. 4. 1-1945. 3. 31)

1. 자산 및 부채			
부채		자산	
자본금	6,367,700	자본금	10,000,000
동산, 부동산	1,980,493	인당금(引當金)	32,666
특별자산	304,109	차입금	15,711,179
소유유가증권	155,683	영업보증금	1,363,776
제예금 및 현금	255,200	매매증거금	1,107,202
영업보증금 대용증권	1,201,443	실물입체(立替)보증금	248,591
매매증거금 대용증권	1,078,902	거래원차(取引員借)	309,287
실물입체(立替)보증금 대용증권	248,591	잡감정(雜勘定)	179,889
거래원대(取引員貸)	17,332,942	당년도 잉여금	142,938
잡감정(雜勘定)	170,494		
합계	29,095,557	**합계**	29,095,528
2. 수입 및 지출			
수입		지출	
매매수수료	264,880.85	제세금	5,363.30
공개증권취급수수료	32,500.00	지불이자	383,290.52
부대업무 수입	644,027.54	보수 및 급여	275,650.54
유가증권 이식 및 배당금	4,221.00	제경비	128,491.34
예금이자	45.81	동산부동산가액상각	66,123.68
부동산익(不動産益)	8,623.51	특별자산가액상각	33,789.89
잡익	2,776.88	잡손	10,000.00
정부보급금(政府補給金)	122,237.76	인당금	32,666.08
		당년도잉여금	142,938.00
합계	1,079,313.35	합계	1,078,313.35
3. 잉여금 및 처분			
당년도 잉여금	142,039		
정부 이외 출자배당금 연 6%	142,039		

자료: 「사업년도말사업개황공고」, 『조선총독부관보』 1945년 6월 5일자.

증가하였으나, 만주 관동주 거주자 및 출자금 비중은 감소하였다. 1,000구 이상을 출자한 20명의 출자구 보유 비중은 35.3%로, 조선거래소 대주주 20명의 보유 비중 58%에 비하면 낮아졌는데, 정부 출자분이 포함되었기 때문이다.

거래원의 자격도 3년 이상 경력 법인으로 제한되었다. 일본제국 전역에서는 1종 허가를 받으면 주식, 출자증권의 실물과 청산거래를 할 수 있었다. 거래원은 도쿄와 오사카의 지역 소재 법인으로 자본금 최저액이 100만 엔 이상의 대형 증권회사로 제한되었다. 조선증권거래소 거래원의 최저자본금은 50만 엔이었지만, 실물거래뿐만 아니라 청산거래가 한시적으로 허용되었는데, 도쿄, 오사카의 거래원과 대등한 지위로 격상된 것이었다. 따라서 조선증권거래소 거래원은 일본제국 전역의 주식전문가로서 업계를 대표하는 유력자가 되었다. 조선증권거래소에서는 약 300만 주(3,046,800주)의 주식이 거래되었고 수도량은 206만 주(2,068,463주)였다. 이는 최전성기 조선거래소 매매량 600만 주의 절반 수준이었지만, 거래소 종목의 상장폐지 이후의 실적이므로 실물거래 실적은 크게 개선된 것이라고 볼 수 있다.

4. 조선증권거래소에서의 주식거래

조선증권거래소는 정책적 지원을 받는 특정 군수기업, 시국중점주를 발행하고 거래하는 시장으로 변모하였다. 일제는 동남아시아 점령지역의 물자동원계획에 군수기업을 동원하였다. 실물거래의 증거금을 폐지하고,

시국산업에 대한 대대적 지원이 발표되자 시국주의 주가는 폭등하였다. 조선증권거래소 개장 직후인 8월 2일 주가는 전년 동월 대비 2배 이상 상승한 지점에서 시작되었고, 과열 우려로 자숙 요청이 있을 정도였다. 기계공작, 자원개발 종목 중에서 4개의 대표 주식이 급부상하였다. 용산공작(龍山工作), 유센광업(游仙鑛業), 고바야시광업(小林鑛業), 고주파중공업(高周波重工業)은 정부가 주가의 안정과 고배당을 보증해 주는 관리주식이었다. 용산공작(불입액 25원) 종목은 일본에서 매입 주문이 폭주하여 대기를 해야만 살 수 있었다.

조선증권거래소 개장 이후 2개월간 용산공작 신주 단기 청산거래 일일 가격동향표([그림 3-2])를 보면, 개장 직전 1943년 7월 용산공작 신주는 37.7원을 시초가로 하여, 7월 31일에는 56원까지 상승하였고, 개장 직후인 8월 6일에는 최고가 58.5원에 이르고 있다. 장기 10월한(限) 가격도 56원을 넘어섰으며 실물거래가는 평균 54원에서 유지되었다. 최초가보다 최종가가 높은 상승일(흰색 상자)이 16일, 하락일(검은색 상자)이 21일이었지만, 불입액 25원의 2배 이상에서 가격이 유지되었다.

고바야시광업도 관리주식이었다. [그림 3-3]을 보면, 조선증권거래소 개장 이후 주가는 변동폭이 작아지고 70원 이상의 가격을 유지하고 있다. 고바야시광업의 주가가 급등한 것은 영국이 지배하고 있던 태평양 지역을 일본이 점령하면서부터였다. 영국이 보유하고 있던 광산을 접수하여 조선의 기술로 생산을 하고, 전쟁 수행에 필요한 자원을 내부에서 조달하는 기술혁신 주도 기업, 애국 기업의 전형으로 기업 이미지가 구축되었던 것이다. 군수성, 운수체신성 및 농상성이 신설되면서, '결전기구'의 완비와 시국 중점주의 선전이 보다 적극적으로 추진되었다. 조선 주식에

주: 상자는 시초가-종가를 표시, 검은 상자: 시초가>종가, 흰색 상자: 시초가<종가.
자료: 「단기주력주(短期主力株) 일별시세표(日別相場表)」; 『조선증권거래소월보』 1943년 8월, 9월호에서 작성.

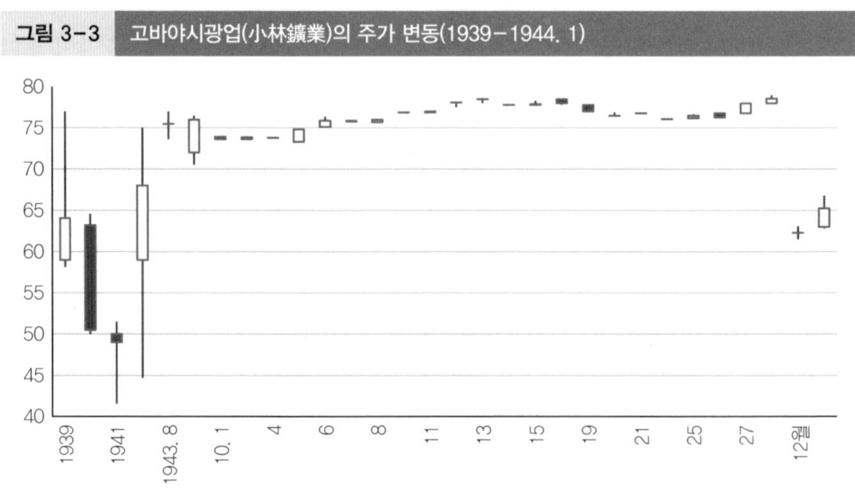

자료: 『조선증권거래소월보』.

대한 매입을 권장하며, 태평양 군도에서의 승전고가 주가를 상승시킬 것이라는 홍보와 어떤 경우에도 시국주식은 하락하지 않을 것이라는 맹신이 전파되었다.[11]

신주 발행을 통한 공모증자도 성공적으로 이루어졌다. 청산거래 종목의 인기는 하락하고 주력종목이 실물거래 중심으로 이동하였다. 조선거래소의 대표 종목이자 청산거래의 주력종목으로 고배당주였던 일본의 종연방적 신주는 1941년 최고가 124원에서 1943년 평균 72원으로 급락하였다.

조선증권거래소 개장 직후 3개월간 거래주식 수는 8월 장기 청산거래 133,550주, 단기 청산거래 404,150주, 실물거래 193,517주로 단기 청산거래가 주도하였지만, 9월부터는 실물거래가 시장을 선도하였다. 1943년 9월부터는 단기 청산거래가 폐지되고 '청산거래'라는 이름의 장기 청산거래가 이루어졌다. 1943년 9월 거래된 청산거래 18종목을 [표 3-3]에서 보면, 11종목이 조선 주식이고 7종목이 일본 주식이다. 매매량 상위 종목은 여전히 일본마그네슘, 가네가후치방적, 쇼와전공 등 일본 주식이었으나, 용산공작, 유센광업, 고바야시광업 등 조선의 시국중점주가 주요 종목으로 부상하였다. 거래소 주식의 상장이 금지된 이후, 실물주식의 공급량이 충분하지 않았기 때문에, 증거금을 걸고 차금거래를 할 수 있는 일본 대기업 주식을 주종목으로 하는 청산거래가 존속되었기 때문이다. 반면, 같은 기간 실물거래 종목 155개(조선 주식 53개, 만주 주식 13개, 일본 주식 89개) 중에서 조선 주식은 거래 규모의 78%를 차지하였다. 거래량 상위 15개 종목을 보면, 가와사키중공업(川崎重工業(新)) 외에는 모두 조선 주식이

11 「11월 시황」, 『조선증권거래소월보』 1943년 11월호.

그림 3-4 조선증권거래소(1943. 8-1944. 1)의 거래방식별 비중과 총거래액 (단위: %, 원)

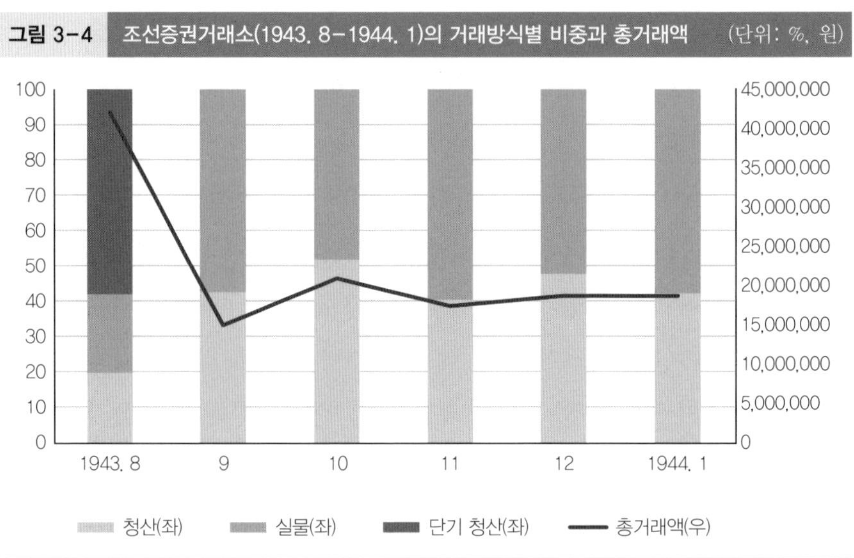

자료: 『조선증권거래소월보』 1943년 8-10월호.

었으며, 거래대금의 상위 순위도 조선 주식이 차지하였다. 1943년 10월이 되자, 청산거래와 실물거래 최다거래 5종목은 거의 조선 주식으로 변화되었다. 조선증권거래소의 설립 취지와 영업 목적이 지장주 육성이었기 때문에 주가를 유지하고 신주 발행을 지원하였던 군수주의 실물거래 증가가 반영된 것이었다.

조선증권거래소 실물거래 종목 중 조선 주식 55개를 선별, 산업별로 분류하고 특징을 정리하면 다음과 같다.

표 3-3 청산거래 상장종목(1943. 9)

	공칭자본금	상장자본금	불입(원)	배당률	9월 한		10월 한		11월 한			매매		수도	
	천 원	원			최고(원)	최저(원)	최고	최저	최고	최저	평균	주수(주)	대금(원)	주수	대금
高周波重工	50,000	50,000,000	50	0.60	52.00	51.90	53.20	51.90	53.90	53.10	52.88	9,400	496,300	9,900	514,800
龍山工作新	10,000	9,650,000	25	1.00	52.40	52.40	54.80	48.00	54.00	50.50	51.80	27,800	1,431,345	400	21,000
避仙礦業	10,000	10,000,000	50	0.80	60.00	57.00	62.50	57.80	62.60	58.50	58.72	25,550	1,514,589	3,150	181,125
東洋輕金屬	45,000	45,000,000	25						52.60	53.50	52.60	1,000	52,600	1,000	57,000
小林鎭業	25,000	25,000,000	50				77.50	70.60		74.70	74.11	16,050	1,186,825	4,850	358,900
日本マグネ	5,000	5,000,000	50	0.80	66.00	64.60	65.00	62.70	62.00	61.70	64.71	5,200	334,850	150	9,675
朝陽礦業	5,000	5,000,000	25	0.60					27.30	27.00	27.30	50	1,365	450	6,975
三菱重工業新	480,000	240,000,000	26	0.70					60.00	62.00	60.00	300	18,000		
流淵紡績	136,200	76,200,000	50	1.60			128.90	128.90		126.00	128.90	50	6,445	200	26,200
鐘淵紡精新		60,000,000	12.5	1.60	71.30	71.00	73.00	70.90	73.40	68.40	71.54	7,200	513,245	50	3,550
朝鮮機械	8,000	8,000,000	50	0.80			72.00	71.50	65.00	73.00	68.33	2,300	151,720	2,100	156,450
弘中商工	3,000	1,500,000							51.00		51.00	300	15,300		
朝鮮製辣	10,000	10,000,000	37.5	0.50			27.50	24.50	27.00	29.00	26.16	3,100	80,290		
朝鮮石油新	30,000	20,000,000	35	0.90			77.00	77.00		58.50	77.00	50	3,850		
大阪商船	100,000	100,000,000	50	0.80	72.00	72.00			73.30	73.30	77.65	100	7,265		
昭和電工	110,000	110,000,000	50	0.80	92.60	90.30	92.50	91.20			91.49	4,800	439,175	1,000	91,000
川崎重工	600,000	200,000,000	50	0.70					63.40	63.00	63.20	150	9,480		
川南工業	50,000	50,000,000	50	0.80	87.50	87.50			90.00	87.50	87.94	800	70,650	2,000	174,000

자료: 『조선증권거래소월보』 1943년 9월호에서 작성.

표 3-4 실물거래 상위 종목

순위	평균가격 상위 종목명	주가 (원)	거래주식 수 상위 종목명	주식 수 (주)	거래대금 상위 종목명	대금액 (원)
1	朝鮮銀行(조)	147.24	龍山工作新(조)	22,400	龍山工作新	1,146,035
2	東洋紡績(일)	140.4	遊仙鍍業(조)	17,550	遊仙鑛業	1,033,635
3	新潟鐵工(일)	112.5	高周波(조)	12,500	朝鮮銀行	750,920
4	日本精工(일)	109.75	川崎重工新(일)	9,910	小林鑛業	716,444
5	大阪機工(일)	106	小林鑛業(조)	9,740	高周波	655,185
6	東洋ベアリグ(일)	104.3	三國石炭新(조)	9,400	日本マグネ	404,737
7	滿洲煙草(만)	95.5	漢江水電(조)	8,960	朝鮮機械	336,620
8	三井鑛山(일)	95.25	親和木材新(조)	7,690	三國石炭新	291,760
9	三菱鑛業(일)	93	朝陽鑛業(조)	7,450	朝鮮理研金	241,180
10	大日本兵器(일)	91.5	日本マグネ(조)	6,240	川崎重工新	236,318
11	東洋工業(일)	91.5	朝鮮理研金(조)	6,000	漢江水電	200,517
12	石川島造船(일)	91	朝鮮機械(조)	4,910	朝陽鏡業	195,785
13	昭和電工(일)	90.2	國産自動車(조)	3,750	三國石炭	176,550
14	日立製作(일)	90	朝鮮製錬(조)	3,050	川崎重工	152,715
15	京城電氣(조)	89.64	三國石炭(조)	2,510	朝鮮石油	149,885

주: (조)는 조선, (일)은 일본, (만)은 만주.
자료: 『조선증권거래소월보』 1943년 8-10월호.

표 3-5 증권거래 상황(1943. 10)

실물거래 매매량(주)					청산거래 매매량(주)			
종목 수	조선주	대륙주	일본 주식	합계	종목 수	조선주	일본주	합계
	147,735	6,160	46,792	200,687		102,700	15,400	118,100
151	74%	3%	23%		15	87%	13%	
최다 거래 5종목					최다 거래 5종목			
小林鑛業	27,370				遊仙鑛業	33,750		
川崎重工新	17,660				日本マグネ	16,800		
龍山工作新	16,000				高周波	12,950		
遊仙鑛業	20,280				龍山工作新	18,450		
高周波	16,700				鐘淵紡績新	13,950		

자료: [표 3-4]와 같음.

1) 금융: 장기 안정적인 보유주

실물거래 상장종목 중에서 금융회사는 은행, 보험, 신탁, 증권금융, 무진회사 등이다. 금융주식은 가격 변동폭이 크지 않고 액면가 이상의 안정적 가격이 유지되고 있었다.

6개 은행종목(조선은행, 식산은행, 상업은행, 저축은행, 한성은행, 동일은행) 중 대표 주식은 조선은행과 식산은행이었다. 전시자금 조달을 위한 채권 소화에 이 두 은행이 동원되었고, 전시금융금고 증권부가 위탁한 유가증권의 시가 안정 업무를 대행할 뿐 아니라, 군수기업 장기 융자와 투자, 주식 매입의 업무를 담당하고 있었다(배석만 2012: 179-188). 조선은행은 불입액 100원의 고가 주식으로 실물거래가격 140원 이상에서 거래되었고 7%

그림 3-5 금융주식의 가격 변동(1942년 평균가-1943. 9 일일가격) (단위: 원)

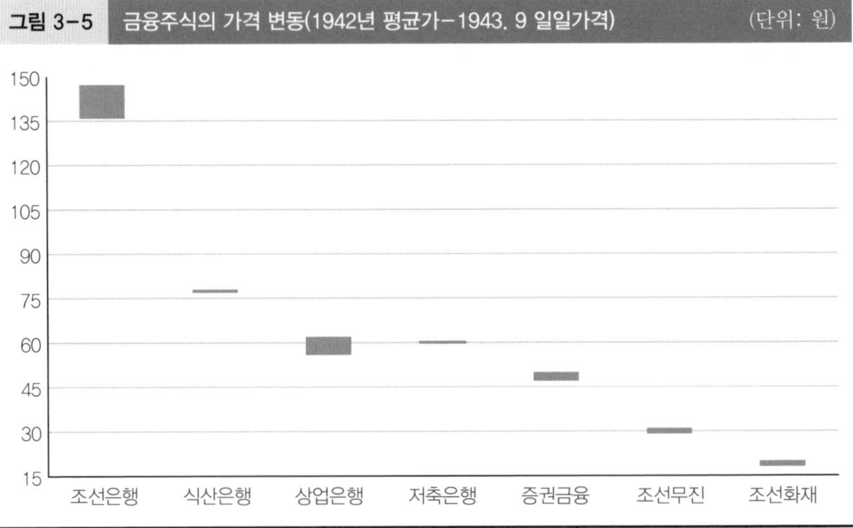

자료: 『조선증권거래소월보』 1943년 9월호.

배당률이 보장되었다.

조선은행 주가는 1942년에는 평균 135원이었는데 조선증권거래소 개장 이후에는 147-148원까지 상승하였다. 개장 초에는 검은 상자로 표시된 것처럼, 시초가에 비해 종가가 낮았지만, 이후에는 월별 가격 변동폭이 거의 없다(가로선). 은행주는 고가의 장기 보유의 안정성이 보장되는 주식이었다. 조선은행의 주주 수는 5,824명으로 다른 금융종목에 비하여 기관 대주주 보유 비중이 낮고 주식의 분산도가 높은 편이었다. 조선은행의 기관 대주주는 상업은행, 동일은행, 조선신탁, 저축은행 등 조선 내 은행과 일본의 금융기관, 총독과 이왕직으로 구성되어 있다. 조선총독은 조선은행, 식산은행, 상업은행의 주식을 보유하고 있었다. 발권은행으로서의 조선은행에 대한 총독부의 지분 참여로 감독과 통제가 가능하였다고 볼 수 있다.

식산은행도 고배당(9%), 고가의 주식이었다. 개장 직후 8월과 9월에 등락폭이 1-2원이고, 월별 등락폭은 거의 없었다. 수차례의 신주 발행으로 증자를 하였기 때문에, 식산은행 주식의 공급량이 많았고 거래가 활발하여 현금화가 용이하고 안정적인 주식으로 신뢰가 높았다. 식산은행 신주의 주가도 불입액 이상의 높은 주가가 유지되었고(불입액 37.5원, 신주의 평균가 60원대), 구주(불입액 50원)의 주가도 75-79원까지 유지되었다. 식산은행의 주주는 5,134명으로 주식분산도가 높은 편이었고, 기관 대주주로는 상업은행, 한성은행, 저축은행, 일본의 저축은행, 소학교 교원공제회에 이르기까지 다양한 집단이 참여하고 있었다. 식산은행과 저축은행, 상업은행은 상호 주식을 보유하고 있었고 빈번한 신주 발행을 상호 인수하면서 전시금융을 지탱하고 있었다고 볼 수 있다. 상업은행은 빈번한 신주 발행으로 구주 50원, 1신 37.5원, 2신 20원, 3신 12.5원의 4종목이 상장 거래되고 있었다. 구주는 62원까지 상승한 상태에서 거래되고 1신은 26원까지 상승하였으나 2, 3신의 거래는 거의 없었다. 저축은행도 불입액 37.5원을 크게 상회하는 62원까지 상승한 가격에서 유지되었으나 거래량이 적었다. 은행종목은 거래가 활발하지는 않고 고가 안정주로 보유되는 주식이었다.

은행 외 금융기관으로 신탁, 무진, 보험회사의 주가도 불입액 이상에서 가격 변동폭이 적은 안정적인 주식으로 선호되었다. 1942년 조선무진회사(불입액 22.5원)는 조선증권거래소 상장 직후 29원에서 31원으로 상승한 가격이 1944년 9월까지 그대로 유지되었고, 1944년 10월부터는 불입액 50원으로 증자한 이후 가격이 60원 이상으로 급등하였다. 불입액 12.5원인 조선신탁과 조선화재해상보험도 20원 이상의 수준에서 가격이 안정적으로 유지되었다.

표 3-6 은행신탁종목의 기관 대주주와 보유 주식

	朝鮮銀行		朝鮮殖産銀行		朝鮮貯蓄銀行		朝鮮商業銀行		朝鮮信託	
설립연도	1909		1918		1929		1899		1932	
자본금	4,000만 원		6,000만 원		500만 원		992만 5,000원		1,000만 원	
불입자본 (1943년)	4,000만 원		5,250만 원		375만 원		497만 5,000원		250만 원	
주주 수	5,824		5,134		418		1,005		560	
기관 대주주, 보유주	朝鮮總督	15,000	宮内省内藏頭	18,000	朝鮮殖産銀行	50,470	朝鮮總督	2,679	朝鮮銀行	60,100
	伊藤紀合名會社	10,820	朝鮮總督	6,598	第一生命保險	1,500	李王職長官	1,010	朝鮮殖産銀行	59,900
	朝鮮商業銀行	5,892	朝鮮貯蓄銀行	95,904	朝鮮火災海上保險	1,212	朝鮮信託	71,084	淺野育英會	1,400
	愛知無盡	6,910	行友會共助部	62,374	愛國生命保險	1,000	大昌興業	26,740	湖南銀行	1,480
	東一銀行	3,289	新潟県小学校教員互助會	27,620	東一銀行	1,000	朝鮮火災海上保險	2,820	朝鮮生命	1,580
	朝鮮信託	11,223	第八十銀行	9,200			朝鮮殖産銀行	1,800	大日本ビール	1,000
	武陽銀行	2,680	朝鮮信託會社	39,740						
	朝鮮貯蓄銀行	2,335	漢城銀行	17,870						
	李王職	1,500	岡山縣農工銀行	20,000						
			福島縣農工銀行	14,400						
			第一生命保險相互會社	10,200						
			茨城県農工銀行	9,000						

표 3-6 계속

	朝鮮銀行		朝鮮殖産銀行		朝鮮貯蓄銀行		朝鮮商業銀行		朝鮮信託	
기관 대주주, 보유주			朝鮮商業銀行	6,000						
			帝國生命保險會社	6,300						
			日本勸業銀行	21,120						
			明治生命	20,000						
			朝鮮殖産助成財團	7,440						
			新潟貯蓄銀行	8,400						
			川越貯蓄銀行	7,550						
	합계	59,649		407,716		55,182		106,133		125,460
	비중	15%		34%		56%		54%		63%

자료: 『조선은행회사조합요록』(1940)에서 작성.

2) 철도·운수업: 지속적인 주가 상승

철도·운수업 전 종목의 주가는 상승하였다. 조선철도는 배당률이 8%에 이르렀고 1942년에는 63원까지, 조선증권거래소 개장 후에는 70원까지 주가가 상승하였다. 수차례의 신주 발행에 의한 증자가 성공하였고, 2신(불입 17.5원), 3신(15원), 4신(10원)도 소폭 상승한 수준에서 가격이 유지되었다. 실적이 호전되지 않고 배당률이 낮았던 조선경남철도도 불입액 이하로 40원대에서 출발하였지만 점차 가격이 상승하여 1944년 12월에는 53원에 이르렀다.

철도주의 가격이 안정적으로 유지될 수 있었던 것은 태평양전쟁 발발

그림 3-6 철도 · 운수업 주식의 가격 변동 (단위: 원)

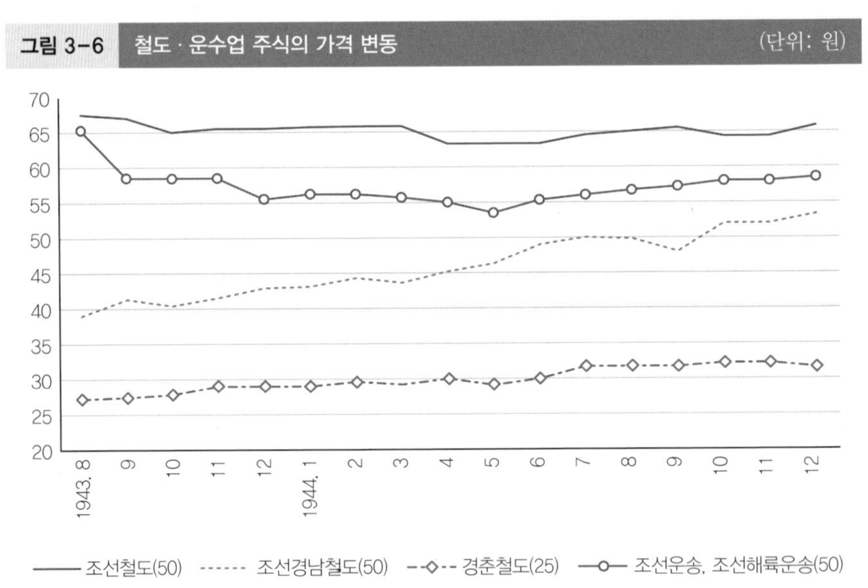

주: 괄호는 불입액, 조선운송(1943. 8-11), 조선해륙운송(1943. 12-1944. 12).
자료: 『식은조사월보』 1943년 8월호-1944년 12월호에서 작성.

이후 선박의 파괴에 대응하여 전략물자에 대한 수송 수요가 증가하였고(임채성 2001: 6-14), 지속적으로 보조금이 투입되었기 때문이었다. 철도는 시국중점주로 관리되었고, 식산은행 등 국책은행의 융자로 신주 발행의 인수가 가능하였다(이용상·정병현 2017: 134).

1944년 12월까지의 조선철도, 조선경남철도, 경춘철도, 조선운송의 4종목 가격 변동을 보면, 조선철도는 65원대의 가격이 유지되고 조선경남철도와 경춘철도는 지속적으로 상승하고 있다. 조선철도는 자본금 300만 원으로 대구 거점의 조선경편철도(朝鮮輕便鐵道)로 출발하여 간선철도 공사를 하다가 1919년에는 자본금을 1,200만 원으로 증자하고, 불황으로 파산한 사설철도 5개사(서선식산철도, 남조선철도, 조선삼림철도, 조선흥업철도, 양강척림철도)를 인수하면서 거대 철도회사로 성장하였다. 인수·합병을 통해 자본금은 1940년 5,450만 원으로 커졌으나 불입자본금은 1,765만 원에 불과하였다. [표 3-7]에서 대주주 중에서 기관투자자의 비중과 보유주식을 살펴보면, 4종목 모두 은행의 지분 참여가 높게 나타나고 있다. 조선철도는 기관투자자 보유주식 수의 비중이 60%를 상회하였다. 동양척식주식회사(이하 동척)가 최대주주였고 조선은행, 저축은행, 상업은행, 동일은행 등 조선본점 은행과 보험, 신탁회사가 대주주였다.

대부분의 사철회사는 철도 외에도 자동차, 운수, 임대, 창고업을 겸업하였는데, 조선경남철도는 천안에 본사를 두고 온양온천을 매수하는 등 충남에 거점을 둔 철도회사였다. 최대주주는 13%의 지분을 보유한 아키모토 에이고(秋本英吾)였고, 은행 등 기관투자가의 지분율 16%를 포함해도 30% 미만이어서 주식의 분산도가 높은 편이었다.

경춘철도는 식산은행과 조선신탁이 보유한 주식의 비중이 33%에 달

표 3-7 철도운송 종목의 기관투자자와 보유주식 수

	朝鮮鐵道		朝鮮慶南鐵道		京春鐵道		朝鮮運送	
설립연도	1916		1920		1936		1930	
자본금	5,450만 원		1,000만 원		1,000만 원		1,762만 원	
불입자본금	1,765만 원		1,000만 원		500만 원		1,762만 원	
주주 수	4,303		1,703		633		1,236	
총주식 수	1,090,000		200,000		200,000		300,000	
기관 대주주, 보유주	東洋拓殖	112,196	朝鮮貯蓄銀行	15,113	朝鮮殖産銀行	30,000	日本通運	152,418
	大川合名	67,084	朝鮮信託	3,340	朝鮮信託	36,800	朝鮮殖産	122,763
	朝鮮貯蓄銀行	59,580	朝鮮商業銀行	6,170	朝鮮貯蓄銀行	7,570	朝鮮郵船	10,625
	日本徵兵保險	103,838	東一銀行	7,450	米穀倉庫	4,000	大阪商船	7,427
	朝鮮信託	94,955			京春鐵道共濟會	3,530	大北火災海上運送保險	6,375
	三稜鏡業	39,385			朝鮮火災海上保險	3,000		
	朝鐵共濟組合	32,120			漢城銀行	7,250		
	大正生命保險	30,000			三養同濟會	4,000		
	朝鮮銀行	30,150						
	臺灣證券	23,212						
	橫松銀行	13,247						

표 3-7 계속

	朝鮮鐵道		朝鮮慶南鐵道		京春鐵道		朝鮮運送	
기관 대주주, 보유주	朝鮮商業銀行	26,955						
	東一銀行	17,470						
	朝鮮實業會社	11,280						
	日本敎育生命	10,000						
	慶和共濟組合	9,016						
	朝鐵自動車興業	9,690						
	합계	690,178		32,073		96,150		299,608
	비중	63%		16%		48%		99.9%

자료: 『조선은행회사조합요록』(1943)에서 작성.

하였다. 미곡창고, 은행 등 관련 기업들의 지분 참여가 있었고, 주주 수가 633명이어서 상대적으로 다른 상장종목에 비하여 적은 편이었다. 경인 지역과 삼척을 연결하는 중부 조선의 횡단선 부설을 위해 1936년 식산은행이 주도하여 설립된 회사였다. 북한강 발전수력 개발을 위한 건설자재를 운반하기 위해 저축은행, 조선신탁, 조선미곡창고 등 법인 주주와 지역자본, 조선인 자본가들이 지분 참여를 하였다. 경성부의 도시계획과 교외확장선, 강원도 산업개발을 목적으로 설립되었던 경춘철도는 철도·운수업 외에도 자동차, 건축업, 임업, 서비스업(유원지, 호텔, 지하철, 백화점)에 진출하였다. 양호한 경영실적으로 고수익과 고배당이 유지되었던 인기 종목이었다.

조선운송은 1930년 100만 원의 자본금으로 설립되어 1943년 1,762만 원 전액 불입을 돌파한 철도화물의 운송과 출하와 배송 등 물류 기업이었다. 철도역 구내 화물과 운반 전반을 대행하는 독점기업으로 만주 이동 물동량이 급증하자 조선운송의 영업 범위는 해운 업무까지 확장되었다. 조선 전역의 운송을 일관체계로 구축하면서 확장하였고 1940년대에는 중국 내륙까지 진출하였다. 1943년에는 항만운송까지를 모두 합병하여 조선해륙운수로 개편되었는데 자본금이 2,500만 원에 이르렀다. 1943년 현재 주주는 1,236명이었지만, 일본통운과 조선신탁이 90% 이상의 주식을 보유하고, 조선우선, 대판상선, 대북화재보험 등의 주식보유분을 합하면 기관투자자의 지분율이 99.9%에 달하였다.

3) 전기: 고배당 · 고주가 · 지속적인 신주 발행

전기업 상장종목은 한강수전을 제외하고는 경성전기, 남선합전, 서선합전, 북선합전이 8% 이상의 고배당 관리 주식이었다. 조선증권거래소가 개장하자 주가는 급상승하였는데, 10%의 고배당주 경성전기(불입 50원)는 조선의 최고가 주식이었다. 신주 발행을 통한 증자도 연이어 성공하였는데, 1940년 2,300만 원에서 1943년에는 3,380만 원까지 (공칭)자본금이 확대되었으며 주주 수가 1,384명에 이르렀다. 주식이 시장에 지속적으로 공급되었기 때문에 거래도 활발하였다. 기관투자자 지분율을 보면, 조선과 일본의 금융기관(제일생명, 조선상업은행, 저축은행, 동경저축은행, 동일은행, 조선신탁)이 30%까지 주식을 보유하면서 지분 참여를 통한 주가안정을 지원하고 있었다.

[그림 3-7]에서 전기업 종목의 가격을 보면, 독보적으로 높은 경성전기를 제외하고도 서선·남선·북선 합전의 주가는 60원 이상에서 유지되고 있다. 남선합전의 불입액 25원의 신주가격도 1942년 33원에서 1943년 35원까지 상승한 상태에서 유지되었다. 남선합전은 대구, 광주, 통영, 남원, 안동, 울산, 제주, 강릉 등의 전기회사를 합병, 증자를 계속하여 1943년에는 경성전기를 능가하는 대기업으로 발전하였다. 남선합전의 1,913명 주주 중에서 대구증권과 대광흥업이 10만 주 이상을 보유하여 24%의 지분율을 차지하고 있었다. 대구증권은 자본금이 30만 원에 불과한데, 대주주가 대광흥업이었다. 대광흥업은 일본인 오구라 다케노스케(小倉武之助)와 가족 9명을 주주로 하는 자본금 100만 원의 금융회사였다. 오구라는 조선의 전기왕이라 불리며, 대구증권, 대광흥업을 통해 지역 전기회사의 인

그림 3-7 전기업 종목의 가격 변동 (단위: 원)

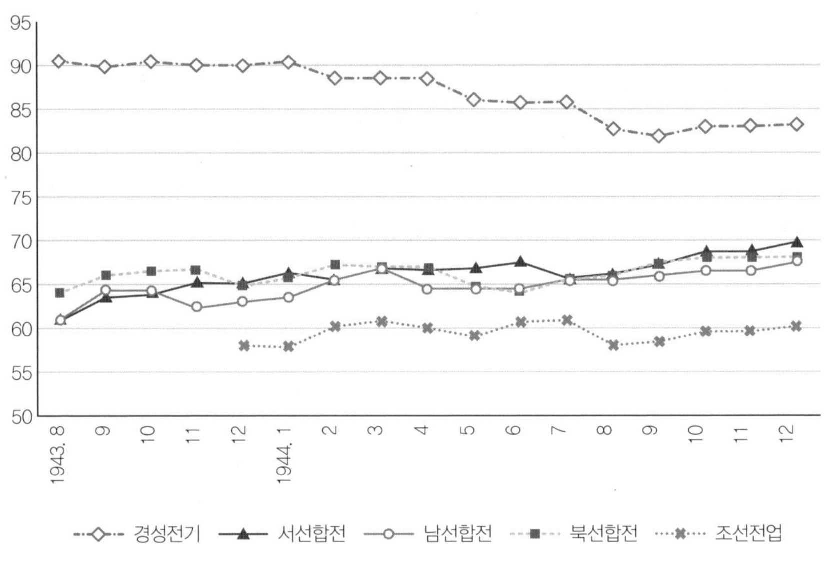

자료: 『식은조사월보』 1943년 8월호－1944년 12월호에서 작성.

수·합병 시장을 주도하고, 지역 은행의 자금을 활용하여 전기업의 투자로 고수익을 확보하면서 전시기 주식 붐을 적극 활용하였다.[12] [표 3-8]을 보면, 대구증권과 대광흥업이 남선합전뿐만 아니라 북선합전의 주식도 보유하고 있음을 볼 수 있다.

서선합전은 1919년 동척을 중심으로 총독부와 만주철도의 지원으로 자본금 1,000만 원으로 창립되었으며, 1934년 서선전기, 조선송전, 진남포전기, 사리원전기 등 4사를 합병하고 1936년에는 신의주전기를 합병하였다. 1938년에는 평양부의 전기사업을 전담하면서 평양 일대의 지역 독

12 이형식(2018: 209) 참조.

표 3-8 전기업 종목의 기관투자자 주식보유 비중

	京城電氣		南鮮合電		西鮮合電		北鮮合電		漢江水電	
성립연도	1908		1918		1919		1907		1939	
공칭자본금 (1943)	3,380만 원		3,500만 원		3,000만 원		1,150만 원		2,500만 원	
불입자본금 (1943)	2,808만 원		2,512만 원		1,775만 원		945만 원		1,250만 원	
주주 수 (1941)	1,384		1,913		1,086		418		1,312	
총주식 수 (1941)	460,000		433,660		600,000		230,000		500,000	
기관 대주주, 보유주 (1941)	第一生命	58,425	大光興業	53,125	平壤府	70,000	日本窒素肥料	28,318	朝鮮殖産銀行	80,000
	大橋本店	21,500	大邱證券	52,556	東拓	79,511	日本海上保險	11,668	京春鐵道	80,000
	朝鮮信託	18,076	朝鮮信託	9,590	日本電興	53,653	清水土地植林	7,254	日本高周波重工業	80,000
	朝鮮商業銀行	14,620	朝鮮貯蓄銀行	7,131	西電役員團	22,600	大邱證券	5,585	朝鮮信託	20,000
	朝鮮貯蓄銀行	8,900	東一銀行	5,610	朝鮮信託	32,500	大光興業	12,694	朝鮮貯蓄銀行	20,000
	高津株式會社	5,500	岡山電氣軌道	4,900	漢城銀行	10,650	朝鮮土地證券	11,700	金剛山電鐵	10,000
	東京貯蓄銀行	5,200							(김연수)	10,000
	東一銀行	4,667								
합계		136,888		32,912		268,914		77,219		300,000
비중		30%		31%		45%		34%		60%

자료: 『조선은행회사요록』 1941년판, 1943년판에서 작성.

점기업으로 안정적인 수익을 보장받고 있었다.

한강수력전기는 북한강계에서는 최초로 건설된 발전소로, 1943년 댐

축조공사를 착공하고 신주 발행 증자를 지속하였다. 지분구조를 보면, 식산은행, 경춘철도, 고주파중공업이 각 8만 주를 보유하고, 조선신탁, 저축은행 등의 보유주식이 60%에 이르는 기관투자자의 지분율이 높은 종목이었다. 「조선전력관리령」(1943. 3. 30)에 의한 전기산업의 구조 개편으로 한강수전은 불입자본금 1,250만 원의 해당 주식을 정부가 보증하여 4.2% 회사채로 환산 후 주주에게 교부하는 방식으로 해산되어 조선전업으로 합병되었다.[13] 전기종목 주식의 주가가 안정적이고 고배당을 유지할 수 있었던 것은 정책금융이 투입되었기 때문이었다. 기관투자자가 발행된 신주를 지속적으로 인수하고 합병과 구조조정을 주도하면서 주식시장을 활용하였던 것이다.

4) 광업: 고가 고수익 주식

고바야시광업, 유센광업, 조선무연탄, 조선제련, 조선석유 등 광업 종목은 조선증권거래소 개장 이후 일제히 주가가 상승하였다. 고바야시광업 종목의 월별 시세를 보면, 조선증권거래소 개장 직후 78원까지 급상승하다가 1943년 12월 62원까지 급락하였다. 제약업에 진출하면서 자본금을 2배로 증자, 일시적으로 주식 공급물량이 많아졌기 때문이었다. 고바야시광업은 등락폭이 큰 종목으로 가격 상승을 주도하는 인기가 높은 종목이었다. 1942년 최고가는 75원, 평균가는 59원이었는데, 1943년 9월에는 각각 76원, 70원으로 등락폭이 조정되면서도 높은 가격이 유지되었다.

---

13 『매일신보』 1943년 9월 22일자.

그림 3-8 광업 주요 종목의 가격 변동(1943. 8-1944. 12) (단위: 원)

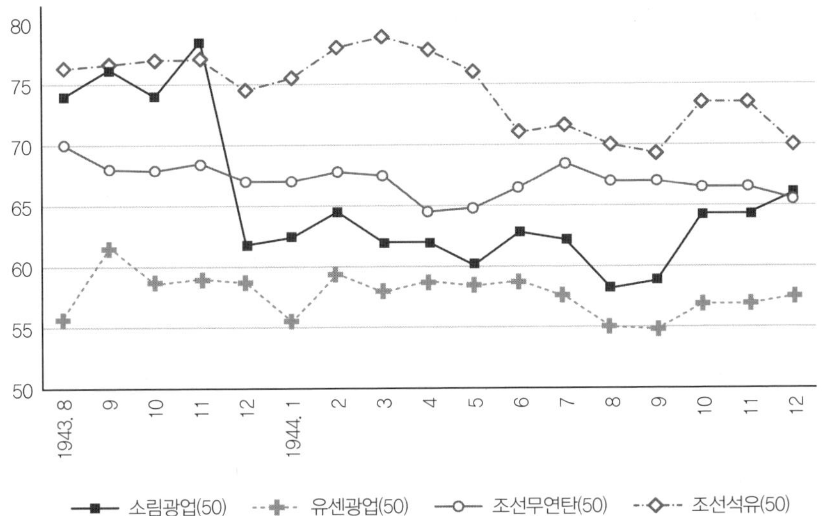

주: (50)은 주당불입액.
자료: 『식은조사월보』 1943년 8월호-1944년 12월호에서 작성.

고바야시광업은 창업자인 고바야시 우네오(小林采男)가 47%에 해당하는 234,420주, 고바야시이화학연구소(小林理化學研究所), 고바야시육영회(小林育英會) 등 관련 기관이 6%(3만 주)를 보유하여 53%의 내부지분율을 확보하고 있었다. 그 외 증권회사(山一, 野村, 川島屋, 藤本), 보험회사, 가네보(鐘紡) 등 기관투자자가 23%의 주식을 보유하여 출자지분에 해당하는 지분율이 76% 이상이었다. 따라서 다른 군수기업에 비하여 주주 수가 767명으로 적고 지분율 변동이 작았다.

표 3-9 광업 종목의 기관투자자 주식보유 비중

	小林鑛業		朝鮮無煙炭		朝鮮製鍊		朝鮮石油	
설립연도	1934		1927		1935		1935	
자본금	2,500만 원		5,000만 원		1,000만 원		2,000만 원	
불입 자본금	2,500만 원		3,500만 원		750만 원		1,750만 원	
주주 수	767		1,004		1,595		783	
총주식 수	500,000		1,000,000		200,000		400,000	
기관 대주주, 보유주	川島屋證券	16,800	東拓鑛業	237,007	朝鮮殖産銀行	50,000	日本窒素肥料	79,840
	山一證券	21,300	三菱社	172,920	朝鮮信託	10,250	日本石油	57,800
	野村證券	10,600	三菱鉱業	114,880	漢城銀行	6,500	東拓	40,020
	藤本 어음중개(ビルブローカー)	10,000	東拓	83,442	朝鮮貯蓄銀行	6,000	三井物産	19,600
	鐘淵紡績	10,000	三井物産	57,800	成業社	1,100	朝鮮信託	21,670
	日華生明	7,800	朝鮮信託	27,950	内谷商店	1,830	住友本社	6,000
	大同海運	5,000	明治鉱業	23,460				
	小林理學研究所	25,000	京城電氣	20,000				
	小林育英會	5,000	朝鮮無煙炭鑛	17,500				
	北電興業	4,870	朝鮮無盡	12,150				
합계		116,370		767,109		75,680		224,930
비중		23%		77%		38%		56%

자료: 『조선은행회사요록』 1941년판, 1943년판에서 작성.

조선무연탄[14]은 미쓰이(三井), 미쓰비시(三菱), 메이지(明治) 등 일본의

14 조선무연탄은 1927년 미쓰비시 계열로 설립된 조선산 무연탄의 최대 공급회사였다. 1935

주요 회사와 동척, 신탁, 무진 등이 주식 인수에 참여하여 기관투자자 지분율이 77%에 이르렀다. 평남에 무연탄전을 흡수, 정리하여 설립된 조선무연탄은 동척 계열의 자본(동척, 동척광업)이 대거 진입하면서 전체 주식의 30% 이상을 보유하고, 미쓰이, 미쓰비시, 메이지의 광업회사가 지분율을 높이면서 1941년 3,000만 원을 증자하여 자본금 5,000만 원의 거대회사로 성장하였다. 조선무연탄은 일제의 무연탄 증산계획과 철도(서선중앙철도 부설), 항만건설(원산), 임업개발에 참여하면서 소요자본을 주식시장을 통해 조달하였다.

조선제련은 충남 장항에 금, 은, 동 등 비철금속 채굴과 제련을 목적으로 설립된 독점기업으로 조선본점 금융기관의 지분율이 30%를 상회하였다. 식산은행이 산금정책의 일환으로 일본 기업의 조선 금광개발을 유도하고 설립 및 증자를 지원하였기 때문이었다. 조선제련의 발행주식 절반 이상을 식산은행이 인수하고, 나머지는 조선 내에서 공모하였고 5배 이상의 신청자가 쇄도하여 대표 종목으로 부상하였다.

5) 화학·제조공업: 공모주의 확대

화학·제조공업의 상장종목 중에서 조선유지, 조선개척을 제외한 대부분의 종목이 조선증권거래소 개장 이후 가격이 급상승하였다. 화학·공업 종목의 선도주는 용산공작 신주와 고주파공업이었다. 용산공작 신주는

년 이후 동척의 자본이 이입되면서 최대주주로 경영에 참여하여 석탄 제조, 판매 외의 철도 부설과 항만 건설 등 군수산업에 동원되었다.

그림 3-9 중공업 주요 주식의 월별 가격 변동(1943. 8-1944. 12) (단위: 원)

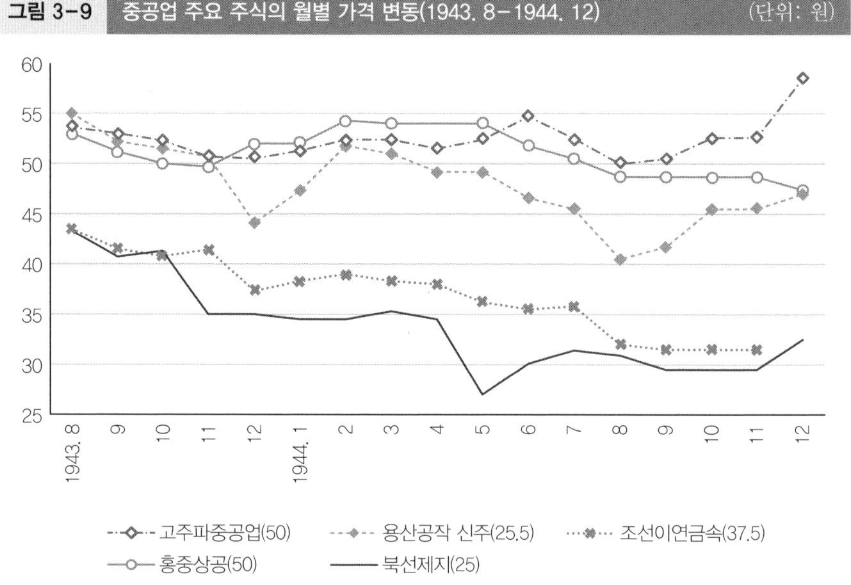

자료: 『식은조사월보』 1943년 8월호-1944년 12월호에서 작성.

10% 고배당률에 불입액 25원 대비 평균 주가가 51.16원이어서 이회율이 높았고 조선 최고의 인기주로 거래가 활발하였다. 용산공작 신주는 1944년 초 가격이 하락하였지만 40원 이상의 주가를 유지하고 있었고, 고주파중공업은 가격 등락폭이 적은 상태에서 상승세가 유지되고 있었다. 고주파중공업은 선철과 강재를 생산하는 특수 기술을 보유하고 있었고,[15] 철강업의 자급자족을 목표로 정부의 수입대체 전략에 따라 육성, 설립된 국책회사였다(배석만 2012).

---

15 다카하시 쇼조(高橋省三)는 군부 지원을 배경으로 일본고주파중공업의 공장을 함경도 성진에 건설하였고, 조선소 경영에도 참여하였다(배석만 2008).

표 3-10 중공업 주요 종목의 기관투자자 비중과 보유주식 수

	高周波重工業		龍山工作		理研金屬		北鮮製紙	
설립연도	1936		1925		1938		1935	
자본금	5,000만 원		1,000만 원		1,500만 원		2,000만 원	
불입 자본금	2,000만 원		276만 2,500원		750만 원		1,000만 원	
주주 수	7,580		295		653		1,018	
총주식 수	1,000,000		200,000		300,000		400,000	
기관 대주주, 보유주	朝鮮殖産銀行	60,000	東都商社	12,400	理化學興業	52,100	王子證券	207,397
	利原鐵山	30,600	山一證券	9,830	理研金屬	39,500	朝鮮信託	1,560
	野村證券	26,980	京春鐵道	6,000	理化學研究所	13,450	東拓	5,000
	高周波會	15,000	濱信證券	8,100	富國工業	28,350	朝鮮銀行	5,000
	北電興業	14,040			加藤精米所	14,600	朝鮮殖産銀行	5,000
	高松百十四銀行	15,500			理研工業	10,000	講談社	4,500
	高周波共濟會	10,000			住友金屬工業	10,000	住友生命	5,000
	高周波共助俱樂部	10,000			大阪商船	8,000	朝鮮商業銀行	3,500
	朝鮮殖産銀行行友會	7,450			神戶製鋼所	5,000	大川合名	4,000
	東部證券	6,010			野村合名	5,000		
	朝鮮信託	3,250			佐藤整備	4,050		
합계		198,830		36,330		190,050		240,957
비중		20%		18%		63%		60%

자료: 『조선은행회사요록』 1941년판, 1943년판에서 작성.

고주파중공업은 기술력을 과시하면서 1936년 설립 때부터 주식시장을 적극 활용하여 자본금을 조달하였고, 공모는 조선과 일본에서 이벤트가 될 만큼 시장을 주도하였다. 신주식의 공모는 신청용지가 부족할 정도로 성황을 이루었고 시작부터 프리미엄이 붙어 거래되었다.[16] 태평양전쟁 이후 고주파중공업은 조선소, 항공기 사업에도 진출하였다.[17] 식산은행은 1942년 8월 고주파중공업에게 1억 1,265만 엔을 융자하였는데, 단일 기업으로는 식은 대출총액의 18%를 차지할 정도였다. 1943년부터는 총독부를 거치지 않고 일본 육군의 직접적인 감독하에 생산이 이루어지고 있었다. 고주파중공업은 고주파전류를 응용한 금속의 제련, 광업 및 광산물의 매매를 주업으로 하였지만, 주식의 인수 및 유가증권의 취득을 사업으로 확장하였고 주주 수가 7,580명에 이르렀다. 관료 출신으로 식산은행의 사장, 저축은행의 이사 및 임원 경력을 가진 아루가 미츠토요(有賀光豊)와 그의 가족이 보유한 고주파중공업의 주식보유 비중은 22%, 공제회, 구락부 등의 지분을 포함하면 25%를 넘었다. 은행 등 기관투자자의 지분율은 20% 정도이고, 대중주로 각광을 받을 수 있었던 것은 총독부와 식산은행의 직접적인 지원으로 주식가격이 안정적으로 유지될 수 있었기 때문이었다.

조선증권거래소 거래 종목 중에서 경공업 주식도 안정적인 주가가 유지되었다. 조선증권거래소가 단지 주식거래를 중개하는 것이 아니라, 상장종목 전체의 주가를 안정적으로 관리하였기 때문이다. [그림 3-10]에서 방직, 맥주 등 경공업 주식의 가격 변동을 보면, 조선방직은 80원대, 경

---

16 「고주파중공업 공모주는 이미 프리미엄」, 『부산일보』 1940년 2월 17일자.

17 「고주파중공업 항공기 공업 진출, 공동출자로 신회사 설립」, 『부산일보』 1944년 1월 9일자.

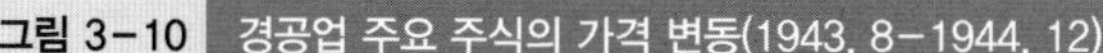

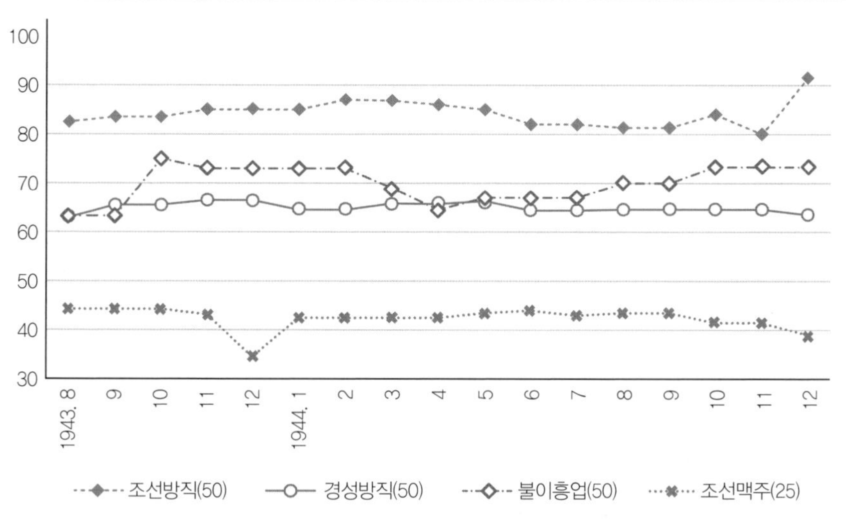

자료: 『식은조사월보』.

성방직은 60원대의 고가를 유지하고 있다. 조선맥주를 비롯하여 조선방직은 12%, 경성방직은 10%의 고배당·고가 주식으로 수익이 보장되는 종목이었다.

요컨대, 조선증권거래소에 상장된 실물거래 종목의 특징은, ① 1942년에 비하여 상승된 가격이 안정적으로 유지되었고, ② 조선은행, 조선방직, 경성방직 등 고배당·고주가의 경우 가격 변동폭이 낮고 거래량도 적은 안정보유 주식이었으며, ③ 고주파중공업, 용산공작, 고바야시광업 등 시국주식은 관리주식으로서 거래물량이 많고 가격 변동폭이 적으며 수차례의 공모증자로 주식시장을 통해 자본을 조달하고 있었던 것으로 요약할 수 있다.

5. 주식자본의 계승과 주식시장의 태동

전시 시국산업의 자금을 조달하기 위해 정책기관으로 운영되었던 조선증권거래소의 상장종목 대부분은 해방 이후 귀속주식이 되었다. 일본인 투자자의 자금은 국고로 흡수되어 정부출자자금으로 전환되었고, 조선인 투자자의 자금 일부는 주식으로 전환되거나 현금으로 보상되었다. 조선증권거래소의 대표 주식이었던 군수주식은 철도·전기 등 한국경제의 인프라 구축을 위한 자본 혹은 외화가득의 재원으로 활용되었다.

예컨대, 고바야시광업은 조선인 주주 보상을 거친 이후 국영기업으로 전환되었다. 조선인 기능인력의 비중이 높았던 고바야시광업은 광산기술자를 양성하고 적극적으로 기술을 전수하였다.[18] 해방 직후 노동자의 정치 활동으로 혼란을 겪었지만,[19] 미군정은 막대한 예산을 투입하여 텅스텐 생산을 재개하고 경영정상화를 달성하였다. 식산은행이 480만 원을 대부하였고,[20] 1946년 1월부터는 군정청의 명령으로 삼척 상동광산(上東鑛山)의 텅스텐 채굴을 재개하였고, 고용을 유지하고 생산을 지속하였다.[21] 1947년에는 1,400톤 중석을 채굴, 약 200만 달러의 수출로 외화를 가득하였고 중석불이라는 외환보유고로 관리되었다. 텅스텐은 당시 유일한 수출품이었다.[22] 1948년 2월에는 중석수입회사로 지정되었고, 중석 수출 일원화 방

---

18 「광산기술자 양성강습회－소림광업」, 『동아일보』 1947년 12월 25일자.

19 「소림광업성명서 발표」, 『부인신보』 1946년 1월 26일자; 「소림광업 남녀사원 10명 검거, 지하선거 관련」, 『부인신보』 1948년 8월 14일자.

20 『공업신문』 1946년 2월 19일자.

21 『공업신문』 1946년 6월 7일자.

22 『한성일보』 1948년 7월 17일자.

침에 따라 독점적인 생산·수출회사가 되었다.[23] 고바야시광업은 주주 파악과 주식 정리 이후,[24] 중역 공모를 통해 사장을 임명하고[25] 대한중석으로 개편되었다. 상동광산은 1952년 한미중석협정이 체결된 이후 텅스텐 생산 지역으로 성장하였으며, 1960년 수출액의 60%, 세계 텅스텐 생산의 점유율 8%를 차지하는 대표적인 수출상품을 생산하는 기지가 되었다.[26]

대표적인 중공업주였던 용산공작은 철도공장에서 증기기관차 객차를 생산한 기술을 활용하여 1948년 철도공작창으로 개편되어 1950년 교통부로 이관되었고 철도차량 부품의 제작기술을 활용하여 국방부 해군 위탁관리하에 군납회사가 되었다.

3개의 사설 철도회사(조선철도, 경춘철도, 조선경남철도)도 국철에 흡수되었다. 군정청은 법령으로 선로를 정비하고 직원을 국철의 운수부 직원으로 편입, 주주와 자산에 대한 조사·정리에 착수하였다.[27]

경성전기는 미군정이 주관하여 1946년 4월 1일 임시주주총회를 소집하여 주주 총수 2,218명, 총주수 676,000주에 대한 정리를 하였다. 총자본금 33,800,000원, 50원 전액불입 주식 676,000주 중에서 67%가 일본인 보유 주식(452,117주)이었다. 주주 2,218명 중 일본인 주주가 2,123명이었다. 일본인 주주의 주식은 귀속주로 미군정청 관재처에서 관리하였다(경성전기 1957: 37). 한강수력전기도 국유화되어 청평발전소를 중심으로 전력 확충 인프라 구축의 핵심적 역할을 담당하였다.

---

23 『공업신문』 1948년 2월 15일자.
24 『현대일보』 1948년 2월 20일자.
25 『자유신문』 1948년 11월 3일자.
26 『부산일보』 1952년 12월 9일자.
27 『한성일보』 1946년 5월 21일자.

한편, 1946년 1월 16일 군정명령(43호, 「조선증권거래소의 해산에 관한 건」)에 의해 조선증권거래소는 영업이 중단되었다. 조선증권거래소 불입자본금의 약 70%가 귀속주로 정부 소유가 되었다. 청산 업무를 담당한 한국신탁은행은 건물을 비롯한 시설을 매각하고자 하였는데, 조선증권거래소 건물 주변에 모여 거래원들이 조선증권거래소 상장주식 9종목을 개인적으로 매매하면서 집합거래를 시도하고 거래소 건물의 매입을 추진하였다. 1947년에는 조직적인 거래를 위해 협회를 조직하고 거래소 설립 운동을 추진하였다. 증권계 인사 40명은 증권구락부를 결성하고 1949년 대한증권주식회사, 1956년 대한증권거래소의 설립을 주도하였다.

증권구락부 회원의 1940년대 경력을 보면, 증권회사 직원이 대부분이다. 한국전쟁의 와중에도 1952년 고려증권을 비롯하여 영남증권, 국제증권, 동양증권 등이 면허를 취득하였고 1953년에는 대한증권업협회가 창립되었다. 이들은 지속적으로 증권거래소 설립을 요구하였고 조선증권거래소 건물을 수리·재건하여 마침내 1956년에 대한증권거래소를 개장하였다. 개장 당시 회원사는 31개였는데, 출자증권 6억 좌(3억 환)를 모집하여 출범하였다. 16개 상장종목의 대부분은 국유기업이었고, 개인이 보유한 주식 수는 10% 미만이어서 유동성이 작고 거래가 활발하지 못하였다.

대한증권거래소에서는 국채가 주로 거래되었고 건국국채의 유통을 중심으로 운영되었던 증권시장은 청산거래의 허점을 이용한 증권회사의 책동전으로 개점 직후 휴장하였다. 청산거래와 수도결제의 복잡한 규칙이 작동하고 있던 증권시장에서 제도적으로 시장을 감독하고 투자자를 보호할 어떠한 장치도 갖추어져 있지 않았기 때문이었다. 대한증권거래소는 식민지기 청산거래 방식을 채택하고 거래소 자체 주식을 거래하였으며,

표 3-11 대한증권거래소 상장종목

	1956. 3. 3 주가(원)		1958. 2. 28				1940년대 회사명
	청산거래(당한)	실물거래	평균 주가(원)	법인주(%)	개인주(%)	귀속주(%)	
대한증권거래소	0.07	0.06	0.058	99.8	0.2		
연합증권금융	0.17	0.17	0.5	100			
조흥은행	572	570	900	56	36	8	동일은행
저축은행	453	460	1,000	60	3	37	조선저축은행
상업은행	217	220	850	58	15	27	조선상업은행
흥업은행	113	120	190	50	7	43	조선신탁
경성방직	0.78	0.77	0.41		99	1	경성방직
경성전기	146	145	700	31	2	67	경성전기
남선전기	71	71	450	6.7	5.3	88	남선합전
조선운수	73		220	29.5	3.3	67.2	조선운송
조선공사	37		70	0.2	0.2	99.6	조선중공업
해운공사			22	1.6	3.4	95	조선우선
동양화재			240	55	5	40	조선화재해상보험
한국미곡창고			300	78	0.8	21.2	조선미곡창고
조선맥주			2.9		100	0	조선맥주
수도극장			12		100	0	약초극장

자료: 한국증권거래소(1970: 44, 74)에서 작성.

거래조직과 제도 면에서 조선증권거래소의 법령과 규칙을 준용하였다. 증권 관련 법제가 정비되지 않았기 때문에, 「조선증권거래소령」과 거래규칙이 증권제도로서 1962년까지 적용되었던 것이다. 국채파동 이후 경제개발계획의 추진과 함께, 내자조달을 위한 자본시장 육성정책이 추진되면서 기업공개가 촉진된 이후에서야 한국에서는 자본시장의 초보적 기능이 작동되기에 이르렀다.

6. 맺음말

1932년 설립된 이후 약 10년간 조선 유일의 주식거래소로 운영되었던 민간 주식회사 조직의 조선거래소는 기미(期米)와 주식을 청산거래하는 시장으로, 거래소 자체 주식을 거래하는 일본 주식시장의 복제시장이자 상인 네트워크였다. 1939년 기미부(期米部, 인천)가 폐지되고, 제조공업 주식의 실물거래 비중이 커졌지만,[28] 거래소 종목의 청산거래 시장으로서의 체질적 한계를 벗어날 수는 없었다. 그러한 의미에서 국영 정책기관 조선증권거래소로의 개편은 이러한 태생적 제약을 벗어나는 계기였다.

식민지 조선에서 주식회사의 자본금 조달을 중개하는 자본시장이 가동되었던 것은 1939-1944년까지 약 6년간이었다. 1943년도 조선 내 본점을 둔 주식회사의 자본금 총액은 약 25억 원에 달하였는데, 증권시장으로서의 조선증권거래소 상장주식 시가총액을 실물거래 종목으로 환산하면, 조선 주식 시가총액은 약 10억 원, 만주 주식 약 9억 5,000만 원, 일본 주식 95억 원으로 총 115억 원의 규모였다. 1940년 GDP를 약 45억 원으로 환산하면 GDP 대비 시가총액이 약 2배에 달하는데, 이는 조선의 주식시장이 엔블록 전역의 주식을 거래하는 시장이었기 때문이었다.

---

28 1940년 조선거래소 실물거래 주식의 약 70%가 조선 본점회사의 주식이었고, 실물거래 상장회사 수는 234개, 종목 수는 312개, 그중 조선 회사는 각각 57개사, 85종목이었다 (이명휘 2000: 84).

조선증권거래소는 태평양전쟁의 수행을 위한 전시 총동원체제하에서 조선 주식의 가격을 안정적으로 유지하고 군수기업의 자본조달을 중개하는 역할을 담당함으로써 산업자금의 유통과 국민저축의 보호라는 전시금융정책기구로 기능하였다. 2년도 못 미치는 조선증권거래소의 영업 기간에도 불구하고, 조선증권거래소는 제도적, 인적, 물적으로 해방 이후 증권시장의 모태로서의 역사적 의의를 가진다. 즉, 1956년 증권거래소와 1962년 「증권거래법」은 1943년 정비된 주식거래 제도와 조직을 따른 것이었으며, 거래소 재건 운동을 일으키고 해방 이후 주식거래를 시작한 것은 조선증권거래소의 조선인 거래원들이었으며, 거래주식은 식민지기 주요 기업의 자본과 연결되어 있었다. 또한 조선증권거래소의 제도, 거래 관행, 조직, 거래원은 1969년 보통거래가 정착되기 이전까지 한국 증권시장의 초기 조건을 형성하는 데 일정한 역할을 담당하였다.

제4장

1970년대 중화학공업 육성정책에 대한 평가

_ 박기주

1. 머리말

세계은행은 1987년에 한국의 공업화 정책에 대한 포괄적이고 상세한 보고서를 출판하였다. 보고서는 "1960-1970년대에 수출을 지원하기 위한 정부의 금융 부문에 대한 개입은 높은 보호주의와 원화의 과대평가 등의 정책에 의한 왜곡을 상쇄하였다는 점에서 긍정적인 측면이 있었지만, 1970년대 후반에 중화학공업의 발전에 유리하도록 신용 배분에 대한 통제를 강화한 정부의 금융 개입은 상당히 왜곡"(World Bank 1987b: 105)되었으며, 그런 선택적 정책이 없었다면 한국경제의 성과가 더 좋았을 것이라고 하였다. 그러나 Lee(1990)는 보고서의 주장이 반사실적이며 자유시장체제에 대한 교조적 신념을 가진 자 외의 누구에게도 설득력이 없다고 비판하였다. Lee and Naya(1988)는 정부와 대기업이 준내부적(quasi-internal) 조직의 상태라면 기업과 산업에 대한 선택적 정책이 목적 달성을 위한 인센티브로 작동할 수 있고 기능적 정책이나 시장의 인센티브보다 효과적일 수 있다고 하였다.

세계은행 보고서를 비롯하여 근대경제학적 관점에서 1970년대의 중화학공업 육성정책을 부정적으로 평가하는 연구는, 그 후 한국경제가 보인 성과에 대해 잘못된 정책에도 불구하고 성장하였다는 식으로 말할 수 밖에 없기 때문에 근본적인 한계가 있다. 반면, 수정주의적 견해인 개발국가론은 정책의 동태적 효과를 고려하면서 1970년대의 산업정책을 긍정적으로 평가하였다. 이후 세계은행도 이러한 수정주의적 견해를 수용하여 산업정책을 시장우호적 전략으로 긍정적 평가를 하였으나 1997년 외환위기를 계기로 다시 그것에 대해 부정적 평가를 내렸다(박기주 2014). 그러나 한국이 외환위기를 성공적으로 극복하고 첨단 제조업에서 기술적 두각을 나타내면서 최근에는 한국경제의 발전 경험, 특히 한국의 중화학공업 육성정책을 긍정적으로 평가하는 연구가 다시 많아지고 있다(Kohli 2004; Liu 2019; Lane 2021).

Amsden(1989)과 Wade(1990)의 개발국가론은 국가의 지원과 규율 메커니즘을 강조하고 정량적 분석보다 정성적 분석에 치우쳐 있었으나 최근에 Lane(2021)은 투자 인센티브와 관련한 정책에 주목하고 광공업 센서스와 무역 통계를 사용하여 중화학공업 육성정책의 '동태적' 효과를 정량적으로 평가함으로써 개발국가론을 지지하였다. 그는 정책이 장기적으로 해당 산업에 긍정적인 효과를 미쳤을 뿐 아니라 정책 대상이 아닌 산업에도 일시적 또는 지속적 연쇄 효과를 발생시켰으며, 수출 실적 및 비교우위에서 그 효과가 완전히 실현되었음을 실증하였다. 특히 중화학공업 육성정책이 수입대체가 아니라 수출을 위한 정책이었으며 투자에 대한 지원을 통해 자본형성을 촉진한 정책이었음을 구명하였다.

한국의 경제성장에 수출주도형 전략이 중요하였음은 많은 연구에서 입증된 바이지만(Westphal 1990), 수출을 주도한 것이 경제개발 초기에는 경공업 제품이었으나 1980년대에는 중화학공업 제품이었다. 1970년대의 중화학공업 육성정책으로 중위 기술산업(화학, 철강, 기계, 수송장비 등)의 수출 비중이 1980년대에 본격적으로 증가하면서 수출구조가 중화학공업 중심으로 변모하고 수출 확대는 후방연관 효과를 창출하였다(최용재·변창욱·이상호 2008). 산업별 성장률은 수출 산업과 내수에서 수출로 전환한 산업에서 높았고 내수 산업과 수출에서 내수로 전환한 산업에서 낮은 편이었으며, 총요소생산성 증가율도 수출 산업, 특히 경공업보다 중화학공업 수출

산업에서 높았고 GDP 대비 무역 증가율도 중화학공업이 경공업보다 높았다(김태기·장선미 2015; 김태기 2016). 이는 중화학공업 육성정책의 결과, 1970-1980년대를 통해 경공업의 비교우위는 사라지고 중화학공업이 비교열위에서 벗어나 점차 비교우위를 확보해 가고 있었기 때문이다(박기주 2015).

정부가 중화학공업을 선택적으로 육성하는 정책을 추진하기 위해 사용한 중요한 정책 수단은 금융 배분이었다. Eichengreen(2012)은 한국의 경제성장 과정에서 기업의 자금조달에는 직접금융시장 외에 세 가지 해법(정부, 기업집단, 은행)이 있었으며, 직접금융시장이 성숙하기 전에는 시장 외적 해법의 편익이 비용을 능가하였고 세 가지 해법 모두가 중요한 역할을 했다고 평가하였다. Chang et al.(2013)은 특히 경제발전 초기에 민간 부문은 전적으로 정부에 의한 신용 및 외환 배분에 좌우되었으며 1983년까지는 모든 은행이 사실상 국유였기 때문에 그것이 가능했다고 하였다.

그동안의 많은 연구에서 한국이 수출주도형 성장 전략을 추구한 것에 대한 평가에는 크게 이견이 없는 것 같지만 중화학공업 육성정책에 대해서는 그렇지 못하였다.[1] 그러나 앞에서 언급했듯이 최근의 실증적 연구의 대부분은 중화학공업 육성정책이 동태적으로 한국경제의 질적인 변화를 가져온 계기였다고 본다. 그런데 중화학공업화 선언을 한 1973년부터 정책이 사실상 중단된 1979년까지 정부가 중화학공업 육성을 주도한 것은 사

---

1 이제민(2005)은 1980년대에 육성정책이 중단되고 시장 규율이 도입되면서 중화학공업이 경공업보다 산출액 증가율이 높게 유지되었다고 하면서 수정주의적 견해에 의문을 제기였지만, 박기주(2014)는 오히려 이전의 육성정책이 있었기 때문에 1980년대에 성장이 가능하였다고 본다.

실이지만, 경제 성장 및 변화는 생산의 주체인 기업을 통해 달성된다. 따라서 중화학공업 육성정책에 대한 평가는 정책이 기업의 경영 성과에 어떤 영향을 미쳤는가를 통해 설명될 수 있어야 한다. 이에 본 연구는 한국은행이 매년 발간하는 『기업경영분석』 자료를 통해 중화학공업 육성정책이 기업의 성장과 생산성에 어떤 영향을 미쳤는지를 분석하고자 한다. 제2절에서는 중화학공업 육성정책이 수출주도형 성장 전략에 따라 추진된 수출지향적 성격의 산업정책이라는 점과 정부 개입이 필요한 이유를 설명하고, 중요한 정책금융 수단이었던 국내 자금과 차관의 성격과 중화학공업화에 기여한 바를 설명한다. 제3절에서는 중화학공업 육성정책이 기업에 어떻게 구현되었는가를 확인하기 위해 기업경영 상태를 보여 주는 다양한 지표를 사용하여 경공업과 중화학공업을 비교하고 또한 정책이 실제로 기업의 성장과 생산성에 영향을 미쳤는지를 통계적으로 분석하며, 제4절에서 논의를 요약·정리한다.

2. 중화학공업 육성정책의 성격과 정책 수단

1) 수출지향적 중화학공업 육성

1960년대에 주변부 국가의 수입대체형 공업화는 중심부 국가의 생산·소비 모델의 부분적 이식일 뿐 포드주의의 선순환에 들어가는 것에는 실패하였다(Lipietz 1985). 그러나 다른 주변부 국가와 달리, 1960년대 이래로 수출주도형 성장 전략을 추구한 한국은 높은 경제성장률을 달성하고

공업화에도 성공하였다. GNP 증가율과 1인당 GNP 수준에서 한국은 괄목할 만한 성과를 보였으며, 산업구조와 무역품 구성도 크게 변하여 GDP에서 중화학공업이 차지하는 비중은 1970년대 말부터 경공업을 앞섰으며, 수출은 산업화 초기의 노동집약적인 경공업 제품 중심에서 1980년대에 중화학공업 제품 중심으로 변하였다. 수출주도형의 한국경제가 무역의 이익을 향유하기 위해서는 지식과 기술을 기반으로 하여 지속적인 생산성 향상이 가능한 산업을 수출산업으로 육성하는 것이 중요하였다. 이 점에서 1970년대에 본격적으로 추진된 중화학공업 육성정책은 산업구조 고도화와 함께 수출 상품구조에도 질적인 변화를 가능케 함으로써 수출주도형 성장 전략을 심화·발전시킨 계기였다고 할 수 있다.

특정 산업 육성을 위한 정부의 선택적 개입의 출발점은 1967-1970년에 제정된 6개의 공업육성법이었다. 이들 공업육성법은 해당 공업 제품의 국산화 또는 국내 수급의 원활화를 지향하고 있었으며 「전자공업육성법」에만 수출을 촉진하는 내용이 포함되어 있었다. 정부가 공업육성법에 근거하여 4대 핵심 공장(중기계, 주물선, 특수강, 조선) 건설을 추진하였는데, 그것은 규모 면에서 수입대체 또는 내수형이었으며 1969년 7월 닉슨 독트린(괌 선언)으로 불안해진 국방력을 강화한다는 의미가 강하였다. 이에 많은 연구는 1970년대 중화학공업 육성정책의 배경으로 자주국방의 안보적 이유를 많이 강조하였다. 그러나 경공업에서 중화학공업 제품 중심으로 수출구조를 고도화해야 한다는 것이 중화학공업 육성정책의 더 중요한 배경이었다.[2] 수출의 중심인 노동집약적 경공업은 부가가치가 높지 않고 산업

2 이는 1969년부터 재무부 장관과 경제기획원 장관을 역임한 남덕우의 회고이기도 하다(남

의 성장에 따라 노동 공급의 애로가 발생하고 있었으며 후발국의 추격과 선진국의 수입 규제에 직면하였다. 따라서 장기적 관점에서 중화학공업을 수출 전략 산업으로 육성할 필요가 있었다.

상공부는 1970년 초에 중화학공업 중심으로 수출구조를 전환시킨다는 내용의 '1971-1980년의 장기 수출계획과 목표 달성 방안'을 발표하였으며, 이는 100억 달러 수출 목표와 그것을 달성하기 위한 중화학공업화 선언으로 이어졌다(박기주 2015). 수출 100억 달러 달성을 위한 중화학공업 육성정책은 1972년 9월부터 청와대 경제 제2비서실 중심으로 입안되어 12월에서 1973년 1월 사이에 세부추진계획이 작성되었으며, 1월 초에 대통령의 중화학공업화 선언이 있었고 1월 말에 청사진에 해당하는『공업구조개편론』이 보고되었다.『공업구조개편론』에 담긴 정책의 기본 방향은, (1) 정부의 일정한 역할 이후에 민간 주도로 전환하며, (2) 6개 업종의 연관성과 타이밍을 고려하며, (3) 국제 경쟁력이 있는 규모로 하며, (4) 국내 수요의 부족을 고려하여 독점기업을 육성하며, (5) 수출을 통해 품질을 국제 수준으로 제고한다는 것이었다. 수출을 통해 품질을 유지한다는 것은 중화학공업을 수출산업으로 육성하겠다는 것이며, 이는 이전까지 시도한 수입대체 혹은 내수형의 중화학공업과 크게 다른 점이라고 할 수 있다. 중화학공업 육성이 수출지향적이었음은, 제조업의 성장 요인에 대한 분석 결과에 의해서도 입증되고 있다. [표 4-1]에 의하면, 수출 확대가 중화학공업의 가장 중요한 성장 요인이었을 정도로 중화학공업은 경공업보다도 수출에 더 크게 의존하면서 성장하였다.

덕우 2009).

표 4-1 제조업의 성장 요인 (단위: %)

		소비 확대	투자 확대	수출 확대	수입대체	기술발전
1970−1975	중화학공업	24.0	23.5	35.9	3.6	13.0
	경공업	57.8	7.9	32.5	−0.8	2.6
	전체	54.8	15.5	27.3.	−1.3	3.7
1975−1980	중화학공업	25.6	22.7	41.3	7.1	3.3
	경공업	51.7	13.1	31.7	1.4	2.0
	전체	48.1	21.2	27.3	1.7	1.8
1980−1983	중화학공업	30.5	14.6	54.1	7.9	−7.1
	경공업	55.6	6.7	37.0	−1.2	2.0
	전체	45.8	19.8	32.9	3.7	−2.2

자료: World Bank(1987b: 43).

동태적 관점에서 보면 중화학공업 육성정책은 비교우위 산업의 변화와 산업구조의 고도화라는 결과를 가져왔다. 현시비교우위지수(RCA)에 의하면 1970-1980년대에 경공업은 점차 비교우위를 상실하고 중화학공업(수송장비, 제1차 금속, 전기기계)은 점차 비교열위에서 벗어나 비교우위를 확보해 가고 있었다. 무역특화지수(=순수출/무역총액)로도 1970년대를 통해 일부 중화학공업(철강, 금속제품, 수송기기, 전기전자, 조선)은 수입대체 단계에서 수출산업으로 성장하였다고 할 수 있다. 광공업 센서스를 이용한 계산에 의하면, 1970년대 후반에 산업구조의 변화가 가장 컸으며 중화학공업 육성정책의 대상이었던 산업은 그 비중이 점차 커지는 동학적 비교우위를 보이고 있었다(박기주 2015).

당시 세계 경제의 주도적 산업은 경공업과 중화학공업을 지나 컴퓨터, 반도체 등의 첨단산업으로 변화 중이었다. 한국은 1970년대에도 여전히 경공업에서 비교우위를 유지하고 있었지만 경쟁력이 점차 약화되고 있어 산업구조의 전환이 필요한 시기였다. 그런데 이러한 전환은 시장의 힘에 의해 자연스럽게 진행되는 것이 아니라 정부의 개입이 필요하였다. 세계은행 보고서의 중화학공업 육성정책에 대한 비판의 핵심은 수익률이 낮은 산업에 대한 과도한 투자였다는 점이다(World Bank 1987a). 그러나 수출 및 산업의 구조적 전환이라는 동학적 효율성을 목표로 한다면 산업 초기의 고비용과 비효율성은 어느 정도 불가피한 일이었다고 할 수 있다.

산업구조의 전환이라는 맥락에서 보면, 『공업구조개편론』이 제시한 중화학공업 육성정책의 기본 방향에서 가장 중요한 점은, 수출산업으로 육성하기 위해 경쟁력 있는 규모의 시설을 건설하기로 한 것이라고 할 수 있다. 중화학공업은 규모의 경제 효과가 큰 산업이며, 따라서 경쟁력을 갖기 위해서는 경공업과 달리 단기간에 일정한 규모의 생산이 가능한 시설을 갖추어야 한다. 물론 생산 규모가 일정 수준을 넘어서면 기업은 사적 이윤의 동기만으로 계속 시설을 확장해 갈 수 있지만, 그 수준에 이르기까지의 사업 초기 단계에는 자본의 비효율성과 기술 확보의 어려움이 존재하기 때문에 사적 이윤의 동기에 의해서는 중화학공업 중심의 산업구조로 이행하기 어렵다(박기주 2014).

일정한 규모의 생산에 이르기까지 감당해야 할 부담을 셋업 비용(set-up cost)이라고 한다. 만일 국내 시장이 협소하다면 국내 시장을 보호해 주는 정책뿐 아니라 세계시장에서 경쟁력을 가질 때까지 정부가 금융 및 세제상의 보조나 보호 등의 정책적 지원을 하는 것은 불가피하다. 물론 이러한 정책적 지원은 민간기업을 위해 국민 전체가 셋업 비용을 부담하는 것을 의미하기 때문에 장기간 지속될 수는 없다. 따라서 정부의 지원정책의 성공 여부는 일정 기간 동안의 정책적 지원에 의해 기업이 경쟁력이 있는 최소 생산 규모의 시설을 갖추었는지 또한 정책적 지원이 사라진 후에 기업 스스로 시설 규모를 확장함으로써 경쟁력을 유지, 강화해 가는지에 달려 있다고 할 수 있다.

2) 중화학공업에 대한 금융 배분

자본 축적 기반이 취약한 경제에서 중화학공업 육성과 같은 대규모 자본 투입이 필요한 정책을 추진함에 있어 무엇보다도 가장 중요한 문제는 자금을 조달하고 그것을 해당 기업에 적절하게 배분하는 것이었다. 정부는 민간기업이 정부의 계획을 철저히 준수하도록 고안된 인센티브를 광범위하고 강력하게 사용하였다. 그중에서 아마도 가장 널리 사용된 것은, 정부 통제하에 있는 일반은행과 특수은행을 통해 제공되는 신용에 대한 차별적 허용이었다. 또한 매력적인 자금 원천인 해외 차입은 정부의 승인이 필요하였고 정부가 그 배분을 대부분 통제하였다. 중화학공업에 진출한 업체에 대한 저비용의 안정적 금융을 제공한다는 것은 정부가 기업과 리스크를 공동 부담한다는 것이며, 따라서 정부에 의한 금융 배분을 배제하고는 산업의 발전을 설명하기 어렵다(World Bank 1987b: 99).

그러나 세계은행 보고서는 정부가 중화학공업의 발전에 유리하도록 금융 통제를 강화함으로써 금융시장을 상당히 왜곡한 것으로 평가하였다. 정부의 통제로 생산성이 낮은 쪽으로 금융이 더 많이 유입되고 금융비용의 혜택을 받은 기업이 과도하게 자본집약적 방식으로 사업을 확장하였기 때문에 자본의 한계수익률이 낮았으나, 시장지향적인 시스템에 의해 금융 배분이 이루어졌다면 전반적으로 효율성이 높아질 수 있었다는 것이다(World Bank 1987b: 105). 마찬가지로 Cho(1997)는 1970년대에는 산업정책의 초점이 중화학공업으로 이동하면서 금융시장에서의 렌트가 재량적으로 배분될 여지가 커지고 정책금융의 실질금리가 마이너스가 되는 금융 억압(financial repression) 상태가 되어 정부 개입으로 인한 비용이 증가하였다고 평가하였다.

그러나 중화학공업에 대한 설비투자는 특화된 자산에 대한 투자, 즉 자산특수성(asset specification)이 큰 투자이기 때문에 불확실성과 위험이 크다. 이런 경우에 보다 용이한 자금조달 방식은 자기자본을 증가시키는 주식 발행이지만 당시 주식시장이 미발달한 상태여서 직접금융 방식의 자금조달은 쉽지 않았다. 또한 중화학공업은 적정 규모의 시설에 이르기까지 자본의 한계수익률이 나빠질 수밖에 없기 때문에 시장의 자율적인 작동에 의해서는 금융기관으로부터 중화학공업에 필요한 금융 배분이 가능하였을 것이라고 기대하기 어렵다. 따라서 중화학공업에 대한 투자를 위해 소위 정책금융이라는 다소 강제적인 간접금융 방식이 동원되었다고 할 수 있다.[3]

제조업 설비투자액은 1970년대에 중화학공업에 대한 투자로 인해 매년 증가하였으며, 제2차 석유파동에 의한 불황으로 1980-1982년에 급감하였다가 1983년부터 다시 급증하였다. 설비투자에서 외부자금(주로 국내 금융기관으로부터의 차입과 외화자금)이 차지한 비중은 1970년대에 70%

3 다만 이 경우에 정보의 비대칭성으로 인한 도덕적 해이(즉, 과다한 차입과 부적절한 사용)가 존재할 수 있기 때문에 정부는 1974년에 주거래은행 제도를 도입하고 사실상 정부의 통제하에 있던 일반은행을 통해 여신을 관리하였다.

대의 높은 수준을 유지하였으며, 1980년대에는 60%대로 감소하였다. 이는 외화자금(즉, 차관)의 비중이 1970년대에 설비투자액의 40%대를 차지하다가 1980년대에는 20%대로 감소하였기 때문이며, 국내 금융기관으로부터의 차입 비중은 1970년대보다 1980년대에 오히려 약간 증가하였다(김상조 2011).

1973-1979년에 국내 금융기관의 총대출 잔고는 19조 원에서 111조 원으로 증가하였으며 중화학공업에 대한 대출 잔고는 4조 원에서 34조 원으로 증가하였다. 중화학공업에 대한 대출에서 차지하는 금융기관별 비중은 일반은행이 60%에서 56%, 특수은행이 18%에서 16%로 하락한 반면, 산업은행이 22%에서 28%로 상승하였다. 이 기간에 중화학공업에 대한 대출이 증가하였기 때문에 각 금융기관의 제조업에 대한 대출총액에서 중화학공업이 차지하는 비중은 상승하였다. 제조업에 대한 대출 중에서 중화학공업이 차지하는 비중이 일반은행에서는 37%에서 51%, 특수은행에서는 35%에서 52%, 산업은행에서는 74%에서 89%로 상승하였다(한국은행 1980). 그런데 중화학공업에 대한 산업은행과 특수은행의 대출 대부분과 일반은행의 대출 일부는 사실 국민투자기금에서 나온 것이었다. 1974년에 설치된 국민투자기금이 전 금융기관의 중화학공업에 대한 대출에서 차지하는 비중은 60% 이상을 차지하였다(한국은행 1989).

정부는 중화학공업 육성에 필요한 재원을 확보하기 위해 1973년 12월에 「국민투자기금법」을 제정하고 국민투자기금을 설치하였다. 국민투자기금은 자본의 회임 기간이 긴 중화학공업 육성에 필요한 자금조달을 위해 국내 저축을 동원하는 제도적 장치였다. 국민투자기금의 주요 재원은 국민투자채권 발행과 금융기관의 예탁금이었다. 동 기금법은 금융기관의 저축성 예금 증가액 20%를 기금에 예탁하도록 규정하였기 때문에 민간 저축의 증가에 따라 기금의 규모도 자동적으로 증가하였으며 금융기관 예탁금이 기금의 절반을 차지하였다. 국민투자기금은 민간 저축을 정책금융으로 운용한 채널이며 비인플레이션적 재원조달 방식이었다. 예탁금과 국민투자채권 발행을 통해 조성된 기금은 중화학공업 등의 중요 산업에 투·융자되었으며, 해당 기업이 주식을 공모할 경우에 국민투자채권으로 주식을 매입할 수 있었다.

「국민투자기금법」은 재무부 장관이 기금을 운용·관리하며 국민투자채권의 발행 및 상환과 기금의 운용·관리 사무를 한국은행 총재에게 위임할 수 있도록 규정하였다. 재무부 장관은 매 회계연도마다 기금의 조달 및 운용계획을 작성하고 국민투자기금운용심의회[4] 의결과 국무회의 심의를 거쳐 대통령의 승인을 받았으며, 기금의 운용·관리 사무를 위임받은 한국은행 총재는 융자 대상, 융자 금액, 융자 취급은행, 은행별 취급 한도와 자금 용도를 정한 '자금지원요령'을 작성·시행하였다.

융자 기간은 설비자금이 8-10년 이내, 운전자금이 3년 이내이고 설비자금에 대해 3-5년의 거치 기간이 주어졌다. 취급 은행은 융자 조건, 자금 성격, 내용연수(耐用年數)를 심사하여 융자 기간을 결정하였으며 여타 자금보다 기간이 안정적이었다. 국민투자기금에 의한 대출은 국민은행, 한국주택은행 및 외국은행 국내 지점을 제외한 모든 금융기관이 취급하였으나 산업은행을 통한 지원이 60-70%를 차지하였으며, 산업은행을 포

4 심의회는 국무총리(의장), 경제기획원·재무부·농수산부·상공부·건설부·보건사회부·체신부·총무처 장관, 한국은행·한국산업은행 총재와 국무총리 위촉 3인 이내의 인사를 위원으로 하였다.

함한 특수은행이 80% 이상을 차지하였다. 융자 대상에서 중화학공업(국산기계 구입, 기계공업체 건설, 기타 중화학공업)이 60% 정도를 차지하였고 거기에 중화학공업과 무관하지 않은 전기업과 연불수출까지 합하면 90%였다(한국은행 1989).

기금은 한국은행을 통해 취급 은행에 대하(貸下)되고 은행 창구를 통해 기업에 대출되었다. 정부는 민간 저축의 증대를 위해 높은 금리를 주고 기금을 조성하여 싼 금리로 기업에게 대출하였다. 가령 기금 운용 초기에 12%의 예금 금리로 조성한 기금을 은행이 9%의 금리로 기업에게 융자하였으며 한국은행은 그보다 낮은 7.5%로 은행에 대하하였기 때문에, 사실상 예금과 대출 금리 간에 4.5%의 차이가 존재하였다. 이 같은 운용구조로 인해 매년 기금 손실이 발생할 수밖에 없기 때문에, 정부는 재정자금(경제개발특별회계)에서 이차(利差) 보전금으로 손실을 메웠다. [그림 4-1]과 같이, 1970년대에 수출금융, 기계공업육성자금(MIPF) 및 국민투자기금(NIF)과 같은 정책금융 금리는 일반 금리보다 낮고 서로 간에 약간의 차이가 있었다. 국민투자기금 금리는 1975년에 12%이고 점차 상승하였지만, 일반 대출 금리보다 2-3%p 낮았고 회사채 금리에 비해서는 현저히 낮은 수준이었으며, 인플레이션율이 회사채 금리와 비슷하였기 때문에 실질로는 마이너스였다. 그러나 1982년부터는 정책금융 간의 금리 차이가 사라졌을 뿐 아니라 일반 금리와의 차이도 사라졌다.

정부에 의한 금융 배분에서 또 하나 중요한 것은 차관이었다. 1970년대의 국제 금융시장은 한국과 같은 개도국에 유리하였다. 미국의 금태환 정지 선언(1971년 8월)으로 미국 내로 환류할 수 없게 된 역외 달러로 인해 국제 유동성은 과잉 상태였으며, 산유국의 흑자가 국제 금융시장에 유입

그림 4-1 각종 금융의 금리 추이 (단위: %)

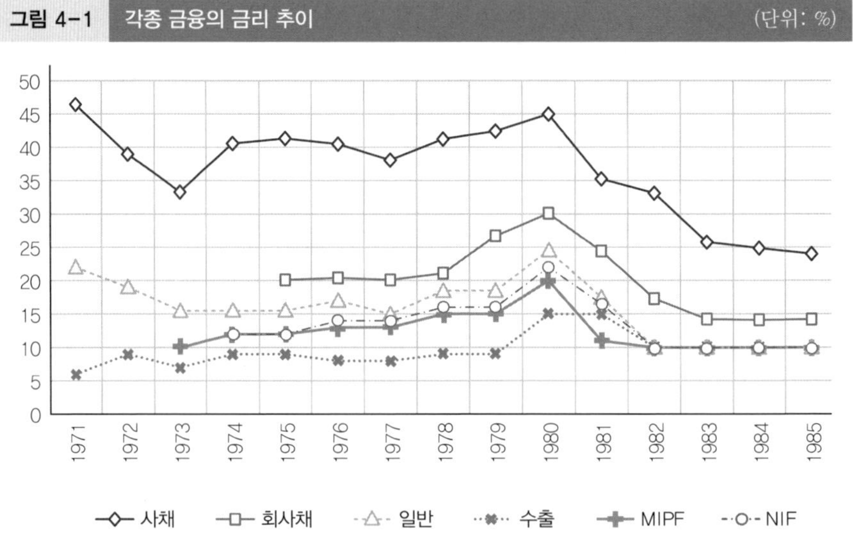

주: 1982년은 6월 통계이며, 1981, 1984, 1985년의 일반, MIPF, NIF는 금리의 하한값을 사용하였음.
자료: World Bank(1987b: 112).

되면서 국제 유동성을 더욱 확대시켰다. 유로달러의 실질금리는 하락하였으며, 국제 금융기관들은 수익성 있는 투자 기회가 감소한 선진국보다 비교적 높은 성장을 보인 중소득국(멕시코, 브라질, 한국 등)에 대한 대부를 선호하였다. 그 결과, 공공차관이나 직접투자보다 금융기관에 의한 상업차관이나 뱅크론이 확대되었다. 유로 크레디트는 1970년 47억 달러에서 1981년 1,334억 달러로 급증하였으며, 그중에서 개도국의 비율은 1970년에 9.4%에 불과하였으나 1975년까지 52.9%로 크게 증가하였고 1970년대 후반 내내 50%대를 유지하였다(박기주 2017).

한국이 도입한 외자에는 공공차관, 상업차관, 금융기관 차입, 민간차입, 직접투자가 있었다.[5] 이 중에서 직접투자는 미미한 수준이었고 민간 차입은 무역신용 등의 단기 차입이고 금융기관 차입은 1970년대 말부터 급증하였다. 따라서 1970년대 말까지 외자의 대부분을 차지한 것은 공공차관과 상업차관이었으며, 장기 차관이 70-80%를 차지하였다. 주로 재정차관 형식인 공공차관은 대부분 사회간접자본(SOC) 건설과 농업 개발에 사용되었고 제조업 관련은 5% 내외에 불과하였다. 상업차관은 주로 제조업 관련 시설과 사회간접자본 건설을 위해 도입되었다. 상업차관 중 제조업 관련이 1966-1972년, 1973-1978년, 1979-1985년에 각각 53.9%, 69.0%, 44.8%로 과반을 차지하였으며, 특히 중화학공업이 31.6%, 48.9%, 37.2%로 큰 비중을 차지하였다(재무부·한국산업은행 1993). 차관은 주로 설비투자에 사용되었으며, 설비투자액이 급증하는 1970년대에 설비투자액에서 외화자금(대부분 차관)의 비중은 40%대로 높아졌다가 1980년대에 다시 20%대로 하락하였다. 차관을 제공하는 채권국 입장에서 중요한 것은 채무국의 상환 가능성이었기 때문에 정부의 지급 보증이 있어야 하였다. 따라서 정부는 차관 도입에 대한 허가와 지급 보증이라는 방식을 통해 외화자금을 중화학공업에 배분할 수 있었다.

1960-1970년대에 국내외 금리 사이에는 큰 차이가 있었다([표 4-2]). 국외 금리는 평균 7-9%대이고 국내 은행의 대출 금리는 17-24%대였으며, 환율 절하를 감안하여 계산한 국내외 명목금리의 차이는 항상 플러스였다. 게다가 1960-1970년대는 국내 물가상승률이 높았던 시기였기 때문

5 공공차관은 재정차관과 정부보증차관(법인이 정부의 지급 보증하에 외국 정부나 경제협력기구 및 외국 법인으로부터 도입)이며, 상업차관은 재무부의 허가를 받아 민간이 도입하는 차관이며, 금융기관 차입은 뱅크론, 외화채, IMF 신용, 외은갑계정(外銀甲計定), Refinance 등이다.

에 해외 차입의 실질비용은 마이너스 상태를 유지하였다. 따라서 이 시기에 외자를 이용할 수 있었던 기업은 그만큼 금융비용상 크게 유리하였다. 그러나 1970년대 말 선진국의 금융긴축으로 금리가 상승하고 유동성 과잉이 유동성 부족으로 반전하면서 국제 금융시장은 수요자 중심에서 공급자 중심으로 변하였다. 그로 인해 해외 금리가 대폭 상승한 결과, 1980년대에는 환율 절하에도 불구하고 국내외 금리 차이가 역전되어 해외 차입의 실질비용은 플러스로 바뀌었다. 1980년대 전반에 채무 개도국의 외채 상환 불능 선언이 이어지고 세계 금융시장이 불안정해지면서 차관 도입이 어려워지고 금융비용상의 이점도 사라지면서 제조업의 설비투자에서 외자가 차지하는 비중이 크게 감소할 수밖에 없었다.

요컨대, 1970년대에 중화학공업 육성을 위해 정부는 국내 저축을 동원하여 저리로 중화학공업에 배분하였을 뿐 아니라 중화학공업에 저리의 외자를 알선하거나 인·허가하고 보증을 함으로써 수익성을 보장하였다.

표 4-2 국내외 금리 차이와 해외 차입 비용 (단위: %)

		1966–1970	1971–1975	1976–1980	1981–1983	1984–1985	1986
국내 은행 대출 금리	a	24.4	17.4	18.0	13.8	10.0	10.0
장외 시장 금리		54.2	40.1	41.4	30.5	24.4	23.2
국외 금리	b	7.2	7.9	9.5	13.0	9.5	6.7
환율 절하	c	3.1	9.3	4.7	8.5	5.9	1.3
국내 물가상승률	d	15.4	18.8	20.9	8.5	4.0	1.4
국내외 금리 차이	a−b−c	14.1	0.2	3.8	−7.7	−5.4	2.0
해외 차입 실질비용	b+c−d	−5.1	−1.6	−6.7	13.0	11.4	6.6

자료: 박기주(2017: 146).

자금 수요가 컸던 시기에 특히 높은 인플레이션으로 인해 사실상 마이너스 금리로 자금을 확보할 수 있다는 것은 외자 도입이나 은행 차입 그 자체가 기업에서 매우 큰 특혜였음을 의미한다. 그리고 금융비용상의 이런 이점이 있었기 때문에 기업은 중화학공업 건설 초기의 낮은 수익성과 높은 리스크를 감당할 수 있었다고 할 수 있다. 이제 이러한 추론의 타당성을 기업의 재무지표의 추이와 통계적 분석을 통해 확인해 보기로 한다.

3. 중화학공업 육성정책이 기업 경영에 미친 효과

1) 『기업경영분석』 자료에 대해

앞에서 언급한 대로 중화학공업은 일정한 생산 규모에 이르기까지의 셋업 비용이 불가피하다. 중화학공업 육성정책은 정부가 셋업 비용을 기업과 공동 부담함으로써 기업이 경쟁 가능한 최소 생산 규모의 시설을 갖출 수 있도록 하고, 그 후에는 정책적 지원 없이도 이윤 동기에 의해 기업 스스로 생산 규모를 확대해 나갈 수 있게 하는 정책이었다고 할 수 있다. 이하에서는 정책이 그같은 목표를 달성하였는지를 평가하기 위해, 『기업경영분석』 자료를 이용하여 기업의 경영지표를 분석하기로 한다.

한국은행이 매년 발간하는 『기업경영분석』[6]은 산업별로 집계한 기업

6 한국은행은 1960년 이래로 발간하던 『기업원가분석』을 1968년에 『기업경영분석』으로 통합하고 1972년부터 그것을 산업별·업종별 체제로 개편하였다.

의 재무제표와 그로부터 산출한 다양한 분석지표를 수록하고 있다. 조사 대상 업체는 법인세를 신고하고 매출액이 일정액 이상인 법인이다. 초기에는 조사업체를 임의 추출하되 업계 동향을 반영할 수 있도록 조사업체를 일부 교체하고 추가하면서 단순 집계하는 방식이었으나 1978년부터 층화(層化)임의추출 방식으로 변경되었다. 이는 전수조사 대상(매출 일정액 이상의 대기업과 수출 100대 기업 등)과 표본조사 대상으로 구분하여 집계하는 방식이다. 표본조사 대상의 경우는 업종·규모를 고려하여 모집단의 10% 정도를 추출·조사하고 그것을 표본 설계 시의 배율로 확대하여 모집단을 추정하였다.[7]

『기업경영분석』 자료는 제조업을 표준산업분류 세분류(4-digit) 산업별로 대기업과 중소기업별 집계액과 각종 비율을 제시하고 있다. 대기업의 경우는 전수조사를 집계한 결과이며, 중소기업의 경우는 표본을 단순 집계하거나 표본으로부터 추정한 모집단의 결과이다. 자료는 산업별 집계표와는 별도로, 1972년부터 업체를 수출기업(매출액의 50% 이상을 수출한 기업)과 내수기업, 경공업과 중화학공업, 대기업과 중소기업으로 구분한 그룹별 집계표를 제시하고 있다. 매출액 기준으로 보면 1972-1986년에 수

---

7 예컨대, 1978년에 전체 산업의 법인세 신고업체는 16,610개이며, 이 중 매출액 1억 원 미만인 영세업체(6,349개)와 결산기가 상반기인 업체 등을 제외한 7,803개 업체가 조사 대상이다. 이 중 591개 업체를 전수조사하고 그것을 제외한 7,212개 업체의 표본으로 846개 업체를 조사하여 모집단을 추정한 후 전수조사와 통합한다. 이전의 조사 방식인 1977년에 제조업 조사업체는 1,571개, 매출액은 10.6조 원으로서 광공업통계 조사업체의 5.8%, 출하액의 70.4%이며, 층화임의추출 방식으로 변경된 1978년의 조사업체는 938개이지만 전수조사와 표본으로부터 추정된 모집단을 합하면 5천-6천 개, 매출액은 15.5조 원으로 광공업센서스 업체의 15-20%, 출하액의 74.0%였다. 이는 중소업체의 반영률이 높아졌음을 의미한다.

출기업의 비중은 35% 전후에서 큰 변화가 없으며, 중화학공업의 비중은 40% 미만에서 출발하여 60%로 증가하였다. 산업구조가 크게 변하였지만 수출기업의 비중이 변하지 않았다는 것은 수출에서 중화학공업이 경공업을 대체하고 있었음을 반영한다. 또한 매출액의 대부분을 차지하는 대기업이 비중은 95%에서 80%로 하락하였는데, 이는 대기업 기준이 상향 조정되고 1978년부터는 표 작성에서 중소기업을 많이 반영하는 방식으로 변하였기 때문이다.

이하의 분석에서는 필요에 따라 그룹별, 중분류별(2-digit), 소분류별(3-digit) 자료를 사용한다. 그룹별 자료는 중화학공업과 경공업으로 구분하여 집계한 자료이고, 중분류와 소분류 자료는 대기업을 집계한 자료이다. 분석 대상 기간 중에 산업 분류가 변하지 않았기 때문에 모두 균형 패널 자료에 가깝다. 다만, 기업 결산 방식과 조사 방식의 변경이 있었으며 한국은행은 변경 직전 연도인 1975년과 1977년에 대해 지표의 일부를 수정하였으나 그 이전 연도로 소급 수정하지 않았기 때문에 시계열상의 단절이 있다. 이하에서 제시할 몇 개의 지표에 대해 검토한 바에 의하면, 1975년에는 중화학공업과 중소기업의 수치가 많이 수정되었으며, 1977년에는 중화학공업과 대기업의 수치가 많이 수정되었으나 중분류 및 소분류 산업별로는 수치가 크게 수정된 경우도 있고 전혀 수정이 없는 경우도 있었다. 따라서 어떤 원칙으로 수정이 이루어졌는지 알기 어렵지만, 이하에서는 수정 수치를 사용하여 분석하며 원 수치 사용이 분석 결과에 미쳤을 영향에 대해서는 해당 부분에서 언급하기로 한다.

2) 기업 경영 상태의 비교

먼저, 그룹별 자료를 이용하여 성장성, 수익성, 생산성 및 경영평가지수를 중심으로 경공업과 중화학공업의 기업 경영 상태의 추이를 비교하였다. 1972년 이전에는 그룹별 자료가 없고 1987년부터 표 작성 방식이 변경되는 문제도 있기 때문에 분석 대상 기간을 1972-1986년으로 하였는데, 중화학공업 육성정책 기간과 이후를 비교·분석하는 데는 문제가 없다고 생각된다. 명목액을 실질액으로 환산할 필요가 있는 경우에는 1985년 기준의 생산자물가지수를 디플레이터로 사용하였다.

① 기업의 성장성은 총자산 증가율과 유형고정자산 증가율 및 매출액 증가율로 평가할 수 있다. 총자산 증가율은 기업의 전체적인 성장 규모를, 그리고 유형고정자산 증가율은 고정자산에 대한 투자율을 보여 주며, 매출액 증가율은 기업의 신장세를 볼 수 있는 지표이다. [그림 4-2]에서 보듯이, 실질액 기준의 세 지표 모두 석유파동의 영향을 받은 1974년과 1980년을 제외하면 높은 성장이 있었음을 보여 준다. 1970년대에 20% 전후의 높은 증가율을 보이다가 1980년대에 10%대로 낮아졌지만, 중화학공업과 경공업이 증가율과 추세에서 비슷하였음을 알 수 있다. 중화학공업 육성정책이 실시된 1970년대뿐 아니라 정책이 종료된 1980년대에도 중화학공업의 성장성이 경공업과 비슷하였다는 것은, 정책적 지원을 통해 일정한 수준의 생산 규모를 갖출 수 있게 된 중화학공업이 정책적 지원이 없이 사적 이윤 동기에 의해 지속적으로 성장하고 있었음을 의미한다. 즉, 1970년대에 중화학공업 육성정책에 의해 진행된 높은 율의 자본 축적이 이후 한국 경제성장의 기반이 되었다고 할 수 있다.

그림 4-2 기업의 성장성과 수익성

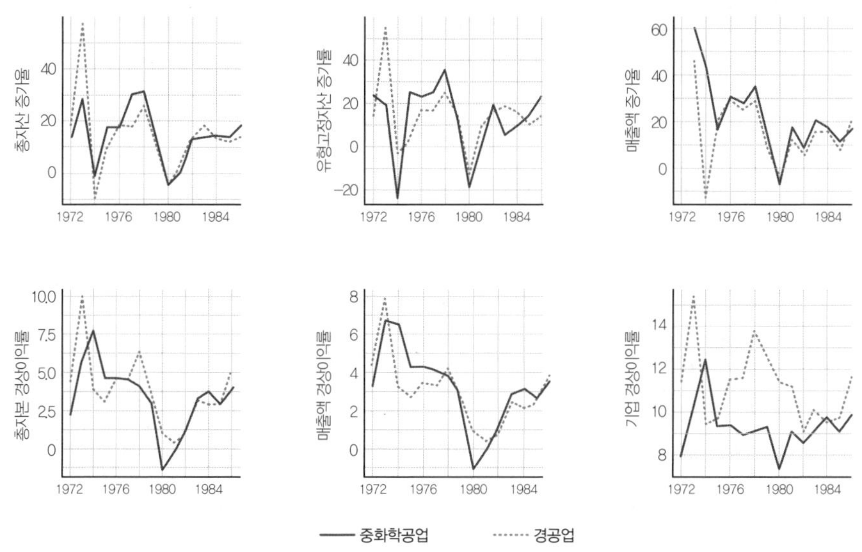

주: 원 수치를 사용하면, 크게 수정된 중화학공업의 총자산 증가율 및 유형고정자산 증가율의 정점이 1977년으로 바뀌지만 수정이 크지 않은 다른 그림에서는 거의 변화가 없다.

② 수익성을 볼 수 있는 지표는 [그림 4-2]의 총자본 경상이익률, 매출액 경상이익률, 기업 경상이익률이다. 총자본 경상이익률(=경상이익/총자본)과 매출액 경상이익률(=경상이익/매출액)은 중화학공업과 경공업이 비슷한 수준과 추이를 보였다. 두 지표에서 중화학공업과 경공업 간의 차이가 다른 것은 경공업이 중화학공업보다 자본회전율(=매출액/총자본)이 더 컸다는 점을 반영한다. 마지막의 기업 경상이익률(=(경상이익+금융비용)/총자본)은 금융비용을 공제하기 전의 수익률을 총자본으로 나눈 것이므로, 개념상 기업 경상이익률과 총자본 경상이익률 간의 차이는 금융비용의 차이로 인한 것이다. 그림에서 보듯이 기업 경상이익률은 1970년대 중엽부터

1980년대 초까지 경공업에 비해 중화학공업의 금융비용이 현저하게 작았음을 말해 준다. 달리 말하면, 중화학공업 육성정책 기간 중에 중화학공업은 경공업과 비교하여 총자본에 대해 비슷한 수익을 달성하였지만 그것은 낮은 금융비용 부담 때문이었다고 할 수 있다.

당시에 금융비용은 총비용의 4-8%에서 등락하였는데, 같은 기간에 인건비가 총비용의 7-13%이었음을 생각할 때 그것은 기업에게 상당히 큰 부담이었다고 할 수 있다. 기업 경상이익률로부터 짐작할 수 있듯이, 1970년대에 중화학공업과 경공업 간에는 총비용 대비 금융비용 비율에서 차이가 있었다. 이러한 차이가 어디서 발생하는지를 살펴보기 위해, 다음 식과 같이 총비용 대비 금융비용을 총비용 대비 매출액, 자기자본 회전율의 역수, 부채 비율, 차입금 평균 이자율로 분해하였다. 단, 평균 이자율은 금융비용을 이자부 부채로 나눈 값인데, 이자부 부채는 부채의 전부가 아니므로 등호의 양변이 정확히 일치하지는 않는다.

$$\frac{\text{금융비용}}{\text{총비용}} \approx \frac{\text{매출액}}{\text{총비용}} \times \frac{\text{자기자본}}{\text{매출액}} \times \frac{\text{부채}}{\text{자기자본}} \times \text{평균 이자율}$$

이미 언급한 바와 같이, 좌변의 총비용 대비 금융비용 비율에서 중화학공업은 경공업에 비해 1974-1979년에는 낮았고 1980년대에는 약간 높은 수준이었다. 이를 분해한 우변의 지표 중에서 총비용 대비 매출액에서는 중화학공업이 경공업보다 1970년대 중엽에 약간 높지만 양자 간에 거의 차이가 없었다. 자기자본 회전율은 예상하듯이 중화학공업이 경공업의 70% 전후에 불과하였으며(이는 좌변의 수치를 높이는 요인이다) 부채 비율과 평균 이자율도 중화학공업이 경공업보다 낮았다. 중화학공업의 부채 비율은 1970년대 후반에 경공업의 80% 전후이고, 1980년대에는 그보다 더 낮은 수준이었다. 정책금융이 집중되었을 중화학공업이 경공업보다 부채 비율이 낮았다는 것은 의외이지만, 부채 구성의 차이를 볼 필요가 있다. 유동부채 비율은 경공업이 중화학공업보다 전 기간에 걸쳐 높았으며, 고정부채(회사채와 상환기일이 1년 이상인 부채) 비율은 1970년대에 중화학공업이 경공업보다 크게 높았다가 1980년대에 낮아졌다. 경공업과 대비하여 중화학공업의 평균 이자율은 정책 기간에 낮았고 하락하였으며 1980년대에 90% 정도의 수준이었다. 중화학공업이 경공업에 비해 고정부채 비율이 높은 것은 매년의 자금조달 방식에서 자기자본과 장기 차입 및 차관에 대한 의존도가 높았기 때문이다. 그러나 1980년대에 들어서면 경공업과 중화학공업 간에 타인자본 조달 방식에서 큰 차이가 없어졌다.

③ 생산성을 보여 주는 지표에는 종업원 1인당 지표와 효율성 관련 지표가 있다. [그림 4-3]에서 보듯이, 실질액으로 계산한 1인당 부가가치, 매출액, 인건비에서 중화학공업과 경공업 간에 일정한 격차가 있으며 그 차이는 조금씩 커졌다. 인건비는 1970년대에도 빠른 증가를 보였으며, 이는 정책 기간에 근로자의 실질소득이 상승하였음을 의미한다. 중화학공업이 경공업보다 1인당 인건비가 높은 것은 자본집약적 산업이고 남성 노동이 중심이기 때문이다. 노동장비율(및 기계장비율, 자본집약도)[8] 역시 중화학공업과 경공업 간에 차이가 있으며, 그 차이가 커졌음을 확인할 수 있다. 1979-1982년에 노동장비율과 기계장비율이 급상승한 것은 심각한 불황으

8 노동장비율, 기계장비율, 자본집약도는 각각 장비(=유형고정자산－건설가계정), 기계 장치, 총자본을 종업원 수로 나눈 값이다.

그림 4-3 기업경영지표 2: 생산성 관련

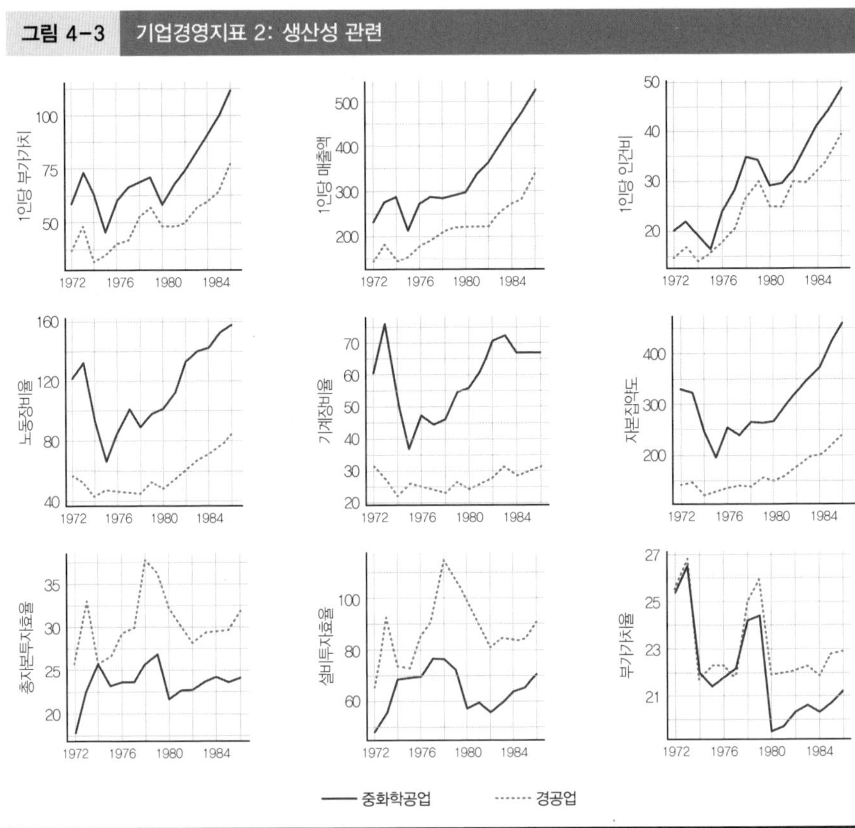

주: 원 수치를 사용할 경우에 2-3행의 6개 그림에서 1977-1978년에 중화학공업의 모양이 다소 변하지만 본문에서의 설명은 달라지지 않는다.

로 인해 종업원 수가 정체 또는 감소하였기 때문이다.[9] 1980년대에 정책이 사라진 후에도 노동생산성 및 장비율에서 중화학공업과 경공업 간의 차이

9 광공업통계조사에 의하면, 매년 15-20만 명씩 증가하던 제조업 종사자 수가 1979년에는 정체하고 1980년에는 10만 명이 감소하였으며 1981년에 3만 명, 1982년 5만 명이 증가하는 정도에 불과하였다.

가 계속 확대·유지되고 있다는 것은 1970년대 육성정책에 의해 중화학공업이 스스로 성장할 수 있는 기반을 갖게 되었음을 의미한다.

다음으로 효율성 지표를 보자. 1인당 부가가치는 노동장비율과 설비투자효율의 곱으로 표현된다. 중화학공업의 1인당 부가가치와 노동장비율은 경공업보다 더 크고 빨리 증가하였다. 그러나 총자본투자효율과 설비투자효율[10]은 중화학공업이 경공업보다 낮았으며 1970년대 후반에 그 차이가 확대되다가 1980년대에 축소되었다. 따라서 중화학공업과 경공업 간 노동장비율의 차이가 확대되더라도 투자효율의 차이가 커지면서 1인당 부가가치의 차이는 크게 달라지지 않았다. 1970년대에 투자효율이 낮은 중화학공업에 많은 투자가 이루어진 것은 사실이다. 이 때문에 정책이 과잉투자를 유발하였다고 비판받기도 하지만(유정호 1991), 노동장비율이 높은 중화학공업이 경공업보다 투자효율이 낮은 것은 어찌 보면 당연한 일이다. 투자효율이 낮기 때문에 시장의 논리로는 중화학공업에 대한 투자가 이루어지기 어렵다는 점은 오히려 정부의 육성정책이 필요한 이유라고 할 수 있다. 1980년대에 중화학공업과 경공업 간의 설비투자효율 차이가 줄어드는 반면, 1인당 부가가치 차이는 확대되고 있고 부가가치율 격차는 서서히 줄어들고 있음을 확인할 수 있다. 이를 동학적 관점에서 보면 1970년대 투자의 효과가 1980년대에 서서히 나타난 것으로 해석될 수 있다.

④ 기업의 경영 상태를 종합적으로 평가하는 지표로 월(A. Wall) 지수와 트란트(J. B. Trant) 지수가 있다.[11] 지수가 100 이하이면 경영 상태가 평

---

10 총자본투자효율 = 부가가치/총자본, 설비투자효율 = 부가가치/(유형고정자산 − 건설가계정).

11 지수는 유동 비율, 고정 비율, 부채 비율, 자기자본 회전율, 고정자산 회전율, 재고자산

균보다 못하다는 것을 의미한다. [그림 4-4]는 중화학공업과 경공업에 대해 월 지수와 트란트 지수를 산출한 결과와 중분류 산업 중에서 비중이 큰 4개 산업에 대해 월 지수를 산출한 결과이다. 중화학공업은 두 지수 모두 100 이하이고 경공업은 100 이상이어서 분석 대상 기간 중에 중화학공업이 경공업에 비해 경영 상태가 좋지 못하였다고 할 수 있다. 그러나 추세로 보면, 월 지수에서 중화학공업은 1974년부터 1983년까지 하락 추세이다가 이후 증가한 반면 경공업은 1983년까지 상승 추세이다가 이후 하락 추세를 보인다. 트란트 지수에서 중화학공업은 1980년까지 약간의 하락 추세이다가 이후 상승하는 반면, 경공업은 1980년까지 상승하다가 이후 큰 하락 추세를 보인다. 이는 중화학공업의 경영 상태가 경공업에 비해 여전히 좋지는 않지만 1980년대에 개선되고 있음을 의미한다. 특히 중화학공업 육성정책이 실행된 1973-1979년에 지수가 100 이하에서 하락하거나 정체하고 있다는 것은 정책이 없었다면 민간기업이 자발적으로 중화학공업에 투자하는 것은 거의 불가능하였을 것임을 반증한다.

중화학공업에 속해도 정책 대상이 아닌 산업이 있고 경공업이어도 수출 산업인 경우에는 정책적 지원이 경영에 유리한 영향을 미쳤을 것이므로, 산업별로 경영 상태에 차이가 있을 것이다. 중분류 자료를 사용하여 비중이 큰 4개 산업의 경영 상태의 추이를 비교해 보면, 내수형 경공업인 음식료품(M1)과 수출형 경공업인 섬유의복(M2), 중화학공업인 석유화학제품(M5)과 금속제품 및 기계(M8) 산업 간의 경영 상태 지수에 큰 차이가 있

회전율, 매출채권 회전율, 매입채무 회전율에서 평균과 대비한 비율을 가중 합산한 값으로 산출된다.

그림 4-4 기업경영지표 3: 평가종합지수

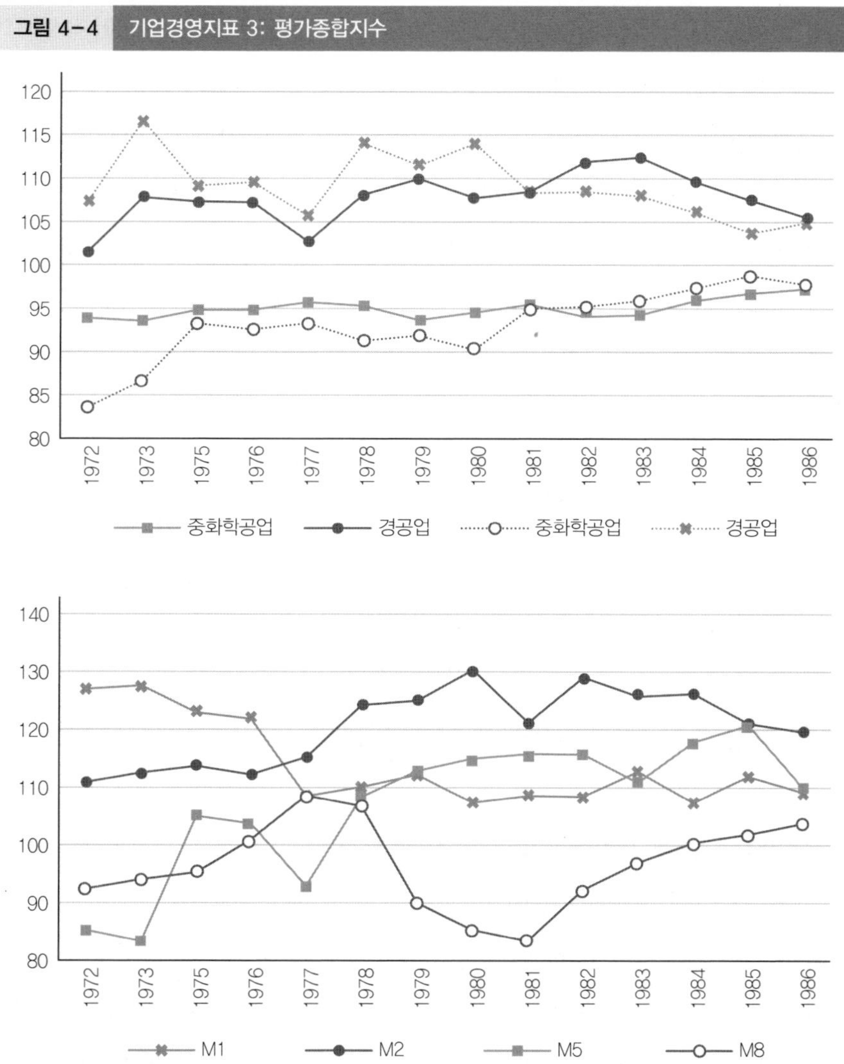

주: 1) 실선은 월 지수이고 점선은 트란트 지수.
2) M1은 음식료품, M2는 섬유의복, M5는 석유화학제품, M8은 기계 및 금속제품.
3) 원 수치를 사용하면 1977년에 경공업의 지수는 현재보다 조금 높아지고 중화학공업은 낮아진다.

음을 알 수 있다. M1과 M2의 경영 상태 지수는 모두 100 이상이어서 양호하지만, M1은 1970년대부터 계속 낮아지고 있고 M2는 1980년대 초까지 개선되다가 이후 낮아지고 있다. 반면, M5는 1970년대 초에 경영 상태가 평균보다 매우 낮았지만 개선되었으며 1970년대 말부터는 110을 넘은 상태를 유지하였다. M8 역시 1970년대 초에는 평균보다 낮았으나 평균 정도로 개선되었다가 1970년대 말 불황으로 경영 상태가 악화된 이후 서서히 회복되어 평균 수준에 육박하였다. 트란트 지수에서는 이러한 변화가 좀 더 분명하게 나타났다. 요컨대, 경영 상태 면에서 경공업은 양호하고 중화학공업은 그렇지 못하였으나 1970년대를 통해 중화학공업의 경영 상태가 부분적으로 개선되고 1980년대 중엽에 이르면 양자 간에 경영 상태가 대체로 수렴되고 있어, 산업구조가 경공업보다 중화학공업 중심으로 서서히 변할 것을 예상할 수 있다.

3) 기업 성장 요인과 생산성 변화의 분석

중화학공업과 경공업으로 구분하여 성장성, 수익성(및 금융비용), 생산성 측면에서 기업 경영의 추이를 검토한 결과, 중화학공업은 정부의 육성정책에 의한 금융적 지원하에서 일정 규모로 성장하였으며 육성정책이 사라진 이후에도 성장이 둔화되거나 후퇴하지 않고 지속되었던 것으로 보인다. 이하에서는 중화학공업과 경공업으로 구분하여 집계한 여러 지표로부터 얻은 이상의 결과를 기업의 성장 요인과 생산성 변화에 대한 계량적 분석을 통해 확인해 본다.

먼저, 기업의 성장 요인에 대한 분석을 통해 중화학공업 육성정책의 효과를 평가해 보기로 한다. 기업의 성장은 기업의 전체적인 성장을 보여주는 총자산 증가율이나 유형고정자산 증가율로 파악할 수 있다. 기업은 총자산 또는 유형고정자산 증가에 필요한 자금을 자기자본과 타인자본(차입)으로 조달한다. 1970년대는 직접금융시장이 아직 발달하지 않아 주식은 물론이고 회사채 발행도 쉽지 않은 상태였기 때문에, 기업은 금융기관을 통한 간접금융에 많이 의존하였다. 높은 인플레이션 상황에서는 금융기관으로부터 차입할 수 있다는 것만으로도 유리하였기 때문에, 국내외 자본을 동원하고 배분하는 정부의 금융통제는 기업의 성장에 중요한 영향을 미쳤다고 볼 수 있다. 물론 기업이 양호한 매출 실적과 높은 수익률을 달성할 수 있다면 그러한 기업 활동으로부터 기업의 성장에 필요한 자본 조달이 가능하며, 기업의 매출 실적이나 경상수익률은 정부 정책과는 무관하게 시장의 상황과 기업의 역량에 의해 좌우된다고 할 수 있다.

기업의 성장 요인을 분석하기 위해 1973-1986년의 소분류별 자료를 사용하였다. 이는 각 연도마다 중분류 산업별로 1개 내지 6개가 분포되어 있는 25개 소분류 산업을 개별 관측치로 하는 균형 패널 자료이다.[12] 회귀식은 종속변수가 유형고정자산 증가율인 경우와 총자산 증가율인 경우로 구분하였는데, 중화학공업 육성정책을 평가한다는 목적에 더 잘 부합하는 종속변수는 설비투자와 관련된 유형고정자산 증가율이다. 독립변수로는 차입금 평균 이자율(Interest), 자금운용표상의 은행 장기 차입 및 외국차관 비율(Debt1_R) 또는 장·단기 차입금 모두를 포함하는 타인자본 비

12 25개 산업은 음식료품 2개, 섬유의복 3개, 제재가구 1개, 종이인쇄 2개, 화학제품 6개, 비금속광물제품 3개, 제1차 금속 2개, 금속제품 및 기계 5개, 기타 제조업 1개이며, 이 중 제재가구와 기타 제조업은 중분류 자료를 그대로 사용하였다.

율(Debt2.R),[13] 매출액 증가율(Sales.G)과 기업 경상이익률(Profit.R)을 사용하였다. 독립변수 중 앞의 3개는 정책금융에 의해 영향을 받기 때문에 육성정책의 효과를 보여 주는 변수이며, 뒤의 2개는 기업의 자체 성장 역량을 보여 주는 변수라고 할 수 있다. 분석 대상 기간 동안에 연도와 중분류 산업(M1-M9) 특성이 독립변수와 상관관계가 있을 것임을 고려하여 고정 효과 모형으로 분석하였다. 변수 중 유형고정자산 증가율, 총자산 증가율과 매출액 증가율은 물가 변화에 의한 효과를 제거하기 위해 인플레이션율로 차감한 값을 사용하였으며, 육성정책 기간과 이후 간에 정부의 경제운영 방식이 크게 변하기 때문에 1973-1979년과 1980-1986년으로 시기를 구분하여 분석하였다.

변수와 기간을 다르게 한 총 8개의 회귀 분석 결과를 [표 4-3]으로 정리하였다. 연도와 산업 더미의 계수 값은 기준 연도(1973년 또는 1980년)와 기준 산업(음식료품 M1)에 비해 기업 성장률(유형고정자산 증가율과 총자산 증가율)이 평균적으로 어떠하였는지를 나타낸다. 1973-1979년에 대한 회귀 결과를 보면, 연도 더미의 계수 값이 유의미한 것은 1974년과 1975년이며 1980-1986년에 대한 회귀식에서는 1981년을 제외하면 모두 유의미하였다. 연도 더미의 계수 값이 유의미하지 않은 것도 있지만, 기업 성장률은 제1차 석유파동의 충격으로 1974년에 크게 낮아졌다가 빠르게 높아지고 있었으며, 1979-1981년에 제2차 석유파동에 의한 세계 경제의 침체와 국내의 정치적 혼란으로 침체 국면이었다가 1982년부터 회복되어 일정한 수준을 유지하였다고 할 수 있다. 앞에서 언급한 대로 『기업경영분석』 자

---

13 자금운용표상의 타인자본은 장기 차입금과 단기 차입금, 매입채무 등으로 구성된다.

표 4-3 기업 성장 요인 회귀분석 결과

	1973-1979				1980-1986			
	유형고정자산 증가율		총자산 증가율		유형고정자산 증가율		총자산 증가율	
	(1)	(2)	(3)	(4)	(5)	(6)	(7)	(8)
(Intercept)	22.273*	18.186	9.614	4.691	−11.779	−12.149	−7.432	−7.877
Interest	−1.098+	−1.037+	−0.248	−0.202	0.112	0.111	0.087	0.087
Debt1.R	0.212**		0.088+		0.013		0.010	
Debt2.R		0.141***		0.116***		0.004		0.005
Sales.G	0.162+	0.121	0.356***	0.320***	0.238*	0.239*	0.298***	0.295***
Profit.R	0.784+	0.820+	0.749*	0.814**	0.318	0.340	0.241	0.255
D_1974	−37.347***	−42.041***	−29.329***	−32.909***				
D_1975	−10.360	−16.066*	−5.081	−9.333+				
D_1976	10.196	7.988	−2.199	−3.166				
D_1977	4.599	−0.231	−0.742	−4.257				
D_1978	15.274*	10.533	4.755	1.301				
D_1979	10.136	3.365	0.997	−4.141				
D_1981					4.434	4.427	−1.044	−0.979
D_1982					25.257***	25.066***	15.331***	15.262***
D_1983					18.088*	17.613*	15.472***	15.479***
D_1984					20.359**	20.280**	12.443**	12.517**
D_1985					17.668*	17.775*	13.198***	13.375***
D_1986					19.639**	19.868**	13.871**	14.194***
D_M2	2.674	2.392	5.888	5.614	−0.503	−0.496	−1.271	−1.250
D_M3	−7.135	−8.388	−3.688	−4.416	−4.958	−3.591	−3.184	−2.237
D_M4	−9.999	−9.354	−4.757	−4.319	−0.669	−0.586	2.555	2.635
D_M5	−10.846	−9.034	−4.031	−1.979	1.800	1.617	0.537	0.564
D_M6	−9.886	−2.981	−8.337	−3.733	0.594	0.604	1.356	1.408
D_M7	4.244	9.476	2.005	4.649	1.598	1.763	3.799	3.939
D_M8	0.650	2.979	3.869	5.088	0.928	0.983	1.512	1.570
D_M9	9.574	10.910	5.239	6.071	3.306	3.409	−0.529	−0.408
R^2	0.454	0.469	0.562	0.602	0.212	0.209	0.424	0.424

주: 1) *** 0.1%, ** 1%, * 5%, + 10% 유의 수준.
2) 변수에 대한 설명은 본문 참조.

료에는 시계열상의 단절이 있으며 그것이 분석 결과에 미친 영향을 정확히 알기는 어렵지만, 이 회귀 결과와 원 수치를 사용한 회귀 결과의 차이는 1977년 더미 계수 값이 약간 달라지는 정도에 불과하였다.

산업 더미 중에서는 유의미한 것이 두 기간 모두에서 하나도 없었다. 이처럼 예상과 달리 산업 더미가 유의미하지 못한 것은, 중화학공업으로 분류되는 산업일지라도 정책 대상인 산업과 아닌 산업이 포함되어 있고 정책적 지원을 받은 산업만 따로 구분할 수 없는 자료상의 한계 때문이라고 할 수 있다. 이 점을 전제로 하면서 계수 값을 통해 기업 성장률을 산업별로 비교하면, 1973-1979년에는 당시의 주력 수출품인 섬유의복(M2)과 중화학공업 육성정책 대상인 제1차 금속(M7)과 금속제품 및 기계(M8) 산업은 높았으나 석유파동의 영향으로 석유화학제품(M5) 산업은 낮았다고 할 수 있다. 1980-1986년에는 기준 산업이 포함된 경공업(M1-M4)보다 중화학공업(M5-M8)의 기업 성장률이 높았으며 섬유의복 산업은 국제 경쟁력을 상실하여 기준 산업인 음식료품 산업보다 기업 성장률이 낮았다고 할 수 있다. 한편, 자료에 시계열상의 단절이 있다는 점이 분석 결과에 미친 영향을 보기 위해 원 수치를 사용한 결과와 비교해 본 결과, 원 수치와 수정 수치 간에 상당한 차이가 있는 제1차 금속(M7)의 계수 값에서 차이가 있지만 전체적으로는 결과가 크게 다르지 않아 영향이 크지 않다고 할 수 있다.

이제 [표 4-3]에서 상위에 있는 평균 이자율을 비롯한 5개 변수에 대해 살펴보자. 1973-1979년에 대해 유형고정자산 증가율에 대한 회귀식에서는 5개 변수의 계수 값이 모두 유의미하지만, 총자산 증가율에 대한 회귀식에서는 평균 이자율을 제외한 나머지 4개 변수의 계수 값이 유의미하다. 유형고정자산은 토지, 건물, 기계 장치와 기타의 고정자산으로 구성되며,

총자산은 고정자산에 당좌자산(매출채권과 현금 등)과 재고자산으로 구성된 유동자산을 합한 것이다. 회귀 결과는 평균 이자율이 총자산 증가율보다 유형고정자산 증가율에 더 크고 유의미한 영향을 미쳤음을 확인시켜 준다. 또한 장기 차입(차관 포함)과 타인자본 비율도 총자산 증가율보다 유형고정자산 증가율에 미치는 영향이 더 컸음을 알 수 있다. 이는 중화학공업 육성정책이 저리의 정책금융과 차관 도입을 통해 기업이 경쟁력 있는 생산 규모를 갖출 수 있도록 지원하였으므로, 이자율과 장기 차입이나 타인자본 비율이 유형고정자산 증가율에 유의미하게 기여하였음을 의미한다.

기업 경상이익률과 매출액 증가율 변수가 유의미하다는 것은, 비록 정부의 정책적 지원이 기업의 성장 특히 유형고정자산 증가율에 기여하였지만, 기업이 가진 성장 능력도 기업 성장에 중요한 영향을 미쳤음을 의미한다. 총자산 증가율과 유형고정자산 증가율에 미친 기업 경상이익률의 영향은 크기와 유의한 정도에서 약간의 차이가 있지만 거의 똑같다고 할 수 있다. 기업 경상이익률은 타인자본에 대한 금융비용을 공제하기 전의 이익률이므로 사실상 기업의 경영 성과를 보여 주는 지표라고 할 수 있다. 매출액 증가율은 유형고정자산 증가율보다 총자산 증가율에 더 크고 확실한 영향을 미쳤다고 할 수 있다. 이는 여전히 시장 경쟁력을 갖고 있는 경공업에 속하는 기업에서의 매출액 증가가 매출채권과 같은 유동자산의 증가로 이어져 총자산 증가율에 영향을 미쳤음을 의미한다.

1980-1986년에 대한 회귀식에서는 매출액 증가율 변수만 유의미한 것으로 나타났다. 1980년대에도 정책금융이 사라진 것은 아니지만 뚜렷하게 감소하였으며(World Bank 1987b: 114), 앞에서 설명하였듯이 금융비용 측면에서 차관이나 정책금융이 갖고 있던 이점도 사라졌다. 그 결과 정책 효

과 변수인 차입금 평균 이자율과 장기 차입 비율 및 타인자본 비율 변수는 기업의 성장에 유의미한 영향을 주지 못하였다. 반면 기업의 자체 성장 능력 중에서 매출액 증가율만 유의미한 것은 이전과는 달라진 상황을 반영한다고 할 수 있다. 즉, 중화학공업과 관련하여 1970년대와 같은 정부의 정책적 지원이 없고 수익률은 아직 저조한 상태에 있지만 기업이 스스로 매출 증가를 통해 설비 규모를 계속 확장해 가고 있음을 보여 준다고 할 수 있다.

다음으로, 기업의 생산성 추이에 정책이 어떤 변화를 가져왔는지를 보기로 한다. 앞에서 몇 개의 지표를 통해 생산성과 관련한 경공업과 중화학공업 간의 차이를 살펴보았지만, 생산성 향상은 기술 변화와 효율 개선을 통해 가능하며 이를 파악하기 위한 것이 DEA(Data Envelopment Analysis) 기법으로 산출되는 맘퀴스트(Malmquist) 지수이다.[14] 맘퀴스트 지수는 비모수적 방법으로 추정되는 생산변경(production frontier)과 관측치 간의 거리 함수로부터 계산된다. 이해를 돕기 위해, 투입요소와 산출물이 각각 하나이며 생산가능함수(생산변경)가 [그림 4-5]와 같이 직선인 경우를 생각해 보자. 시점 t와 t+1의 다수의 관측치로부터 추정되는 생산변경이 P^t, P^{t+1}과 같다고 하면, 두 관측치(A^t, A^{t+1}) 간의 생산성 변화, 즉 맘퀴스트 지수(mi)는 관측치가 생산변경으로부터 떨어져 있는 정도의 비율로 정의된다. 이 비율은 그림 아래에 있는 식의 좌변과 같이, t기의 생산변경을 기준으로 한 비율과 t+1기의 생산변경을 기준으로 한 비율의 기하평균으로 계산된다.

---

14 전통적인 생산성 분석은 특정한 형태의 생산함수를 가정하고 요소 투입과 산출 간의 관계, 즉 생산함수의 모수를 추정하지만 효율 개선을 계측하지는 못하는 반면, 맘퀴스트 지수는 효율 개선에 의한 생산성 증가 효과를 분석할 수 있다.

그림 4-5 맘퀴스트 생산성 지수의 이해

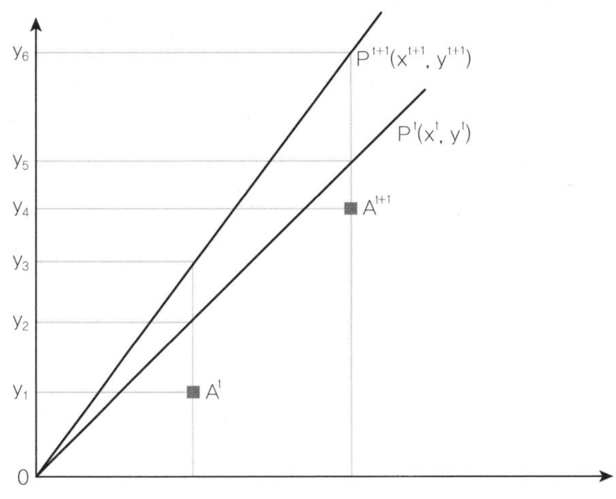

$$mi=\left[\frac{y_4/y_5}{y_1/y_2}\times\frac{y_4/y_6}{y_1/y_3}\right]^{\frac{1}{2}}=\frac{y_4/y_6}{y_1/y_2}\times\left[\frac{y_3}{y_2}\times\frac{y_6}{y_5}\right]^{\frac{1}{2}}=ec\times tc$$

맘퀴스트 지수가 1보다 크면 생산성이 상승하였음을 의미한다. 그런데 맘퀴스트 지수는 우변의 식과 같이 효율 변화(ec)와 기술 변화(tc)의 곱으로 분해할 수 있다. 생산변경으로의 접근을 의미하는 효율 변화는 각 관측치가 해당 시점의 생산변경으로부터 멀어져 있는 정도의 비율로 계산되며, 생산변경의 변화를 의미하는 기술 변화는 t기 관측치를 기준으로 한 비율과 t+1기 관측치를 기준으로 한 비율의 기하평균으로 계산된다.

생산성 지수를 추계하기 위해서는 산출액과 자본스톡 및 노동투입에 관한 데이터가 필요하다. 일반적으로 생산성 추계는 수집한 데이터의 출처가 상이하여 일관성에 문제가 있을 수 있고 이용하는 자료와 추계 방법이 다르기 때문에 연구마다 그 결과에 큰 차이가 있다는 것은 주지하는 바이다. 그런데 한광호(2001)는 제조업 상장기업으로부터 수집한 하나의 패널 자료로부터 부가가치와 유형고정자산, 종업원 수의 데이터를 추출하여 1985-1994년의 제조업 중분류별 맘퀴스트 지수를 작성하였다. 『기업경영분석』 자료를 이용해서도 동일한 분석을 할 수 있다. 다만 여기서는 산출액 대신 1인당 부가가치를 사용하고, 투입 요소로는 1인당 노동장비율과 1인당 인건비를 사용하였다. 이들 3개 변수에 종업원 수를 곱하면 각각 부가가치와 자본 투입 및 노동 투입을 금액으로 표시한 것이 되며, 모두 명목변수여서 물가의 영향을 동일하게 받기 때문에 물가 변동의 효과를 조정하지 않아도 된다.

[표 4-4]는 중분류별 자료로부터 맘퀴스트 지수를 추계한 결과이다. 지수가 1보다 크면 그것은 전보다 생산성이 높아졌음을 의미한다. 표에 제시한 것은 중분류 산업 중에서 제조업 생산의 약 80%를 차지하는 4개 산업이다. 즉, 경공업에 속하는 음식료품(M1)과 섬유의복(M2) 산업과 중화학공업에 속하는 석유화학제품(M5)과 금속제품 및 기계(M8) 산업의 생산성 지수이다. 마지막 3열은 9개 중분류 산업의 지수를 가중평균한 제조업 전체 생산성 지수이며, 또한 마지막 3행의 기간별 연평균 지수는 연도별 생산성 지수를 단순평균한 값이다.

제조업 전체의 생산성(mi.TL)을 보면, 석유파동으로 인해 1974년과 1979-1980년에 생산성의 대폭 하락이 있었으나 전 기간 동안 연평균 0.4%로 증가하였다. 1970년대에 연평균 1.4%로 증가하였으며 1980년대에는 생산성 증가율이 연평균 −0.6%였다. 이를 효율 변화와 기술 변화로 분해해 보면, 전 기간 효율 변화는 연평균 0.1%, 기술 변화는 연평균

0.3%여서 생산성 증가가 투자 증가에 따른 기술 변화에 의한 것임을 알 수 있다. 효율 변화는 1970년대에 연평균 0.0%, 1980년대에 0.2%인 반면, 기술 변화는 각각 1.4%와 −0.8%여서, 투자 증가에 의한 기술 변화가 1970년대에 특히 현저하였음을 알 수 있다. 중분류 4개 산업의 생산성 지수(M • .mi)를 보면, 제1차 석유위기 때 경공업의 생산성 하락은 현저하지만 중화학공업은 마침 육성정책이 추진되면서 생산성 하락이 바로 나타나지 않고 약간 시차를 두고 나타난 것 같다. 마지막 행에 제시한 전 기간 연평균 생산성 증가율은 경공업의 2개 산업에서는 −0.8%와 −1.6%인 반면, 중화학공업 2개 산업에서는 1.0%와 0.0%여서 뚜렷한 차이를 보였다. 중화학공업 2개 산업은 특히 1970년대에 연평균 생산성 증가율이 1.9%와 0.3%로 높았다. 효율 변화와 기술 변화 각각을 보면, 4개 산업 모두 효율 변화(M • .ec)보다 투자에 의한 기술 변화(M • .tc)가 생산성 변화에 미친 효과가 컸던 것으로 볼 수 있다. 그러나 기간을 나누어 보면, 경공업 2개 산업에 대해서는 어떤 경향성을 말하기 어렵지만, 중화학공업 2개 산업에서 1970년대는 기술 변화, 1980년대는 효율 변화가 생산성 증가에 더 큰 영향을 미쳤던 것으로 보인다.

표 4-4 중분류 산업의 생산성 변화

	M1.mi	M2.mi	M5.mi	M8.mi	M1.ec	M2.ec	M5.ec	M8.ec	M1.tc	M2.tc	M5.tc	M8.tc	mi.TL	ec.TL	tc.TL
1973	1.150	1.396	1.139	1.084	0.955	1.151	0.939	0.931	1.205	1.213	1.214	1.165	1.208	1.007	1.199
1974	0.932	0.656	1.001	1.126	0.997	0.712	1.065	1.156	0.935	0.921	0.940	0.975	0.923	0.945	0.975
1975	1.086	0.892	1.077	0.997	0.984	0.885	1.000	0.915	1.103	1.008	1.077	1.090	1.012	0.971	1.042
1976	1.047	1.159	0.954	0.891	1.149	1.327	1.000	0.911	0.911	0.873	0.954	0.978	1.013	1.113	0.916
1977	0.981	0.884	0.852	1.071	1.000	0.897	0.866	1.060	0.981	0.986	0.984	1.011	0.968	0.964	1.003
1978	1.020	1.042	1.176	0.877	1.000	1.046	1.155	0.834	1.020	0.995	1.019	1.051	1.015	1.005	1.011
1979	0.924	0.965	0.972	1.003	0.963	1.006	1.000	1.032	0.959	0.959	0.972	0.972	0.981	1.004	0.977
1980	0.934	0.979	0.962	0.848	0.955	0.999	1.000	0.882	0.978	0.980	0.962	0.962	0.916	0.954	0.959
1981	0.965	1.094	0.982	1.095	1.057	1.216	1.000	1.197	0.913	0.900	0.982	0.915	1.032	1.090	0.951
1982	0.910	0.913	0.977	1.001	0.922	0.901	1.000	1.009	0.987	1.013	0.977	0.992	0.979	0.984	0.995
1983	1.047	1.006	0.969	1.068	1.057	1.007	1.000	1.074	0.990	0.999	0.969	0.994	1.022	1.037	0.985
1984	0.917	0.967	1.112	0.956	0.881	0.954	1.000	0.935	1.040	1.015	1.112	1.023	0.992	0.946	1.049
1985	0.977	1.038	0.952	1.007	1.015	1.068	1.000	1.040	0.963	0.972	0.952	0.968	1.001	1.036	0.964
1986	1.039	0.960	1.057	1.021	0.982	0.928	1.000	0.972	1.057	1.035	1.057	1.051	1.019	0.973	1.048
1973–1979	1.017	0.976	1.019	1.003	1.005	0.986	1.000	0.972	1.012	0.989	1.019	1.032	1.014	1.000	1.014
1980–1986	0.968	0.992	1.000	0.997	0.979	1.006	1.000	1.011	0.989	0.987	1.000	0.986	0.994	1.002	0.992
1973–1986	0.992	0.984	1.010	1.000	0.992	0.996	1.000	0.991	1.000	0.988	1.010	1.009	1.004	1.001	1.003

주: 1) 기호에 대한 설명은 본문 참조.
2) 원 수치를 사용한 경우에 1977-1978년에서 매년도 지수는 1-3%p 크거나 작은 경우가 많고, 비슷하거나 4-5%p의 차이가 있는 경우도 있다. 매년도 지수의 차이가 있지만, 크고 작은 것이 상쇄되어 1973-1979년 연평균은 원 수치를 사용해도 거의 차이가 없다.

4. 맺음말

1970년대 중화학공업 육성정책은 수출주도형 성장 전략의 발전 형태였다. 1970년대에 들어서면서 한국은 중화학공업 중심의 수출 및 생산 구조로의 전환을 도모하였다. 경공업과 달리 중화학공업은 단기에 경쟁력 있는 일정한 생산 규모를 갖추는 것이 필요하지만, 산업 초기의 비효율성과 기술 확보의 어려움 때문에 기업의 이윤 동기에 의해서는 그것의 달성이 불가능하므로 정부가 강력한 육성정책을 전개하였다. 중화학공업 육성정책에는 세제상의 지원과 국내 시장의 보호 등이 포함되어 있지만 무엇보다 금융 배분이 가장 중요하였다고 볼 수 있다. 정부는 국민투자기금을 설치함으로써 국내 민간 저축을 동원하고 중화학공업에 장기 저리로 공급하였으며, 풍부한 국제 유동성을 배경으로 하는 차관 도입의 허가와 지불보증을 통해 중화학공업에 저리의 외화자금을 공급하였다.

1970년대에 중화학공업 육성정책 덕분에 기업의 성장성을 보여 주는 총자산 증가율 및 유형고정자산 증가율에서 중화학공업은 경공업과 비슷한 수준과 추이를 보였으며, 정책이 종료된 1980년대에도 마찬가지였다. 수익성 측면에서도 중화학공업은 경공업과 비슷한 수준의 총자본 수익률을 보였으나 중화학공업 육성정책 기간 중에 나타난 그러한 성과는 금융비용의 부담이 낮았기 때문이었다. 즉, 1970년대에 저리의 은행 장기 차입과 차관이 중화학공업에 속하는 기업의 수익성에 중요한 영향을 미쳤다. 성장성과 수익성 지표의 이러한 추이는, 기업의 이윤 동기만으로 성립할 수 없는 중화학공업이 1970년대의 육성정책 덕분에 어느 정도의 생산규모를 갖추었고, 그 때문에 정책이 사라진 1980년대에도 성장을 지속할 수 있게 되었음을 의미한다.

중화학공업은 경공업에 비해 노동생산성이 높았으나 자본의 투자 효율성은 낮았다. 그러므로 1970년대에 투자 효율성이 낮은 중화학공업에 많은 투자가 이루어진 것은 사실이다. 그러나 1980년대에도 중화학공업의 노동생산성과 장비율은 경공업보다 높고 차이가 확대되었으며, 경공업보다 저조하였던 설비투자효율과 부가가치율에서는 그 차이가 점차 줄어들고 있었다. 이는 동학적 관점에서 1970년대의 육성정책에 의한 투자 효과가 1980년대에 서서히 나타난 때문이라고 할 수 있다. 또한 경영 상태 면에서 경공업은 매우 양호하였고 중화학공업은 그렇지 못하였으나 1970년대에 중화학공업의 경영 상태가 부분적으로 개선되고 1980년대 중엽에 이르면 양자 간에 경영 상태가 대체로 수렴되어 가는 모습을 확인할 수 있다.

성장 요인에 대한 회귀 분석 결과에 의하면, 1970년대에 평균 이자율 변수와 타인자본 변수가 유의미한 계수 값을 보였는데, 이는 정부의 산업 정책이 중화학공업에 상대적으로 유리하게 작용하였으며 기업의 성장을 가속화하였음을 입증한다고 할 수 있다. 반면, 1980년대에는 기업의 성장에 매출액 증가율이 유의미한 영향을 미쳤다고 할 수 있다. 이는 어느 정도의 생산 규모를 갖춘 기업이 매출 증가를 통해 성장을 도모하고 있었음을 의미한다. 또한 생산성 변화를 기술 변화와 효율성 개선으로 구분하기 위해 맘퀴스트 지수를 추계하였다. 추계 결과에 의하면, 제조업은 1970년대에는 석유파동에도 불구하고 생산성이 상승하였으며 이는 효율 변화보다 기술 변화에 의한 것이었다. 특히 중화학공업에 속하는 산업에서 1970년대에 연평균 생산성 증가율이 높았으며, 그것은 투자 증대가 동반한 기술 변화 때문이었다고 할 수 있다.

필자는 중화학공업 육성정책이 기업의 경영 성과에 미친 영향을 통해 평가될 필요가 있다는 관점에서 정책이 중화학공업과 경공업에 어떤 차별적 결과를 가져왔는지를 분석하였다. 물론 중화학공업이라 하더라도 정책 대상인 산업이 있고 그렇지 못한 산업이 있으며 경공업이라 해도 수출금융이라는 저리의 정책금융이 가능하였기 때문에, 중화학공업과 경공업으로 구분하거나 산업별로 구분하여 집계한 자료로 분석하는 것에는 많은 한계가 있다. 그러나 회귀 결과가 말하는 것처럼 저리의 자금 차입이 기업의 성장에 영향을 주었다고 한다면, 1970년대에 정부에 의한 저리의 정책금융과 차관 배분은 중화학공업이 성장하는 데 큰 영향을 미쳤다고 할 수 있을 것이다.

제2부

기업과 산업

제5장

경제개발기 삼성의 조선업 참여 과정

_ 배석만

1. 머리말

오늘날 한국 대표 산업 중 하나인 조선업은 사실상 1970년대부터 시작한 것이다. 4대 핵심 공장 건설계획부터 중화학공업화 정책으로 이어지는 정부 정책과 현대, 삼성, 대우라는 당시 국내 유수의 대기업 그룹의 참여가 결합한 것이다. 1937년 설립된 조선중공업(주)의 후신인 대한조선공사로 대표되는 식민지 근대의 유산이 있었지만, 건설하던 옥포조선소가 대우로 넘어가면서 메인 무대에서는 사라질 수밖에 없었다. 사실상 내수시장은 염두에 두지 않고 오로지 수출시장의 수십만 톤급 대형선 건조만을 노리는 수출전문 조선산업 '빅 쓰리' 조선소의 탄생이고, 현재까지도 한국 조선업의 모습이며 그 성격 또한 변함이 없다.

현대, 삼성, 대우의 조선업 참여 과정은 경제개발기 국가와 기업의 관계라는 측면에서 일정한 차이가 있다. 물론 조선업 육성의 시작 테이프를 국가가 끊었다는 것은 명확하다. 경제개발기 박정희 정권만이 아닌 이미 이승만 정권부터 그 의지가 나타났고,[1] '닉슨 독트린'의 대책으로 1969년 가을부터 군수산업 육성 관점에서 긴급하게 건설이 계획된 '4대 핵심 공장' 중 하나가 조선소였기 때문이다.[2] 그리고 그 조선소 건설의 담당자로 현대를 지목하고 참가를 압박한 것이 정부였음은 현대 정주영 회장 스스

1 직접적인 계기는 한국전쟁기 막대한 원조, 군수물자 수송을 국내 선박 부족으로 외국선, 그것도 일본선들이 유엔 선박의 이름으로 담당한 것이었다. 1952년 이승만 정권은 선박을 확충하여 일본선을 축출하기 위해 국가가 재정을 통해 대량의 선박을 건조하는 계획조선 사업을 진행하였다. 당시까지 유일한 대형 선박 건조시설이었던 대한조선공사의 대규모 시설 확충도 실시하였다(배석만 1994: 170).

2 '4대 핵심 공장' 중 조선소를 제외한 나머지 3개 중공업 공장은 주물선, 특수강, 중기계였다(배석만 2018: 90).

로가 밝힌 일화이다. 현대의 조선업 참여 과정과 관련하여 김주환(2002)의 주장처럼 '자주적 위험부담형'으로 평가하는 것은 기업의 역할과 관련하여 과한 측면이 있지만(김주환 2002: 284), 오로지 수출선 건조만을 목표로 하는 조선소 건설 과정에서는 현대의 역할이 컸다고 말할 수 있다. 조선업 육성 의지는 국가에서 나왔지만, 수출선 건조 전문 조선소의 탄생은 현대의 지분이 크다는 이야기이다(배석만 2018).

한편, 대우의 조선업 참여 과정은 현대의 조선소 건설에 자극을 받은 대한조선공사가 1972년부터 추진한 옥포조선소 건설이 1973년 발생한 석유위기에 따른 조선업 불황으로 차질을 빚게 되면서, 국가에 의해 대타로 떠맡게 된 것이었다. 유럽과 일본의 주요 조선소들이 설비와 인력 감축의 구조조정을 진행하는 상황에서 정반대로 정부가 대형 조선소 건설을 밀어붙인 결과였다. 박정희 정권의 입장에서 중화학공업화 정책의 한 축인 조선업 육성을 포기할 수 없었기에, 대우를 끌어들여 옥포조선소 건설을 계속하도록 한 것이다. 정부는 그 대가로 대우가 요구하는 막대한 특혜를 받아들여야 하였다. 현재까지 계속되고 있는 한국산업은행의 '특수관계'는 이때 시작된 것이다(배석만 2021).[3]

필자는 현대의 울산조선소 건설, 그리고 대한조선공사의 옥포조선소 건설에 대한 분석을 통해, 이들 기업의 조선업 참여 과정을 구체적으로 밝히는 한편으로 이를 토대로 경제개발기 국가와 기업의 관계를 고찰하였다. 그리고 그 결론으로 이 시기 수출전문산업의 모습으로 등장한 한국 조

3 2023년 대우 옥포조선소는 한화그룹이 인수하여 한화오션이 되었으나 한국산업은행과의 특수관계는 청산되지 않았다. 2025년 현재도 한국산업은행은 15% 이상의 지분을 보유한 한화오션의 2대 주주이다.

선업은 국가 주도 '계획의 합리성'만으로 설명되지 않으며, 기업 역시 수동적 역할만을 한 것은 아님을 지적하였다. 1970년대 조선업 성장에서 국가와 기업의 역할을 수치로 나타내기는 당연히 어렵다. 다만 국가의 역할이 알려진 것만큼 압도적이지는 않았음을 말하고 싶은 것이다.

1970년대 조선업 육성에서 기업의 역할을 구체적으로 드러내는 것도 용이한 일은 아니다. 국가의 강요로 시작된 현대의 '수출전문 조선소' 건설, 기업이 먼저 시작한 대한조선공사의 옥포조선소 건설을 지적하였지만, 좀 더 추가적인 사례 연구가 필요하다. 이 연구가 삼성의 조선업 참여 과정을 구체적으로 추적해 보려고 하는 것도 이런 문제의식에 기반한 것이다.

삼성의 조선업 참여와 관련해서 본격적인 연구는 아직 없다. 다만 앞서 언급한 김주환, 그리고 박영구(2018)가 일정하게 거론하였으나, 주 관심이 조선업 전체에 대한 것이므로 구체적이지 않고, 사실관계의 보완도 필요하다. 구체적으로는 삼성이 1973년부터 추진한 경남 통영군 안정리(安井里)의 100만 톤급 조선소 포기 과정에서 정부, 삼성, 합작회사 일본 IHI(Ishikawajima-Harima Heavy Industries, 石川島播磨重工業)의 관계, 1977-1978년 우진조선(주)과 옥포조선소 인수를 둘러싼 전개 과정 등이다.

국가와 기업의 관계라는 측면에서도 삼성에 대한 평가는 약간의 재검토가 필요하다. 기존 연구는 삼성에 대해서는 선명하지는 않으나 현대의 조선업 참여 과정과의 대척점에서 정부 정책을 추종하는 모습에 주목한 것으로 보인다. 김주환은 삼성의 조선업 참여 과정을 "반자주적 위험적응형"으로(김주환 2002: 286), 박영구 역시 "정부 정책 방향을 잘 추종하였으며, 이는 사전적으로 선도하여 나갔던 현대와 차이를 가진 것"으로 평가하였다(박영구 2018: 95). 그 근거로는 현대 울산조선소와 대한조선공사 옥포조선소에 이은 3번째 대형 조선소 건설을 계획 단계에서 포기한 것과, 1970년대 후반 중형 조선소인 거제 죽도조선소를 우진조선(주)에서 인수한 것을 든다. 그러나 이 과정에서 정부와의 관계 등을 구체적으로 분석하지는 않았다. 이 글은 삼성의 조선업 참여 과정에서 정부와의 관계를 분석하여 삼성의 3번째 대형조선소 건설 포기가 정부 정책을 추종한 수동적 모습만은 아니었음도 밝힐 것이다.

2. 조선업 참여 모색

삼성이 조선업 참여를 모색한 것은 어느 시점부터일까? 우선 이 부분에 주목하는 이유는 조선업 참여와 관련한 정부와의 관계를 분석하여 정부의 강권에 따른 수동적 참여인지, 아니면 대한조선공사의 경우처럼 기업의 자발적 참여, 혹은 현대의 경우처럼 이전부터의 모색과 정부의 강권이 결합한 형태인지 확인해 보려는 것이다. 현재까지 일반적으로 알려진 것은 1973년 정부의 중화학공업화 추진 선언과 그 일환으로 조선업의 경우 대형 조선소의 추가 건설을 천명하면서 삼성이 참여하였다는 것이다. 정부가 중화학공업화 정책 공식화 전에 시작한 현대(1970년), 대한조선공사(1972년)에 비하면 상대적으로 수동적 모습이 뚜렷하다.

그런데 한 가지 주목되는 자료가 있다. 1969년 1월, 당시 삼성가의 2인자로 이병철의 장남인 이맹희는 한 언론과의 인터뷰에서 “지난 3년간 신규사업 대상을 물색하였고, 조선공업, 도자기공업이 유력하게 검토되었으나 결국 전자공업을 최우선으로 선택하였으며, 전자회사가 자본금 6억 원으로 곧 발족될 예정"이라고 언급하였다.[4] 여기서 지난 3년간이란 1966년 이른바 '사카린 밀수 사건'으로 곤욕을 치른 이후이고, 전자회사의 발족은 현재 삼성전자의 시작인 삼성전자공업(주)이 1월 13일 설립된 것을 의미한다. 이맹희 인터뷰 기사가 1월 6일 게재되었으므로 대략 1주일 뒤의 일이다. 따라서 1960년대 삼성이 1950년대 시작한 제당과 모직의 경공업에서 탈피하여 중화학공업으로 전환하는 첫 사업인 비료사업의 좌절 이후 새로운 사업을 모색하는 과정에서 조선업도 물망에 올랐다고 해석할 수 있다. 사실 주지하듯이 일본과 긴밀한 연관관계를 가지고 있는 삼성가에서 일본 조선업의 눈부신 발전을 모를 리가 없었고, 저임금에 기반한 노동집약적 성격을 갖는 산업적 특성도 매력적이었을 것이다. 이 시점은 현대 정주영 역시 일본 주요 조선소들을 직접 답사하면서 선체 블록의 건조가 가능할지를 고민하던 때였다. 당시까지 국내 가장 큰 조선소였던 대한조선공사에도 밀려드는 조선 관련 일감을 감당하지 못하던 일본 조선소들이 보세가공 형식의 하청 공사를 제안하고 있었다(대한조선공사 1968: 348). 그러나 이 시점에서 조선업은 삼성의 신규 사업으로 채택되지 못하였다. 그 이유와 관련해서는 이병철의 회고에서 어느 정도 확인이 가능하다.

> "산업발전의 경로를 보면 경공업에서 중화학공업으로 옮아가는 것은 당연한 단계적 추세이다. 그러나 민간기업이 어떤 프로젝트에 착수하려면 반드시 그 사업에 대한 확실한 자신과 전망이 있어야 한다. 무턱대고 전망도 없는 대규모 프로젝트에 투자해서 그 기업이 부실기업으로 전락했을 때 그 피해는 앞서도 언급

---

4 「己酉나의설계②: 삼성물산부사장이맹희」, 『매일경제신문』 1969년 1월 6일자.

했듯이 국가와 국민에게 전가될 것이 명백하다. 나는 인도의 대재벌 라타가 그 나라의 실정에 맞지 않는 대규모 제철공장을 성급히 건설했다가 마침내는 서독의 외채마저 상환치 못했던 일을 기억하고 있다. 삼성이 중화학공업 프로젝트를 꾸준히 연구하고 그 경제성과 기술적인 적합성에 관해서 신중을 기하고 있는 것은 바로 이 같은 시행착오를 피하기 위해서이다. 나는 적어도 삼성이 기업을 하다가 부실화하여 은행이나 정부에 넘겼다면 국민들은 도저히 납득하지 않을 것으로 알고 있다. 이 때문에 나는 모든 사업계획 하나하나를 참으로 신중히 그리고 빈틈없이 검토한 끝에 실천에 옮기는 것이다"(한국일보사 1981: 376).

주관적이고 기억의 가공도 있을 수 있는 재벌 총수의 회고를 이렇게 길게 인용한 것은 시점 때문이다. 이병철의 회고는『서울경제신문』에 1976년 4월부터 6월까지 54회에 걸쳐 연재된 것 중의 일부이다.[5] 이 시점은 정확하게 삼성이 정부의 중화학공업화 정책에 발맞추어 통영군 안정리에 건설하려고 하였던 조선소 사업을 백지화한 시기와 겹친다. 삼성의 조선소 참여 포기는 1976년 5월 초 공식적으로 발표되었다. 따라서 '확실한 자신과 전망이 서지 않는 중화학공업 프로젝트의 참여에 신중을 기하며, 그 이유는 무턱대고 전망 없는 대규모 프로젝트 참여의 결과 발생한 부실은 국가와 국민에 부담'이라는 논리는 조선업 참여 포기를 의미하는 것이 확실하다. 54회의 연재 중 맨 마지막에 한 회고이며, 회고 전반에서 조선업 참여에 관한 언급이 전혀 없다는 점도 위의 회고가 조선업 참여와 관련된 것임을 보강해 준다. 그리고 전망 없는 중화학공업 사업에 대한 무모한 참여는 부실을 결과하고 그 부실은 국가와 국민의 부담이 된다는 논리가 정부

5 『서울경제신문』은 1969년부터 1980년까지 경제계 주요 인사의 회고를 신문에 연재하였다. 이것을 한국일보사가 10권으로 편집하여 1981년 출간한 것이『재계회고』이다. 참고로『서울경제신문』은『한국일보』의 자매지이다.

에 조선업 참여 포기 의사를 전달하는 삼성의 입장이었음도 확실하다. 따라서 비록 회고이고, 1976년 조선업 포기에 대한 것이지만, 1969년 시점에 조선업이 삼성의 새로운 사업 모색 후보였으나 결국 배제된 이유로 보는 데도 큰 무리는 없다고 생각한다. 이 시점에서 조선업은 삼성의 입장에서는 아직 자신과 전망이 서지 않는 업종이었던 것이다. 이것은 삼성이 조선업에 참여하여 거제도의 조선소를 가동하고도 몇 년이 지난 1980년대 중반 출판한『호암자전』의 이병철 회고에서도 확인된다. 1960년대 후반 중화학공업에 뛰어든 기업들의 결과를 언급하며 조선업에 참가하지 않은 삼성의 판단이 정확하였음을 재차 강조하고 있는 것이다.

> "우리나라 산업계는 그 사회경제적인 요건이 미처 구비되지도 못한 채, 그 과정을 뛰어넘어 1960년대 후반부터 중화학공업에 다투어 진출하였다. 그 결과가 어떠했는가. 허다한 유휴시설을 안게 되고 생산성은 낮아 경쟁력이 약해지고, 덤핑 아니고는 수주가 어려운 오늘의 현실이 그것을 잘 말해 주고 있다. 기업은 자선 후생의 단체가 아니다. 이익을 올리지 않으면 안된다"(이병철 1986: 204).

삼성의 조선업 참가는 이후 4년이 지난 1973년 5월에 공식 결정되었다. 그 사이에도 조선업에 참가할 최소 2번 정도의 기회가 있었다. 우선은 '4대 핵심 공장 건설계획'을 계기로 1970년 현대의 조선업 참가가 있었고, 1972년에는 대한조선공사의 옥포조선소 건설계획이 시작되었다. 그러나 삼성은 움직이지 않았다. 옥포조선소 건설 사업에서 대한조선공사와 경합했으나 실패하였다는 관계자 회고가 있지만 근거 없는 이야기이다(오원철 1994). 옥포조선소 건설은 현대의 울산조선소 건설로 그간 수십 년 동안 한국 조선업을 대표하던 위상이 흔들린 대한조선공사가 그 만회를 위해 자체적으로 기획하여 정부에 신청한 것이었다(배석만 2021).

삼성이 움직인 것은 1973년부터이다. 1월 초에 박정희 대통령이 중화학공업화 드라이브를 선언하였고, 특히 그 핵심에 대형 조선소 건설을 직접 언급하였다. 3월 초에는 상공부가 마치 국내 연안 전체를 조선소로 만들 것 같은 '장기조선공업진흥계획'을 마련하였고, 같은 달 말에는 대한조선공사의 옥포조선소 건설이 현대 울산조선소 확장과 함께 중화학공업화 정책의 스타트 사업으로 정부에 의해 공식 결정되었다. 마침내 5월 24일 정부는 중화학공업화의 6대 공업 육성을 발표하면서, 당연히 여기에 들어간 조선업과 관련해서는 100만 톤급[6] 조선소 5개를 건설하며, 그중 현대 울산조선소의 확장과 대한조선공사 옥포조선소 건설이 선발 사업임을 대내외에 공표되었다(재무부 경제협력국 외자관리과 1972-73).

삼성의 조선업 참가 의향이 언론에 보도된 것은 그 이틀 뒤인 5월 26일이다. 1960년대 후반 새로운 모색 단계부터 매력적으로 느꼈던 조선업이었으나, 그 노동집약적 산업 특성만에 기대어 참여하기에는 무리라고 판단하였던 상황에서 대략 4년이 지나 조선업 참가를 결정한 것이다. 그 짧은 기간 동안 이병철이 회고한 대로 '산업계의 사회경제적인 요건이 구비되어 사업에 대한 확실한 자신과 전망'이 선 것일까. 아마도 그렇지는 않을 것이다. 달라진 것은 정부의 육성 의지가 매우 노골적으로 현실화되었

6 여기서 100만 톤급 조선소란 최대 100만 톤(DWT) 규모의 선박을 건조할 수 있는 설비능력을 보유한 것을 의미한다. DWT는 화물을 실을 수 있는 능력을 의미하는 적재중량톤이다. 선박의 크기를 나타내는 단위는 총톤(GT), 순톤(NT) 등 여러 가지가 있는데, 이 글에서는 특별한 언급이 없는 한 DWT를 의미한다. 1970년대 대형 조선소 건설과 관련하여 100만 톤급 조선소 이야기가 많이 나오는데, 100만 톤 규모의 선박을 건조할 수 있다는 의미와 동시에 당시 세계 최대 규모 조선소라는 의미로도 사용되었다.

다는 것과, 무엇보다 라이벌 현대의 울산조선소 건설이 성공적으로 전개된 것에 대한 자극이다. 현대 울산조선소 건설과 20만 톤이 넘는 대형 유조선(VLCC)을 건조하는 모습은 당시 정부도, 삼성을 포함한 기업도 자극하였다고 할 수 있다.[7]

정부의 중화학공업화 정책에 발맞추어 조선업에 참가하겠다는 결정이 공식화된 5월 말 이후 삼성의 움직임은 매우 빠른 속도로 전개되었다. 그 과정과 관련해서는 1994년에 출판된『삼성중공업20년사』에 매우 잘 정리되어 있다. 이에 의거하여 통영군 안정리에 100만 톤급 조선소를 건설하는 것을, 정부 승인을 거쳐 확정할 때까지의 과정을 정리하면 [표 5-1]과 같다.

삼성은 조선소 참여를 결정하자, 당시 미쓰비시(三菱)중공업과 함께 일본 조선업의 양대 축을 형성하는 IHI와 합작으로 조선소 건설을 추진하였다. 조선업 경험이 없었던 삼성의 상황을 염두에 두면, 조선소 건설과 선박 건조의 기술적인 문제는 전적으로 IHI에 의존하는 형태였다. IHI에는 'S-Project팀'이라는 조직이 만들어져서 조사단을 파견, 조선소 입지 선정부터 사업계획서 작성에 이르기까지 절대적인 영향력을 발휘하였다.

IHI 'S-Project팀'의 영향력은 조선소 입지 선정에서 잘 나타난다. [표 5-1]에서 보듯이 애초 정부는 거제도 지세포(知世浦)를 조선소 입지로 삼성에 지정해 주었다. 거제도를 조선산업단지로 만들려는 정부의 전체 계

---

7 당시 정부의 중화학공업화 정책하에 대규모 조선소를 건설하겠다고 희망한 기업은 언론에 노출된 기업만 하더라도 삼성 외에 금호(錦湖)그룹, 동국제강(東國製鋼), 삼양항해(三洋航海), 극동건설(極東建設) 등이 있었다(「삼성-금호그룹-삼양항해-동국제강 등 재벌기업, 대단위 조선소 추진」,『조선일보』 1973년 7월 27일자).

표 5-1 삼성의 100만 톤급 조선소 건설 준비 과정

일시	준비 내용	비고
1973. 5	일본 IHI와 조선사업 합작 교섭	이병철 도쿄에서 IHI 회장과 만남
1973. 6	(주)한국해사기술에 사업타당성 용역 발주	
1973. 7. 13	조선 프로젝트팀 구성, 실무작업 시작	회장 비서실 산하에 조직
1973. 7. 19	IHI 사절단 삼성 방문	사절단은 상무, 사업부장, 부사업부장으로 구성. 사업타당성 조사 위해 IHI 조사단 파견 합의
1973. 7. 27	조선소 입지조사 선발대 거제도 지세포 조사	거제도 지세포는 정부가 조선소 부지로 삼성에 지정해 준 곳
1973. 8. 1	IHI 조사단(S-Project팀) 내한하여 입지 선정 및 사업타당성 검토 착수. 이후 수차례 방한	S-Project팀은 초대형 선박 설계, 조선소 기계설비 관련 등의 6명 책임기술자로 조직
1973. 8. 12	이병철과 IHI 회장 교섭, 합작투자로 조선소 건설 합의	IHI 기술 지원으로 가장 경제적이고 경쟁력 있는 조선소 건설
1973. 9. 4	IHI 조사단 결과 보고. 조선소 건설지는 통영군 안정리로 확정	안정리 부지는 총 135만 평. 애초 정부가 지정해 준 거제도 지세포에서 변경
1973. 11. 12	IHI 조사단, 정식 결과보고서『삼성그룹 대단위조선소 설립조사보고서』 제출	8월 30일 IHI 조사단과 사업타당성 검토를 위한 정식 용역계약 체결의 결과물
1973. 11	정부 제출용 사업계획서 작성	『삼성그룹 대단위조선소 설립조사보고서』를 토대로 작성
1973. 12. 27	정부로부터 제3대단위조선소 실수요자로 확정	(주)한진, 대림산업(주) 등과 경합
1974. 1	건설부에 안정리 조선소 부지의 '기준지가 고시' 신청	3월 27일 정부 '산업기지 개발지역'으로 확정 공고

자료: 삼성중공업 사사편찬위원회(1994: 97-99).

획 속에서 나온 것이었다. 그러나 IHI 'S-Project팀'은 지세포가 풍향 차단이 부족하며, 초대형 선박이 자유로이 출입하기에는 항만의 폭이 협소하고 배후지 또한 넓지 못하다고 결론짓고 통영군 안정리로 부지 변경을 제안하였다. IHI 'S-Project팀'의 제안은 그대로 받아들여졌다. 삼성은 물론

이고, 거제도 지세포를 결정하였던 정부 역시 별다른 이의 없이 수용하였다. [표 5-1]에서 보듯이 정부는 안정리 일대를 '산업기지 개발지역'으로 확정·공고하여 장소 변경을 공식적으로 승인하였다.

삼성의 조선업 참가는 1973년 5월 말 공식화한 이후, 12월 말 현대, 대한조선공사에 이은 3번째 100만 톤급 조선소 건설의 주체로 정부 승인을 거쳐 확정되었다. 불과 반년이 조금 넘는 짧은 기간에 조선소 건설을 시작하게 된 것이다. 1970년 초 조선업 참가를 선언한 현대가 일본과 유럽을 넘나드는 우여곡절을 거쳐 1972년부터 조선소 건설을 시작한 것을 생각하면 '전광석화'처럼 이루어진 것이나 다름이 없다.

일본 2대 조선소 IHI의 전폭적 협력도 인상적이다. 물론 삼성의 일본과의 '특별한 친밀성'은 잘 알려진 것이지만, 그렇다고 하더라도 한국 초창기 조선업 육성에서 일본의 이른바 '부메랑 효과'를 우려한 비협조적 자세는 많이 지적된 지점이다. 아울러 기업이 총수 간의 친밀도 내지 '선의'에 의해 이익이 없는 곳에 투자하는 것 역시 상식적이지 않다. 그렇다면 IHI가 삼성과 조선소 합작을 하려는 노림수는 무엇이었을까? 이것은 사실 현대 울산조선소 건설사업에 1972년부터 기술 지원을 단행한 가와사키(川崎)중공업 사례가 참고가 된다. 당시 가와사키는 기술 지원을 하는 대신에 이를 이용하여 세계적인 조선업 호황 국면에서 현대 울산조선소를 하청 조선소로 이용하려는 한편으로, 한국의 본격적 중화학공업화 드라이브에 편승하여 각종 설비 및 플랜트 등의 수출에 유리한 상황을 만들고 싶어 하였다. 특히 경쟁자인 미쓰비시중공업이 박정희 정권과의 밀착관계 속에서 한국 중공업 시장을 독점하다시피 하는 것에 위기감을 느꼈다. 그리고 무엇보다 이미 현대가 유럽을 통해 대형 유조선 기술을 도입하였기에 기술

유출 방지를 통한 부메랑 효과 차단의 의미가 없어졌기 때문이기도 하였다(배석만 2011). 가와사키의 현대 울산조선소 기술 지원에 대한 판단은 IHI의 삼성조선소 건설 협력에도 적용할 수 있을 것이다. 한발 더 나아가 업계 경쟁자인 가와사키의 한국 조선업 진출은 IHI의 삼성에 대한 협력 자세를 보다 적극적이고 신속하도록 자극하였을 가능성도 있다.

3. 삼성중공업(주) 설립과 버티기

1974년 3월 11일, 삼성과 IHI는 양사 총수와 임원진, 실무자가 참석한 가운데, 일본 IHI 본사에서 합작투자 계약이 정식으로 체결되었다. 4월에는 삼성이 정부에 대해 통영군 안정리에 대형 조선소 건설을 위해 삼성과 IHI가 각각 75%, 25% 출자로 설립하는 합작회사의 인가 신청이 이루어졌고, 승인되었다. 정부는 동 합작회사가 "조선공업 육성을 위해 정부가 마련한 기본 계획 중, 제1 대단위 조선소인 현대 울산, 제2 대단위 조선소인 대한조선공사 옥포에 이어 추진된 제3 대단위 조선소로 중화학공업정책하에, 1980년대 100억 불 수출 목표의 일익을 담당할 것"이라고 하였다. 정부 승인에는 조건이 달렸는데, IHI의 출자 비율이 30%를 넘지 않게 할 것과 앞선 현대와 대한조선공사 조선소 건설비보다 높은 소요자금 규모의 과다 책정 여부 재검토, IHI의 기술 지원 방안 구체화 등이었다(경제기획원 총무과 1973).

마침내 1974년 8월 5일, 삼성과 IHI의 합작회사로 자본금 20억 원(10억 불입)의 삼성중공업주식회사가 설립되었다. 결정된 지분율에 따라 삼성이 7억 5,000만 원, IHI가 2억 5,000만 원을 불입하였고, 경영진 중 사장은 삼성 쪽에서, 부사장은 IHI 쪽 인물이 맡아서 합작회사의 모양을 갖추었다. 사장에 임명된 이은택은 이병철과 처남매부지간으로 수석보좌관을 지낸 최측근이었고,[8] 부사장 기도 지로(城戶二郎)는 삼성과의 조선소 건설 합작을 위해 IHI가 사내에 전담 조직으로 꾸린 'S-Project팀'의 책임자였다(삼성중공업 사사편찬위원회 1994: 98).

삼성중공업 출범 시점, IHI의 도움을 받아 작성한 조선소 건설계획 및 그 규모는 [표 5-2]와 같다. 요약하면 약 1억 5,000만 달러를 들여서 최대 100만 톤급 선박을 건조할 수 있는 독(dock) 1기를 건설, 연간 27만 톤급 수출용 선박 4척을 건조하는 조선소를 건설할 것이며, 공사 기간은 2년으로 1974년 11월 시작하여 1976년 말까지 완공할 계획이었다. 필요 인력은 본사 사무직을 포함하여 약 3,000명으로 설정되었다.

조선소 건설과 선박 건조에 필요한 기술, 기자재, 원료의 조달도 수입에 의거할 경우는 물론 IHI가 일괄적으로 전담하는 것이었다. 관련하여 선박 건조에 필요한 기자재 중 IHI가 제작이 가능한 것은 선주가 반대하지 않고, 국제 시세에 부합할 경우, 원칙적으로 IHI 제작품을 구매해야 하였다. 삼성중공업이 건조하는 선박의 수주 역시 IHI가 담당하며, IHI가 보유한 글로벌 판매 네트워크를 활용할 계획이었다.

시설자금 조달도 IHI에 대한 의존도가 컸다. 외자 8,750만 달러의 차관은 전액 IHI가 주선하여 일본 수출입은행 차관을 들여올 계획이었다.

8 당시 이은택은 이병철의 신임 아래 삼성중공업 외에도 삼성석유화학 사장을 겸임하여 삼성의 중화학공업 신규 분야 사업 진출을 진두지휘하고 있었다(「경영계보①: 삼성그룹」, 『매일경제신문』 1975년 1월 4일자).

표 5-2 조선소 건설 계획 및 규모

계획 항목		주요 내용	비고
조선소 규모	건조능력	연간 27만 톤급 선박 4척	연간 108만 톤 건조
	부지	통영군 안정리 131만 4,000평	향후 증설계획 부지 포함
	독(dock)	1기(550m×92m×13m)	최대 100만 톤급 선박 건조 가능
건설 기간		1974. 11-1976. 12	기초 지질조사 및 설계는 1974년 4월부터 시작, 12월 완료 예정
시설자금 조달	외자	8,750만 달러	일본 차관으로 조달
	내자	6,200만 달러	삼성 1,500만 달러, IHI 500만 달러, 주식 공모 2,200만 달러, 융자 2,000만 달러. 주식 공모에 IHI 참가 가능 (최대 928만 달러)
	합계	14,950만 달러	
고용 규모	본사	117명	조선소 완공되어 정상 가동될 경우의 규모임.
	생산 부문	2,800명	
	합계	2,917명	

자료: 경제기획원 총무과(1973).

내자도 IHI가 500만 달러의 출자 외에 주식 공모에 참여하여 최대 900만 달러까지 추가 출자의 길을 열어 놓았다.

정부에 대해서는 시설자금 6,200만 달러 중 융자로 조달하는 2,000만 달러(한화 80억 원)의 지원을 요청하였다. 연리 7.5%, 5년 거치 10년 이상의 분할상환 조건을 희망하였다. 이와 별도로 삼성중공업의 운영자금 지원도 요청하였는데, 조선소 건설과 겹치는 초기 경영에 적자가 예상되므로 당장 1975년 544만 달러(한화 22억 원)의 융자를 시작으로 1980년까지 매년 지원을 희망하였다. 연리 9%, 융자 기간 1년의 단기 융자였다. 이외에도 조선소에 대형 선박 출입이 가능하도록 준설과 소해(掃海), 300m 방파제 축조, 남해고속도로와 조선소를 연결하는 포장도로 건설, 고성에서 조선소까지의 동력 인입 공사, 하루 5,000톤의 용수 공급과 3,500m 하천 이설도 요청하였다(경제기획원 총무과 1973).

이제, 계획대로 1974년 11월 10일 통영군 안정리에서 조선소 건설 기공식을 열고 공사를 시작하면 될 일이었다. 기존 현대 울산조선소나 대한조선공사 옥포조선소의 경우를 본다면, 대통령까지 참석하는 성대한 기공식이 예상되었다. 중화학공업화 선언 이후, 당시 대통령이 직접 언급한 100만 톤급 조선소로는 처음 가시화되는 건설공사이므로 정부 입장에서도 큰 의미를 가졌다. 그러나 기공식은 열리지 않았고, 조선소 건설공사는 1975년 3월로 연기되었다.

삼성의 조선소 건설 연기를 가장 먼저 체감한 것은 1974년 3월 자신들의 땅이 조선소 부지로 예정되어 '기준지가 고시지역'으로 묶이면서 농업 활동은 물론 재산권 행사가 정지된 안정리 주민들이었다.[9] 이들은 애초부터 기준지가가 시가보다 낮게 책정되었다고 반발하였으나, 정부의 국가 백년대계라는 명분을 통한 설득과 토지수용법 발동의 위협으로 고시지역 지정을 수용하였다. 안정리 주민들은 조선소 건설사업이 급속하게 추진되고 있던 상황이라 삼성이 곧 부지 매입에 착수할 것이라고 생각하였지만, 수개월이 지나도 삼성의 움직임이 없었고, 특히 1974년 8월 삼성중공업 설립 이후 토지 매수에 착수할 것으로 기대하였으나 변함없는 상황

---

9 안정리 조선소 부지 조성과 관련한 토지보상 문제의 전개 과정과 관련해서는 박영구(2015) 참조.

이 지속되다가 급기야 조선소 건설 연기가 발표된 것이었다. 그리고 1975년 3월로 연기된 조선소 착공은 다시 9월로 연기되었고, 재차 1976년 정초로 연기되었다.[10]

삼성의 조선소 건설 지연 움직임은 주지하듯이 석유위기에 따른 세계 조선시장의 급격한 위축 때문이었다. 특히 삼성은 물론 당시 신설되는 한국의 대형 조선소들이 건조하여 수출하려고 하였던 유조선시장이 가장 큰 타격을 받았다. 관련하여 삼성의 조선소 건설 연기에 대해 『삼성중공업20년사』는 다음과 같이 기술하고 있다.

> "그러나 그때 마침, 1973년 10월 6일 예기치 못한 4차 중동전쟁의 발발로 OPEC 제국이 원유가격을 대폭 인상함으로써 발단된 오일쇼크가 세계 경제를 휩쓸고 있었다. 오일쇼크의 영향은 너무나 컸다. 세계 조선업계에는 신규 발주가 끊어졌고, 계약금을 포기하면서까지 주문을 취소하는 사태가 잇달아 발생하였다. 이러한 상황에서 삼성은 막대한 자금이 투여될 조선소 건설을 강행한다는 것은 무모한 일이라고 판단하였다. 삼성은 부득이 안정리 조선소의 착공을 잠정 연기하기로 결정하면서 사업 목적을 변경하였다"(삼성중공업 사사편찬위원회 1994: 99).

이 기술을 전적으로 신용하면, 세계 조선업계의 급격한 불황에 대해 삼성이 자체적인 판단에 의해 조선소 착공을 연기한 것으로 이해할 수 있다. 그러나 삼성의 조선소 착공 연기가 아직 공식화되지 않은 1975년 2월 초에 『매일경제신문』은 일본발 소식임을 전제로 매우 흥미로운 기사를 내었다. IHI가 대형 유조선의 수요 감퇴 때문에 한국의 삼성과 합작으로 건

10 「땅의哀史: 배신의땅安井里」, 『동아일보』 1976년 7월 2일자.

설·계획한 대단위 조선소의 착공을 당분간 연기할 방침이라고 보도하였기 때문이다.[11] 이 일본발 기사에 무게를 실을 경우, 삼성의 조선소 연기는 일본 IHI가 주도한 것이 된다.

보다 주목해야 하는 것은『매일경제신문』의 일본발 보도가 나온 1975년 2월 시점에서 한국 정부는 여전히 대형 조선소 건설을 독려하고 있었다는 점이다. 특히 이미 확정되어 있던 현대의 2차 시설 확장, 대한조선공사 옥포조선소 건설, 삼성의 안정리 조선소 건설, 그리고 고려원양어업(주)의 10만 톤급 중형 조선소인 죽도조선소 건설은 지속한다는 입장이었다. 다만 세계 시장에서 대형 유조선 수요가 급격히 위축되는 상황에 대응하여 조선소의 레이아웃(lay-out)을 중소형 선박도 건조가 가능한 '다목적 조선소'로 수정하도록 유도하고 있었다.『매일경제신문』의 일본발 기사에서도 "한국 정부가 국내 산업 육성이라는 견지에서 삼성에 조기 착공을 요청하고 있으며, 우선 중소형 선박 건조로부터 시작하여 점차 대형 선박을 추가하는 방향으로 수정하여 연내에 착공될 가능성이 크다"고 예상하였다.[12] '다목적 조선소' 건설은 실제로도 이미 조선소 건설에 들어간 대한조선공사 옥포조선소의 경우에서 확인되는 사항이다(배석만 2021). 정부가 삼성에 대해 조선소 조기 착공을 독촉하던 방침을 바꿔서 계획을 보류하기로 공식화한 것은 1975년 7월 초이다.[13]

---

11 「대단위 조선소 착공 탱커 수요 줄어 연기, 삼성그룹, 日石川島 합작」,『매일경제신문』 1975년 2월 18일자.

12 「대단위 조선소 착공 탱커 수요 줄어 연기, 삼성그룹, 日石川島 합작」,『매일경제신문』 1975년 2월 18일자.

13 "상공부는 석유파동 이후의 여건 변화에 따라 중화학공업 계획을 일부 수정, 연내 착공키로 했던 삼성중공업 통영조선소의 건설계획을 보류키로 하였다. 9일 상공부에 의하면 이는 세계 선박 수요의 감퇴에 대비키 위한 것"(「삼성중공업 조선소 건설계획 보류」,『동

전체적으로 보아, 1974년 11월 10일로 기공식 날짜까지 잡아 두었던 삼성의 조선소 건설 연기는 IHI가 주도한 것으로 보인다. 관련해서는 몇 가지 근거를 더 제시할 수 있다. 우선, 『매일경제신문』의 연기 보도가 나온 1975년 초 시점에서, 조선소 건설 조기 착공을 독촉하던 정부를 배제하면 연기 결정은 삼성과 IHI 중 하나가 주도한 것이 되는데, IHI의 결정에 삼성이 따랐을 가능성이 높다는 것이다. 그 이유는 앞서 조선소 건설 및 선박 수주 계획에서 보았듯이, 자본, 기술, 선박 수주에 이르기까지 초창기 사업 진행을 사실상 IHI가 전담하였기 때문이다. 조선소 건설 과정의 우여곡절로 유럽과 일본의 기술을 섞으면서 조선소 건설에 참여한 영국 스코트 리스고(Scott Lithgow), 덴마크 오덴세(Odense), 일본 가와사키중공업 어느 쪽에도 주도권을 주지 않았던 현대와는 다른 점이다(배석만 2021). 따라서 IHI의 조선 사업에 대한 판단에 대해, 사실상 그때까지도 설탕, 모직 등 경공업 사업의 경험만을 가진 삼성의 입장에서는 다른 의견을 내기 어려웠을 것이다. 아울러 일본발 소식을 전한 『매일경제신문』의 보도는 국내 타언론의 삼성 조선소 건설 연기 보도보다 이른 시점이었다. 국내 조선소 건설 사업에 대해 일본이 국내 언론보다 빨리 인식한 것은 IHI의 주도성을 뒷받침한다고 생각된다.

미쓰비시중공업과 함께 일본 조선업 양대 산맥이었던 IHI가 이 시기에 주력산업을 조선에서 중기엔지니어링으로 전환하려고 하였다는 것도 삼성의 조선업 포기와 관련해 주목된다. IHI의 기업 전략은 조선을 최대한 유지하려고 한 미쓰비시중공업과는 다른 전략이었다.[14] IHI 스스로가

아일보』 1975년 7월 9일자).

조선업을 접으려는 상황에서 아직 건설이 시작되지도 않은 해외 조선소의 합작 사업을 중단하는 것은 어려운 선택이 아니었다. 또 정부의 1973년 중화학공업화 선언 이전까지 삼성의 중화학공업 참가에 대한 태도도 소극적이었다는 점, 특히 앞선 회고에서 확인하였듯이 총수 이병철의 생각이 더욱 확고하였던 것은 IHI의 포기 제안에 삼성이 순순히 동의하였다는 근거로 활용할 수 있다.

이런 상황이었으므로 1975년 삼성의 조선소 관련 움직임은 2차례에 걸친 기술 연수와 기초지질조사, 기본설계, 도쿄지점 개설 등이 전부였고, 도쿄지점도 사실상 사무소만 확보한 상태로 실제 업무는 거의 이루어지지 않았다(삼성중공업 사사편찬위원회 1994: 108). 그리고 1976년, 연기로 버티던 삼성은 조선소 건설 포기를 선언하였다. 대신 IHI와 합작으로 창원에 기계공장을 건설하기로 하였다. 이 공장은 각종 플랜트, 설비, 기계를 생산하는 중기공장이었다. 물론 자본, 기술, 기자재 조달 등 공장 건설 및 가동과 관련한 지원은 IHI가 담당하였다. 이뿐만 아니라 생산관리 시스템 역시 IHI의 시스템을 그대로 도입하여 적용하였다. 수주한 플랜트, 설비에 대하여 견적, 입찰, 설계, 자재 구입, 가공조립, 검사, 포장, 운송, 설

---

14 IHI가 조선소에서 플랜트 사업 중심의 중기 종합 엔지니어링 회사로 사업 전환을 상징하는 것이 산하 아이치(愛知)조선소의 폐쇄이다. 이 조선소는 IHI가 대형 유조선 건조를 위해 1973년 건설한 최신형 조선소였다. 삼성과 합작 사업을 시작하기 1년 전이고, 설립 당시의 이름은 치다(知多)조선소이며, 삼성 기술진이 연수를 한 곳이기도 하다. 이 조선소는 육상과 해상구조물, 터널 굴착에 사용하는 건설용 기계인 실드 굴진기(shield machine), 플랜트 모듈(module)을 생산하는 중기공장으로 변신하였다. 가동은 1979년부터 본격화되었는데, 최신형 조선소로 가동된 지 6년 만에 중기공장이 된 것이다. IHI는 이에 앞서 1년 전인 1978년 조선소에서 플랜트 사업 중심의 종합 엔지니어링 회사로의 전환을 공식적으로 선언하였다(배석만 2017).

치, 운전, AS(After Service)에 이르기까지 전 공정에 대한 IHI 생산관리 방식이 이식된 것이다.[15] 이로써 통영에 조선소를 건설하여 운영하려고 설립한 삼성중공업은 1970년대 말에는 창원에 기계공장을 가동하는 종합중기공장으로 변신하였다. 이것은 같은 시기 IHI의 변신과 동일한 것이었다.

4. 삼성조선(주) 설립과 수동적 참여

1976년 5월 초 삼성은 조선소 건설을 포기한다고 정부에 통보하였다(건설교통부 국토정책국 입지계획과 1976). 이 시점에서 정부는 삼성의 조선소 포기 선택에 반대하지 않았다. 페널티를 가한 흔적도 없으며, 오히려 긴 기간 고시지역으로 묶이면서 주민 반발이 지속된 통영군 안정리의 조선소 부지를 삼성 대신 매입하는 방침을 결정하여 뒤처리를 담당하는 자세까지 보였다.[16]

---

15 "이에 삼성중공업은 조기에 공장의 전체 능력을 최대한 발휘시키기 위해서뿐만 아니라 설계, 자재 발주 초기부터 적용할 수 있도록 하기 위해서 공장 건설을 하나의 수주 물건 생산 과정으로 생각하고, 1976년 7월부터 IHI의 협력하에 생산관리 시스템 작성 작업에 착수하였다. 이를 위해 약 2개월 반 동안 이형석 사원, 감진성 사원 등이 동경의 IHI 제1공장으로 파견되어 IHI 측 기술자들과 공동연구에 들어갔다. 이 기간 동안 IHI의 철구조물, 운반기, 화공기, 선박 등 각 사업부의 생산관리 시스템의 장점을 참고로 하여 자금, 자재, 정보의 흐름을 시스템화하고, 필요한 장표, 정보의 흐름과 타이밍, 입금 및 지불관계 협의와 결제 방법 및 타이밍에 관한 flow chart를 작성하고 장표 양식도 완성하였다. 동경에서 완성된 시스템은 곧 삼성중공업으로 옮겨와 삼성중공업의 재무처리 관련 사항, 결제 방법 등을 고려하여 9월까지 수정 작업이 진행되었으며, 장표까지 즉시 사용할 수 있도록 만반의 준비를 갖추어 10월 5일 삼성중공업의 생산관리 및 원가관리 시스템으로 확정되었다. 곧바로 본사와 공장의 전 임직원을 대상으로 본 시스템의 이해 및 실무 적용을 위한 교육을 실시, 건설공사 착공 시점부터 그 적용을 궤도에 올릴 수 있었다"(삼성중공업 사사편찬위원회 1994: 116-117).

삼성의 조선소 포기에 대한 정부의 태도는 두 가지 측면에서 이해할 수 있다. 우선 조선업 불황이 갈수록 악화되고 있었다는 점을 들 수 있다. 세계 조선업의 활황기가 정점이었던 1973년을 기준으로 할 때, 1975년에 이미 시장이 1/4로 위축되었고, 1976년은 다시 1975년의 70%에도 도달하지 못하였다. 정부는 가장 타격이 큰 대형 유조선 시장에 대한 대책으로 중소형 선박, 화물선, 전용선 등 다양한 용도의 선박을 포괄적으로 건조하기 위한 다목적 조선소 건설로 방향 전환도 시도하였지만, 그나마도 전망이 밝은 상황은 아니었다(배석만 2021: 103-104). 따라서 삼성이 조선소 포기를 공식화하기 한 달 전인 1976년 4월, 그 의사를 전달한 상황에서 정부는 아직 공사를 시작하지 않는 조선소 건설을 촉구할 수는 없었을 것이다.[17]

두 번째는 조선소 사업 포기의 대안이 삼성으로부터 마치 오래전부터 준비하였다는 듯이 매우 신속하게 제시되었기 때문이다. 앞서 언급한 종합중기공장 건설이다. 조선소 건설의 파트너였던 IHI와 합작으로 3,400만 달러(외자 1,200만 달러, 내자 2,200만 달러)를 투자하여 창원의 부지 15만 평에 환경보전 설비, 에너지 플랜트 설비, 토건, 광산, 제철용 설비 등을 생산하는 중기공장을 건설한다는 계획이었다. 정부도 삼성이 조선소 건설을 포기한 지 불과 4개월 만인 9월에 이 사업계획과 외자 도입을 신속하게 승인하였다(경제기획원 장관 1976).

이로써 삼성의 조선업 참여는 좌절되는 것처럼 보였다. 그러나 불과 1년이 지난 1977년 4월, 삼성은 기존에 건설 중인 중형 조선소를 인수하는

16 「三星서 造船工團 포기한 安井지역 정부서 20억 들여 年內 매입」, 『조선일보』 1977년 1월 7일자.

17 「삼성재벌, 조선소 건립을 백지화」, 『동아일보』 1976년 9월 11일자.

전혀 다른 방식으로 결국 조선업에 참여하였다. 기존 건설 중인 중형 조선소는 우진조선(주)의 죽도조선소로, 그 시작은 1974년 원양어업을 전문으로 하는 고려원양어업(주)이 거제도 죽도에 10만 톤급 조선소를 건설하는 것이었다. 최대 10만 톤급 선박을 연간 4척 건조하는 규모였다. 고려원양어업(주)이 사용할 원양어선의 건조도 사업을 시작한 계기였다. 1973년 정부의 중화학공업화 선언 이후 조선업 육성을 위한 프로젝트 중 1974년까지 구체화된 4개 조선소 계획, 다시 말해 현대 울산조선소 확장, 대한조선공사 옥포조선소 건설, 삼성 통영 안정조선소 건설과 함께 중형 조선소 건설로는 유일한 계획이기도 하였다.

고려원양어업(주)은 죽도조선소 건설을 위해 고려조선주식회사를 설립하였다. 일본 중견 조선소인 하코다테독(函館DOCK)과 합작이었으며, 자본투자 및 기술 지원을 받는 것으로 삼성과 IHI의 합작과 대체로 비슷한 형태였다. 고려조선(주)의 죽도조선소는 조선소 건설을 연기한 삼성과 달리 1974년 12월 착공하였다. 정리하면 [표 5-3]과 같다.

그러나 불어닥친 조선업 불황으로 조선소 건설에 차질을 빚었고, 1976년 준공할 계획이었던 조선소는 1977년에 들어서도 미완성인 상황이었다. 더욱이 사업 주체인 고려원양어업(주)이 자금난으로 조선소 건설을 계속 진행할 수 없게 되었다. (주)진로가 고려원양어업(주) 지분을 인수하여 사명을 고려조선(주)에서 우진조선(주)으로 바꾸고 죽도조선소 건설을 지속하였으나 자금난을 견디지 못하고 정부에 지원을 요청한 상황에서 삼성이 이 우진조선(주)을 인수하게 된 것이었다.

1977년 4월 22일 삼성은 임시 주주총회에서 우진조선(주) 인수 절차를 완료하고 사명을 삼성조선주식회사로 변경하였다. 지분관계도 정리하여

표 5-3 고려원양 죽도조선소 건설 계획 및 규모

계획 항목		주요 내용	비고
조선소 규모	건조능력	연간 10만 톤급 선박 3척	연간 30만 톤 건조, 전량 수출
	부지	거제군 신현면 장평리 죽도지구 60만 400평	
	독(dock)	1기(270m×46m×11m)	최대 10만 톤급 선박 건조 가능
건설 기간		1974. 7-1976. 10	
시설자금 조달	외자	1,868만 달러	외국인 투자 365만 달러, 차관 1,503만 달러
	내자	1,440만 달러	외국인 투자 81만 달러, 내국인 투자 546만 달러, 융자 813만 달러
	합계	3,308만 달러	
고용 규모	사무직	100명	조선소 완공되어 정상 가동될 경우의 규모임.
	기술직	160명	
	기능공	900명	
	합계	1,160명	

자료: 재무부 경제협력국 경제협력과(1974).

합작사인 하코다테독, 마루베니(丸紅)주식회사의 출자분을 인수하여 100% 지분을 갖게 되었다. 우진조선(주)의 인수를 통한 삼성조선 출범과 관련하여 '공식적인' 삼성의 입장은 다음과 같은 것이었다(강조-필자).

"돌발적인 오일쇼크의 여파로 다소 **그 추진이 연기되기는 했지만,** 삼성조선의 출범과 더불어 삼성이 조선사업을 본격화하게 된 것은, 인적자원 외에 뚜렷한 자원이 없는 우리나라가 전 세계 시장을 무대로 진출할 수 있는 거의 유일한 사업 분야라는 점에서, 그리고 **제2차 그룹경영5개년계획(1973-1977) 기간 중의 중점 육성사업**일 뿐만 아니라 **정부의 중화학공업 육성정책에 부응**할 수 있는 직접적인 계기를 비로소 마련했다는 점에서 매우 뜻깊은 일이 아닐 수 없었다"(삼성중공업 사사편찬위원회 1994: 129).

그러나 이 '공식적 입장'은 사실과 많이 동떨어져 있다. 우선 앞서 살펴보았지만, 삼성이 1973년부터 추진한 조선사업과 1977년 우진조선 인수는 전혀 별개의 사업이다. '연기' 후 '재개'가 아닌 것으로 앞선 통영군 안정리에 100만 톤급 대형 조선소를 건설하려던 사업은 착공도 하지 않고, 결국 1976년 백지화한 후 창원에 종합중기공장을 건설하는 것으로 전환되었다. 이 사업의 주체는 삼성중공업(주)이었고, 삼성조선(주)은 이와 별도로 인수한 우진조선(주)의 사명만 바꾼 것으로 양사가 통합되어 삼성중공업(주)이 되는 1983년까지 삼성그룹 산하 별도 계열사로 경영되었다.

조선업이 삼성의 제2차 그룹경영5개년계획(1973-1977) 기간 중의 중점 육성사업이었고, 정부 중화학공업정책에 부응한다는 것도 의문이 있다. 정부가 강력한 중화학공업 육성 드라이브를 걸며 밀어붙인 결과로 구체화된 현대 울산, 대한조선공사 옥포, 삼성 안정, 고려원양 죽도의 4개 조선소 중 착공조차 하지 않았던 것은 삼성이 유일하였다. 또 삼성이 우진조선(주)을 인수하여 조선업에 참가한 1977년은 조선업 불황이 한층 악화된 시기였다. 정부도 이 시점에서는 건설 중인 조선소의 공사 중단까지 포함한 근본적인 고민을 시작한 시점이었다. 특히 현대 울산에 이은 두 번째 대형 조선소인 대한조선공사 옥포조선소의 상황이 심각해지고 있었다. 정부 역시 상황을 심각하게 받아들이고 있었다. 1977년 2월 정부는 경제기획원 주도하에 관계자 전부가 참석하는 TF(task force) 회의까지 열어가며 옥포조선소 건설을 공사 중단까지 포함하여 전면 재검토를 진행하였다(배석만 2021). 이런 정부 움직임을 모를 리가 없는 삼성이 정부 정책에 부응하여 조선업에 참가한다는 것은 매우 어색한 흐름이다.

중화학공업 육성을 선언한 정부 의지에 반하여 3년을 끌다가 착공은커녕 부지 매수조차 하지 않은 상태에서 포기한 조선 사업을 불과 1년 만에 그것도 조선업 상황이 더욱 악화되고, 정부조차도 육성정책을 전면 재검토하는 시점에서 다시 한다는 이 어색한 삼성의 조선업 참여 과정은 어떻게 해석할 수 있을까. 우선 첫 번째 주목되는 것은 정부의 1977년 시점의 전면 재검토 결론이다. 정부는 옥포조선소 문제와 관련한 실무 TF 회의, 그리고 경제장관협의회를 통해 옥포조선소의 공사 기간을 연기하여 완성한다는 결정을 하였다. 이 결정을 주도한 것은 경제기획원이고 상공부가 거들었으며, 공사 중지에 무게를 실었던 재무부와 한국은행의 의견은 받아들여지지 않았다(배석만 2021). 결국 1977년 조선업 육성 재검토 속에 정부는 기존 착공된 조선소들은 어떤 식으로든지 완공하겠다는 방침을 굳혔던 것이다. 따라서 사업 주체가 자금난으로 공사를 더 할 수 없는 상황이었던 우진조선(주)에 대해 조선소 포기의 '원죄'가 있는 삼성이 이를 맡아서 나머지 공사를 진행, 완공하도록 압력을 넣었다고 보는 것이 원래 계획한 조선소의 10분의 1도 안되는 조선소를 전격적으로 인수한 삼성의 기업 행동을 설명하는 데 합리적이다.

1977년 삼성의 우진조선 인수를 통한 조선업 참가가 정부 주도로 이루어졌다는 것을 뒷받침하는 증거는 비록 간접적이지만 몇 가지 거론할 수 있다. 우선 이병철의 생각이다. 『호암자전』에서 이병철은 삼성의 조선업 참여를 언급하며, 포기한 통영 안정조선소와 인수한 우진조선(주) 죽도조선소에 대해 매우 대조적인 회고를 하고 있다. 즉, 안정조선소의 경우 사업 시작부터 포기까지 그것을 주도한 것은 삼성이었고 "용기 있는 결단"임을 자찬하고 있는 반면, 정부 이야기는 전혀 언급하지 않는다. 그러나 죽도조선소 인수에 대해서는 "마음이 내키지 않았으나, 정부의 요청이 강해서" 결국 인수하게 되었다고 말하여, 이 과정을 주도한 것이 정부임을 강하게 내비치고 있다(이병철 1986: 209-211).

다음으로 옥포조선소가 1970년대 후반 조선업 불황 최악의 해였던 1978년 결국 건설 주체인 대한조선공사가 자금난으로 손을 떼게 되자, 정부는 당시 급성장 중이던 신흥 재벌 대우를 끌어들여 공사를 마무리하고 경영하도록 하였다. 조선업 참가에 미온적이었던 대우에 대해 인수를 종용하였을 뿐만 아니라, 당시 국회에서도 특혜 시비가 있었던 한국산업은행 투융자 등의 회유성 당근도 제시하였다. 결국 대우는 삼성이 우진조선(주)을 인수한 것과 같이 옥포조선소를 인수하고 대우조선(주)을 설립하였다(배석만 2021).

1970년대 세계 조선업 최악의 불황 시점이었던 1977-1978년, 정부는 기존 건설 중인 조선소만이라도 완공하기 위해 매우 적극적으로 움직였다. 그리고 그 결과는 죽도조선소-삼성, 옥포조선소-대우로 귀착되었다. 정부에 의해 사실상 떠맡겨진 삼성과 대우의 조선소들은 세계적 조선업 불황이 이후에도 장기간 이어지며, 1980년대 말까지 막대한 적자에 허덕였다.

조선소를 착공하지 않고 3년을 버티면서 "기업은 자선후생의 단체가 아니다. 이익을 올리지 않으면 안된다"고 외쳤던 이병철의 생각은 결과적으로 옳았다(이병철 1986: 204). 1970년대 삼성중공업과 삼성조선을 축으로 하여 전개된 삼성의 중공업 사업은 1987년까지 매년 큰 적자를 기록하였기 때문이다(삼성중공업 사사편찬위원회 1994: 680). 그리고 이병철은 생각을 바꿀 기회를 얻지 못하였다. 1987년은 그가 사망한 해이기 때문이다. 장기간 불황에 허덕이던 조선업이 극적으로 호전되기 시작한 것은 1990년대에 들어서부터였다.

5. 맺음말

삼성의 조선업 참여 과정은 결론적으로 국가의 압력에 의해 매우 수동적으로 이루어진 것이라고 정리할 수 있다. 우진조선(주)의 죽도조선소를 국가 요구로 어쩔 수 없이 인수하였기 때문이다. 그러나 그에 앞서 있었던 대한조선공사 옥포조선소에 이은 제3의 대형 조선소 건설 추진과 포기 과정에서는 정반대의 모습을 보였다. 이 과정에서는 합작회사인 일본 IHI의 주도성이 확인되고, 삼성의 결정을 국가가 받아들이는 수동적 모습을 확인할 수 있었다.

세계 조선업이 절정의 호황기에 진입하였던 1960년대 후반, 삼성도 조선업을 비료사업 실패 이후 새로운 사업 중 하나로 검토는 하였지만, 시기상조라고 생각하였다. 1969년 4대 핵심 공장 건설계획이라는 긴급한 국가사업에 조선소가 포함되어 이를 담당한 기업을 물색할 당시에도 삼성은 관심을 갖지 않았다. 1972년 대한조선공사가 거제도 옥포에 100만 톤급 대형 조선소를 건설한다고 하였을 때도 마찬가지의 자세를 유지하였다.

1973년 연초부터 대통령이 직접 나서서 정부의 중화학공업 육성을 부르짖고, 이에 따라 관련 경제부처들의 구체적 육성정책 플랜이 나오면서 삼성은 조선업 참가를 시도하였다. 정부의 강력한 의지를 읽은 것임과 동시에 정부도 동일한 생각이었지만, '정말 될까'라고 생각하였던 대규모 조선소 건설과 수십만 톤급 대형 유조선을 건조하는 현대 울산조선소의 성공을 보았기 때문이었다. 이렇게 현대 울산조선소, 대한조선공사 옥포조선소에 이은 3번째 100만 톤급 대규모 조선소를 통영 안정에 건설하는 담당 주체가 되면서 삼성의 조선업 참가가 이루어지는 것으로 생각하였다. 그러나 석유위기로 시작된 불황 국면의 장기화에 대응하여 결국 1976년 조선소 건설을 포기하였고, 이에 대한 국가의 불만은 종합중기공장 건설이라는 좀 더 현실적이고, 규모가 상대적으로 작은 사업으로 전환하는 것으로 무마하였다. 그러나 불과 1년 후인 1977년, 다시 태도를 바꿔서 건설 중이던 10만 톤급 중형 조선소를 인수하면서 결국 조선업에 참여하게 되었다. 돌다리를 두드려 보고도 건너지 않을 수 있을 것 같은 삼성의 경영 스타일과 많이 동떨어진 1977년의 모습은 국가의 밀어붙이기에 굴복한 수동적 참가였다고 볼 수 있다.

삼성의 조선업 참여 사례에 국한하여 경제개발기 국가와 기업의 관계를 본다면, 우선 국가의 모습은 합리적 계획의 수립과 이를 토대로 한 '지도'였다기보다는 매우 격렬하게 변하는 상황에 따라가는 '임기응변'에 가깝다. 그리고 기업의 모습은 위험에 적응하려고 하기보다는 최선을 다해서 회피하려고 하였으며, 정부 정책에 대한 신뢰를 기반으로 맹목적으로 추종하기보다는 주어진 상황에서 최대한 영리를 생각하는 경향이 강하였다고 할 수 있다. 이것은 중화학공업화 선언에서 대통령이 직접 언급한 제3 대단위 조선소 건설의 담당자였음에도 불구하고, 조선소 건설을 시작도 하지 않고 3년을 버티다가 계획 자체를 백지화하는 과정에서 잘 볼 수 있다. 재산 행사가 정지된 안정리 주민들의 불만이 폭주하였고 언론에도 대대적으로 보도되었으나 삼성은 꿈쩍하지 않았다. 또 우진조선(주)의 인수에 대한 이병철의 불만과 수동적 자세도 이야기할 수 있다. 우진조선(주) 인수 다음 해인 1978년, 옥포조선소 인수를 정부가 타진했을 때도 옥포뿐만 아니라 대한조선공사 전체 인수라는 정부가 들어줄 수 없는 조건을 제시하여 빠져나갔다. 정부의 관련 실무자들은 이런 삼성의 태도에 대해 인수하지 않기 위한 구실을 찾는 인상으로 느꼈다. 그러나 삼성의 이런 태도에 대해 국가는 인식은 하였지만, 패널티 부여 등 규율을 세우는 어떤 형태의 '지도'도 하지 않았다.

1970년대 조선업 참여와 관련하여 정부와 삼성 간에 전개된 이러한 양상에는 삼성의 중공업 사업 합작 파트너였던 일본 IHI의 영향력이 매우 크게 작용하였던 것으로 생각된다. IHI는 삼성 100만 톤급 조선소 건설과 관련하여 정부가 부지로 지정한 거제 지세포를 통영군 안정리로 전격 변경하였다. 또 이후 건설공사 착공의 수 차례 연기와 종국의 포기 과정도 IHI가 주도적으로 결정한 것으로 보인다. 이 과정에서 정부나 삼성은 어떤 반대 의견도 제시하지 않았다.

1970년대 전반에 걸친 우여곡절과 종국의 수동적 참여로 귀결된 조선업을 중심으로 한 삼성의 중공업 사업 부문은 이병철의 표현대로 결과적으로 "이익이 남지 않는 자선사업"이 되었고, 한국 대표 재벌그룹 삼성에게 1980년대까지 가장 큰 아킬레스건이었다. 극적 반전은 1990년대부터 시작되었으나 1987년 사망한 이병철은 그것을 볼 수 없었다.

제6장

한국 정유산업의 육성과 에너지 전환

_ 임채성

1. 머리말

이 연구는 해방 이후 한국의 석유산업 성립과 그에 따른 에너지 전환 과정을 분석하여 고도성장의 병목이 되었던 석유 공급 문제가 어떻게 해결되었는지를 밝히는 것이다.

식민지 시기에는 재래의 땔감과 함께 석탄이 주요 에너지원으로 개발되었다. 그러나 주요 탄전은 북한에 위치해 있었기 때문에 해방 후에는 강원도 삼척을 중심으로 한 무연탄 개발이 중요시되었고, 탄광의 부흥과 함께 산업철도 부설이 경제협조처(ECA) 프로젝트로 실행되었다(Garwood 1949). 하지만 이들 석탄은 산업용으로 사용하기에는 질이 낮고 양적으로도 한계가 있었다. 따라서 해방 이후부터 한국전쟁 이후 부흥을 거쳐 1960년대 고도성장에 이르기까지 산업용과 수송용 석유 공급이 중시되었다.

그러나 미완성된 소규모의 울산정유공장 외에 국내에는 정유시설이 없었기 때문에 미국의 원조로 완제품 석유류를 수입하고 있었다. 이에 미군 점령 이후, 특히 미국의 대북정책 전환에 따른 원조 축소를 전제로 한 장기적인 경제개발 방안이 모색되면서 한국 정부는 정유공장 건설을 정책적으로 추진하게 되었다. 하지만 냉전체제하에서 레드오일을 배제하고 자유진영에 석유를 안정적으로 공급하고자 하였던 미국에게 한국의 현지 정제주의는 시급한 과제로 인식되지 않았다. 그러나 과잉원유 문제를 안고 있던 석유 메이저들이 한국 정부의 제안에 주목하면서 단기간 내 공장 건설이 가능해졌다. 이를 통해 수입대체는 물론 1970년대 말에는 대한석유공사, 호남정유, 경인에너지, 극동석유공업, 쌍용정유 등 5개사로 구성된 과점적 경쟁체제가 형성되어 수출 부문으로 성장하던 석유화학산업을 지

탱할 수 있는 기반이 되었다.[1]

이렇게 한국전쟁이 있었음에도 불구하고 단기간 내에 전쟁 이전에는 경험해 보지 못한 정유산업이 성립되었고, 이후 복수의 회사체제로의 발전을 이룩하였다. 그렇다면 그 요인이 무엇이었을까를 묻지 않을 수 없다. 이와 같이 정유산업은 에너지 공급과 석유화학산업 육성의 기반이 되고 고도성장을 이해하는 데 필수적인 연구 대상임에도 불구하고, 지금까지의 경제사 연구에서는 주로 식민지 시대부터의 석탄산업이 중시되어 해방 이후 정유산업의 성립은 검토되지 않았다(임채성 2007; 2008; 2009; 2013). 물론 정유업체들의 사사(대한석유공사 1973; 1983; 호남정유주식회사 1982; 쌍용정유주식회사 1986; 극동정유25년사편찬위원회 1991)나 대한석유협회의 산업사(대한석유협회 1984; 1990) 등이 공표되어 있어 이를 통해 정유산업의 주요 흐름을 파악할 수 있지만, 보다 객관적인 입장에서의 검증은 충분히 이루어졌다고 보기 어렵다.

예를 들어, 정유산업 개척자로서의 대한석유공사의 경우 사사(社史)에서 1950년대 이승만 시대의 정유산업 육성정책과 그 구체적 움직임에 대한 고찰이 미흡하고 그 한계성만 지적되어 있으며, 정유산업 육성 구상이 1960년대 군사정권하에서 독자적으로 고안된 것처럼 쓰여 있다. 비록 정유공장 건설까지는 이르지 못하였지만, 이를 실행에 옮길 만큼 구체적인 방안이 제안되었고, 한국석유주식회사가 설립되어 미국 원조 당국과 석유 메이저와의 관계 속에서 방향성을 모색하고 있었다. 그러나 이러한 정

---

1 대한석유공사는 SK에너지, 호남정유는 GS칼텍스, 극동석유공업은 현대오일뱅크(1988년 현대그룹 인수), 쌍용정유는 S-Oil이 되었으며, 경인에너지의 경우 1999년 경영권이 현대오일뱅크에 넘어가 인천정유로 개명되었다가 2005년에 SK에 인수되었다.

유사업 육성정책을 군사정권이 의도적으로 부정하고 공기업 형태로 추진하였다는 점 등은 전혀 언급되지 않고 있다. 또한 걸프 오일(Gulf Oil)의 경영 참여가 단순히 군사정권의 리더십에 의해 실현된 것이 아니라 1950년대부터 한국석유공사와의 관계, 대만석유공사에 대한 걸프의 투자 경험, 걸프 오일의 잉여 원유 공급자로서의 입장 등이 있었기 때문이었다는 점도 고려되어야 한다.

한편, 김동욱은 귀속기업체로서의 조선석유주식회사를 대상으로 해방 후 처리 과정을 분석하였다(김동욱 1989: 173-215). 그는 미군 점령이 끝난 후 조선석유 재건사업이 진행되었으나 한국전쟁 발발로 중단될 수밖에 없었고, 다시 한국 정부에 의해 재건 노력이 기울여졌으나 자금 부족으로 실현되지 못하였으며, 1950년대 후반 한국석유주식회사 설립안이 제안되었으나 이 역시 4.19 혁명으로 인해 실현되지 못하였고, 이렇게 조선석유는 청산될 수밖에 없었다는 점을 지적하였다. 이와 같이 역사적 단절이 강조되었지만, 정책 전개에 필수적인 행위자로서의 미국 원조 당국의 움직임은 전혀 분석의 시야에 들어가지 않았고, 한국경제의 부흥과 발전에 에너지 공급 문제는 고려되지 않았다. 또한 유공, 호남정유, 경인에너지 등 정유회사들의 입장도 분석되지 않았다.

이러한 김동욱(1989)의 실증에 의존하여 '국가중심적 사유'를 문제 삼고 '다중 스케일의 전략적 관계'를 복원하는 방식으로 개발 시대의 '대표적인 산업공간'인 울산공업단지를 분석한 것이 김동완·김민호(2014)이다. 이를 통해 "Van Fleet과 같은 냉전 네트워크의 결절 혹은 남궁련과 같은 다중 스케일의 행위자들이 국가 간 관계 혹은 글로벌 스케일의 사회관계를 울산이라는 특정 공간에 결속"시켰다고 보았다. 경제사적 관점에서 볼 때,

1950년대부터 1960년대 초까지 제임스 밴 플리트(James A. Van Fleet) 장군의 울산정유소 건설에 대한 역할은 밝혀졌지만, 1954년 석유 공여 중단이 갖는 역사적 의미와 이에 대응하여 구상된 울산정유소 건설계획이 충분히 고려되지 않았다. 무엇보다 한국경제 운영에서 에너지 문제와 그 정책적 대응이 전면적으로 검토되지 않았다.

이러한 기존 연구에 대해 본 연구에서는 미국의 경제부흥 및 개발에 대한 의지를 전제로 한국 정부의 정책적 개입과 미국 석유 메이저의 직접 투자가 어떤 결과를 가져왔는지를 살펴보고자 한다.

2. 미국의 석유 원조와 '조선석유주식회사'의 시도

식민지 시대 조선은 석유 메이저에 의해 석유 공급이 이루어지는 단순한 소비지에 불과하였다. 이에 큰 변화를 가져온 것은 일본석유에 의해 그 자회사로 1935년 6월에 설립된 조선석유였다. 조선석유는 연산 30만 톤(하루 생산량 약 6,000배럴)의 원산정유소를 설치하였고, 이후 그 규모를 40만 톤으로 확장해 한반도 내외에 석유제품을 공급하였다. 이는 석유 메이저를 대신해 조선 내 석유 공급을 늘렸을 뿐만 아니라, 전시에는 배급 통제를 위해 설립된 조선석유 배급을 통해 각지의 대리점망을 정비하였다. 각 지역 대리점은 각 군에 '부판매인'을 두었는데, 많은 곳에서 잡화상들이 석유를 판매하였다. 전황이 악화되면서 선박 부족이 심각해지고 연합군의 폭격이 우려되자 1944년에는 그 시설의 일부를 울산으로 이전하려 하였으나, 자재 및 인력 부족은 물론 운반 수단도 여의치 않아 하루 3,000배럴 규모의 토핑 장치 중 70%만 이전할 수 있었다(기획실 1967: 24-25).

미군정하에서 조선석유 울산공장에 김승식, 최상하, 로빈슨 등이 관리인으로 임명되어 증류 장치의 일부를 보수, 증설하려 하였으나 작업이 좀처럼 진척되지 않았다. 당연히 석유 공급은 미국 점령지구회원조(Government and Relief in Occupied Areas: GARIOA)의 일환으로 이루어졌고, 이를 위해 군정청 석유배급대행회사(Petroleum Distribution Agency M.G.: PDA)가 설치되어 조선석유의 잔여 시설과 그 배급망을 흡수하였다. PDA는 전국을 8개 지역으로 나누어 16개 석유배급조합을 통해 석유를 공급하였다. 석유 도입액은 GARIOA에 의한 1945년 36천 달러, 1946년 4,494천 달러, 1947년 5,227천 달러, 1948년 10,185천 달러, 소계 19,942천 달러, 해외청산위원회(Office of the Foreign Liquidation Commissioner: OFLC) 차관에 의한 1947년 405천 달러, 총 20,347천 달러였다.

1948년 8월 15일 대한민국 정부 수립과 동시에 미군정청을 대신해 미 24사단 민사처 PDA에서 석유 공급이 이루어졌으며, ECA(Economic Cooperation Administration) 원조 실시에 대비하여 1949년 1월 한미 양국은 '한미석유협정'을 체결하였다. 이에 따르면 미국으로부터의 석유제품 도입은 한국 정부가 담당하고, 이를 인수－저장 및 판매하기 위해 한국석유저장회사(Korea Oil Storage Co.: KOSCO)가 설립되었다(KOSCO 1948). 여기서 주의해야 할 점은 KOSCO는 한국 회사가 아니라 미국 델라웨어주 법에 의해 설립된 외국 법인으로, 식민지 시절부터 조선에 석유 판매에 대한 이해관계를 가지고 있던 미국의 Standard-Vacuum Oil CO., Caltex Oil Co., Asiatic Petroleum Corporation이 공동 투자를 한 것이었다. 1949년 9월 말 KOSCO에 대한 석유저장시설의 임대 기간이 만료되자 1949년 10월 '한미

신석유협정'이 체결되어 KOSCO는 저장 업무만 담당하고 판매는 Standard Oil, Caltex 및 Shell 3사가 산하 대리점을 통해 담당하게 되었다. 이들 3사는 전국을 10개 권역으로 구분하여 전국 34개 대리점과 1,200여 개의 주유소 등을 통해 자사 제품으로 판매하였다(Dwyer 1956).[2] 이러한 KOSCO의 운영은 상업적 석유 유통망이 회복될 때까지의 임시조치(a temporary measure)로 상정된 것이었다.

한편, 한국 정부는 1949년 조선석유주식회사를 재정비하여 엄자륜을 이사장으로 하여 200여 명의 직원과 함께 공장 완공에 착수하였다(『경향신문』 1949; 기획실 1967: 24-25). 새로운 경영진은 울산공장의 보수 확충을 위해 국고 일반예산에서 253,777,000원을 확보하여 공장 보수에 착수하였다. 1단계 공사가 1950년 완공되어 가동 단계에 이르렀지만 시운전을 위한 원유 12,000톤의 구매자금 252,000달러를 외화 사정으로 확보하지 못해 큰 문제로 떠올랐다. 이 공장 가동이 정상화되면 연간 20만 톤의 석유 생산이 가능해져 연간 소비되는 석유류 제품 33만 톤의 60% 정도를 공급할 수 있을 것으로 기대되었다. 이에 조선석유는 공장 건설 자금을 확보하기 위해 노력한 결과, 정부 보증으로 흥업은행으로부터 4차례에 걸쳐 4억 원을 대출받아 공장 건설을 추진하였지만, 불의의 한국전쟁으로 공사가 중단될 수밖에 없었다.

전쟁 발발로 인해 한국석유공사의 주요 저장시설은 정부에 의해 징발되어 유엔군이 사용하게 되었다. 이에 따라 기존 한미신석유협정은 중단될 수밖에 없었고, 1950년 11월 1일 '임시협정'이 체결되어 KOSCO가 석

2 일본(JOSCO)과 필리핀(POSCO)에도 이와 유사한 석유배급기구가 설치되었다.

유 수입－저장－판매를 담당하게 되었다(Dwyer 1955). 전쟁 중이었기 때문에 당연히 군수용 석유가 우선적으로 공급되었고, 민수용 석유 배급량이 부족해 미군 석유 관할 기관이 이를 배급해야 하였다. 연료 부족이 심각해졌음에도 불구하고 한국 정부는 석유 도입 자금이 없어 1952년 7월 '연료사용 합리화 실행요강'(1952년 7월)을 발표하며 연료 소비 절약을 촉구하였다. 그러나 석유 부족은 개선되지 않았고, 한미 양국은 유엔군 차관 상환을 둘러싸고 대립하다가 1954년 10월 9일에는 미국 측이 석유 공급을 중단하기도 하였다(임채성 2016: 28-36).[3]

이에 대해 한국 측이 한미 합동으로 석유 문제를 조율하자고 제안하자 미국 측은 한국석유공사(KOSCO)의 석유 도입 및 배급제를 민간업체에 의한 수입 및 직판제도로 전환할 것을 제안하였다. 또한 한국 정부가 수입허가제 및 납세를 주장한 반면, 미국은 군용 석유를 KOSCO에 대여하는 방안을 제시하였다. 이처럼 유가에 적용해야 할 환율과 석유 행정의 주도권을 놓고 한미 양국은 갈등을 빚으며 합의에 이르지 못하였다. 그럼에도 불구하고 원조 석유 제공국인 미국의 주도로 합동경제위원회(Combined Economic Board: CEB)는 극심한 인플레이션과 물자 부족으로 환율이 터무니없이 낮게 설정되어 있는 상황에서 석유에 대해 1955년의 공식 환율(1달러당 313원)과는 별도의 환율(1달러당 350원)을 설정하고 이를 적용하기로 1955년 3월 19일에 결정하였다.

3 유엔군사령부는 1954년 8월 대여금 환율을 254환으로 개정할 것을 요구하였으나 한국 정부는 당연히 거부하였고, 10월 1일에는 달러 상환 중단을 이유로 대여를 중단하였다. 이에 따라 유엔군 총사령부는 석유 제공을 중단하는 한편, 하청업체와 노동자들에게 한화가 아닌 달러로 직접 지급하였다.

그 대신 한국 정부는 석유 수입권 및 석유 행정의 주도권을 마침내 확보할 수 있었고, 1955년 5월 31일에 이르러서야 '한미석유운영협정'이 체결되었다(Dwyer 1956). 요컨대, 한국 정부는 한국전쟁 이전과 같이 한국석유공사의 역할을 저장에 국한시키고, 석유 수입 및 판매의 역할을 별도의 내외국인 회사에게 맡겼으며, 한국석유공사는 원조자금으로 도입된 석유제품을 저장하고, 정부의 지시에 따라 산하 대리점에 판매하였다. 이렇게 해서 한국 정부는 시도별로 석유를 배분할 수 있었다. 그 결과 KOSCO의 시장 독점력은 제한되었지만, 석유 배급은 어디까지나 정부 통제에 의해 이루어졌다는 점을 간과해서는 안된다. 미국 메이저로부터의 석유 수입은 국제협조처(International Cooperation Administration: ICA) 원조자금(이를 결정하는 CEB)에 의해 이루어졌지만, 석유 도입 자금이 충분하지 않았기 때문에 그 자금의 유무에 따라 국내 소비의 틀이 결정될 수밖에 없었다. 예를 들어, 1956년 5월에는 석유 부족으로 민수용 배급이 일시 중단된 적도 있었다.

이에 한국 정부는 안정적인 연료 공급을 보장하면서도 외화절약이 가능한 국내 무연탄을 중심으로 에너지 정책을 추진하였다. 그러나 대한석탄공사의 탄광시설에 대한 '전란복구 3개년 계획'(1951-1953)을 실시하였음에도 불구하고 석탄 생산의 부진과 공사 경영의 적자를 피할 수 없게 되자, 이 대통령은 대한석탄공사에 군대를 파견하였다. 이와 함께 미국 원조 당국과 한미합동공사 운영대책위원회(1954년 12월)가 설치되어 단기 증산 프로그램과 장기 개발 프로그램을 입안, 시행하고 5개년 계획을 수립하였다. 그중 문경선(1955년 9월 1일), 영암선(1955년 12월 31일), 함백선(1957년 3월 9일) 등 3대 산업선의 부설은 고운임의 해상운송과 육상 트럭운송을 대신해 저운임의 철도운송을 가능하게 하였고(임채성 2009: 12),[4] 그 결과

표 6-1 연료 종합 5개년 계획의 자립 대책 추이 (단위: 1,000톤)

연도	수요량	%	생산량	%	부족량	%	부족량 보충		
							유연탄	피치	합계
1956	2,628	100	1,614	61	1,014	39	987	27	1,014
1957	2,954	100	2,116	72	838	28	789	49	838
1958	3,565	100	2,827	79	738	21	672	66	738
1959	4,123	100	3,586	87	537	13	442	95	537
1960	4,752	100	4,333	91	419	9	303	116	419

자료: 석유공사 총무이사 김규민(1956: 6).

민영탄의 채산성이 개선되어 석공탄뿐만 아니라 민영탄도 경인지역 시장으로 진출할 수 있었다(임채성 2009: 12). 이러한 현실을 바탕으로 한국 정부는 1956년 [표 6-1], [표 6-2]와 같은 '연료종합 5개년 계획'을 수립하여 시행하기에 이르렀다.

한편, 석유 수요의 점진적 증가와 이에 따른 외화 지출 절감을 위해 한국 정부는 울산정유소의 보수 확장 공사를 서둘러야 하였다. 이에 정부는 이 공장의 보수 확장 방안에 대한 구체적인 대책을 추진하였으나 자금조달 방안에 부딪혀 진척을 보지 못하였는데, 1954년 2월 상공부가 작성하여 유엔한국재건단(United Nations Korean Reconstruction Agency: UNKRA)에 제출한 '울산정유공장 건설계획서'에서는 건설자금 12,922,000달러, 운전자금 22,396,000달러, 총 15,318,000달러가 필요한 것으로 예정되어 있

4 영암선 개통으로 강원도 삼척 탄전과 수도권 소비지가 직접 연결되면서 톤당 석탄 운송비가 선박 운임 3,618환에서 철도 운임 333환으로 낮아졌다.

표 6-2 연료 전환에 따른 외화 및 환화 절약 추이 (단위: 1,000달러, 100만 환)

연도	외화 절감					환화 절감
	유연탄			유류	합계	땔감
	철도용	기타	계			
1956	2,628	100	1,614	61	1,014	39
1957	2,954	100	2,116	72	838	28
1958	3,565	100	2,827	79	738	21
1959	4,123	100	3,586	87	537	13
1960	4,752	100	4,333	91	419	9
합계	85,338	32,670	118,008	26,957	144,965	79,800

자료: 석유공사 총무이사 김규민(1956: 6).

었다. 그러나 UNKRA에서 조달한 자금이 적어 실현되지 못하였다(김동욱 1989: 201; 기획실 1967: 24-25).[5] 이 계획을 바탕으로 1954년 11월 기획처(→부흥부→경제기획원)는 소요자금을 축소하는 계획을 수립하여 미국 원조 당국인 FOA(the Foreign Operations Administration, 1953년)에 제출하였다(기획실 1967: 24-25).

세부적인 사업 내용을 보면 석유 소비량이 연간 약 300,000톤이기 때문에 톤당 45달러로 연간 1,800만 달러의 외화가 필요하나, 저렴한 원유를 구입하여 정제하면 외화 절약이 가능하다는 것이었다. 공장 건설에 필

5 필자는 '울산석유공장 건설계획서'가 조선석유주식회사의 초안을 가지고 상공부가 작성하여 최종적으로 기획처에 제출하고, 기획처가 이를 정부의 방침으로 정리하여 미국 원조 당국에 제출한 것으로 보고 있다. 이에 대해 김동욱(1989: 201)은 『동아일보』 기사(1955년 4월 21일자)를 통해 상공부와 확인하였지만, 대한석유공사 기획실(1967: 24-25)에서 정리한 소사에서는 기획처로 표기되어 있으므로 이 연구에서는 기획처로 표기한다.

요한 자금은 약 50만 달러로, 약 6개월의 공사 기간을 걸쳐 1955년 6월 말 완공할 수 있었다. 다만, 연간 원유 처리 능력이 150,000톤에 불과해 이 시설 규모로는 경제성이 떨어졌다. 현 시설을 전용하여 현대식 대규모 공장 건설계획을 추진하고자 한다면, 공기를 3등분하여 건설할 수 있었다. 자금 대책으로, 첫째 원화 조달은 자본금 1.2억 원 규모의 민간 기업체를 구성하여 조달하고, 둘째 달러화 조달 방안으로 외화 9,116,000달러를 FOA 자금으로 조달하나, 불가능할 경우 미국 정유공장과 장기 신용계약을 체결한다는 계획이었다. 운영계획은 자본금 1.2억 원 규모의 주식회사를 설립하여 총주식의 55%를 발기인이 인수하고 나머지 45%는 공모하기로 하였다.

그러나 전쟁으로 경제 재건이 좀처럼 진척되지 않는 가운데 원조자금이 소비재 구입에 크게 쓰여졌고 이 계획은 실현되지 못하였다. 이러한 가운데 이 안은 한국석유주식회사안(Korean Oil Company proposal)으로 미국 원조 당국에 전달되었고, 울산정유소 건설을 위해 한국 정부는 석유 메이저와 접촉하였다(김동욱 1989: 202).[6] 이에 대해 원조 당국은 KOSCO의 멤버(Standard, Caltex, Shell)뿐만 아니라 걸프 오일, Tidewater와도 협의를 진행하였다. ICA(FOA의 후신)의 컨설턴트 Conelius J. Dwyer의 보고서(1956년 1월 27일)에 따르면, 외화 절감 효과는 확실히 인정되나 금액으로 볼 때 그다지 크지 않으며, 그 추정치에 대한 확인이 필요하다고 지적되었다(Dwyer 1956). 그는 한국 내 투자 환경이 조성되어도 석유 메이저가 관심을 보이지

6 1954년 9월 22일 중앙관리위원회에서 조선석유주식회사의 새로운 관리인으로 이연재, 전민제, 박만희가 임명되어 같은 해 11월 6일 열리는 조선석유주식회사 주주총회에서 사장, 전무이사, 상무이사로 취임할 예정이었지만, 그렇지 못하고 임시관리인으로 남게 되었다.

않는 한 정유사업의 경제성을 기대할 수 없을 것으로 판단하고, 만약 석유 메이저가 투자의지를 보이지 않는다면 경제적인 측면이 아니라 정치적 요인에 의한 결정일 수도 있지만, 미국 정부의 지원 프로젝트 목록에서 우선순위가 낮다고 판단하였다. 12,000B/D 규모의 정유시설에 대해 ICA가 지원하는 정부 차관에 대해서는 부정적인 의견을 제시하며, 오히려 메이저의 투자를 통한 합작투자(a joint enterprise)를 제안한 것이다. 물론 이에 대해 KOSCO에 참여하고 있는 메이저 측도 협의 의사를 밝혔다.

이처럼 정유소 건설을 둘러싸고 한국과 미국의 견해가 엇갈렸고, 미국 측은 합작기업을 통한 외화조달을 권유한 것이다. 이는 1960년대 경제개발기에도 일관된 미국 측의 정책적 입장이었지만, 문제는 당시 한국이 해외 투자자들에게 결코 매력적인 시장이 아니었다는 점이다. 오히려 한국 경제가 전쟁 전의 경제 수준을 회복하자 미국 원조 당국은 1957년 11월 원조 삭감을 한국 측에 통보하고, 1958 회계연도부터 원조 규모를 기존보다 20% 줄였다(도널드 스턴 맥도널드 2001: 425).

이에 이승만 대통령은 외화 절약과 안정적인 석유 확보를 위해 1958년 6월 11일 김일환 상공부 장관에게 '정유공장건설추진위원회' 발족을 지시하였다. 그 대책회의가 6월 16일과 7월 16일 두 차례에 걸쳐 열렸고, 진행 상황 점검과 함께 구체적인 안을 구상하였다. 이 대통령은 전 주한미군사령관이었던 제임스 밴 플리트 장군[7]에게 조선석유 부지 문제와 정유산업

7 제임스 앨워드 밴 플리트(1892-1992)는 미국 제8군 사령관으로 한국전쟁에 참전하였으며, 1953년 퇴역 후에도 드와이트 아이젠하워(Dwight David Eisenhower) 대통령의 특사로 한국을 포함한 동아시아 국가를 방문하고, 한미재단(the Korean Society)을 설립하는 등 한국에서의 그의 영향력은 지대하였다.

에 대한 도움을 요청하였고, 밴 플리트 장군의 소개로 랄프 파슨스(Ralph M. Parsons)사에 의뢰해 부사장인 닐 더키(Neil Durkee)가 방한해 조사를 진행하였다. 당시 한국해운공사 사장이었던 남궁련을 위원장으로 하는 정유공장건설추진위원회(a Committee for the Promotion of an Oil Refinery)가 설치되었고, 이 회의에는 밴 플리트 장군과 파슨스사 임원들도 참석하였다. 회사 설립 당시부터 미국 측의 아이디어가 강하게 반영된 것은 말할 것도 없었으며, 경영 형태에 대한 검토가 이루어져, 장기 신용 또는 자본 참여와 기술 원조의 형태로 외자기업이 참여하는 것을 염두에 둔 한국석유주식회사 설립안이 결정되었다(U.S. Embassy Seoul 1960).

공장 규모는 하루 원유처리 능력(BPSD)[8] 20만 배럴로 가정하고, 소요자금은 공장건설비 1,100만 달러, 초기 운영비 200만 달러, 총 1,300만 달러로 예상하였으며, 이 중 500만 달러는 정부 보유 달러의 납입, 나머지 800만 달러는 해외 차관으로 조달하기로 하고 1958년 6월 10일 정부 승인을 받았다(김광모 2004).[9] 걸프 오일의 부사장 바틀릿(R. M. Bartlett)이 하루 동안 한국을 방문하여 상공부 장관과의 협의에서 한국 정부가 500만 달러를 투자한다면 2.5백만 달러의 자본 참여와 2.5백만 달러의 차관을 제공할 용의가 있음을 밝힌 바와 같이("Gulf Oil-ROK Government Talks on Oil Refinery"), 500만 달러를 투자하여 메이저의 한국 투자를 이끌어 내려고 한

8 BPSD(barrel per stream day)는 운전 기간 동안의 평균 통유량을 의미하며, 1년간의 통유량을 가동일수로 나눈 값으로 계산한다.

9 김광모 회장은 1956년 서울대학교 공과대학 화공과를 졸업하고 1957년부터 1962년까지 상공부 공업국 화학과에 근무하며 정유공장, 비료공장 등 신규 사업을 담당하였다. 이후 1962년 11월부터 1965년 8월까지 2년 9개월간 근무하며 정유공장 건설에 참여하였고, 이후 상공부로 돌아와 1970년대 초 석유화학과장이 되었다.

것이다(CEB·UNC-ROK 1958; U.S. Embassy Seoul 1960).[10] 이 공장 건설에 대해 ICA는 '경제성이 있는 프로젝트'(an economic project)라고 평가하고, 정유공장 가동 후 매년 310만 달러의 외화 절감이 가능하고, 세수 확보, 고용기회 보장이라는 경제적 효과도 있을 것으로 보았다(ICA 1959). 경제부흥 위에 장기적인 경제개발을 통해 경제자립화를 달성할 것을 요청하였던 미 대사관과 주한미원조사절단(The United States Operations Mission to Korea: USOM)에게 정유공장 건설은 이제 의미 있는 안이 되었다(임채성 2016a; 2016b).[11]

1959년 9월 21일에 이르러 남궁련을 사장으로 하여 자본금 25억 환으로 한국석유주식회사가 창립되었다(『동아일보』 1960).[12] 다음날 '정유공장건설추진위원회'는 공장 생산 규모를 하루 2만 배럴로 확대하고, 울산을 공장 후보지로 결정하였다. 미국의 Badger Manufacturing Co.는 부사장 A.C. Brody를 파견하여 계약서 초안을 작성하여 제시하였다. 이에 남궁 사장은 1960년 3월 18일 미국으로 건너가 Badger와의 계약에 대한 논의와 함

---

10 1957년 1월 15일 한국 석유 민수용 정유소의 규모, 종류, 위치를 결정하기 위해 한국 정부, Smith, Hinchman and Grylls Associates, Inc., ICA 삼자 간 협정이 체결되어, 1958년 9월부터 ICA 원조자금으로 Smith, Hinchman and Grylls의 프로젝트 관련 예비조사가 실시되었다. 그러나 1959년 5월 한국 정부의 요청으로 CEB의 동의를 얻어 이 컨설팅이 취소되었다. 컨설팅이 사실상 지연되고, 밴 플리트 장군의 중재로 Parsons사의 사업계획이 진행되는 가운데, ICA 규정이 공장 설계 및 기술 부문을 담당하는 회사가 건설공사를 하는 것을 금지하고 있기 때문에 한국 정부가 취소를 요청한 것으로 미국 원조 당국은 추측하였다.

11 1950년대 말부터 1960년대 초까지 미국의 저개발 국가에 대한 경제정책에 대해서는 임채성(2016b)을 참고하기 바란다.

12 출자 내용을 보면, 발기인 7명(남궁련 262,000주, 고재봉 5,500주, 임봉순 3,000주, 이홍구 200주, 김보영 2,500주, 장기영 20,000주, 박정환 11,250주)이 전체 50만 주의 60%에 달하는 304,450주를 보유하고 있었다. 34명의 회원 중 삼일사(三一社), 대동석유(大東石油)의 물량을 제외한 나머지 석유 판매업체들이 인수한 잔여분은 전체의 27.34%인 136,700주에 불과하였다.

께 석유 메이저의 참여를 요청하였다. 이때 밴 플리트 장군은 the Ralph M. Parsons Co.를 대표하여 정유공장 건설에 관여하였을 뿐만 아니라 걸프 오일에 대해서도 한국석유에 장기 신용을 제공하도록 중재하였다(U.S. Embassy Seoul 1960). 이에 남궁 사장은 방미 중 캘리포니아에서 밴 플리트 장군을 만나 협조를 요청하였다.

한국 정부는 메이저가 장기 신용보다 자본 참여를 선호한다면 40%까지 지분을 허용할 용의가 있다고 밝혔다. 산업부 장관에 따르면, 800만 달러의 차관도 걸프 오일이 제공하겠다는 의사를 밝혔고, 4월이나 5월에 계약이 성사될 예정이었다고 한다(McConaughy 1960). 그러나 과잉 석유를 보유한 걸프 오일 측은 한국 정부에 자본 참여와 장기 차관을 확대하기 위해서는 원유 공급의 독점권을 조건 중 하나로 요구하였다(U.S. Embassy Seoul 1960). 이 원유 도입을 둘러싸고 한국석유(보다 근본적으로는 한국 정부)와 걸프 오일 간 조율이 이루어지지 않았으나, 3.15 총선을 앞두고 이승만 대통령이 사업계획을 승인하여 1960년 2월 환율이 650환 대 1달러가 되었음에도 불구하고 그 이전 500환 대 1달러를 적용하여 정부 보유 달러의 지출을 허가하였다. 그 차액인 4억 4,000만 환이 3.15 선거 정치헌금으로 자유당에 전달된 것으로 알려져 있다(『동아일보』 1960; 『경향신문』 1960; 全民濟 2012: 84-86).

이에 따라 원조자금의 자금조달 가능성을 타진하기 위해 1960년 3월 남궁 사장이 주한원조당국 USOM, ICA를 방문하였으나, J. U. Tannhauser는 정유소가 원조사업 중 우선순위 A등급(Grade A)을 획득하고도 민간 부문(private sources)으로부터 자금조달이 불가능하다는 증거를 제시하지 않는 한 ICA로부터 자금조달이 어렵다는 입장을 표명하였다. 그의 발언에 따르면, 일본, 대만에 정유설비가 있고, 필리핀도 신공장을 건설하고 있으며, 향후 베트남과 태국도 건설계획을 가지고 있는 상황(ICA 1959)에서 한국도 정유시장을 갖는 것은 이 지역에 정유설비 과잉 현상을 가중시킬 수 있다고 우려하였다(Trannhauser 1960).

이러한 가운데 4.19 혁명으로 이승만 정권이 무너지면서 한국석유공사의 앞날은 어두워졌고, 500만 달러에 달하는 정부 보유 달러는 동결되었고, 납부 기한인 1960년 6월 말까지 잔액을 납부하지 못하였다는 이유로 1960년 7월 1일 남궁 사장에 대한 불하 자체가 취소되었다. 그 와중에도 남궁 사장은 Badger Manufacturing Co.로부터 700만 달러의 민간자본 투자의 확약을 얻어냈다. 하루 22,000배럴의 원유를 처리할 수 있는 정유공장 건설에 필요한 소요자금 1,200만 달러 중 500만 달러를 확보하였다는 증거를 제시하면 Badger Manufacturing Co.는 상업차관을 제공하고 공장 준공 후 5년간에 걸쳐 상환 받기로 한 것이다(『동아일보』 1960a; 1960b). 남궁 사장은 정부 보유 달러 불하에 실패하자 1960년 9월 29일 열린 대한석유주식회사 임시주주총회에서 사장직에서 물러나고 소유 주식 전량(26만 2,000주)을 대한석유협회 주주단에게 넘겼다. 이후 대한석유협회가 정유공장 건설을 주도적으로 추진하게 되었고, 석유협회에 대한 정부 보유 달러의 납입이 실현되면 Badger Manufacturing Co.의 차관 유치가 가능하게 되었다. 그러나 Badger Manufacturing Co.에 대한 한국 정부의 입장은 불확실하였고(McConaughy 1960), 이 외화 차관과 관련된 외국인 투자법(Foreign Investment Law)이 국회 외자유치심의위원회에서 심의 중이었기 때문에 외자 확보는 일단 중단되었다(기획실 1967: 24-25).

이런 가운데 휘발유를 중심으로 한 석유 부족이 심각해졌다(New York

Times 1957). 군용 차량의 불하 및 자동차 운송업의 발전에 따라 휘발유 소비가 급증한 것이다. 이에 따라 1959년부터 휘발유에 대한 물품세를 60%에서 100%로 대폭 인상하여 저렴한 경유의 소비를 장려하고 차량 및 산업 동력의 디젤화를 정책적으로 유도하였다. 또한 '석유배정요강'(1960년 6월 13일 상공부 고시 제332호)을 제정하여 상공부 장관이 합동경제위원회에서 결정된 배정계획서에 따라 배정량을 책정하여 직배처, 서울시장, 도지사, 해무청장, 석유협회장 등에게 통보하면, 석유협회장은 지방장관, 지방해무청장의 승인을 받아 지역 내 실수요자에게 구매증을 발급하고, 매월 15일까지 배정량 결과를 보고하도록 하였다. 석유 부족이 해소되지 않자 군대(유엔군, 한국군 모두)에서 군용 휘발유가 유출되어 암거래가 이루어지면서 사회적으로 큰 문제가 되었다(Camelio 1960). 이에 따라 1960년 10월 28일 '휘발유 소화증 제도'가 도입되었으나(『동아일보』 1961),[13] 군용 휘발유의 암거래를 막지 못하였다.

이런 상황에서 민간기업의 정유사업계획은 실행되지 못하였고, 공장설치는 다음 정권의 과제가 되어 결과적으로 석유산업의 확립은 군사정권의 등장을 기다려야만 하였다. 이는 산업개발위원회에서 입안되어 실행을 기다리고 있던 '경제개발 3개년 계획'과 마찬가지로, 이를 추진하기 위해서는 내정의 안정이 선결 조건이었다고 할 수 있다(임채성 2016: 28-36).

---

13 차량을 비롯한 모든 휘발유 소비 부문에 대한 석유 공급을 명확히 하여 표준량을 배분하고 '소화'하여 암거래를 방지하고자 하였다.

3. '대한석유공사' 설립과 걸프 오일의 자본 참여

박정희 등이 군사 쿠데타(1961년 5월 16일)를 감행하여 정권을 잡자마자 곧바로 국가재건최고회의를 설치하여 '조국근대화'를 추진하며 쿠데타의 정당화를 꾀하였다. 그것이 바로 '내포적 공업화 전략'에 기반한 경제개발 5개년 계획의 추진이었다(기미야 다다시 2008). 제1차 5개년 계획의 기본 목표는 '자립경제 달성을 위한 공업 생산 및 수출 기반 구축'이었고, 그 중점 목표 중 하나가 정유, 전력, 석탄 등의 에너지원 확보였다(김광모 2004). 그러나 군사정권은 1961년 7월 1일 정부 보유 달러의 지급을 취소하고 한국석유주식회사에 의해 구체화된 사업계획 자체를 폐지하였다. 본 사업의 특성상 민간업체에 의한 막대한 자금조달이 거의 불가능하다는 점, 정부 보유 달러의 지급이 특정 업체에 대한 특혜라는 점, 상업차관이 5년 단기 차관이라는 점 등이 그 이유였다. 원칙적으로 석유의 안정적 공급이 국가에 미치는 영향을 고려해 민간에 맡길 수 없다는 논리였다.

이에 대해 KOSCO의 참여 메이저들은 국영 정유소 건설로 인해 한국 시장에서 쫓겨날 것을 우려해 정부의 정유소 건설안에 반대하였다(김광모 2004). 또한 기존 한국석유 측도 회사 인가 취소는 불법이라며 조직적으로 반발하였다. 그러나 이를 새로운 사업 기회로 인식한 박흥식 화신 측은 1961년 12월 20일 정유사업계획을 작성해 미국 원조 당국에 제출하였다(Whashin Industrial Co. 1961). 이러한 국내외의 항의와 압력, 반발에도 불구하고 국가재건최고회의는 한국석유의 정유공장 건설계획을 취소하고 국영사업으로 정유산업을 육성하기로 결정하였다.

1961년 9월부터 상공부 장관 산하에 '정유공장건설추진위원회'가 설

표 6-3	울산정유소 건설계획(1962년 1월 기준)	
1. 공장 규모	일일 원유 처리 능력 30,000배럴(이란산 경질유 기준) 이후 50,000BPSD 확장 고려	
2. 실수요자	정부사업으로 추진. 특수법인 설립(건설 후 민간에 매각)	
3. 원유수입처	중동지역(Kuwait, Saudi Arabia, Iran을 상정) (연간 원유 소요량 990만 배럴) (연간 원유 소요액 1,500-1,700만 달러)	
4. 입지	울산(부산, 마산, 진해, 여수, 목포, 인천 등 후보지 중 선정)	
5. 소요자금	외화	1) 기술용역비 2,500,000달러 2) 기계장비비 10,500,000달러 3) 운임 1,050,000달러 4) 공사감독 및 기술교육비 1,200,000달러 5) 운전지도비 750,000달러 소계 16,000,000달러
	환화	1) 기술용역비 및 경비 600,000,000환 2) 토지 및 정돈비 300,000,000환 3) 국내 자재비 1,760,000,000환 4) 건설공사비 1,540,000,000환 소계 3,200,000,000환
6. 건설 기간	예비조사 및 준비 기간(입지조사, 기술용역 입찰, 국제입찰 포함) 1961년 11월-1962년 8월 공사 기간 1962년 8월-1964년 7월	
7. 추진기관	설계 및 건설의 국제입찰에 앞서 외국 기술용역 전문회사로 시장예측, 입지 조건, 제조공정 선정 등을 조사하게 한다. 기술조사 용역은 정부에서 시행한다. 상세설계 및 구매조달 및 건설 용역은 기술조사 용역을 기준으로 국제입찰을 통해 정부가 선정한다.	
8. 계획추진의 구체적 방법	• 1961년 내 기술용역 및 건설업체 선정 입찰요청서를 작성, 발송한다. • 1962년 내에 특수법인을 설립한다. • 특수법인 설립 전에 '정유공장건설추진위원회'를 구성하고 이를 상공부에 둔다. • 동 위원회의 존속 기간은 특수법인 설립 시까지로 한다.	

자료: 김광모(2004).

치되어 연말에 입찰요강을 작성하고 이듬해인 1962년 초부터 공장 건설을 추진하기로 하였다. 동 위원회에서는 외국인과의 기술노무계약 체결, 국내 실태조사, 특수법인 설립 사무, 원유 구매자금 문제 연구 및 대책 검토,

원유 구매자금 확보를 위한 USOM과의 교섭, 한미 석유협정에 의한 석유법 검토, 석유산업 운영 준비, 에너지원으로서 석유 및 기타 연료의 비교 조정, 석유제품에 대한 세제 검토, 디젤화 계획의 재검토, 석유 관련 제반 기술 자료의 수집 및 출판, 석유정책의 수립 등이 이루어졌다.

상공부는 1962년 1월 제2차 경제개발 5개년 계획 사업의 하나로 [표 6-3]과 같이 1일 생산량 3만 배럴 규모의 정유공장을 외화 1,600만 달러와 원화 32억 환(→1962년 6월 화폐개혁으로 3억 2,000만 원)을 투입해 60만 평 규모로 울산공업단지 내에 건설할 계획이었다. 이 계획에서 주목해야 할 점은 메이저의 자본 참여 방침 없이 차관 등을 통한 외화조달이 계획되었다는 점이다. 한편, 1962년 3월 26일 Continental Oil Co.의 요청으로 열린 동사와 미국 국제개발처(United States Agency for International Development: USAID)(ICA의 후신)와의 회합에서 정유사업 고문으로 한국을 일시 방문하고 돌아간 W. VanDusen은 한국 정부의 석유정책과 시장 현황에 대한 언급에서 한국 정부는 정유공장 건설 및 원유 구매를 위해 AID 원조자금(증여 또는 차관) 제공을 희망하고 있으나, 미국 측 원조 당국은 그 의지가 전혀 없으며, 미국계 석유 메이저의 참여를 선호하고 있으며, 주한미군의 석유 공급을 신규 정유소에서 조달하는 것을 상정하고 있지 않다고 밝혔다(VanDusen 1962). 그러나 1962년 12월까지의 대한석유공사 사업계획에서도 석유 메이저의 투자는 고려되지 않았다(상공부 장관 1962).

정유소 건설 과정을 살펴보면, 먼저 기술 컨설팅 업체를 선정하는 국제입찰이 진행되었고, 한국 정부는 미국의 UOP(Universal Oil Products Co.)를 선정하여 1962년 4월에 7만 5,000달러에 계약을 체결하고 6월에 보고서를 받았다(김광모 2004; 1988; 2015).[14] 정유소 건설 규모를 BPSD를 기준으로 3만 배럴에서 3만 5,000배럴로 수정하고, 이후 수요 증가에 따라 5만 배럴로 확장하기로 하였다(대한석유공사 1963). 다음으로 상공부 공업국 화학과에서는 UOP의 설계서와 건설 예산서를 바탕으로 1962년 8월에 국제입찰을 실시할 예정이었다. 그러나 1950년대부터 정유소 건설에 관여해 온 밴 플리트 장군의 개입과 박정희 대통령 권한대행의 특명으로 국제입찰 대신 Flour사(The Fluor Corporation, Ltd.)와 수의계약이 1962년 10월에 체결되었다. Flour사는 총공사비 2,800만 달러로 입찰에 필요한 5개월을 단축하여 건설할 수 있다고 하였으나, 실제 총공사비는 경제개발 5개년 계획서의 1,600만 달러보다 약간 적은 1,599만 5,000달러로 결정되었다(全民濟 2012: 93-96).

한편, 한국 정부는 정유소를 건설하기 위한 법적 조치로 「대한석유공사법」(법률 제111호, 1962년 7월 24일)을 제정하여 공장의 건설－운영－생산－가공－판매 및 그 부대사업의 경영 등에 관한 사항을 규정하였다. 이에 따라 상공부 장관, 담당 국장, 정유소 건설위원(전민제, 나윤호, 이재성) 등 9명을 설립위원으로 하여 공사 설립 준비에 들어갔고, 같은 해 10월 전 해군참모총장 이성호를 초대 사장으로, 전민제가 기술이사로 취임하여 자본금 25억 원으로 대한석유공사(Korea Oil Corporation: KOCO, 유공)가 설립되었다. 또한 석유공사의 설립과 함께 석유제품의 유통제도를 정비하기

---

14 김광모는 상공부 공업국 화학과에서 국제입찰 사무를 담당하고 조선석유 관리인과 한국석유 상무이사를 거쳐 대한석유공사 기술이사가 된 전민제, 도쿄제국대학 응용화학과를 졸업한 나윤호, 서울대학 공과대학 화공과 교수인 이재성 등 세 사람(세 사람 모두 정유공장 건설추진위원회 위원)의 자문을 받아 일본, 대만, 필리핀의 정유산업 실태를 조사하고, 일본의 기술용역회사에 들러 기술용역회사 선정에 필요한 입찰요청서 견본을 얻었다.

위해 '석유운영규정'(상공부고시 제652호, 1962년 11월 26일)이 제정되었다. 이 규정은 전문 39조와 부칙으로 구성되어 있으며, 석유류 배정 및 판매에 관한 절차 및 보고, 가격 적용, 석유 판매업자에 대한 인가 및 행정처분, 정비권 등을 규정한 것으로 「대한석유공사법」과 함께 이후 석유사업법 및 동 시행령의 모태가 되었다.

당초 정유소 건설계획은 1963년 8월 준공을 예정하고 있었으나, 외화 배정계획에 차질이 생기면서 건설비 추가 문제가 발생하였다. 정부 투자만으로는 자본금 25억 원 중 18억 7,500만 원만 납입할 수 있어 공장 건설이 중단될 위기에 처하였다(기획실 1967: 24-25). 그뿐만 아니라 시운전, 원유 구매 및 운송, 판매시설 확보, 국내 수요 증가에 따른 공장 증설 등에 필요한 비용도 추가로 확보해야 하였다. 이러한 사정을 잘 알고 있던 경제기획원은 정부의 재정안정 대책에 따라 1963년 3월 22일 '정유공장 운영자금에 관한 실무자 회의'를 개최하여 정유공장 건설자금 부족분 보전 및 공장 운영자금 확보를 위해 외자 도입 협상을 추진하기로 결의하였다(경제기획원장·상공부 장관 1963a; 1963b). Samuel D. Berger 주한미국대사와 James S. Killen USOM 소장(the director of U.S. Opreation Mission to Korea)은 통화개혁에 반대하는 것으로 보이는 내포적 산업화 전략에 기반한 군사정권의 공장 건설계획에 대한 USAID의 원조자금 투입을 반대하였다(김광모 2004). 부족액 보전 및 운영자금 확보를 위해 석유공사는 1963년 4월 23일 정부 관계기관 실무자와 석유공사 직원으로 '차관협상위원회'를 구성하여 세계적 석유 메이저인 Shell, Esso, Mobil, Caltex, Gulf에 투자 준비와 차관 협상을 타진하였다(Ives 1963; Nehmer 1963).

한국의 정치 상황이 안정적이지 않았음으로 경영권이 확보되지 않는 한 메이저들은 자본투자를 꺼려하였다. 그중 걸프 오일의 조건이 가장 유리하고 희망적이었는데, 예를 들어 ESSO는 USAID 측과의 미팅에서 피커링(Pickering) 사장과 클리블랜드(Cleveland) 부사장이 참석하여 정유공장 건설이 한국에 500만-600만 달러의 외화 절감 효과가 있을 것으로 보고 500만 달러의 자본 참여와 한국 정부와 동일한 비율의 지분을 소유하고 800만 달러의 차관을 제공할 예정이었으나, 원조자금에 의한 원유 구매 규정이 제시되지 않은 점을 우려하였다(Ives 1962). 이에 대해 걸프 오일 측은 한국 정부의 지분 소유의 우위를 인정하고 ESSO보다 더 많은 차관 제공을 약속하였다(후술). 한국 정부는 걸프 오일과의 협상에 있어, ① 정부 관계기관의 의견을 반영하는 동시에 관련 부서도 적극 협력하고, ② 석유공사의 독자적 발전과 공익성을 저해하는 조항을 배제하며, ③ 공장 가동의 안전보장을 엄격하게 규정한다는 방침을 세웠다(기획실 1965: 34-36). 이 방침에 따라 걸프 오일과의 기본협정서 초안을 작성하고 이를 3차례의 연석회의와 10여 차례의 위원회를 통해 심도 있게 검토한 후, 정부 관계기관을 거쳐 1963년 6월 28일 정부의 승인을 받았다.

하지만 이러한 정책이 그대로 관철된 것은 아니었다. 일반적으로 후진국이 외국자본을 도입할 경우 기업의 재정적 안정성과 외화 시황의 안정성이 취약하기 때문에 요구대로 차관 도입이 이루어지지 못하였다. 한국도 예외는 아니었다. 석유공사는 당초 방침대로 외국자본의 경영 개입을 배제하고 필요금액(2,500만 달러) 전액을 차관에 의존하려 노력하였지만, 걸프 오일은 투입된 자기자본의 보호 및 육성을 위한 기업의 안정성을 위해 최소한의 경영 참여를 요구하였다. 이에 산은의 지급 보증 조건으로 차관 2,000만 달러(3년 거치 12년 상환, 연리 4.5%(기획실 1965: 34-36)[15])

와 함께 500만 달러의 직접투자, 즉 자본금의 25% 참여[16]가 결정된 것이다(Jarvis 1963; Nehmer 1963).

한국 정부는 이를 경영권을 잃지 않고 자금, 원유, 기술 문제를 일괄적으로 해결할 수 있는 방안으로 받아들였다. 1963년 6월까지 석유공사는 걸프 오일과 자본 및 원유 공급을 골자로 하는 9개 항목의 기본 계약(주식인수계약, 차관계약, 기술원조계약, 원유공급계약, 용선계약, 일반석유제품공급계약, 상표권 특허계약, 판매분배계약, 국제선박용 중유 공급계약)을 작성하였다. 기본 협정에 대한 정부의 이해를 얻은 후, 석유공사는 1963년 7월 2일 걸프 오일 측으로부터 세부 계약서 초안을 접수하여 즉시 협상위원회로 하여금 연구 분석하도록 하는 한편, 정부 실무부서와의 의견 교환 및 5차의 간부회의와 5차의 협상위원회 및 6차의 정부 실무자들과의 연석회의를 개최하였다. 회의에서 심의 검토를 하면서 걸프 오일 대표와 협상을 진행한 후 세부 계약안을 정부에 상정하여 같은 해 9월 외자유치촉진위원회 승인을 거쳐 같은 해 11월에 국무회의 최종 승인을 얻어 완료하였다(경제기획원장·상공부 장관 1963; 기획실 1965: 34-36).

걸프 오일은 자회사인 Kwait Oil Co.를 통해 당시 세계 석유 확인매장량의 6분의 1을 확보하였지만, 사우디아라비아에서 새로운 유전이 개

15 일본의 사례를 보면, 니혼광업(日本鉱業)은 1,500만 달러에 이자율 6%, 2년 거치 후 9년 상환, 토아연료(東亜燃料)는 1,000만 달러에 이자율 5%, 3년 거치 후 5년 상환, 마루젠석유(丸善石油)는 1,500만 달러에 이자율 6%, 2년 거치 후 7.5년 상환, 미쓰비시석유(三菱石油)는 500만 달러에 이자율 5%, 7년 거치 후 일괄 상환이었다. 이러한 예에 비해 석유공사의 차관은 극히 유리하였다고 할 수 있다.

16 일본의 경우 토아연료, 니혼석유(日本石油), 코아석유(興亜石油), 쇼와석유(昭和石油), 미쓰비시석유 등은 외국자본이 50%를 점하여, 일본의 전 석유자본에서 65.1%를 차지하였다. 이에 비해 석유공사의 25%는 극히 적은 수준이었다.

발되고 여기에 북아프리카 유전 개발, 소련의 자유진영 국가로의 석유 수출, 미국의 석유 수입 제한이 진행되면서 심각한 원유 과잉 문제에 직면할 수밖에 없었다(조사연구과 1967: 57-61; Keegan 1984: 178-185; 대한상공회의소). 안정적인 시장 개척이 필요하였던 걸프 오일에게 한국 정부의 정유공장 건설은 매력적인 프로젝트였다(조동성 1986: 322).[17] 유공은 걸프 오일로부터 15년간 혹은 2억 BPSD를 의무적으로 구매하고, 이 기간이 만료되면 이후 10년간은 '경쟁협상'을 하기로 하였다(Kanchuger 1963).[18] 물론 단기간 내에 2억 배럴을 구매하면 15년 이전에도 그 의무는 해소될 수 있었다. 원유 구매가 3개월간 장부상으로 이루어졌기 때문에 한국으로서는 막대한 금액의 원유 대금을 무이자로 이용할 수 있다는 장점도 있었다(기획실 1965: 34-36).[19] 그러나 1963년 7월 30일 걸프 오일과 국무성 간 회의에서 유공이 걸프 오일에 지불해야 할 원유가격이 걸프 오일이 일본 정유 3사인 동아정유, 니혼광업, 이데미츠흥업에 공급하는 원유가격보다 약간(a penny and two pennies) 더 높다는 지적이 있었다. 이 가격 차이는 걸프 오일의 자본 참여, 장기 차관, 기술 지원으로 보완될 것으로 걸프 오일은 내다보았다(Kanchuger 1963). 여기에서 과잉 석유를 좋은 조건으로 처리하려는

---

17 Gulf의 원유생산량, 자체정유량, 공급과잉량을 보면 1955년 886천B/D, 587천B/D, 299천B/D, 1960년 1,463천B/D, 759천B/D, 704천B/D, 1965년 2,025천B/D, 1,167천B/D, 858천B/D, 1970년 2,934천B/D, 1,736천B/D, 1,198천B/D, 1974년 2,585천B/D, 1,951천B/D, 634천B/D였다.

18 1963년 7월 5월에는 한국 정부와 석유 메이저인 Gulf와의 계약이기 때문에 미국 정부는 기존 방침대로 정유소에 대한 자금 지원을 하지 않았으나, 원유 구매에 대해서도 자금 지원을 하지 않겠다고 Gulf 측에 분명히 밝혔다.

19 1일 35,000배럴의 원유를 처리할 경우 장부상 원유 대금은 약 500만 달러, 55,000배럴의 경우 약 800만 달러 상당의 금액을 무이자로 이용할 수 있었기 때문에 이를 15년간 누적하면 7,500만 달러에서 1억 2,000만 달러에 달할 것으로 추산되었다.

걸프 오일의 의도를 읽을 수 있다.

해상운송도 15년을 계약 기간으로 하되, 유공의 자사선 및 한국 정부가 유조선을 보유, 운영하고자 할 경우 6개월 전에 이 사유를 통보하고 양측의 합의에 의해 종결할 수 있었다. 운임 자체도 지난 10년간의 국제시세 평균치보다 저렴한 가격으로 책정되었다(기획실 1965: 34-36). 실제로 대형 유조선의 도입은 운송비 절감을 가져왔다(기획부 1967: 95-101). 또한 기술 지원 측면에서도 판매 저장 및 제품 고문 4명, 정유소 운영 요원 19명 등 최소 1년 6개월에서 최대 5년까지 총 71명이 걸프 오일 측의 급여, 여비, 생활비 부담으로 배치되어 한국인 직원들을 지도하였다. 정유소 운영을 위해 유공 자체적으로도 직원을 외국에 단기 파견하여 현장 교육을 시켰지만, 유공의 기술진만으로는 완벽한 정유소 운영이 어려웠기 때문에 한국인의 정유 기술 습득에 큰 의미가 있었음은 두 말할 나위가 없다.

위와 같은 계약 체결 과정에서 걸프 오일은 한국 정부가 자사와의 계약을 위반할 경우 발생할 수 있는 투자 피해에 대한 우려도 있어 USAID 투자보증과(the Investment Guaranties Division, Aid)가 관할하는 투자보증 프로그램(the Investment Guaranties Program)에 의해 보장받게 되었다. 이에 따라 자본 참여와 장기 차관부터 기술 지원에 이르는 전폭적인 지원을 걸프 오일로부터 받아 마침내 공장 건설이 진행되어 1963년 12월 준공을 보게 되었고, 1964년 4월부터 울산정유소는 정상가동을 시작하였다. 유공은 75 대 25의 합작회사(a joint venture)가 되어 값비싼 완제품 수입에서 원유를 도입, 정제하여 외화 절감과 수입대체를 실현할 수 있었고, 국내 석유가격은 절반 수준으로 급락하였다.

이렇게 울산정유소 건설과 함께 소비지 정제주의로 미국이 그동안 담

그림 6-1 석유 생산 및 소비 구조 (단위: 1,000배럴)

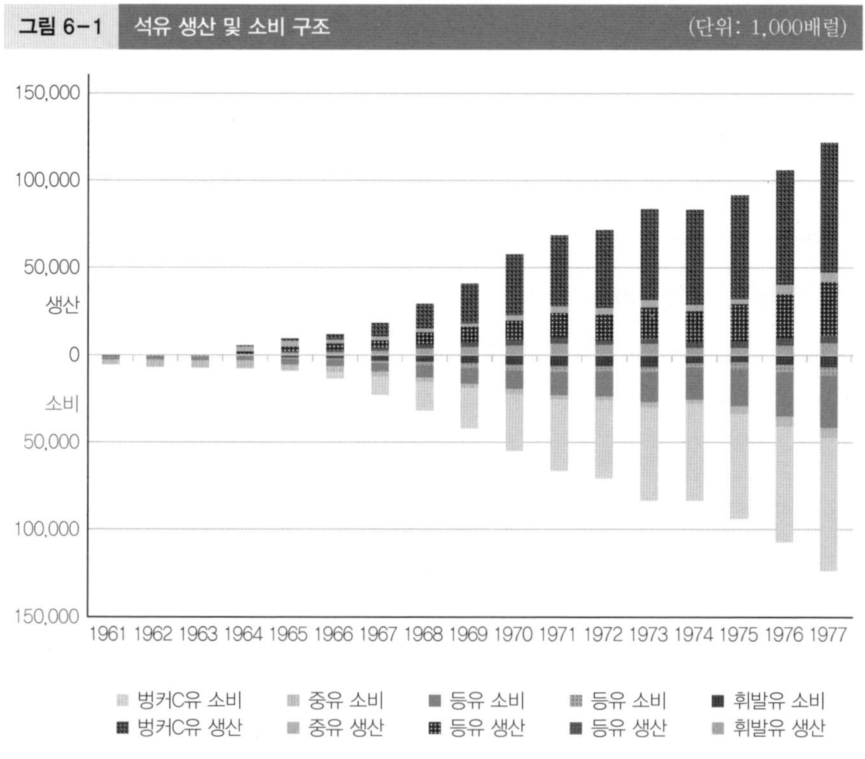

자료: 동력자원부.

당하였던 석유 공급의 역할은 수정되어야 하였다(Hilsman 1964; Ives 1964; Hoover 1964). 김유택 경제기획원장이 USOM에 관련 회의를 제안하여 '한미석유운영협정'(1955년 5월)을 대신하여 '한미석유협정'(1964년 5월 31일)이 체결되었고, 미국 원조 당국은 석유 부족분이나 유공이 생산하지 않는 항공유, 윤활유 등만 원조로 공급하게 되었다. 또한 원유 수송은 걸프 오일이 담당하지만 제품의 생산, 저장, 판매는 유공이 담당하기로 하고, 1964년 9월에는 KOSCO의 저장시설과 인력 등을 인수하였다. 이처럼 기본적으로 한국 시장에 석유 공급은 유공이 거의 단독으로 수행하였기 때문에 석유 가격–배분 및 절차 등은 정부의 통제하에 놓여졌고, 특히 가격은 정부 고시 고정가격으로만 거래되었다.

그러나 기존 석유시장은 KOSCO의 수입 공급과 통제 배급 아래 값싼 경유의 소비를 촉진하는 방향으로 왜곡되어 있었기 때문에 정유공장 가동 이후 제품별 생산 비중(휘발유 1 : 경유 2)과 석유소비 구조(휘발유 1 : 경유 3)의 불일치 문제가 발생하였고, 1964년에는 휘발유의 막대한 생산과잉 현상이 발생하여 1-2차례 공장 가동 중단과 조업 중단 그리고 일부 제품의 수출이 시도되었다(김융성 1972: 3-16).[20] 이에 정부는 어쩔 수 없이 소비구조의 합리화와 석유제품의 저가화를 위한 대응책으로 휘발유 200%, 기타 석유류 20%로 석유 과세체계를 조정하여 휘발유 소비를 촉진하였다. 이로써 마침내 자동차의 디젤화 정책이 해제된 것이다. 또한 미국의 군사 원조로 공급되던 군용유에 주목하여 군납에 관한 미국 측 국방성과 국무성의 승인을 얻어 유공은 우선 1965년 한국군에 납품을 시작하였고, 이듬해에는 미국 국방부 연료국(DFSC)과 국제경쟁입찰을 통해 직접 계약을 맺고 주한미군에도 석유제품 군납을 시작하였다(Fearey 1964a; 1964b; 대한석유공사 1973: 67-68). 군납 실적은 해마다 증가하여 1970년에는 1,800만 달러로 전체 소비량의 23%에 달하였다.

이러한 가운데 경제개발 5개년 계획의 완수와 공업 부문의 급격한 성

20 한국 정부는 1961년 유류세를 물품세에서 분리하여 휘발유세를 인상하여 세율 300%, 경유세를 20%로 책정하여 휘발유 편중 수요구조를 개선하고 차량의 디젤화를 촉진하였으나, 1964년 7월 휘발유에 비해 경유 수요가 큰 수급구조의 기현상을 시정하기 위해 휘발유세를 100% 인하하여 세율 200%로 하였다.

장에 따라 에너지 수요가 급증하고 값싼 석유로의 에너지 전환 정책이 시행됨에 따라 석유 수요도 급격히 증가하여 오히려 공급 부족 현상을 보였다. 이에 따라 1966년에는 다시 수입에 의존할 수밖에 없었으며, 이듬해인 1967년에는 수입 실적이 전체 소비량의 30%에 달해 정유 처리 용량 확대 공사를 실시하였다. 이에 유공은 1966년 1월 일본휘발유주식회사(JGC)와 건설계약을 체결하고, 1967년 5월에 5만 5,000배럴로 확장하는 성과를 거두었다(대한석유공사 1973: 67-68). 여기서 주목할 점은 유공의 기술 수준이 향상되어 유공 기술진이 탱크, 배관, 제품 출하 등 부대시설의 설계 및 감독을 맡았다는 점이다.

공장 운영에 있어 걸프 오일의 기술전수는 물론, 직원 개발 프로그램(employee development program)을 통해 관리교육, 실무 전문화 교육, 기술 교육, 기능 교육, 신입사원 교육, 작업장 교육 및 경영시찰 등 다양한 내용의 훈련이 사내 연수(정유기술학교 등), 국내 연구기관 파견(대학 및 연구소), 국외 파견(걸프 오일의 기술원조계약, 에카페 계획, 콜롬보 계획에 의한 미국, 일본, 필리핀, 대만 파견 훈련) 등을 통해 실시되었다(대한석유공사 1973: 92). 이러한 교육 프로그램이 유공 기술진 양성 및 기술 향상에 기여하였을 뿐만 아니라, [표 6-4]에서 보는 바와 같이 유공에서 양성된 많은 기술자들이 후발 정유회사 및 석유화학회사로 이직함으로써 유공은 석유화학산업의 기술 인력풀로서 큰 역할을 하였다.

또한 1967년 10월 석유화학개발계획에 따라 걸프 오일은 선거용 정치헌금으로 100만 달러 제공이라는 공화당의 요구(Keegan 1984: 178-185)에 대한 대가로 석유화학 콤비나트에 납사 공급을 담당하게 되었고, 1968년 5월에는 6만 배럴 규모의 제2 상압증류설비를 추가 건설하여 11만 5,000배

표 6-4 대한석유공사의 최고 기술진 구성

해외 유학	이기용, 김철희, 윤창구
관계 복귀	김광모
타 정유회사	김대기, 이은종, 강태영, 인주선, 배광웅, 김찬욱, 김선동
엔지니어링 및 건설	성정자, 민석홍, 윤진만, 김종헌
미국 이민자	문인일, 김창규, 인윤석, 최종대, 조원천
유공 체재	이선종, 서효중, 박종진, 안명주, 김정석

자료: 全民済 著, 堀千穂子 訳(2012: 120-126).

럴로 확대하였으며, 이후에도 설비 증설이 계속되었다. 나프타 분해센터 및 제3 상압증류 장치 건설에 필요한 자금조달을 위해 걸프 오일과 제2차 주식 인수계약과 관리운영계약이 체결되었고, 1970년 8월 정부의 승인을 받았다(대한석유공사 1983: 70-74). 차입금 2,500만 달러와 주식 25%의 추가 인수대금 2,500만 달러, 총 5,000만 달러의 자금조달이 가능하였지만, 자본 비율은 한국 정부와 걸프 오일 간 50 대 50으로 경영권도 한국 정부를 떠나 걸프 오일로 넘어갔다. 이로써 한국 최초의 정유회사도 공기업이라기보다는 외자기업으로서 메이저의 강력한 영향력 아래 놓이게 되었다.[21] 후술하는 [표 6-7]과 같이 원유조달을 비롯한 계약 조건도 크게 바뀌었고, 1971년도 대통령 선거와 총선을 앞두고 1,000만 달러의 정치헌금 요청이 있었으나 걸프 오일의 밥 도르시 사장은 이를 거부하고 이후 300만 달러

---

21 1974년 쿠웨이트의 석유 국유화에 따른 Gulf의 원유 조달력 약화, 오일쇼크 이후 산유국의 감산, 한국 정부의 석유제품 가격 통제 등으로 수익성 악화에 시달리던 중, Gulf는 9,300만 달러에 지분 50%를 한국 정부에 양도하고 1980년 8월 19일 전면 철수하였다. 이후 정부의 민영화 정책에 따라 재벌 SK가 Gulf의 지분을 인수해 현재 SK에너지가 되었다.

만 민주공화당에 기부하였다(Keegan 1984: 178-185).

4. 주유종탄 정책과 민간 정유업체들의 진입

제1차 경제개발 5개년 계획이 진행되면서 산업시설의 확충과 생산 활동의 증가로 에너지 수요는 폭발적으로 증가하였다. 제2차 경제개발 5개년 계획 수립 시 에너지 다소비 산업인 석유화학, 제철, 화학섬유 등 중화학공업화 정책이 중시되어 에너지 수요의 추가적 증가가 예상되었다. 특히 1966, 1967년 석탄파동과 전력 부족 사태를 계기로 정부는 국내 무연탄 공급 확대만으로는 장기적인 에너지 부족을 피할 수 없다고 판단하고 기존의 '주탄종유'에서 '주유종탄'으로 에너지 정책 기조를 전환하기로 하였다. 그 결과 [그림 6-2]에서 보는 바와 같이 1960년대 중반을 기점으로 석탄에서 석유로 에너지 전환이 이루어진 것이다. 이전까지는 국내에 풍부한 매장량을 가진 무연탄이 정부의 적극적인 개발정책으로 저렴하게 공급되어 가정용 연료뿐만 아니라 일반 산업 부문에서도 상당한 수요를 차지하였지만, 전체 인구의 70%에 육박하는 농가에서는 여전히 나무와 풀을 주 연료로 사용하고 있었다(최덕빈 1965: 37). 특히 석탄의 경우, 1966년 여름부터 서울의 '연탄 기근'이 발생하여 겨울에는 전국적으로 확대되었다. 그 직접적인 원인은 석탄 채굴량 부족이라기보다는 철도청의 수송난에 있었는데, 산지에서 82만 톤의 석탄이 저장되어 있었지만, 평소 820량이었던 서울행 1일 화차는 760량밖에 운행되지 않았다(정인욱 전기편찬회 2000: 314-317).[22]

어쨌든 근본적인 문제는 국내 무연탄의 증가만으로는 에너지 부족을

그림 6-2 한국의 1차 에너지 공급 현황 (단위: %)

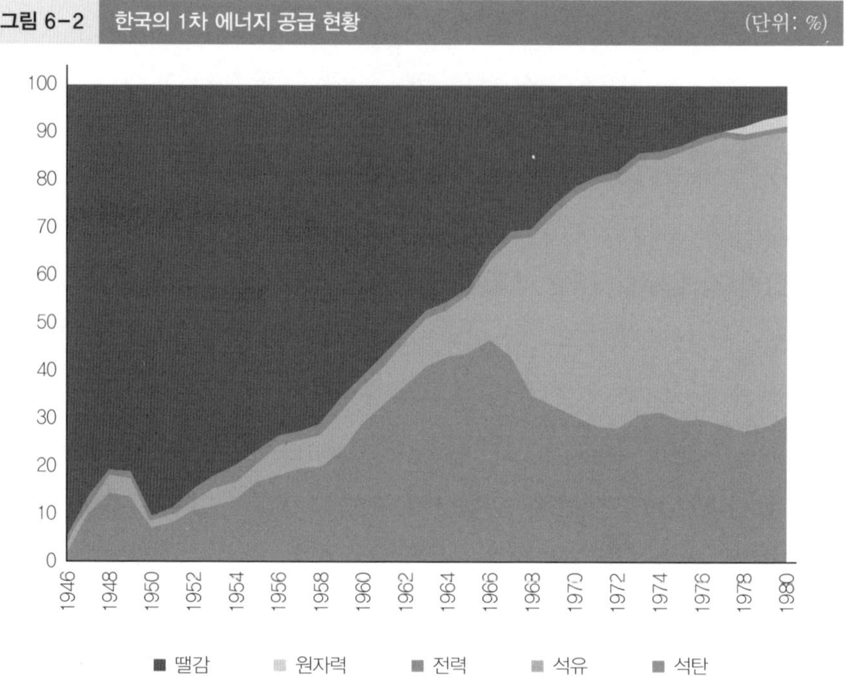

자료: 대한석탄공사, 동력자원부 등.

장기적으로 해결할 수 없다는 점이었다. 한국 정부의 태백산지구 지하자원조사(1961년)를 바탕으로 대한석탄공사와 경제과학원이 확정한 1966년도 매장량은 약 14억 톤이었다. 이 중 채탄이 가능한 양은 약 5억 톤으로 추정되었는데, 이 양은 매년 1,500톤씩 채탄할 경우 '수명'이 30년 남짓에

22 강원탄광 사장이었던 정인욱의 회고에 따르면, 울산정유소는 박 대통령의 '대통령 1호 작품'임에도 불구하고 석유 판매 부진으로 경영난을 겪게 되자 1966년 가을 무렵 철도청에 비밀리에 화물차 배정을 축소하도록 지시해 연탄파동을 일으켰다고 한다(鄭寅旭伝記編纂会 編 2000: 314-317).

표 6-5 미래 에너지 수요 추계 (단위: 1,000톤)

연도	총에너지 수요	무연탄 수요량	무연탄 생산				부족량
			계	석공	대단위	민영	
1967	25,972	13,140	12,000	4,600	1,700	5,700	1,140
1968	27,607	14,300	12,600	3,980	2,670	5,950	1,700
1969	29,385	15,490	13,270	3,490	3,580	6,200	2,220
1970	31,308	16,200	14,090	3,140	4,500	6,450	2,110
1971	33,378	16,910	15,030	3,140	5,380	6,510	1,880
1972	35,598	18,300	15,360	3,140	6,040	6,180	2,940
1973	37,970	19,610	15,830	3,060	6,640	6,130	3,780
1974	40,498	20,920	16,000	2,880	6,820	6,300	4,920
1975	43,183	21,730	16,000	2,580	6,900	6,520	5,730
1976	45,030	23,120	16,000	2,400	6,900	6,700	7,120

자료: 이용모(1967: 32-34).

불과하였다(이용모 1967: 32-34). 물론 석탄 매장량은 지질탐사 결과에 따라 다소 증가할 가능성이 있었지만, 대규모 탄전이 발견되지 않는 한 석탄 생산 능력은 인구 증가와 산업발전에 따라 늘어나는 수요를 감당할 수 없다고 판단하였다. 이에 한국 정부가 채택한 것이 종합에너지수급계획(1967-1976)의 '주유종탄정책'으로의 전환으로 1966년 11월 16일 정부는 대통령 지시로 강력한 석유 전환 정책, 즉 정부 관리 발전용 및 관수요의 석유 전환 명령, 산업용 보일러에 대한 시설개조 권유 및 일반 민수용 중 영업용 석유 사용 촉진(석탄 공급 중지, 고층건물 신축 허가 시 석유사용시설 조건부 부여 등)과 대도시 가정용 석유 사용 캠페인(개발부 지도과장 1967: 18-20)[23] 등을 실시하였다(조사연구실 1968: 2-12).

표 6-6 정유공장 생산 능력 추이 (단위: BPSD)

공장	1964	1965	1966	1967	1968	1969	1970	1971	1972	1973	1974	1975	1976
울산정유	35	35	35	35	115	115	115	175					
호남정유						60	100	100					
경인정유								60					
신설·증설									60	40	60	60	100
합계	35	35	35	55	115	175	215	335	395	435	495	555	655

주: 울산정유는 1964년 4월(35천BPSD), 1967년 5월(20천BPSD), 1968년(60천BPSD), 1971년 11월(60천BPSD), 호남정유는 1969년 6월 3일(60천BPSD), 1970년 9월(40천BPSD), 경인정유는 1971년 4월(60천BPSD).
자료: 지용기(1971: 21).

이러한 에너지 정책의 전환과 함께 제2차 5개년 계획에서 석유화학 정책을 추진하면서 국내 정유능력의 확충이 필요하게 되었다. 유공의 처리능력 확대는 앞서 언급한 바와 같지만, 독과점체제의 정유사업에서 걸프 오일에 대한 견제도 감안하여 정부는 제2 정유업체 선정에 대한 검토를 시작하였다. 이에 적극 호응한 것이 PVC 프로젝트에 주목해 온 LG로, LG 측은 1965년 1월경 플라스틱 원료 제조사업의 청사진을 그리기 시작하여 정유에서 납사분해, 폴리에틸렌 등에 이르는 석유화학계열 공장을 건설하고자 구평회 전무의 주도로 '한국석유화학공업(주) 사업계획서'를 작성하여 경제기획원, 상공부 등에 제출하였다. 그러나 당시 정부의 입장은 에너지 부문에 대한 민간 참여를 고려하지 않았다(호남정유주식회사 1982:

23 연탄과 등유의 연소효율을 금액으로 표시하면 열효율이 비슷하다고 가정해도 연탄은 하루 18원인 데 반해 등유는 하루 7원에 불과해 하루 11원을 절약할 수 있었다.

80-110, 227-234).

그럼에도 불구하고 LG 측은 일본과 미국 업계를 참관하고 1966년 1월 15일 '정유사업계획추진개발부'를 발족하여 전술적으로 정유사업에만 한정하여 사업계획서를 작성하였다. 같은 해 2월에는 스코니 모빌, 미쓰이 물산과 차관 및 원유 도입 문제에 대한 협의를 진행하였고, 이후 제정될 외자도입법(1966년 8월)을 염두에 두고 1966년 4월 반도석유(주) 사업계획서를 경제기획원 및 상공부에 제출하였다. 그러나 정부는 이 안을 받아들이지 않고 공모 방식을 택해 5월 7일 '제2 정유공장 건설 및 경영 희망자의 사업계획서'를 발표하였다. 서류 제출 기한인 6월 10일까지 6건의 사업계획서가 접수되었다. 그중 LG는 미리 정유공장 건설을 계획하고 박 대통령과 친분이 있는 서정기 전『국제신문』사장의 로비와 함께 반도정유를 '호남정유'로 명칭을 변경해 다시 제출하였고, 타사보다 실행력이 높은 사업계획서를 제출하였다는 평가를 받았다(박병윤 1982: 230).

당시 Caltex는 기한에 쫓겨 공모에 참여하지 못하였지만, 한국 정부에 '모든 조건을 수용하니 제2 정유소 건설에 참여할 수 있는 기회를 달라'는 백지위임장을 제출하였다(대한상공회의소: 99-120). Caltex는 Socal과 Texaco의 합병으로 설립된 기업으로, 전 회사 시절부터 사우디아라비아의 유전에 대한 이권을 가지고 있어 양질의 원유를 풍부하게 확보하고 있었지만, 판매력이 약해 아시아와 아프리카의 판매시장 개척에 주력해 1952년부터 1966년까지 19곳에 정유소를 건설하였다. 그 일환으로 한국 진출을 희망한 것이다. 이러한 유리한 제안(U.S. House Subcommittee 1978: 234, 242)[24]을

24 Caltex는 1971년 대통령 선거를 위해 민주공화당에 100만-400만 달러의 정치헌금을 한

받은 경제기획원은 그동안의 공모를 백지화하고, 외국 기업에 대한 차관 및 원유 공급 조건을 한국 측에 유리한 방식으로 바꾸고, 국내 응모업체에게도 건설 조건을 개선할 것을 요구하였다.

LG는 곧바로 미쓰이, 모빌과 재협상에 들어갔으나 조건이 개선되지 않아 정부로부터 Union 또는 Caltex와 협의하여 정부 안에 따른 제2 정유 사업 계획서를 제출하라는 통보를 받았다. 이에 양대 메이저와 협의에 들어갔으나 Union과의 협상은 결렬되고 Caltex와의 협의가 진행되어 1966년 10월에 합의를 이끌어 내는 데 성공하였다. 한국 정부는 1966년 11월 17일 제2 정유 실수요자로 호남정유를 지정하고, 1일 생산량 6만 배럴 규모의 여천정유소 완공을 기대하였다. 경제기획원 측이 의도적으로 양사의 합작을 유도하였다고 볼 수 있다. 당시 '제2 정유'라고 불렸던 호남정유는 Caltex에서 4,950만 달러의 차관과 275만 달러의 직접투자로 설립되었고, 이 회사에 한국 측 투자회사인 락희화학공업사는 7억 5,000만 원(275만 달러)을 투자해 Caltex와 50 대 50의 합작 비율을 확보하였다. 차관 조건은 5년 거치, 17년 상환, 연이율 5.25%였다(대한민국 국회도서관 1980: 44; 박정삼 1979). 정유공장은 전남 여수공업단지에 1969년 6월 3일 준공식을 가졌고, 이듬해인 1970년 10월에는 생산 규모가 하루 10만 배럴로 확대되었다.

최고경영진 구성은 LG가 공동 대표이사 사장을, Caltex가 수석부사장을 지명해 공동 대표이사 체제를 취하였다. 이사회는 각각 5명씩 10명으로 구성하고, 의결은 과반수로 결정하되, 가부 동수일 경우 수석부사장이 결정권을 갖기로 하였다. 다만, LG 측은 주식매수권을 가지고 총발행

것으로 추정된다.

주식의 40%에 해당하는 Caltex 보유 주식을 호남정유와 Caltex 간 원유 및 제품 계약에 따라 호남정유에 판매되는 원유가 최초 선적된 날을 기점으로 5년이 경과한 후 5년간 매년 균등하게 주식을 매입할 수 있었다(호남정유주식회사 1982). 1974년 6월에 합작투자계약은 수정되어 이사회 결정권은 LG 측 사장이 가지게 되었고, 배당률 12%가 보장된 Caltex 측의 지분 50%를 보통주로 변경하였으며, Caltex 보유 주식에 대한 매입권도 1984년 이후 행사하게 되었다.[25]

원유 공급은 여수공장 가동일로부터 15년간 원유와 기타 원료를 전량 Caltex로부터 구매하였다. 다만, 정유소에서 판매제품이 출하된 후 1년이 지나면 계약 조건보다 유리한 조건으로 원유 등을 구매할 수 있는 경우,

표 6-7 한국 정유 3사 현황 및 계약 내용

	대한석유공사	호남정유	경인에너지
설립일	1962년 10월 13일	1967년 5월 19일	1968년 9월 20일
자본금(원)	475억 44백만 원	100억 25백만 원	51억 36백만 원
투자금액 (천 달러)	한국 29,889(50%) Gulf 29,889(50%)	한국 12,147(50%) Caltex 12,147(50%)	한국 6,000(50%) Union 6,000(50%)
차관금액 (천 달러)	72,155	66,500	127,155
내, 상환액 (천 달러)	41,283	40,954	55,276
공장 가동일	1964년 4월 1일	1969년 5월 19일	1973년 6월 11일
1일 처리능력	28만 배럴	23만 배럴	6만 배럴

25 실제로 호남정유는 1986년부터 한국 단독 경영체제로 전환하였다. 주로 정유사업에 국한되었던 사업 영역도 석유화학 전반으로 확대되었다. 이 회사는 현재 LG와 GS의 재벌 분할로 GS Caltex로 사명을 변경하였다.

표 6-7 계속

		대한석유공사	호남정유	경인에너지
1978년 생산실적		864만 3,000배럴	634만 8,000배럴	164만 7,000배럴
1978년 이익금		182억 29백만 원	60억 19백만 원	37억 원
1978년 배당률		25.3%	30%	없음
1978년 이익 본국 송금(천 달러)		10,006	2,901	없음
누적 이익 본국 송금(천 달러)		43,633	29,741	없음
운영제약	이사회 구성	한국 4명, 미국 4명	한국 5명, 미국 5명	한국 3명, 미국 3명
	이사회 결정권	미국 측 수석부사장	전원 합의	미국 측 수석부사장
	운영권	Gulf	한국	Union
	이익보장	없음	없음	없음
	주식양도	1974년 이후 배당금 및 유보이익이 Gulf의 2차 투자금액의 150% 도달 시 25% 매각	조건 없음	차입금 전액 상환 후 Union 소유 주식 50% 중 20% 매입
원유공급계약	계약 기간	1964년 4월부터 8억 65백만 배럴 구매까지	무기한	1971년 6월부터 15년 또는 2억 97백만 배럴 구매 시까지
	자유구매권	없음	20%	20%
	계약 원유	쿠웨이트, 이란, 사우디아라비아, 카프티 원유	사우디아라비아, 이란	이란 중질유(22-28도)
	1978년 말 현재 총구매실적	6억 9,124만 8,000배럴	3억 6,631만 2,000배럴	1억 575만 5,000배럴
운송계약	계약 기간	1978년 1월-1982년 6월	1969년 4월-1979년 3월	1976년 7월-1986년 7월
	계약처	Gulf, 아시아	Caltex, 호남탱크	성운물산(한국)
	국적 선박 용량	79만 톤	63만 2,000톤	22만 9,000톤
	기준가격	3달러 35센트	5달러 10센트	실비정산 운임률

자료: 대한민국 국회도서관(1980: 45).

Caltex에 통보하여 전년도 원유 사용량의 20% 이내의 원유를 매년 타사로부터 구매할 수 있는 원유자주구매권이 규정되어 있었다. 하지만 오일쇼크 당시 LG 측이 이를 행사한 적은 없었다. 이러한 원유 자율구매가 이루어지는 것은 LG 측의 독자적인 경영체제가 보장되었기 때문이다.

한편, 한국화약(이하 한화)은 Skelly Oil Co.의 투자와 차관을 받아 동양정유(자본금 500만 달러, 50 대 50)라는 합작회사를 설립하는 계획을 제출하였으나, 결과적으로 LG의 호남정유가 선정되었다(한국화학공학회 1983: 266-268; 대한석유협회 1984: 85-87; 한국에너지협의회 1993; 문종민 1989: 90-93). 이에 대해 한화는 직접 정유소를 정부에 신청하기보다 화력발전소 건설을 전제로 그 연료인 석유 정제를 정부에 허가 받는 방안을 구상하였다. 즉, 1967년 11월 27일 정부에서 민간 화력발전소 건설계획이 발표되자 한화는 34만km² 규모의 화력발전소를 건설하는 동시에 연료인 벙커C유를 자체 생산하겠다는 복안을 내놓은 것이다. 그 파트너로 Union Oil Co.의 동의를 얻어 경인전력개발(주) 명의로 '화력발전소 및 간이정유공장 건설을 위한 외국인투자승인신청서'를 작성하여 1968년 1월 16일 경제기획원에 제출하였다. 또한 1968년 3월 23일에는 Union Oil Co.와 '화력발전소 및 부속 연료유 처리시설에 관한 합작투자계약서'를 체결하고, 4월 10일 정부 허가를 받았다. 이 공장 건설을 담당한 것은 유공의 울산공장을 건설한 Flour사였다. '경인정유'로 불리던 경인에너지는 1969년 10월 30일 설립되어 1972년 4월 17일 1일 생산량 6만 배럴 규모의 인천정유소 준공 이후 수요 확대에 대응해 시설 확장을 거듭하였다.

이렇게 유공 외에도 호남정유, 경인에너지 등 경쟁자인 민간업체가 등장하면서 국가독점 혹은 정부 통제를 필요 조건으로 제정된 법체계도 바꿔야 하였다. 정부는 1967년 10월 3일을 기해 '석유운영규정'을 폐지하고 석유 거래를 배급 통제에서 전면적인 자유 판매 제도로 바꿨다. 이 조치는 그동안 항공유, 벙커C유, LPG와 아스팔트를 제외한 일반 석유제품을 상공부가 시도별로 배분하고, 이에 따라 석유공사가 물량을 공급하면 실수요자들이 시도에서 발행하는 구매증을 받아 대리점이나 주유소에서 구매하던 판매 규제를 폐기한 것을 의미한다. 즉, 모든 석유 구매와 판매를 자유거래로 전환해 석유 수급 안정과 시장경쟁의 정착을 꾀하고자 하였다.

특히 1969년 시행된 최고판매가격 제도는 정부가 각종 석유제품의 공장도 최고가격을 고시함으로써 정유회사의 담합에 의한 부당한 가격 인상으로부터 소비자를 보호하고, 한편으로는 국내 석유시장의 자유경쟁을 촉진하였다. 즉, 최고판매고시가격(최덕빈 1965: 37)[26]을 기준으로 그 이하 가격에서는 자유로운 거래가 가능하였던 것이다. 이러한 정부의 가격 관리 방식은 실제로 정부가 상한선을 책정할 때 정유사의 제반 비용 및 경영 상태를 고려하여 최소한의 이윤을 허용하는 수준에서 결정되었기 때문에 최고가격은 사실상 거래가격이라는 인식이 정착되었다. 이 점에서 역시 중앙정부의 가격 통제는 부분적이긴 하지만 지속되었다고 할 수 있다.

또한「석유사업법」(법률 제2183호, 1970년 1월 1일)이 제정되었다. 국내 석유시장의 확대와 민간업체 진출로 공급체계가 다원화되자 기존의 일원점(유공) 혹은 이원점(유공-호남)의 유통구조가 복잡해졌다. 걸프 오일이 한국에 자본투자를 확대하여 유공 경영권을 인수하자, 정부는 대한석유공사법

---

26 석유가격은 공공요금심사위원회의 심의와 국무회의 심의를 거쳐 대통령이 고시하는 고시가격제를 채택하고 있었다.

의 폐지와 함께 한미석유협정, 석유운영규정 등 석유 관련 제도를 통합 정비하고, 석유사업법을 제정하여 정유산업의 육성 및 발전을 도모하는 한편, 원유의 도입-유통-가격의 효율적 관리를 위해 노력하였다.

에너지 공급체제를 석유 중심으로 전환하면서 그에 상응하는 제반 수급 및 가격 정책이 정비되자 민간업체들은 보다 적극적으로 대응하였다. 극동Shell석유는 극동석유공업이 석유운영규정 폐지에 따라 예상되는 판매경쟁을 위해 영국-네덜란드계 Royal Dutch Shell plc와 합작하여 1969년 1월 31일에 설립한 정유회사이다. 시설의 대규모 증설은 정부의 허가를 받지 못하였지만, 극동지역 입장에서는 Shell사와의 합작을 통해 자금운영을 안정화시키면서 첨단기술을 축적하고 선진 경영능력을 도입하고자 하였다. 이후 정유시설 확장 사업에 대한 정부 허가를 받자 Shell은 이에 대한 자본조달을 반대하였고, 결국 현대그룹이 Shell의 지분을 인수해 합작을 해지하고 1977년 5월 30일 Shell의 공동 대표이사가 사임하면서 극동석유공업으로 사명을 변경하였다(극동정유25년사편찬위원회 1991: 197-265). 한편, 쌍용양회는 석유파동 이후 원가의 절반에 달하는 연료비의 해결책으로 정유업 진출을 시도하였다. 이란과 합작을 추진하여 1975년 10월 11일 한이석유 설립을 앞두고 있었으나, 이란 혁명으로 이란의 NIOC가 철수하면서 이것이 쌍용정유가 되었다(S-Oil 2006; 쌍용정유10년사편찬위원회 1986).

이러한 과점적 경쟁체제의 형성은 정유기업의 경영에 어떤 영향을 미쳤을까? 시장점유율 측면에서 볼 때, 후발주자인 호남정유 등이 본격적인 생산 확대에 나서기 전까지 압도적인 지배력을 가졌던 유공은 자기자본 또는 매출액 기준으로도 수익률이 높았으나, 이후 1970년대 초반까지 하락하다가 1970년대에 들어서면서 자기자본 순이익률은 다소 상승하였지만 매출액 경상이익률은 상하 변동을 반복하였다(유공20년사편찬위원회 1983). 이에 비해 호남정유, 극동석유공업은 회사 설립 후 공장을 짓고 가동하기 시작한 초기에는 정유 처리량이 적고 가격 경쟁력이 부족해 적자를 기록할 수밖에 없었지만, 이후 생산이 궤도에 오르면서 수익률이 상승해 자기자본 순이익률에서는 유공보다 경영실적이 좋았다(호남정유주식회사 1982; 쌍용정유10년사편찬위원회 1986; 극동정유25년사편찬위원회 1991). 하지만 국내 정유사들은 오일쇼크의 발생, 특히 2차 오일쇼크가 발생하면서 수익률은 악화될 수밖에 없었다. 산유국들이 메이저에 대한 우위를 점하고 경우에 따라서는 석유 국유화를 감행하면서 합작 메이저(특히 걸프 오일)의 원유 공급능력이 약화되었다. 반면, 한국 정부는 '최고판매가격' 고시 등을 통해 석유제품의 판매가격을 통제하려 하였고, 원유 공급자로서 메이저가 누릴 수 있는 이익은 줄어들 수밖에 없었다. 이는 석유 메이저들이 한국에서 철수하거나 경영권을 넘기는 등 석유 메이저의 존재감이 작아지는 원인이 되었다.

5. 맺음말

정유산업은 '개발독재'에 의해 석유 메이저의 기술과 자본의 도움을 받아 이식되었다. 즉, 군사정권하에서는 기간산업 차원에서 1950년대부터 추진된 한국석유공사라는 민간업체의 정유소 건설을 허용하지 않았고, 대한석유공사가 설립되어 정유소 운영을 맡았다. 이를 통해 초기 비용을 국가가 부담하며 일종의 유치산업으로서 정책적 육성을 시도하였다고 할 수 있다. 이후 메이저와의 합작기업이라는 유공의 경험을 바탕으로 정부는 경제성장에 맞추어 민간업체의 진입을 유도해 산업으로 정착시켰다. 이 과정에서 유공 측에 축적된 기술과 경험의 상당 부분이 다른 정유회사나 석유화학 산업 분야로 전용되었다.

한국 정부는 산업정책을 통해 감독과 함께 석유 메이저에 대해 자국에 유리한 방향으로 정책을 추진하고, 경우에 따라서는 기업을 지원하기도 하였다. 물론 이러한 현상은 다른 산업 부문에서도 광범위하게 확인할 수 있는 현상이었으나, 모든 정책이 성공한 것은 아니었다. 1차 5개년 계획 실행 시 미국 원조 당국의 직접적인 지원, 즉 유상원조로서의 차관 제공에 대한 기대가 있었지만, 통화개혁과 맞물려 USAID로부터 정유소 건설을 위한 직접적인 지원을 받을 수 없었고, 유공 또는 재벌 차원의 석유 메이저와의 협상을 통해 유리한 조건의 투자 유치가 이루어졌다. 산유국과의 관계에서 원유에 대한 지배력이 강하였던 메이저들은 중동 유전의 발견과 개발, 북아프리카 유전의 개발로 공급능력의 과잉을 피할 수 없었고, 과잉 원유의 소비처로 신흥공업국이었던 한국을 주목한 것이다.

이러한 한국 정부 및 재벌과 석유 메이저의 이해관계가 맞아떨어지면서 한국의 정유산업이 성립된 것이다. 1960년대 중반까지는 강원도 탄전 개발을 필두로 국내 무연탄 육성을 통해 외화를 절약하고 국내 산림녹화를 통해 경제 부흥과 성장에 따른 에너지 수요를 충당하는 것을 상정하고 있었다. 이러한 정부의 방침도 연탄파동을 계기로 국내 무연탄만으로는 고도성장에 따른 장기적인 에너지 증가에 대응할 수 없다는 객관적 인식에 따라 변화하기 시작하였고, '주유종탄정책'으로 전환되었다. 이 과정이 석유공사가 정유업을 시작한 1964년부터 10년이 채 지나지 않아 완성되었다는 점에 주목할 필요가 있다. 석유파동 이후 연탄 등 국내 석탄 소비가 증가하기도 하였지만, 이 추세를 뒤집지는 못하였다. 실로 에너지 전환에서도 '압축 성장'의 성격을 읽을 수 있다.

해외 원조와 차관, 그리고 기술 도입 등이 있었지만, 석탄산업이 기본적으로 국내 자본에 의한 에너지 산업이었다면, 정유산업은 석유 메이저라는 외자지배형 산업이었다. 당연히 막대한 설비자금과 고도의 기술공법 및 경영능력, 원유의 공급원 확보와 그 해상운송에 대한 경영능력이 국내에는 축적되어 있지 않았다. 그 결과 한국 정유산업은 국제 석유 메이저의 지배력 아래 놓이게 되었다. 그러나 이 기간 동안 한국의 정유산업은 메이저의 이윤 창출 기반이 되는 한편, 메이저의 기술 및 경영능력을 흡수하였고, 산유국에 대한 메이저의 원유 지배력이 약화되는 1980년대에 접어들면서 이러한 외자 지배는 해제되어 거의 국내 재벌이 주도권을 쥐는 경영 형태로 전환되었다. 한국 측의 설비 증설, 원유 확보 요청에 석유 메이저는 응할 수 없었고, 산유국의 석유 국유화로 인해 수익성 악화를 피할 수 없었던 것이다.

이상과 같이 1950년대부터 시작된 정유소 건설의 노력을 군사정권이 받아들였고, 미국 원조 당국의 자금 투입 거부로 메이저와의 합작을 실현하면서 1960년대 중반에는 정유산업의 정립을 이룩하였던 것이다. 또한 민간업체의 진입을 허용하면서 석유 배급 통제를 철폐하여 경쟁구조를 만들고, 석유 공급을 확대하여 고도 경제성장을 에너지 측면에서 뒷받침할 수 있었다. 이렇게 현지 정부 측이 먼저 주도권을 잡았지만, 이후 시장 중심의 경제개발로 진행되는 것은 미국 측의 대동아시아 경제정책에 대한 바람이었음은 두말할 나위가 없다.

제7장

중화학공업의 연속성과 정유산업

_ 유동우

1. 머리말

중화학공업의 특징 중 하나는 대규모 설비를 고도의 기술로 운영하는 것이 필요하다는 것이다. 따라서 대규모 설비의 운영 경험과 고도의 기술을 수행하는 기술인력을 필요로 하게 된다. 또한 대규모 설비를 운영하기 위한 안정적인 에너지 공급도 필수적이다. 이 연구에서는 중화학공업에 필요한 연계기술 기반에 대하여 살펴보고, 농업과 석유화학산업을 연계하는 화학비료의 중요성과 에너지를 공급하는 발전산업, 그리고 중화학공업 발전을 위한 산업기술적 경험적 연속성에 대하여 논의하고자 한다.

많은 개발도상국들은 저렴한 노동력을 기반으로 하여 경공업을 육성하는 것까지는 상대적으로 큰 어려움을 겪지 않는다. 하지만 경공업과는 다른 성격을 가지고 있는 중화학공업으로의 전환에는 어려움을 겪는다. 한국의 경제성장 경험이 다른 많은 개발도상국에 도움이 될 수 있다고 주목받는 부분 중 하나는 바로 경공업에서 중화학공업으로의 성공적인 전환을 이루어 내었기 때문이다. 노동집약적인 경공업은 개발도상국이 비교적 쉽게 육성할 수 있고, 경쟁력을 확보할 수 있는 분야이다. 선진국과의 경쟁도 그리 많이 하지 않는다. 하지만 중화학공업 분야는 개발도상국이 선진국에 진입하기 위하여 필요한 부분이지만 여러 가지 이유로 육성하는 것이 어려운 분야이다. 그리고 실제로 많은 나라들이 철강산업을 육성하기 위해 제철소를 만들었지만 실패를 겪었고, IBRD(International Bank for Reconstruction and Development)와 같은 국제기구는 이를 근거로 철강과 같은 중화학공업에 대한 개발도상국의 투자를 권장하지 않았다(IBRD 1969).

한국의 경우에도 중화학공업 육성의 결과적 성공과는 달리 과정에서는 많은 어려움을 겪었다. 중화학공업에는 많은 투자가 필요한데, 투자를 해서 성공적인 결과를 가져오고 국가경제에 기여하는 것이 확실하지 않다는 문제가 있다. 또한 개발도상국에서 중화학공업에 대한 투자가 성공적인 결과로 이어진 사례는 한국 정부의 중화학공업 투자 성공 사례 이전에는 많지 않았다. 우선적인 문제는 중화학공업 투자를 위해서는 많은 자금이 필요한데, 개발도상국들은 대부분 중화학공업에 투자할 충분한 자금이 없다는 것이다. 그렇기 때문에 선진국에서 차관 형태로 자금을 빌려와 투자를 하게 된다. 하지만 투자에 실패할 경우 국가 부채만 더 늘어나는 결과를 초래한다. 개발도상국의 외채 문제는 경공업이 성공적으로 육성되어도 장비와 같은 기계류 수입으로 인해 악화되는 경우가 발생하는데, 제품의 판매가 선진국과 경쟁하게 되는 중화학공업에서는 더 문제가 될 수 있는 것이다. 이는 결국 결과가 보장되지 않는 커다란 불확실성하에서의 선택 문제가 된다.

이 연구에서는 한국 정부의 중화학공업화 이전의 기반 설립과 연속성에 대하여 정유산업의 사례를 살펴보고자 한다. 불확실성하에서의 선택 문제에서는 이전의 기반 설립과 연속성이 있다면 불확실성이 줄어드는 효과가 나타나기 때문이다. 이론적으로는 경제성장론의 Cass-Koopmans 모형을 벨만 방정식 형태로 만든 뒤, 미래가치 부분의 불확실성을 줄여 주는 경우, 미래를 위한 투자를 더 늘리는 것으로 설명할 수 있다. 여기에서는 이러한 결과를 3차원 시각화를 통하여 보여 준다. 그러므로 한국경제가 지나온 3차원 시각화상의 경로를 밟기 위해서 필요한 중화학공업화 이전의 기반 설립과 연속성을 역사적으로 살펴본다.

2. 벨만 방정식과 3차원 시각화

Cass-Koopmans 모형은 경제성장론에서 기본적으로 사용되는 모형이다. 이 모형에 벨만 방정식을 적용하기 위해 단순화하면 다음과 같은 식으로 정리된다.[1]

$$v(k_t) = \max_{c_t}(u(c_t) + \beta E[v(Ak_t^{\alpha} - c_t + (1-\delta)k_t)])$$

여기서 v는 가치함수(value function)를 의미하고, 상태변수(state variable)인 k_t는 t기의 1인당 자본량을, 제어변수(control variable)인 c_t는 1인당 소비를 의미한다. β는 할인율(discount rate)이고, δ는 자본의 감가상각률(capital deprecation rate)을 뜻한다. 이 모형에서는 CRRA 효용함수를 사용하고, 불확실성을 도입하여 미래에 높은 상태(high state)가 나타날 수 있는 확률을 p, 그리고 낮은 상태(low state)가 나타날 수 있는 확률을 1－p로 가정한다. Ak_t^{α}는 생산함수인데, A가 기술생산성을 나타내고, 확률의 영향을 받는다. 투자가 성공한 높은 상태에서는 기술의 생산성이 높아지고, 투자에 실패한 낮은 상태에서는 기술의 생산성이 낮아진다. 여기에서는 일반화 및 3차원 시각화를 위하여 p를 고정된 값으로 설정하지 않고, 다양한 값을 가지도록 설정한다.

경제학에서는 일반적으로 CRRA와 같은 오목한(concave) 효용함수를

---

1 기본적인 내용은 심스(Eric Sims) 교수의 강의노트와 유동우(2025)에 잘 정리되어 있다(https://sites.nd.edu/esims/files/2024/01/notes_vfi_sp2024.pdf).

사용하고, 오목한 효용함수는 불확실성하에서 예비적 저축(precautionary saving) 효과가 나타나게 된다. 이는 미래가치가 불확실한 경우, 현재의 소비를 늘리고, 미래를 위한 투자를 줄인다는 것이다(유동우 2024a). Cass-Koopmans 모형을 활용한 한국경제에서는, 불확실성이 있으면 현재

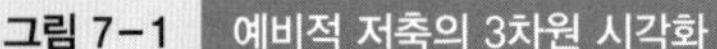

그림 7-1 예비적 저축의 3차원 시각화

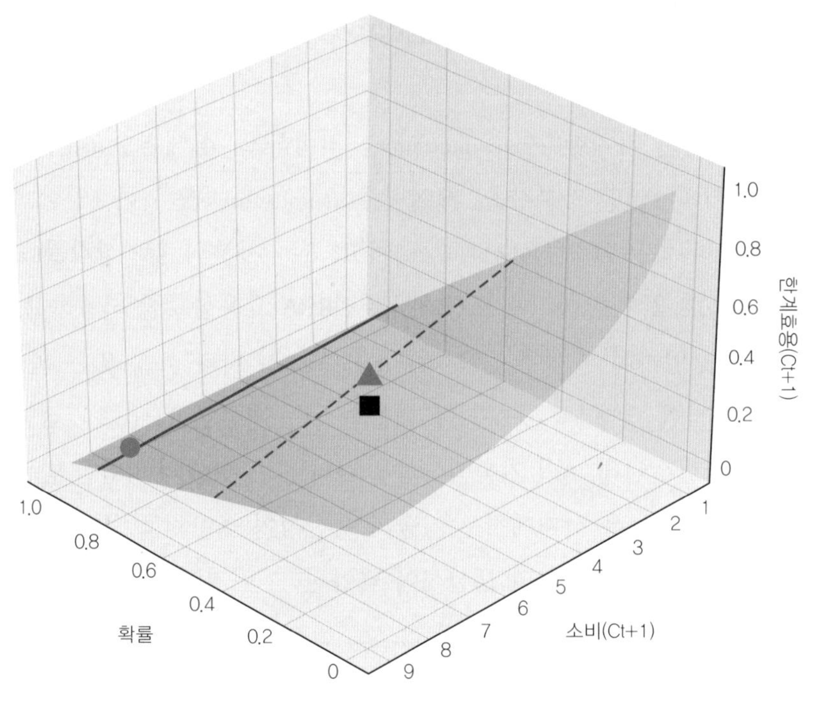

자료: 유동우(2024a; 2025).

소비량을 늘이고, 중화학공업 투자를 위한 자본량을 줄인다는 의미가 된다. 한국경제에서의 현재 소비량은 내수 또는 단기적 경제 성과가 높았던 섬유산업과 같은 분야에 대한 투자를 늘린다는 의미를 가질 수도 있다.

이를 3차원으로 시각화하면 다음과 같은 결과를 얻을 수 있다. 우선 예비적 저축 부분의 3차원 시각화는 [그림 7-1]과 같다. [그림 7-1]에서 세모점과 네모점의 차이가 불확실성으로 인해 발생하는 부분이다. 세모점은 불확실성이 있는 상태이고, 네모점은 불확실성이 없는 상태를 나타낸다. 세모점이 네모점보다 높은데, 이는 소비를 늘리고, 투자를 줄이는 결과를 가져온다. 하지만 높은 상태가 나타날 확률 p가 증가하게 되면, 불확실성의 영향력이 줄어들게 된다. 동그라미점을 보면 높은 상태가 나타날 확률이 증가한 상태에서는 불확실한 상태에서의 동그라미점이 네모점보다 낮은 곳에 위치하고 있음을 볼 수 있다. 이는 한국경제 발전에서 중화학공업에 대한 자본투자가 성공적 결과를 얻을 확률이 높아질수록 소비를 줄이고 미래를 위해 더 많은 자본투자를 하게 될 수 있음을 의미한다. 또한 관련 기반의 조성과 연속성은 성공적 결과를 얻을 확률을 높여 주는 역할을 하게 됨을 의미한다.

벨만 방정식을 풀고 3차원으로 시각화한 결과는 [그림 7-2]와 같다 (파이썬 코드는 부록에서 제공하고 있다). [그림 7-2]를 보면 투자에 성공한 높은 상태를 나타내는 동그라미점에 위치한 곡면이, 투자에 실패한 낮은 상태를 나타내는 아래에 위치한 곡면보다 높게 위치하고 있음을 보여 주고 있다. [그림 7-2]는 경로를 통해 해석할 때보다 정확한 해석을 얻을 수 있다. t=0기에 같은 자본량에서 시작하였다고 할 때, 높은 상태가 실현된다는 것은 자본량이 증가한다는 것이다. 그리고 소비량은 최적 정책(optimal

그림 7-2 벨만 방정식의 자본량과 소비량 시각화

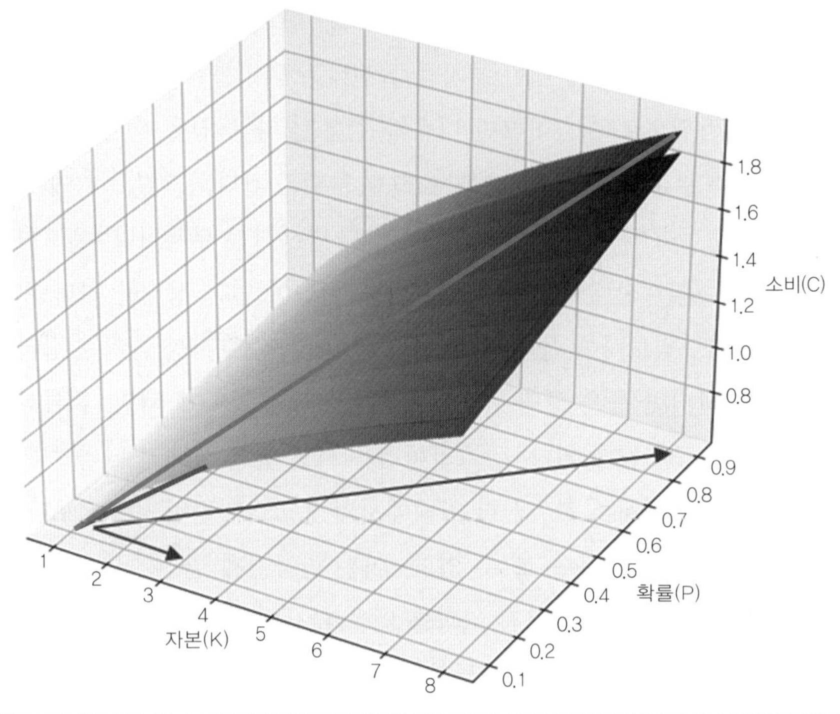

policy)하에서는 자본량에 비례하여 결정되기 때문에, 소비량이 높아진다는 것은 자본량이 많다는 것과 동일한 의미를 지닌다. 비슷하게, 낮은 상태가 실행된다는 것은 자본량이 적다는 것이다. 이러한 상황에서 다음 시점에서는 출발점이 달라지게 된다.

t=1기에서는 가지고 있는 자본량이 달라진다. 따라서 0기에 높은 상태가 실현되면 1기에는 많은 자본량을 가지고 시작하고, 낮은 상태가 실현되면 적은 자본량을 가지고 시작하게 된다. 1기에 다시 높은 상태가 실현되어 high, high가 나타나면 자본량은 더 늘어나게 되고, 다시 낮은 상

태가 실현되어 low, low가 나타나면, high, high와의 자본격차는 더 크게 벌어지게 된다.

한국경제의 경우 높은 상태의 실현이 보다 많이 나타남에 따라서 p=0.1, k=1의 위치에서 시작하였지만, k를 지속적으로 증가시켜 나간 경로를 밟았다고 할 수 있다. 하지만 다른 개발도상국들의 경우 한국경제와 같은 지점에서 시작되었지만 낮은 상태의 실현이 대부분 나타남에 따라 p=0.1, 1＜k＜2의 구간에 계속 머물러 있었다고 할 수 있다.

이 부분을 좀 더 일반화하여, 자본량이 커질수록 기술생산성이 높아지고 높은 상태가 나올 확률이 높아진다고 하면, 한국경제는 0.1＜p＜0.2, 1＜k＜2의 위치에서 시작하여 지속적으로 45도 방향으로 상승하여 0.8＜p＜0.9, 7＜k＜8의 방향으로 나아가는 형태였다고 볼 수 있다. 이 경우에는 한국경제의 경우 낮은 상태가 실현되더라도, 45도 방향으로 이동하였기 때문에 여전히 높은 수준의 자본량을 가지고 있는 상황이 된다. 하지만 다른 개발도상국 경제의 경우 0.1＜p＜0.2, 2.5＜k＜3.5 부근에서 계속 머무른 채 낮은 상태를 계속 실현한 것으로 볼 수 있는 것이다.

3. 중화학공업화의 기반

한국의 중화학공업화를 설명할 때 가장 많이 연구되고 분석되는 분야는 정부의 중화학공업 육성정책이다(박기주 외 2014). 한국경제의 성장 과정은 시장 중심적 산업화를 이룩한 영미식 발전 방식보다는, 정부 정책 주도적 산업화를 이룩한 독일과 일본식 발전 방식에 가깝다. 산업화라는 개념자체가 존재하지 않는 상태에서 처음 산업화를 이루어 낸 영국의 경우, 국가의 역할이 상대적으로 제한적이고 시장 중심적 발전 방식이 보다 중요해진다. 하지만 영국의 산업화를 보고 산업화를 추진하였던 독일과 일본의 경우에는, 산업화에 있어 정부의 정책이 보다 중요해진다. 정부가 보다 적극적으로 산업화를 추진하게 되는 것이다.

한국은 독일, 일본과 같은 선진국들을 참조하여 산업화를 추진하였기 때문에 정부가 다양한 정책을 펼쳤다. 그리고 정부의 예상보다 오랜 기간이 걸리기는 하였지만 성공적으로 중화학공업이 자리잡으면서, 정부의 어떤 정책이 중화학공업 육성에 성공적이었고, 어떤 정책이 그렇지 못하였는지에 대하여 많이 연구하고 분석하게 된다. 정부 정책이 연구의 중심이 되는 것에는 다양한 이유가 있다. 정부 자료는 공개되지만 기업 자료는 잘 공개되지 않으며, 정부 자료는 공공 자료로 신뢰도를 어느 정도 확보하고 있다고 평가된다. 기업 자료는 접근이 어려우며, 과거의 경영 성과는 현재에는 그리 중요하지 않다. 정부 자료와 기업 자료가 다르면, 대부분 사적 이익을 목적으로 하는 기업 자료보다는 공적 이익을 추구하는 정부 자료를 신뢰하는 것이 일반적이기 때문이다.

현대중공업 울산조선소를 차관을 빌려 건설한 정주영 명예회장도 기업 자료의 신뢰도 문제의 어려움을 이야기한다. 정주영 명예회장이 차관을 도입하여 울산조선소를 건설하는 사업계획은 부지 17만 5,000평(건물 3만 7,611평)에, 건조 목표를 최대 50만 톤으로 하고, 연간 25만 9,000톤급 5척을 건조하는 것으로 되어 있었다. 또, 500m(길이) × 80m(폭) × 12m(깊이)의 드라이도크를 건설하고, 450톤급 골리앗 크레인 2기를 설치하는 것이었다. 조선소 건설에 대해 알아보며, 규모의 경제가 중요하다는 것을 인식하고 나온 결론이었다. 하지만 한국 정부가 각국 대사관에 차관 도입을 위해 제공한 자료는 당시까지 한국에서 건조한 선박의 최대 규모는 1만 7,000톤급이고, 정부계획의 목표는 15만 톤급이며, 25만 톤급 이상의 대형 유조선은 기술인력과 건조 경험 부족으로 불가능하다고 되어 있었다. 정주영 명예회장은 차관 도입 과정에서 이러한 차이를 해명하기 어려웠다고 한다. 정부 발표에 대해 기업의 해명이 받아들여지지 않는다는 것이다. 정부 자료와 기업 자료 중 하나는 잘못되었는데, 공신력을 가진 정부 자료가 신뢰도를 얻기 때문이라는 것이다(이호 2007). 하지만 중화학공업을 기업 측면에서 살펴보면, 정부의 정책만 가지고 관련 기반의 조성 없이 성공할 수 없다는 사례가 발견되고 있다(유동우 2024b).

하지만 금융적인 측면에서는 정부의 역할이 중요하다. 당시의 한국 기업들은 국제시장에서 대규모 자금을 동원할 수 있는 신뢰도가 없었기에, 정부 보증이 필수적이었다. 하지만 한국 정부 역시 높은 신뢰도를 가지고 있는 것은 아니었다. 한국 정부는 철강산업을 육성하기 위해 제철소를 건설하려고 선진국에서 자금을 빌리려 시도하였지만 결국 실패하였다. 차관을 받으려면 심사를 거쳐야 하였는데, 한국에 차관을 주는 것을 심사한 국제기구에서는 제철소는 독재자들이 자신의 권력독점이 국가경제를 위한 것이라는 것을 국민들에게 보여 주기 위해 진행하는 경우가 많고, 여러 개발도상국에서 실패한 사업이기 때문에 차관을 제공하기 어렵다는 의견을 냈다(IBRD 1969). 현재 한국에 대형 철강회사인 포스코가 있지만 한국 정부에서 제철소 사업을 추진하였을 당시에는 차관을 빌려오는 첫 단계부터 어려움을 겪었다.

중화학공업을 육성하는 데 있어 다른 문제점은 기술적인 부분의 어려움이다. 중화학공업 분야에서는 기술의 중요성이 보다 중요해진다. 하지만 기술을 사용하여 제품을 생산하는 것은 기술의 학습만으로 이루어지는 것이 아니라, 기술의 시공과 관련된 경험 또한 필요로 한다. 기술의 시공과 관련하여 삼성전자가 반도체를 처음 생산할 때, 마스크에 설계된 회로를 실리콘 웨이퍼에 감광시키는 노광 공정에서는 감광액의 두께를 어느 정도로 발라야 하는지 아는 사람이 전혀 없었다고 한다(삼성전자 2010).

따라서 기술을 시공하며 발생하는 시행착오 또한 동반하게 된다. 기술적인 습득 과정에서 시행착오가 많아지면 중화학공업 분야의 수익성이 떨어지는 결과를 가져오게 되어 어려움을 겪게 된다. 기술적인 숙련도가 높지 않을 경우 같은 제품군을 생산하는 선진국과의 경쟁을 이겨내기 어려워진다. 또한 기술 부분은 안전 문제와도 연관이 있다. 자동차 분야의 경우에는 기술이 승객의 안전 및 생명과 직결되고, 조선 분야의 경우에는 망망대해에서 배가 고장나면 커다란 위험이 있기에 보증된 기술만을 사용해야 하는 어려움이 있다. 실제로 1950년대 미국 회사가 한국에 발전소를 건설할 때 용접기술조차 국내 기술을 인정하지 않았던 것이 사실이다(현대중공업 1992).

경공업 중심의 수출에서 중화학공업 중심의 수출구조로 변화시키는 것은 쉽지 않은 일이다. 중화학공업은 경공업과는 다른 기술 수준과 장비를 요구한다. 포항제철의 경우에서 볼 수 있는 것처럼 대규모 설비를 필요로 하고, 설비를 구입한다고 하더라도 경공업 추진 경험만을 가지고는 어떤 설비를 구매해야 하는지조차 잘 알지 못하는 경우가 많다(포스코 2018). 또한 설비를 도입한다고 하더라도 그러한 설비를 운영하는 기술 수준을 가진 인력이 부족하고, 인력이 있다고 하더라도 충분한 운영 경험을 필요로 하게 된다. 또한 대량의 원재료와 에너지를 효과적으로 공급할 수 있어야 하며, 해외 시장에 판매할 수 있는 품질 수준을 확보하기 전까지 국내 시장에서 생산물을 소비해야 하는 측면도 있다. 그리고 그러한 관련 기반은 쉽게 갖추어지기 어려운 것이 사실이다.

개발도상국에서 중화학공업을 성공적으로 추진하기 위한 관련 기반을 갖추는 것은 쉽지 않다. 중화학공업을 안정적으로 운영하기 위해서는 전기로 대표되는 많은 에너지가 필요하다. 많은 양의 에너지를 낮은 가격에 생산하기 위해서는 발전소가 필요하고, 발전소의 유지, 보수 및 효과적인 운영을 위해서는 발전산업의 수준이 일정 단계에 올라야 한다.

중화학공업은 대형 설비를 운영하는 장치산업의 특징을 보이기 때문에 대형 설비를 운영하는 기술과 인력이 필요하다. 석유화학과 같은 분야에서는 화학물질의 폭발과 같은 사고가 일어날 수 있기 때문에 설비 운영에 관련된 숙련된 기술인력이 필수적이다. 하지만 숙련된 기술인력을 양성하기 위해서는 시행착오를 통해 운영 경험을 쌓는 것이 불가피한데, 경험 축적이 된 인력은 유사 산업군이 존재하지 않는 상황에서 단기간에 양성하는 것은 어려울 수밖에 없다.

개발도상국의 경우 차관을 통해 설비구매와 공사를 진행하는데, 공사 기간이 예상보다 길어질 경우 차관의 이자 부담이 더 커진다. 공사 기간을 지키더라도 설치된 장비들이 계획된 기능을 발휘하지 못하거나 안전사고를 발생시킬 경우, 운영에 어려움을 겪게 된다. 따라서 대형 설비를 기간 내에 설치하면서 효율적인 원료 흐름에 따라 설계된 성능을 안전하게 낼 수 있도록 시공하는 건설 경험과 기술 축적이 중요하다. 실제 1945년 이후 남한에서 지어진 화학공장에서는 당시로서는 최신 기술을 도입하였지만 공사업자가 설계 기준을 지키지 않아 폭발사고가 일어나거나 전기가 잘 공급되지 않아 공장을 운영하지 못하였던 사례가 있다(전민제 2019: 1장 3회).

한국경제가 중화학공업화를 이루어 내기 이전 농업은 매우 중요한 위치를 차지하고 있었다. 그리고 근대적 농업에서 화학비료는 매우 중요한 역할을 하였다. 화학비료를 사용하는 것과 사용하지 않는 것은 생산량에서 매우 큰 차이를 보이기 때문이다. 화학비료의 효과는 매우 높았다. 화학비료가 발명되기 전에는 식량은 천천히 증가하는데 인구는 빨리 증가하기 때문에 문제가 된다고 한 맬서스의 인구론이 정설로 받아들여졌다. 하지만 화학비료가 발명된 이후에는 빠르게 증가하는 인구를 부양하기 위한 충분한 식량이 생산되기 시작하였다. 화학비료를 만드는 방법은 화학공학 분야의 가장 큰 성과 중 하나이다.

농업이 중심이었던 1945년 이후의 한국에서 화학비료는 매우 중요하였고, 미국에서 제공한 원조 중 상당량이 화학비료를 수입하는 데 사용되었다. 북한에는 식민지기에 일본이 건설한 흥남비료가 있었다. 당시 기준으로는 매우 크고 선진적인 화학비료공장이었다. 하지만 남한지역의 비료공업은 북한에 비하면 매우 미미한 수준이었다. 한국에서 중화학공업을 추진하고자 하였던 것은 박정희 정부만은 아니었다. 1945년 이후 남한에서 대통령으로 선출된 이승만 정부에서도 중화학공업을 추진하려는 계획은 가지고 있었다. 하지만 여러 가지 여건상 중화학공업화는 계획대로 추진되지 못하였다.

이승만 정부에서는 만성적으로 부족한 상태였던 전기를 공급하기 위해 서울에 발전소를 하나 더 건설하였다. 당시 서울에는 1930년에 일본이 당인리에 화력발전소 1호기와 2호기를 운영하고 있었는데, 3호기를 추가로 건설하게 되었다. 당인리 3호기는 미국 회사가 건설하였는데 현대건설도 참여하였다. 당시 미국 회사는 용접조차 국내 기술을 인정하지 않았다고 회고한다.

실제 한국의 전력산업 발전 과정을 살펴보면 다음과 같다. 1945년 이후 남한지역의 화력발전소는 영월, 당인리, 부산 3개밖에 없었다. 부산화력의 경우 1920년대 초반 식민지기에 건설된 노후시설이었다. 당인리 화력발전소는 1930년에 건설된 1호기와 1935년에 건설된 2호기가 서울지역의 전기를 담당하고 있었고, 석탄이 많은 지역에 위치한 영월 발전소의 경우에는 1937년 시운전 중에 진동이 일어나고, 석탄의 질이 좋지 않고, 공급도 원활하게 이루어지지 않아 많은 문제점을 가지고 있었다. 요약하면, 해방 이후 남한의 전기 생산은 많은 수력발전소를 가지고 있는 북한에 비하면 매우 적은 수준이었다.

1948년 5월 북한은 남한으로의 전력 공급을 중단하였고, 남한지역은 심한 전력난에 시달리게 되었다. 남한의 전력난은 매우 심각하여 미국으로부터 4척의 발전함이 긴급 도입되어 최소한의 전기를 공급하였다. 1951년부터 정부는 전력복구대를 긴급 조직하여 복구공사를 시작하고, 복구 결과 한국전쟁 전보다 더 높은 발전실적을 냈지만, 그 발전실적조차 수요전력에 크게 미치지 못하였다(김재호 2016).

이승만 정부에서는 1953년 발전사업을 추진하기로 하고 전력 부족을 해결하기 위해 미국 회사와 무연탄을 주원료로 하는 화력발전소 4개를 건설하는 계약을 체결하였다. 1954년에 착공된 4개의 발전소는 1956년에 준공되고, 이 중 하나는 앞서 이야기한 당인리 3호기이다. 1961년에는 박정희 정부의 주도로 민간에서 운영하던 3개 발전사를 통합하여 한국전력이라는 국영기업으로 발전산업을 통합하였다. 1964년 3개의 발전소가 추가로 건설되어 해방 후 계속되던 제한송전을 해제하게 되었다. 해방 후 20년 가까이 지난 이후에야 국민들이 큰 어려움 없이 전기를 쓸 수 있게 된 것이다. 1965년에는 석탄이 많은 영월지역에 독일 회사가 감독만하고, 국내 기술진이 주체가 되어 발전소를 건설하였다. 현대건설이 외국인의 감독하에 시공한 발전소가 바로 이 발전소이다.

4. 정유산업의 시작

중화학공업의 이전 단계로 필요한 산업군 중 하나는 정유산업이다. 에너지원으로의 석유는 1945년 이후 남한지역에서 항상 부족한 상황이었다. 정유공정은 원유를 석유제품과 기타 석유화학산업의 원료 제품으로 나누어 추출하는 과정이다. 이 중 석유제품은 크게 두 가지 용도를 가지는데, 하나는 자동차, 비행기, 선박 등 내연기관을 움직이는 동력에너지 역할이고, 다른 하나는 화력발전의 자원 역할이다. 석유는 한 국가의 에너지 산업의 근간을 이루는 기본적인 제품으로 직접적으로 석유제품을 생산할 수 있느냐 없느냐는 국가 경제의 발전에 매우 중요하다. 실제로 베트남은 석유화학공장을 운영하기 전에는 원유가 생산되었지만 휘발유를 수입해서 사용하였다.

해방 이후 1960년까지의 상황을 보면 남한은 만성적인 석유 부족 상황이었다. 식민지기에 일본이 건설한 유일한 정유공장은 북한의 원산지역에 위치하여 있었고, 울산에 제2의 정유공장을 건설하던 와중에 해방을 맞이하게 되었다. 1948년 정부 수립 이후에도 석유는 여전히 한국의 중요한 문제였지만 크게 나아지지 않았다. 석유가격은 매우 높았고, 공급은 부족하였다. 1949년에 휘발유 한 드럼의 가격이 6만 원이었는데, 당시 이승만 대통령의 월급이 한 달에 5만 원이었다는 점을 감안하면 석유가격이 얼마나 높았는지를 짐작할 수 있다(김재호 2016).

이승만 정부는 1949년 6월부터 일본이 1944년 건설하였던 조선석유 울산공장 복구사업을 준비하기 시작하였다. 어렵게 복구사업을 진행하였지만, 원유수급을 위한 협상을 하던 중에 한국전쟁이 발발하였다. 따라서 정부의 울산 석유공장 건설계획은 중단되고, 한국전쟁 중에는 울산항에 미군의 유류보급기지가 자리잡게 되었다. 일본에서 관련 시설을 70% 정도 구축해 두었고, 유류저장시설과 배가 접안할 수 있는 항구를 가지고 있었던 울산에 미군 유류저장시설이 입지한 것은 당연한 일이었다(이민주 2008).

한국전쟁이 끝난 후 이승만 정부는 울산 정유소를 신속한 시일 내에 수리·운영하도록 하고, 유조선 구입을 추진하였지만 재원을 마련하지 못하였다. 국제원조에서 계속 예산 승인을 받지 못하였기 때문이다. 하지만 정유공장 설립은 계속 추진되어 1959년 한국석유주식회사를 설립하였다. 이승만 정부는 500만 달러의 정부 보유 달러를 불하하고, 미국 걸프사로부터 800만 달러의 차관을 받기로 하고 한국은행이 지불보증을 하는 방식으로 재원을 마련하였다. 하지만 정유공장 설립은 이승만 정부의 1960년 부정선거로 무산되었고, 5.16 군사정변으로 정부를 수립한 박정희 정부에서 울산에 건설하였다. 박정희 정부는 1962년 국가가 운영하는 석유회사를 창립하고, 1963년 미국 걸프사로부터 차관을 확보하여, 1963년 12월 울산에 석유공장을 준공하였다(김동완·김민호 2014).

박정희 정부가 울산에 석유공장을 준공하였지만, 석유공장을 만드는 것에는 민간 화학공학자들의 역할이 중요하였다. 당시 민간 전문가는 이승만 정부에서 상공부 장관을 지낸 응용화학자인 안동혁 박사와 1947년 서울에서 화학공장을 설계한 경험이 있었던 전민제 사장이 있었다. 한국전쟁 도중 한국군의 무기를 담당하였던 부서는 남한보다 화학공업이 발달한 북한의 화학공업 수준을 파악하고 싶어하였다. 따라서 안동혁 박사와 전민제 사장 일행은 한국전쟁 도중 북한의 최대 화학공업 단지였던 흥남비료공장을 방문하여 사진을 찍고, 공장설계도와 원료흐름도 등을 가지고 내려왔다. 이때 확보한 공장설계도와 원료흐름도 등은 이후 한국의 화학공업 발달에 좋은 참고 자료가 되었다(전민제 2019: 1장 7회).

울산 정유공장 건설에 있어 정유사업에 대해 알고 있는 남한의 기술진은 그리 많지 않았다. 따라서 초기 울산 정유공장의 엔지니어 구성에는 식민지기에 일본이 북한지역에 건설한 정유공장에서 일하였던 엔지니어들도 포함되어 있었다. 또한 기록을 살펴보면, 울산에 정유공장이 건설된 이후 원산의 정유공장에서 일해 본 경험이 있는 노동자들이 울산으로 일자리를 찾아와 일을 하는 매우 중요한 사례가 발견된다.

> "아버지가 이북 원산에서 정유공장에 계시다가 해방되고 여기 기술자로 오신 거지. 아버지는 건축업인데 목수라고 보면 되죠. 정유공장 짓는 일을 했어. (중략) 그러다가 분위기가 조금 이상하니까, 원산에서 아버지가 우리 식구를 델꼬 내려와버렸지. (중략) 아버지가 서울에 정착했다가 석유회사가 울산에 있으니까 여기에 왔는데, 한 달 만에 우리 아버지가 못 있겠더래요. 그때 너무 시골이니까. 음식이고 뭐고 전부 다 적응이 안되니까. 회사에서 붙잡아 갖고 이날 이때까지 여기서 살게 된 거지"(울산발전연구원 2018).

그리고 울산 정유공장 건설에는 비료공장을 건설하였던 기술진도 참여하였다. 화학비료 분야에서 경험한 인력이 정유공장 건설에 참여하게 된 것이다.

인력 양성은 울산공장에서 공개 채용한 40명을 해외 기술훈련을 시키는 방식으로 진행하였고, 그 외에도 현지 직업훈련이 이루어졌다. 미국 회사가 당인리에 발전소를 지을 때는 용접공까지 외국 인력을 데려다 썼다. 하지만 울산에 정유공장을 지을 때는 예산이 부족하여 외국인 기능공을 쓸 형편이 못 되었다. 그래서 기능공양성소를 두고 한국 사람들을 훈련시키면서 일을 시켰다. 이때 훈련을 받은 사람들은 향후 정유공장의 중견 기능공으로 활약하고, 석유화학시설의 보수공사와 유지 그리고 확장공사에 절대적인 역할을 하게 되었다.

또한 공장설계 역시 중요하였기에 한국인 엔지니어들이 미국에서 공장설계 교육을 받고 설계에 참여하고, 공장조업과 공장정비, 현지 훈련 등을 받고 울산 정유공장의 운영에 참여하였다. 이때 교육을 받은 인력들은 이후 석유화학 및 엔지니어링 사업에 큰 기여를 하였다. 차관을 제공한 미국의 걸프사에서도 10년간 정유공장의 운영을 지원하며 기술과 운영 방법 등을 전수하였다(전민제 2019: 3장 15회).

정유사업에는 정유공장만 필요한 것이 아니라 유조선이 접안할 수 있는 항만과 유조선에서 원유를 지상으로 옮기는 부이(BUOY)와 같은 시설도 필요하였다. 바다에 떠 있는 유조선은 해상에 떠 있는 인공섬인 부이를 통해 해저송유관과 연결된다. 그리고 부이와 해저송유관을 통해 지상에 있는 유류저장탱크로 원유를 보낸다. 이러한 기반시설이 없으면 유조선으로 원유를 수입해도 유조선에 있는 원유를 지상으로 옮길 수 없는 것이다. 울산에는 해안에서 1.9km 떨어진 곳에 1964년 부이가 설치되었고, 이 부이는 2010년까지도 사용되었다.

정유공장을 만드는 데는 여러 가지 어려움이 있었지만 정유공장이 완성되자 매우 큰 효과가 나타났다. 첫 번째는 석유류의 공급가격이 기존 가격의 절반 가까이로 내려갔다. 따라서 산업에 필요한 에너지를 보다 저렴하게 공급할 수 있게 되어 경제개발의 기반을 제공해 줄 수 있었다. 그리고 석유제품의 국내 생산으로 석유제품의 가격이 낮아지자, 국내 석유 수요는 급격히 늘어났다. 그리고 정유공장의 생산량도 수요에 맞추어 공장을 증설하고 생산량을 늘려 나갔다. 정유공장의 설립으로 원유는 계속 수입해야 하였지만 휘발유와 같은 최종제품은 수입대체가 이루어지게 된 것이다.

정유공장이 성공적으로 건설되고 운영되자, 대한석유공사에서는 석유화학사업의 원료가 되는 나프타 분해공장 설립을 추진하고 1969년 건설계약을 체결하고 진행하였다. 나프타는 석유화학산업의 기본이 되는 원료로 원유에서 추출할 수 있다. 나프타를 추출하고 분해하는 공장이 생기면 나프타에서 합성수지, 합성고무 등을 생산하는 원재료를 추출해 낼 수 있게 된다. 그리고 그러한 석유화학제품들은 자동차, 비행기, 가전제품, 의료기기, 신발, 건축자재 등에 널리 사용할 수 있어 관련 산업발전에 도움이 된다(전민제 2019: 3장 18회).

정유공장의 설립은 한국의 엔지니어링 분야에도 큰 도움을 주게 되었다. 1963년 정유공장을 세울 때에는 대부분의 기술을 외국 기술에 의존해야 하였고, 예비조사, 기본 설계, 기자재 발주, 저장탱크 공사 같은 일은 모두 외국에 맡겨야 하였다. 대한조선공사에서 송유관 부설공사의 하청업체로 들어간 것이 유일한 국내 기업의 참여였다. 하지만 공장 설립 경험은 경험 축적으로 이어져, 정유공장의 1차 확장공사에서는 국내 기술진이 중요한 역할을 맡게 되었다. 1966년에는 증산공사에서 한국 기술진이 탱크, 배관 등의 부대시설을 설계·감독하고, 국내 건설업체가 시공에 참여하게 되었다. 그리고 이는 1968년의 윤활유 배합공장으로 이어졌고, 윤활유공장은 국내 기계산업의 발전에 기여하게 되었다.

5. 정유산업의 연속성

정유산업의 경우에는 다른 산업과 달리 연속성이 잘 드러나고 있다. 한국의 첫 정유공장이 울산에 세워진 데에는 많은 이유가 있지만 그중 결정적인 것은 1944년 일본이 원산에 이어 울산에 정유공장을 짓기 시작한 것이었다. 일본은 식민지기에 울산을 공업도시로 만들 계획을 수립하였다. 따라서 울산에 있는 갯벌을 매립하고, 공업도시를 만들기 위하여 토지를 매입하여 넓은 면적의 국유지를 확보하였으며, 울산항 주변의 수심을 조사하고, 유조선이 들어올 수 있는 항만을 개발하였다.

앞서 설명한 부이의 경우에서도 알 수 있듯이, 정유공장만 지으면 정유산업이 진행되는 것이 아니다. 유조선이 들어올 수 있는 항만과 바다에 떠 있는 석유 운송을 위한 인공섬인 부이, 그리고 해저송유관, 지상유류저장창고까지 갖추어져야 유조선에 있는 원유를 정유공장으로 받아 생산을 할 수 있는 것이다. 또한 화학자들이 한국전쟁 중에 북한의 흥남비료공장에 가서 석유화학단지를 시찰하고, 설계도와 원료흐름도를 가져오는 것에서 볼 수 있는 것처럼, 공장의 원료흐름을 잘 설계하고, 정유제품 생산을 위한 대형 기계 장치를 잘 운영하는 것이 중요하다. 그러한 화학기계 장치의 운영에는 원산의 정유공장에서 일하였던 사람들도 참여하였고, 한국 최초 화학비료회사인 충주비료에서 일을 하였던 사람들도 참여하였다. 그리고 정유공장에서 경험과 기술을 축적한 사람들이 박정희 정부에서 중점적으로 추진되는 석유화학사업에 큰 기여를 하는 연속성을 보여 주었다.

한삼건(2015a; 2015b)은 이러한 연속성을 다음과 같이 서술한다.

1965년 일본에서 발행된 "맨 얼굴의 한국"이라는 울산공업센터 르포 기사에 중에는 다음과 같은 내용이 있다.[2]

> "재미있는 것은 울산 개발은 2차 대전 중의 일본 측 유산이 고스란히 반영된 점이다. 항만은 조선축항주식회사가 인구 50만의 공업도시 육성을 목표로 계획한 항만 축조와 같고, 현재의 정유공장은 전쟁 말기 일본이 북한에서 이설한 조선석유시설 부지를 활용하고 있다. 공업용수 조사도 일본 식민지 시기에 완료된 것을 대부분 그대로 활용한 것 같다."

> "일제시대 울산공업도시 계획은 이케다 스케타다(池田佐忠)에 의해 만들어졌다. 그는 계획을 구상하고, 기공식을 열고, 동양척식주식회사로 하여금 공장용지를 매입하게 하였고, 철도를 부설하고 울산 여천동과 매암동 일대 바다를 매립하는 허가를 받아 냈다.
> 이케다는 1937년부터 울산항 축항 및 인구 50만 공업도시 계획 수립을 시작하였다. 1939년에는 야마구치(山口)현 유야(油谷)만과 울산을 연결하는 '유울(油蔚)연락항로' 계획도 수립하였다.
> 유울 연락 루트는 울산에서 야마구치현 유야만까지의 200km를 7,000톤급 연락선으로 연결하는 계획을 말한다. 유야만은 일본 해군 연합함대가, 정박하였을

2 『서일본신문』 1965년 8월 11일자, 한삼건(2015b)에서 재인용.

그림 7-3 일본이 설립한 울산 도시계획 평면도

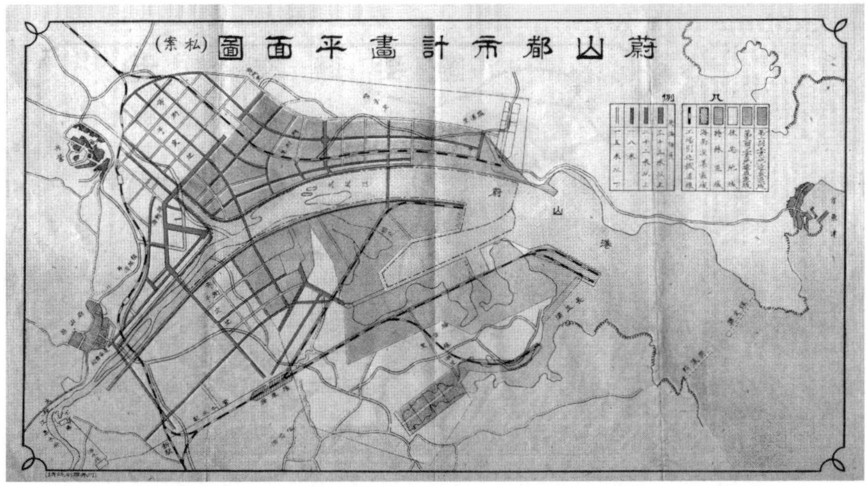

자료: 한삼건(2015b).

정도로 좋은 항만 조건을 갖추고 있어서 울산처럼 인구 30만의 공업도시와 항만으로 개발하기 위해 1945년 2월에 공유수면 매립이 허가되었다.

이케다는 1941년부터 조선총독부로부터 여천동 등지의 바다 매립 면허를 취득하였고, 1942년 12월 울산 개발계획이 조선총독부로부터 최종 허가되었다. 허가 조건이 '허가 후 6개월 이내 착공'이었기 때문에 1943년 5월 11일 현재의 학성공원에서 기공식이 거행되었다. 이케다의 개발계획이 실린 자료는 1943년 4월 28일에 부산에서 발행되었는데 1943년 5월 11일에 있었던 기공식 현장에서 배포한 것으로 보인다(한삼건 2015b).

울산과 유아에서 개발 분위기가 형성되고, 공장부지 매입과 항만 매립공사, 철도 부설 등의 공사가 진행되었다. 원산에 있던 조선석유공장 이전이 70% 정도 진척되었지만, 1945년 8월 15일, 일본이 항복하면서 모든 개발은 중단되었다. 그런데 국내에서는 이케다가 추진하던 울산 개발계획이 중지된 지 만 17년 만에 안경모에 의해 박정희 정권의 울산 개발로 이어졌다.

당시 상공부 장관이었던 정래혁 소장은 "처음부터 자연스럽게 울산이 공단 건설의 적지로 떠올랐다"고 했고, 이병철, 남궁련 등의 경제인은 "울산을 공업센터로 예정해 놓고 있었다"고 하였다. 울산은 일제강점기 때 일본 정부의 승인을 받아서 공업단지 개발이 추진되었기 때문에 개발 가능성이 '검증'되었고, 일본인들이 남기고 간 항만시설과 철도, 그리고 무엇보다도 수백만 평의 공장용지가 국유지로 남아 있었기 때문이다. 실제로 1943년 5월 11일에 울산에서 인구 50만 공업도시 개발 기공식이 있었는데, 당시의 개발 내용은 1962년에 시작된 울산의 개발계획과 흡사하다.

참고로 당시 울산특정공업지구 지정 과정을 살펴보면, 1962년 1월 4일에 울산공업센터 지정 가능성에 관한 토의와 조사단이 결성되었다. 3일 후인 7일부터 14일까지 조사단이 울산 현지를 조사하였다. 조사 도중인 10일에는 경제인협회(지금의 전경련)가 울산을 공업센터로 지정해 달라는 건의서를 제출하였다. 1월 23일에는 제1차 경제개발 5개년 계획이 발표되고, 이틀 후인 25일에 울산특정공업지구 의결 주문이 있었다. 다시 그 이틀 후인 27일에 울산특정공업지구가 결정되어 공포되었다. 그리고 2월 3일의 기공식이 열렸다. 1월 4일부터 2월 3일까지 불과 한 달 만에 중요한 국가적 사업이 결정된 것이다. 준비된 계획이 있었다고 판단하는 것이 타당하다.

안경모는 울산 개발계획의 중요 인물이라고 할 수 있다. 그는 박정희 정권 내내 울산조사단장, 울산개발본부장, 교통부 장관, 산업기지개발공사 사장 등을 거치며 '건설국보'란 별명을 얻었다. 그는 일제강점기에 조선총독부 철도국에서 근무하였는데 해방 후에도 공무원으로 근무하고 있었다. 5.16 1년 전인 1960년 5월 7일자 『동아일보』 '정부인사'란에 교통부 소속 기정이었던 안경모 씨를 기감으로 승진시켜서 교통부 시설국 근무를 명하였다는 기사가 보인다. 그런데 그가 5.16이 일어난 지 불과 1주일째인 1961년 5월 23일자로 국가재건최고회의 기획위원회 가운데 재건기획분과위원회 위원으로 추대되었다. 안경모는 일제강점기 때 울산 개발계획의 인허가 담당자였기 때문에 관련 자료를 그가 가지고 있었을 것으로 보이며, 그것이 어떤 경로로 박정희 의장에게 전해진 것으로 본다. 조갑제는 그가 쓴 박정희 전기 『내 무덤에 침을 뱉어라』에서 당시 경제기획원 산하 국토건설청이 일제강점기 울산개발계획서를 입수하였다고 기록하였다. 당시 국토건설청 차장이 바로 안경모였다. 이것이 박정희 대통령이 울산의 공업계획을 빠르게 추진하였던 핵심 이유라고 판단된다"(한삼건 2015a).

6. 맺음말

Cass-Koopmans 모형을 벨만 방정식의 형태로 풀이하고 3차원으로 시각화한 결과는, 한국의 경제성장에서 중화학공업 투자에 대한 불확실성을 줄이는 것이 중요하다는 것을 보여 준다. 그리고 정유산업의 경우를 보면, 정부의 정책뿐만 아니라 그 이전부터 진행되어 왔던 다양한 기반들이 정유산업의 성공적 정착에 영향을 미쳤음을 보여 준다. 울산이라는 지역의 공업도시 개발계획은 일본이 수립, 추진하였다. 정유공장 이전에 충주비료라는 석유화학공장의 설립과 운영이 있었고, 기술 축적과 인력 양성이 이루어졌다. 하지만 그래도 인력은 부족하여 원산의 정유공장에서 일하였던 노동자가 절실하게 필요하였던 것도 사실이다.

정유공장의 안정적 운영을 위해서는 에너지가 필요하였고, 이는 발전산업과도 높은 관련성을 보여 준다. 발전소를 짓는 것은 건설 분야와 높은 관련성이 있으며, 건설공사의 공기 준수는 해외 차관의 이자 부담 문제와 직접적인 연관성을 가지고 있다. 해방 이후 높은 수요가 있었던 건설 분야에서 시멘트, 판유리와 같은 분야의 수입대체 공업화가 이루어졌고, 차관공사는 현대건설과 같은 건설회사들의 경험 축적이 공기 준수의 중요성을 국내 건설업체들이 인식하게 된 계기였다. 화학공장의 설계도와 원료흐름도는 한국전쟁 당시 북한의 흥남비료공장에 가서 사진을 찍어 오고 설계도를 가져온 것이 큰 도움이 되었다고 응용화학자들은 말한다. 공업용수 역시 아무 물이나 쓰는 것이 아니라 온도가 중요하다고 하는데, 한국의 공업 수준은 공업용수의 온도 문제조차 인식하지 못하는 경우가 많았다고 한다.

경제정책에서 정부의 역할은 중요하다. 정유산업의 설립 과정을 보면 정부의 정책을 통해 공장이 지어지고, 기술 습득과 기술 축적을 할 수 있었다. 정부의 금융보증 또한 매우 중요한 역할을 하는 것도 사실이다. 하지만 한국의 중화학공업화가 정부의 정책적 지원만을 노리고 무분별한 투자를 진행하여 나중에 인위적 투자조정이라는 시련을 겪었던 것도 사실이다. 또한 중화학공업에 대한 정부의 입장이 우리의 기술 수준을 고려할 때 세계적 규모의 조선소를 독자적으로 개발하기 어렵다는 것을 견지하였던 시기도 있었다. 정유산업에 대한 정책 비중심적 시각이 보여 주는 것은 정유산업 발전에 다양한 기반이 필요하며 또 연속성이 있다는 것이다. 앞으로의 연구에서는 정부 정책 중심적 시각과는 다른 다양한 기업적 시장적 측면에서의 관점도 고려하는 것이 필요하다고 판단된다.

```
import numpy as np
import matplotlib.pyplot as plt
from mpl_toolkits.mplot3d import Axes3D

# Parameters
alpha = 0.33   # Capital share in output
beta = 0.95    # Discount factor
delta = 0.1    # Depreciation rate
sigma = 2      # CRRA parameter
k_opt = 3.169  # Optimal capital

# Technology states and probabilities
A_high = 1.2
A_low = 0.8
A_states = [A_high, A_low]

# Define the grid for capital
k_min = 1     # Minimum capital
k_max = 6     # Maximum capital
num_k = 300      # Reduced number of points in the capital grid for
faster computation
k_grid = np.linspace(k_min, k_max, num_k)

# Define the grid for probabilities
```

```
p_min = 0.1
p_max = 0.9
num_p = 20  # Reduced number of probability points for faster
computation
p_grid = np.linspace(p_min, p_max, num_p)

# Tolerance and maximum iterations for value function iteration
tol = 1e-4  # Looser tolerance for faster convergence
max_iter = 500  # Reduced maximum iterations for faster computation

# Utility function with CRRA form
def utility(c, sigma):
    if c <= 0:
        return -np.inf  # No consumption leads to negative infinite
        utility
    else:
        return (c**(1 - sigma) - 1) / (1 - sigma)

# Bellman operator: computes the updated value function and policy
def bellman_operator(V, k_grid, alpha, beta, delta, A_states, A_probs,
sigma):
    V_new = np.zeros_like(V)
    policy_c = np.zeros_like(V)

    # Precompute consumption and utility values for faster computation
    precomputed_utility = np.zeros((len(A_states), len(k_grid), len(k_
    grid)))
```

```
for state_index, A in enumerate(A_states):
    for i, k in enumerate(k_grid):
        for j, k_prime in enumerate(k_grid):
            c = A * k**alpha + (1 - delta) * k - k_prime
            precomputed_utility[state_index, i, j] = utility(c, sigma)
            if c > 0 else -np.inf

# Iterate over the capital grid
for i, k in enumerate(k_grid):
    for state_index, A in enumerate(A_states):
        max_value = -np.inf
        best_c = 0
        for j, k_prime in enumerate(k_grid):
            expected_value = sum(
                A_probs[next_state_index] * V[next_state_index, j]
                for next_state_index in range(len(A_states))
            )
            value = precomputed_utility[state_index, i, j] + beta *
            expected_value
            if value > max_value:
                max_value = value
                best_c = A * k**alpha + (1 - delta) * k - k_prime
        V_new[state_index, i] = max_value
        policy_c[state_index, i] = best_c

return V_new, policy_c
```

```
# Storage for 3D data
consumption_data = np.zeros((len(A_states), len(k_grid), num_p))

# Loop over probabilities
for p_index, p in enumerate(p_grid):
    A_probs = [p, 1 - p]
    V = np.zeros((len(A_states), len(k_grid)))  # Initialize value
    function
    for iteration in range(max_iter):
        V_new, policy_c = bellman_operator(V, k_grid, alpha, beta, delta,
        A_states, A_probs, sigma)
        if np.max(np.abs(V_new - V)) < tol:
            break
        V = V_new
    consumption_data[:, :, p_index] = policy_c

# Plot the consumption policy in 3D for A_low and A_high in one graph
fig = plt.figure(figsize=(12, 10))
ax = fig.add_subplot(111, projection='3d')

P, K = np.meshgrid(p_grid, k_grid)
C_high = consumption_data[0, :, :]
C_low = consumption_data[1, :, :]

surf_high = ax.plot_surface(K, P, C_high, cmap='Greens', edgecolor='none',
alpha=0.9)
surf_low = ax.plot_surface(K, P, C_low, cmap='Reds', edgecolor='none',
```

```
alpha=0.9)

ax.set_xlabel('Capital (k)')
ax.set_ylabel('Probability (p)')
ax.set_zlabel('Consumption (c)')
ax.set_title('Consumption Policy for A_high (green) and A_low (red)')

# Save the figure
plt.savefig('consumption_policy_3D.png', dpi=300)
plt.show()
```

제8장

아시아 금융위기 이후 한국경제 TFP 상승률의 변화

_ 권혁욱

1. 머리말

한국경제는 1960년대 이후 매년 7%를 상회하는 성장률을 기록해 왔다. 이와 같은 한국경제의 급속한 경제성장을 동아시아의 기적(World Bank 1993)의 하나로 세계가 주목하는 한편, Krugman(1994)은 한국의 경제성장은 생산성 상승이 수반되지 않은 요소 투입의 증가에 따른 경제성장이기 때문에 한계에 다다를 것이라는 지적도 있었다.

Krugman(1994)의 지적처럼 1998년 태국에서 시작된 아시아 금융위기가 한국을 덮쳐서 실질GDP 성장률이 −6.7%까지 하락하여 한국경제는 큰 위기에 빠졌다. 금융위기 영향으로 상위 30대 그룹 중 3분의 2인 19곳이 해체되거나 탈락하였다. 4대 그룹 중의 하나였던 대우그룹을 포함해서 11개 재벌그룹이 해체되었고, 생존은 하였지만 30대 그룹 밖으로 밀려난 곳도 8개나 되었다. 그뿐만 아니라 동화은행, 동남은행, 대동은행, 경기은행, 충청은행 등이 퇴출되었고, 종합금융사도 많이 도산하였다.

한국경제가 처음 당하는 심각한 경제위기를 극복하기 위해 한국 정부는 IMF에 도움을 요청하고 1998년 이후 IMF의 지도하에 불건전한 금융시장 개혁, 노동시장의 유연화와 기업의 구조개혁 등의 정책을 실시하였다. 외환위기의 근본적인 원인이 재벌 대기업의 무분별한 차입 경영, 문어발식 확장과 부실한 재무구조 등에 있었다는 인식이 강하였기 때문에, 기업의 구조개혁정책을 적극적으로 실시하였다. 실시된 주요한 정책으로 부채 비율 200% 제한, 사외이사제 의무화, 소액주주의 소송권과 장부열람권, 계열사 간 채무보증 전면 금지, 부당내부거래 규제, 적대적 M&A 허용, 대기업 간 사업을 교환하는 빅딜 등이 있다. 이러한 정책 덕분에 시장의 경쟁 기능이 회복되었다고 볼 수 있다. 경쟁압력이 높을수록 생산성이 상승한다는 것은 정형화된 사실이다(Holmes and Schmitz 2010).

Aghion, Antonin, and Bunel(2021)도 경제위기 상황하에서 과감한 개혁정책을 실시한 덕분에 추격형 경제에서 혁신형 경제로 변모해서 중진국 함정에 빠지지 않았다고 긍정적으로 평가하고 있다. 이 연구에서도 한국경제의 잠재성장률에 영향이 큰 총요소생산성(total factor productivity, 이하 TFP로 표기)이 아시아 금융위기 이후에 어떻게 변화하였는지 살피고, TFP 상승률의 분해 분석을 통해서 TFP 변화의 원천을 명확히 하고자 한다.

이 연구의 구성은 다음과 같다. 제2절에서는 선행 연구를 정리하였고, 제3절에서는 TFP 측정과 추이, 이용된 통계 자료에 대해서 설명하였다. 제4절에서는 TFP 상승률 분해 분석 결과를 제시하였고, 제5절에서 결론을 맺었다.

2. 선행 연구

아시아 금융위기 이후 한국의 TFP가 상승하였는지 여부를 밝힌 대표적인 연구로 안상훈(2006), Oh et al.(2006), Rhee and Pyo(2006), Aghion, Guriev, and Jo(2021)가 있다.

안상훈(2006)은 1990-2003년 통계청 『광공업통계조사』의 미시경제 데이터를 이용하여 제조업의 TFP를 측정해서 추이를 본 결과는, 아시아 금융위기에 대처하기 위한 개혁정책 실시 이후에 TFP 상승률이 현저히 높아졌다는 것이다. Oh et al.(2006)은 금융위기 이후 한국경제의 회복은 주로 성공적인 구조조정을 거친 대기업에 의해서 이루어졌음을 보였고, 중소기업은 금융위기 이후에도 여전히 침체 상태에서 빠져나오지 못하고 있음을 보였다. 마지막으로 Rhee and Pyo(2006)는 아시아 금융위기 이후에 기업구조 개혁으로 시장의 효율성이 개선되면서 TFP 상승률이 금융위기 이전보다 높아졌다는 사실을 보고하고 있다. Aghion, Guriev, and Jo(2021)는 아시아 금융위기 이전에 재벌기업의 매출액 비중이 높았던 산업에서 위기 이후에 비재벌기업의 TFP 상승률이 높아진 반면에 재벌기업의 TFP 상승률에는 변화가 없음을 보였다.

위의 연구들은 이용한 데이터와 분석 기간, 생산성의 측정 방법이 다름에도 불구하고, 아시아 금융위기 이후 시장경쟁 기능을 강화하는 여러 정책 덕분에 한국경제의 잠재성장률을 높이는 TFP가 개선되었다는 동일한 결과를 제시하고 있다.

3. TFP 측정, 추이와 통계 자료

1) TFP 측정

이 연구에서 분석에 이용하는 TFP는 생산성 지표의 측정에 많이 쓰이는 다변지수(multilateral index)를 사용하였다. 다변지수법은 Caves, Christensen, and Diewert(1982)가 처음으로 고안하고, Good, Nadiri, and Sickles(1997)가 발전시킨 방법이다. 이 방법은 횡단면에서의 평균적인 기업과의 비교뿐만 아니라 시계열 방향에서 평균 기업의 변화를 고려한다는 면에서 매우 평가가 높다. 즉, 기업 f의 t년도 TFP는 기업 f가 속한 동일한 산업의 대표적 기업의 TFP와의 비교를 통해 측정된다. 여기서 대표적 기업이란 같은 시점에 같은 산업에 속하는 기업 전체의 기하평균에 해당하는 산출과 투입을 갖고, 같은 시점에 같은 산업에 속하는 기업들 전체의 산술평균에 해당하는 요소비용 비중을 갖는 가상의 평균적인 기업을 의미한다.

다변지수법으로 측정된 TFP는 다음과 같이 정의된다.

$$\ln TFP_{f,t} = (\ln Q_{f,t} - \overline{\ln Q_{f,t}}) - \sum_i \frac{1}{2}(S_{f,i,t} + \overline{S_{i,t}})(\ln X_{f,i,t} - \overline{\ln X_{i,t}}),$$
$$\text{for } t = 1985 \qquad (1)$$

$$\ln TFP_{f,t} = (\ln Q_{f,t} - \overline{\ln Q_t}) - \sum_i \frac{1}{2}(S_{f,i,t} + \overline{S_{i,t}})(\ln X_{f,i,t} - \overline{\ln X_{i,t}})$$
$$+ \sum_{s=1}^{t}(\overline{\ln Q_s} - \overline{\ln Q_{s-1}}) - \sum_{s=1}^{t}\sum_i \frac{1}{2}(\overline{S_{i,s}} + \overline{S_{i,s-1}})(\overline{\ln X_{i,s}} - \overline{\ln X_{i,s-1}}),$$
$$\text{for } t > 1985 \qquad (2)$$

여기서 $Q_{f,t}$는 t시점에 기업 f의 산출액, $S_{i,f,t}$는 t시점에 기업 f의 생산요소 i의 요소비용 비중, $X_{i,f,t}$는 t시점에 기업 f의 생산요소 i의 투입량이다. 각 변수 위의 선은 그 변수의 산업 평균치를 나타낸다. 생산요소로 자본스톡, 노동투입, 실질중간투입액을 고려한다. 노동시간은 기업 수준에서는 데이터가 존재하지 않기 때문에 각 산업의 평균치의 통계를 이용하였다.

식 (2)의 우변에 있는 처음 두 항은 t시점의 기업 f와 그 시점에 대표적 기업의 TFP 수준과의 격차를 나타낸다. 뒷부분의 두 항은 t시점의 대

표 8-1 TFP에 관한 기술통계

	변수	기업 수	관측치 수	평균	표준편차	최솟값	최댓값
전 산업	lnTFP	10,934	79,966	0.016	0.300	−5.580	2.338
제조업		8,016	61,037	0.040	0.220	−1.816	1.314
비제조업		2,918	18,929	−0.061	0.465	−5.580	2.338
상장기업		1,516	18,904	0.063	0.239	−5.580	1.866
비상장기업		9,418	61,062	0.001	0.315	−4.564	2.338

표적 기업의 TFP 수준과 기준년의 대표적 기업의 TFP 수준과의 격차를 나타낸다.

다변지수법은 생산함수의 추계로 계측되는 생산성 지표와 달리 기업 간의 다른 요소투입과 생산물시장의 불완전 경쟁을 고려할 수 있는 장점이 있는 반면에, 규모에 대한 수확불변과 생산요소시장의 완전경쟁시장을 가정해야 하는 제약이 있다.[1]

식 (1), (2)로 계측된 TFP의 이상치를 제거하기 위해 상위 1%를 데이터로부터 삭제하였다. [표 8-1]은 TFP에 관한 기술통계를 보여 주고 있다. 분석에 사용된 데이터는 제조업과 비상장기업의 비중이 높음을 알 수 있다.

[그림 8-1]에서 [그림 8-3]은 1985년에서 2005년까지 평균 TFP의 추이를 보여 주고 있다. [그림 8-1]은 전 산업의 평균 TFP 추이를 보여 준다. Krugman(1994)의 지적처럼 아시아 금융위기 이전에 한국의 경제성장

1 미국 기업 데이터에 임금 데이터가 없기 때문에 생산함수의 추계를 통해서 생산성을 측정하는 경우가 많지만, 한국과 일본의 기업 데이터에는 임금 데이터가 반드시 있기 때문에 다변지수법으로 생산성을 측정하는 경향이 강하다.

그림 8-1 전 산업의 평균 TFP의 추이 (단위: %)

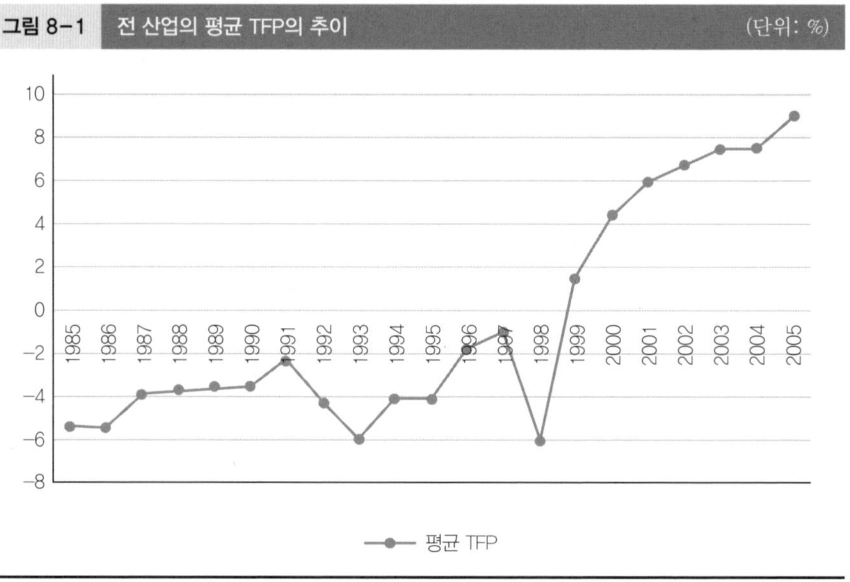

은 생산성 상승에 의한 것이 아님을 확인할 수 있다. [그림 8-1]에서 보듯이 1985년에서 1997년까지 TFP는 정체하고 있었고, 아시아 금융위기 때에 하락하지만 그 이후에 급격하게 TFP가 회복되고 있다.

[그림 8-2]는 제조업과 비제조업을 나누어서 평균 TFP의 추이를 본 것이다. 아시아 금융위기 이전의 생산성 정체는 주로 비제조업에서 일어났음을 알 수 있다. TFP 상승의 유의성과 지속성은 주로 제조업에서 관찰된다.

[그림 8-3]은 상장기업과 비상장기업을 나누어서 평균 TFP의 추이를 본 것이다.

상장기업이 평균 TFP가 비상장기업의 평균 TFP보다 전 기간에 걸쳐 높게 추이하고 있다. 비상장기업의 평균 TFP가 낮지만, 아시아 금융위기

그림 8-2 제조업과 비제조업의 평균 TFP 추이 (단위: %)

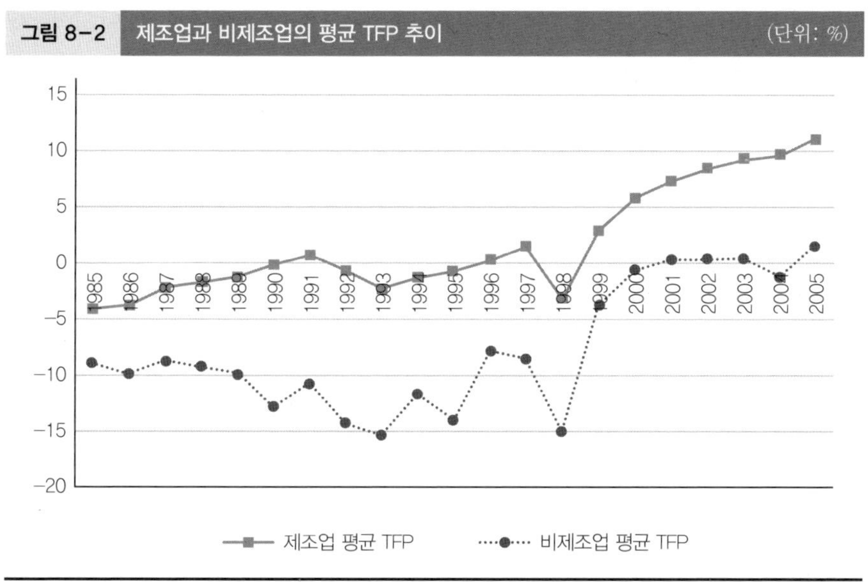

그림 8-3 상장기업과 비상장기업의 평균 TFP 추이 (단위: %)

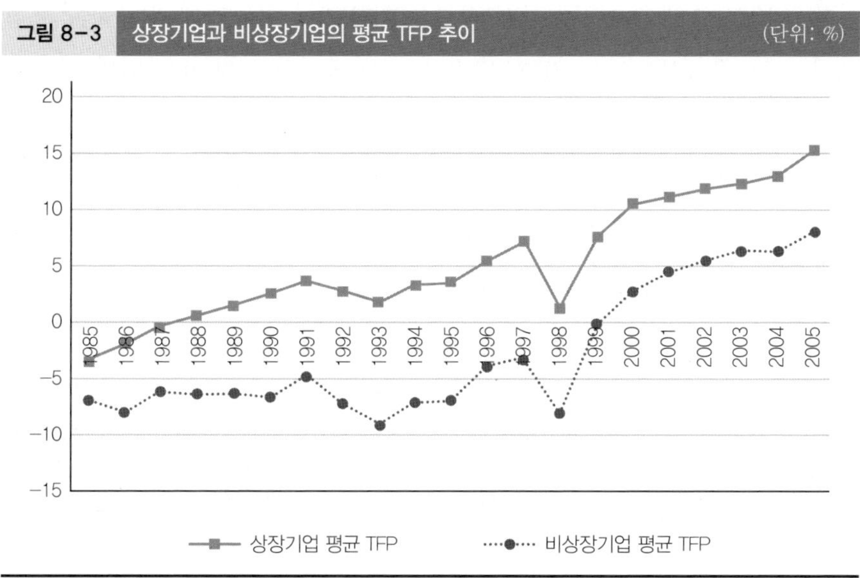

이후에 평균 TFP는 상장기업뿐만 아니라 비상장기업에서도 유의하게 지속적으로 상승하고 있음을 [그림 8-3]은 보여 준다.

2) 통계 자료

이 연구의 분석에 사용된 미시 데이터는 한국신용평가정보가 제공하는 기업 데이터이다. 이 데이터의 대상은 한국의 전체 상장기업과 법률에 따라 정해진 외부감사법인 기업이다.[2] 한국신용평가의 기업 데이터는 대상 기업의 대차대조표, 손익계산서, 제조원가명세서 등의 상세한 재무제표의 데이터를 제공한다. 본 논문은 1985년에서 2005년까지의 데이터를 이용하였다.

TFP를 계측하기 위해서 필요한 각 변수는 아래와 같이 작성하였다. 첫째, 실질산출액은 손익계산서 정보를 이용해서 매출액에 재고액을 조정해서 구한 명목산출액을 EUKLEMS 데이터베이스 2008의 산업별 산출물가지수(1995년 기준)로 나누어서 구하였다.[3]

둘째, 실질중간투입액은 명목중간투입액을 EUKLEMS 데이터베이스 2008의 산업별 중간투입물가지수(1995년 기준)로 나누어 구하였다. 명목중간투입액은 손익계산서의 정보를 이용해서 다음과 같은 식으로 구하였다.

2 외부감사기업이란 기업재무의 신뢰성 향상과 이해관계자의 권익 보호를 위해서 법률에 따라 외부감사 의무가 부여된 일정 규모 이상의 기업을 의미한다. 기업 규모의 기준은 1980년에 자산총액 30억 원 이상의 주식회사에서 물가상승을 반영해서 1990년에는 40억 원, 1993년에 60억 원, 1998년에 70억 원으로 변경되어 왔다.

3 도매업과 소매업의 명목산출액은 매출액에서 구입액을 뺀 값으로 하였다.

$$\text{매상원가} + \text{판매비} \times \text{일반관리비} - \text{임금총액} - \text{감가상각비} - \text{연구개발비}$$

셋째, 노동 투입은 기업정보 데이터로부터 종업원 수에 산업별·연도별 평균 노동시간을 곱해서 구하였다. 노동시간의 데이터도 EUKLEMS 데이터베이스 2008로부터 얻었다.

넷째, 각 기업의 실질자본스톡은 영구재고법을 이용해서 구하였다. 명목투자액은 아래와 같이 구하였다.

$$NOMI_t = KNB_t - KNB_{t-1} + DEP_t$$

여기서, $NOMI_t$는 명목투자액이고, KNB_t는 기업의 대차대조표 정보를 이용해서 유형고정자산액에서 토지와 건설가계정분을 뺀 것이고, DEP_t는 손익계산서의 판매비·일반관리비 부분으로 계상된 감가상각비와 제조원가명세표에 있는 감가상각비의 합계치이다. 실질투자액은 명목투자액을 투자재 가격지수로 나누어서 구하였다. 투자재 가격지수도 EUKLEMS 데이터베이스 2008로부터 얻었다.

요소비용 비중은 노동비용, 자본비용, 중간투입비용의 합계를 총비용으로 해서, 각 생산요소의 비용을 나누어서 구하였다. 노동비용으로는 임금총액을, 중간투입비용은 명목중간투입액을, 자본비용은 실질자본스톡에 자본의 사용자 비용을 곱해서 구하였다.

자본의 사용자 비용은 아래와 같은 식으로 구하였다.

$$C_k = \frac{1-z}{1-\mu} p \left[\lambda r + (1-\mu)(1-\lambda)i + \delta - \left(\frac{\dot{p}}{p} \right) \right]$$

여기서, μ는 실효세율, λ는 자기자본비율, r은 장기 시장금리, i는 장기 대출 프라임금리, δ는 감가상각률, p는 투자재 물가지수, $\dot{p}$는 투자재 물가지수의 평균치, z는 고정자본감가의 절약분이다. z는 이하의 식으로 계산하였다.

$$z=(\mu\times\delta)/[\lambda r+(1-\mu)(1-\lambda)i+\delta]$$

4. TFP 상승률의 분해 분석

1) TFP 상승률의 분해 분석 방법

앞에서 계측된 각 기업의 TFP를 산업 수준으로 집계하는 방법으로 Baily, Hulten, and Campbell(1992)의 방법을 이용하였다.

$$\ln TFP_t=\sum_f \theta_{f,t}\ln TFP_{f,t} \tag{3}$$

식 (3)에서 $\ln TFP_{f,t}$는 각 기업의 TFP 수준의 로그값이고, $\theta_{f,t}$는 기업 f가 속한 산업에서 당해 기업의 명목매출액 비중이다. 식 (3)으로 계산된 산업별 TFP의 상승률을 Forster, Haltiwanger, and Krizan(2001) 분해 방법을 이용해서 분해하였다. 산업별 TFP 상승률은 다음과 같이 다섯 효과로 분해할 수 있다.

$$
\begin{aligned}
&\Delta \ln TFP_{t-\tau,t} = \ln TFP_t - \ln TFP_{t-\tau} \\
&= \textstyle\sum_{f\in S} \theta_{f,t-\tau} \Delta \ln TFP_{f,t} : \text{내부 효과(within effect)} \\
&+ \textstyle\sum_{f\in S} \Delta\theta_{f,t} (\ln TFP_{f,t} - \overline{\ln TFP}_{f,t-\tau}) : \text{기업 간 효과(between effect)} \\
&+ \textstyle\sum_{f\in S} \Delta\theta_{f,t} \Delta \ln TFP_{f,t} : \text{공분산 효과(covariance effect)} \\
&+ \textstyle\sum_{f\in N} \theta_{f,t} (\ln TFP_{f,t} - \overline{\ln TFP}_{f,t-\tau}) : \text{진입 효과(entry effect)} \\
&+ \textstyle\sum_{f\in X} \theta_{f,t-\tau} (\overline{\ln TFP}_{f,t-\tau} - \ln TFP_{f,t-\tau}) : \text{퇴출 효과(exit effect)} \qquad (4)
\end{aligned}
$$

식 (4)에서 S는 기준년에서 비교년 사이에 존속한 기업의 집합을, N과 X는 각각 진입과 퇴출한 기업의 집합을 의미한다. 변수의 위에 표시된 선은 산업의 평균치를 나타내고, Δ는 기준년과 비교년 사이의 차분을 나타낸다.

식 (4)의 우변 첫 번째 항은 내부 효과이다. 이 효과는 존속기업들의 TFP 상승분을 초기 연도의 매출액 비중으로 가중평균해서 구한다. 이는 각 기업 내부에서 달성된 TFP 상승에 의해서 산업 전체의 TFP가 얼마나 상승하였는지를 보여 주는 효과를 나타낸다.

두 번째 항이 보여 주는 것은 기업 간 효과이다. 이 효과는 기업별 매출액 비중의 변화분을 기업의 기준년의 생산성 수준과 그 기업이 속한 산업 전체의 초기 평균 생산성과의 차이로 가중평균한 것이다. 이 경우 산업평균보다 생산성이 높은 기업의 비중이 높아지거나 산업평균보다 생산성이 낮은 기업의 비중이 낮아지면 산업 전체의 TFP의 상승률이 높아지게 된다.

세 번째 항은 공분산 효과로서 TFP 상승률과 비중 변화분의 곱을 합계한 것이다. 이는 존속기업들 중에서 TFP 상승률이 증가하는 기업들이 매출 비중을 높임으로써 또는 TFP 상승률이 하락하는 기업들이 매출 비중을 낮춤으로써 발생하는 산업 전체의 TFP 상승 효과를 반영한다. 두 번째와 세 번째 항의 합계는 존속기업 간의 자원재배분 효과를 의미한다.

네 번째 항은 진입 효과이다. 이 효과는 각 진입기업의 비교연도의 TFP 수준과 기준연도의 산업평균 TFP 수준 간의 차이를 비교연도의 매출액 비중으로 가중평균한 것이다. 진입기업의 비교연도 TFP 수준이 기준연도 산업평균 TFP보다 높은 경우에 이 기업의 진입은 산업 전체의 TFP를 높이게 된다.[4]

다섯 번째 항은 퇴출 효과이다. 이 효과는 기준연도의 산업평균 TFP 수준과 퇴출기업의 TFP 수준 간의 차이를 기준연도의 매출액 비중으로 가중평균해서 구한다.[5] 기준연도에 TFP 수준이 산업평균 TFP보다 낮은 기업이 퇴출할 경우에 산업 전체의 생산성 상승률은 높아진다.

2) TFP 상승률의 분해 분석 결과

(1) 전 산업

이 연구는 1985년에서 2005년까지의 기업 데이터를 이용해서, 안상훈(2006)처럼 아시아 금융위기 이전 기간(1990-1997)과 이후 기간(1997-2005)

---

4 여기서 진입기업은 설립연도 기준으로 정의된 것이 아니고, 자산 규모가 커져 새롭게 외부감사 의무가 부여된 기업이다. 이러한 기업 중에는 중소기업에서 성장한 기업뿐만 아니라, 대기업에서 분사된 기업이 있을 수도 있다.

5 여기서 퇴출기업은 폐업일자 기준으로 명확하게 분류된 기업이 아니고, 자산 규모가 작아져 외부감사 의무가 사라진 기업, 실제로 도산이나 폐업된 기업, 다른 기업에 의해 인수·합병된 기업, TFP가 계산되지 않거나 지나치게 높거나 낮은 기업을 포함한다.

의 두 기간으로 나누어서 TFP 상승률을 분해 분석한 결과와 금융위기 상황의 전후를 더 상세히 보기 위해서 금융위기 이전(1990-1995), 금융위기가 포함된 시기(1995-1999)와 금융위기 이후(1999-2005)의 세 기간으로 나누어서 분석한 결과를 제시한다. 분석 결과는 32개 산업의 TFP 상승률의 분해 결과를 각 산업의 비중으로 가중평균해서 집계한 결과만을 보고한다. [그림 8-4]와 [그림 8-5]는 전 산업에 대해서 2개의 시기와 3개의 시기를 나누어서 TFP 상승률을 분해 분석한 결과를 보여 준다.

[그림 8-4]는 아시아 금융위기로 인해 이루어진 개혁정책으로 인해서 위기 이후의 기간에 TFP 상승률이 전체적으로 상승하고 있음을 보여 준다. TFP 상승을 견인하는 요인 중에서 기업 내부의 생산성 상승을 의미하는 내부 효과는 금융위기 이후에 오히려 낮아졌음에도 여전히 기여가 가장

그림 8-4 전 산업의 TFP 연평균 상승률 분해 결과: 2개 시기 (단위: %)

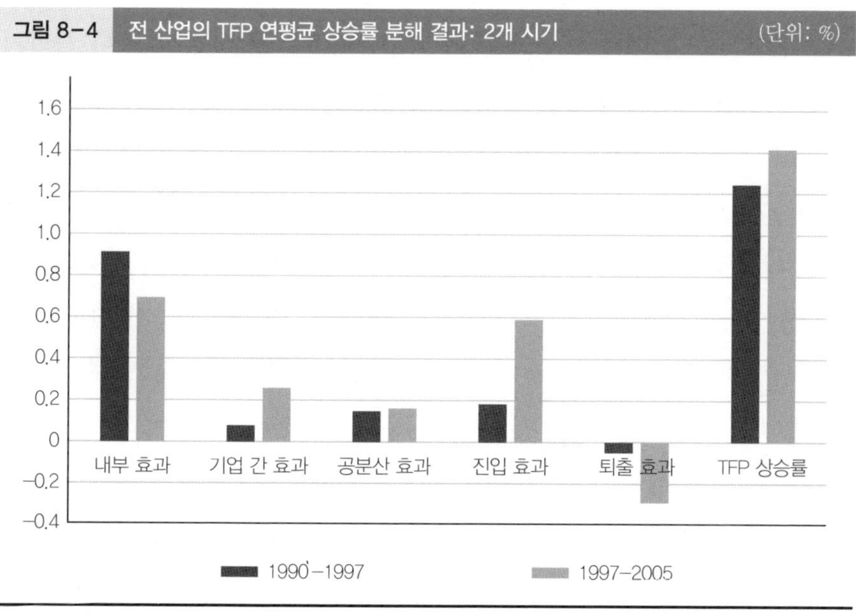

크고, 생산성이 상대적으로 높은 기업이 들어와서 생산성을 높이는 진입 효과가 두 번째로 크다. 다음으로 생산성이 상대적으로 높은 기업의 비중이 높아져서 전체 생산성을 높이는 기업 간 효과의 기여가 높다. 생산성이 상승하는 기업이 매출 비중을 확대하게 되는 공분산 효과도 전체 생산성 상승에 플러스로 기여하고 있다. 한편, 퇴출 효과는 Oh et al.(2006)과 Rhee and Pyo(2006)에서도 발견된 것처럼 생산성이 상대적으로 높은 기업이 시장에서 퇴출해서 전체 생산성에 마이너스로 기여하고 있다. 기간의 구분과 관계없이 퇴출 효과는 마이너스임을 확인할 수 있다. 생산성이 상대적으로 높은 기업이 퇴출하는 부자연스러운 현상이 지속되고 있음을 알 수 있다. 일본에서도 한국과 같은 현상이 일어나고 있다(Fukao and Kwon 2006).

이와 같은 현상이 일어나는 원인에 대한 주요한 연구로 다음 두 가지를 들 수 있다. 첫째, 불량채권 문제가 표면화되지 않도록 은행이 회생 가능성이 없는 기업에게 대출과 금리 감면을 지속적으로 실시하여 사라져야 할 기업을 연명시켰기 때문이라는 좀비기업가설이 있다(Caballero, Hoshi, and Kashyap 2008). 좀비기업의 존재는 산업의 평균 생산성을 낮추기 때문에 퇴출기업이 좀비기업보다 조금 생산성이 높아도 퇴출 효과는 마이너스가 될 가능성이 높다. 송상윤(2020)은 좀비기업의 비중이 높아지지 않으면 노동생산성이 연평균 1.01% 상승하는 결과를 보였다. 따라서 한국도 일본과 동일하게 좀비기업의 존재가 퇴출 효과의 기여를 마이너스로 하였을 가능성이 높다고 할 수 있다.

둘째, 퇴출 효과는 각 기업의 생산성을 매출액으로 가중평균으로 계산되기 때문에 매출액이 큰 기업의 퇴출을 과대평가하는 문제가 있다.[6] Ikeuchi et al.(2020)은 마이너스의 퇴출 효과의 절반은 엄청나게 생산성이 높은 매우 적은 수의 기업(경제센서스 데이터의 경우에 4.5%, 중소기업만의 데이터의 경우에 1%)에 의해 설명됨을 보였다. 이 결과는 생산성이 높아서 활발하게 투자하며 급속도로 성장하였던 기업이 자금경색이나 다른 기업에 인수·합병됨으로써 갑작스럽게 사라졌기 때문에 발생하였다고 할 수 있다. Ito and Miyakawa(2022)는 퇴출 효과의 많은 부분이 상대적으로 생산성이 높은 기업의 인수·합병에 의해 발생하였음을 보였다. 한국에서도 일본처럼 생산성이 높은 규모가 큰 기업의 갑작스러운 도산과 인수·합병이 퇴출 효과를 마이너스로 하였을 가능성이 높다. 앞으로 한국에서 관찰되는 마이너스 퇴출 효과의 원인에 대한 연구는 중요한 과제가 될 것 같다. 두 연구를 종합하면, 퇴출해야 할 비효율적인 기업이 남고, 퇴출되지 말아야 할 매우 효율적인 기업이 사라지는 부자연스러운 선택(unnatural selection)이 일어나서 퇴출 효과가 전체 TFP 상승에 마이너스로 기여하게 되었다고 할 수 있다.

[그림 8-5]는 세 시기로 나누어서 TFP 상승률의 분해 분석한 결과를 나타낸다.

금융위기를 포함한 시기에 TFP 상승률이 마이너스가 아닌 점이 놀랍지만, 내부 효과가 극단적으로 낮고, 기업 간 효과가 마이너스로 기여하는 부분과 공분산 효과가 아주 높다는 점이 다른 시기와 다르다. 기업 간 효과가 마이너스로 기여하는 것은 금융위기 이전 시점의 산업평균 TFP와 금융위기 시점의 기업 TFP를 비교하기 때문에 일어나는 현상으로 생각된

6 경제총조사 데이터, 광업제조업조사 등과 같은 경제 전체나 제조업 전체를 커버하는 데이터에서도 동일한 결과가 얻어지는지 확인할 필요가 있다.

그림 8-5 전 산업의 TFP 연평균 상승률 분해 결과: 3개 시기 (단위: %)

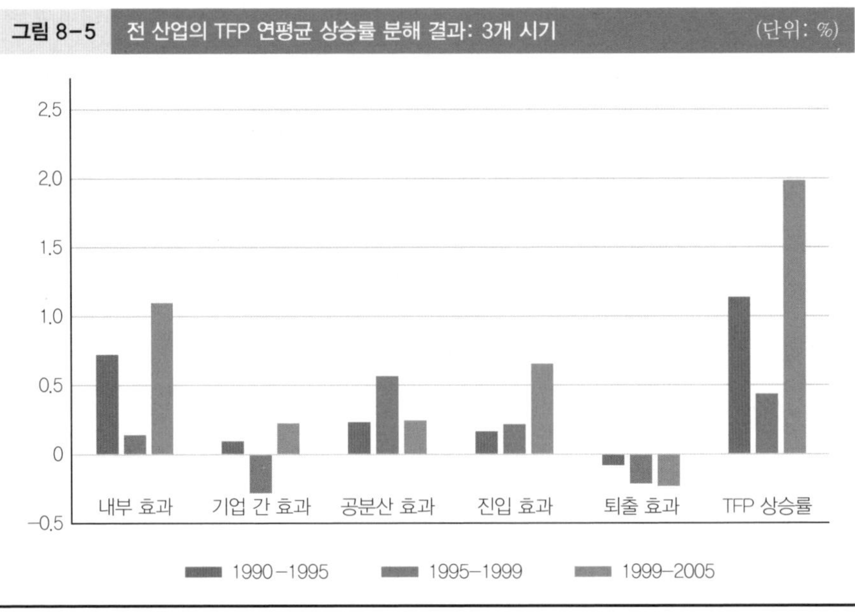

다. 즉, 1999년 생산성 수준이 1995년의 산업평균 TFP보다 낮은 많은 기업들이 생존을 위해서 낮은 가격으로 매출액을 증가시키고자 하기 때문에 일어난다. 그 가운데서도 TFP가 상승하는 기업의 매출 비중이 증가함을 의미하는 공분산 효과는 플러스로 기여한다. 이 결과는 어려운 환경 가운데 TFP 상승이 기업 경쟁력의 원천임을 시사한다. 안상훈(2006)에서도 위기가 포함된 기간에는 이 연구의 결과와 동일하게 기업 간 효과는 마이너스로, 공분산 효과는 플러스로 기여하는 결과를 보이고 있다.

기업 간 효과와 공분산 효과의 합계를 자원재배분 효과라고도 하는데, 위기의 시기를 포함한 기간 중에 자원의 재배분 효과는 플러스로 기여하고 있음을 알 수 있다. 아시아 금융위기 이후의 TFP 상승률은 [그림 8-4]의 결과와 동일하다.

(2) 제조업과 비제조업

(1)에서 구한 전 산업을 대상으로 두 기간과 세 기간으로 나누어서 TFP 상승률 분해 분석을 한 것처럼, 여기서는 같은 기간 구분을 제조업과 비제조업에 따로 적용해서 분석한다. 제조업과 비제조업의 TFP 상승률 합계는 (1)에서 구한 전 산업의 TFP 상승률과 같다. 5개의 효과도 마찬가지로 제조업과 비제조업의 합계가 전 산업에서 구한 각 효과의 값과 동일하다.

[그림 8-6]과 [그림 8-7]은 아시아 금융위기 이전과 이후의 기간을 제조업과 비제조업으로 나누어서 분석한 결과를 보여 주고 있다.

[그림 8-6]이 보여 주듯이, 아시아 금융위기 이전에 TFP 상승률은 업종과 관계없이 내부 효과에 의해 견인되고 있음을 알 수 있다. 비제조업에서는 내부 효과뿐만 아니라 자원재배분 효과와 진입 효과의 공헌도 커서

그림 8-6 제조업 · 비제조업의 TFP 연평균 상승률 분해 결과: 전반기(1990-1997) (단위: %)

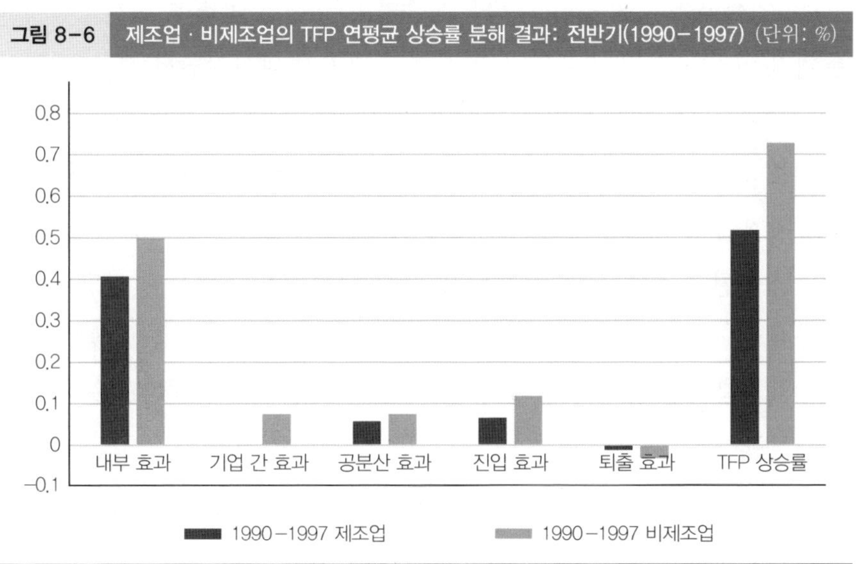

그림 8-7 제조업 · 비제조업의 TFP 연평균 상승률 분해 결과: 후반기(1997-2005) (단위: %)

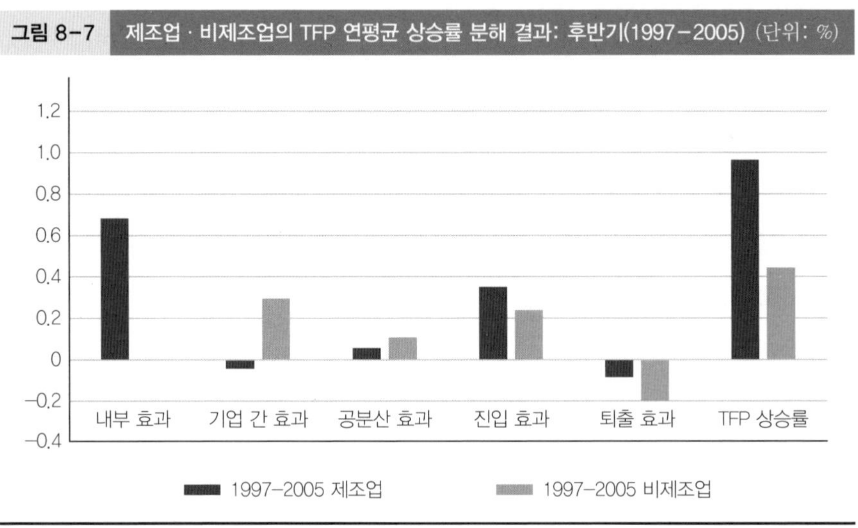

TFP 상승률이 제조업보다 높게 나타나고 있다.

위기 이후에는 제조업은 TFP 상승률이 개선된 반면에 비제조업에서는 위기 이전과 달리 내부 효과의 기여가 현저히 낮아지면서 전체 TFP 상승률이 제조업보다 낮아졌다. 아시아 금융위기 이후에 경제의 빠른 회복은 제조업이 주도하였다고 할 수 있다. 이와 같은 결과는 제조업에 속한 재벌 대기업에 대해서 부채 비율 200% 제한, 사외이사제 의무화, 소액주주의 소송권과 장부열람권, 계열사 간 채무보증 전면 금지, 부당내부거래 규제 등과 같은 조치가 비제조업보다 재벌 대기업의 비중이 높은 제조업에서 시장경쟁 압력을 높여 생산성 개선에 더 크게 기여하였을 가능성을 시사한다.

[그림 8-8]에서 [그림 8-10]은 제조업과 비제조업을 세 기간으로 나누어서 TFP 상승률 분해 분석한 결과이다.

그림 8-8 제조업 · 비제조업의 TFP 연평균 상승률 분해 결과: 위기 이전(1990-1995) (단위: %)

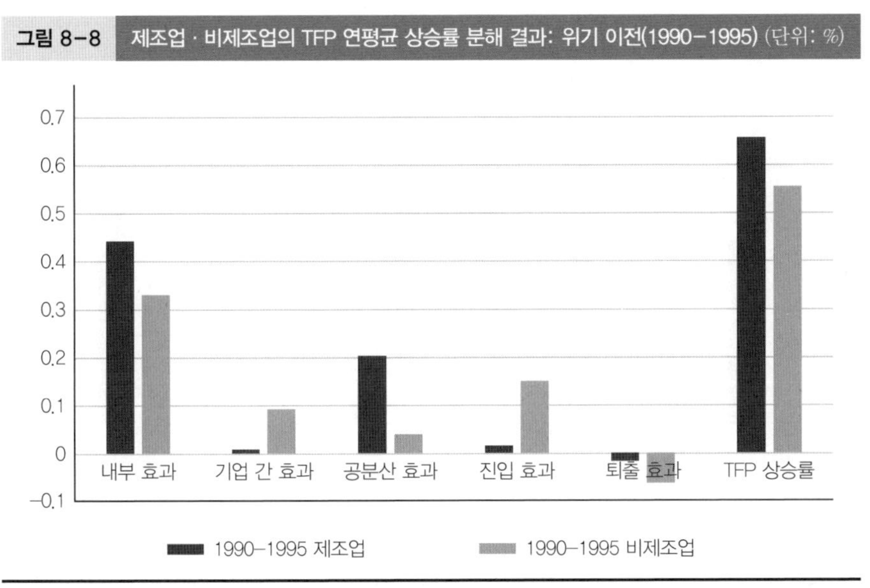

그림 8-9 제조업 · 비제조업의 TFP 연평균 상승률 분해 결과: 위기(1995-1999) (단위: %)

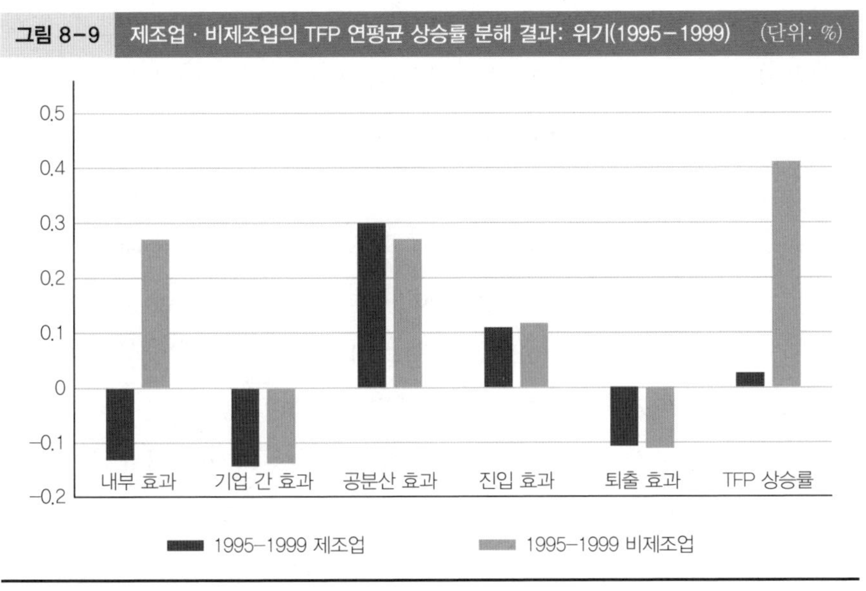

그림 8-10 제조업 · 비제조업의 TFP 연평균 상승률 분해 결과: 위기 이후(1999-2005) (단위: %)

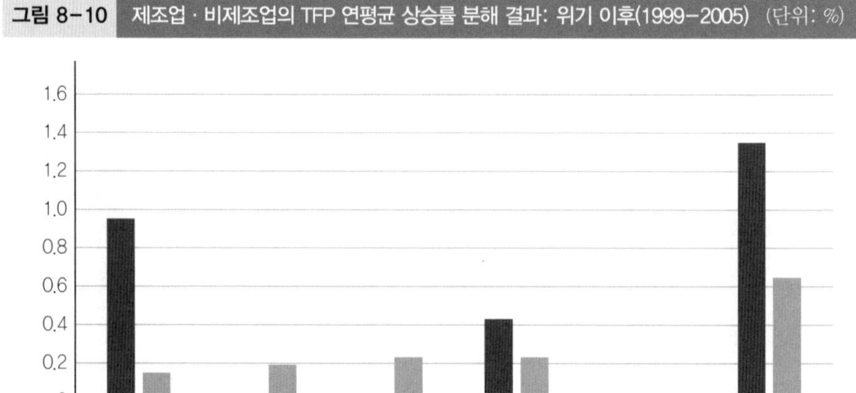

[그림 8-8]에서 [그림 8-10]을 통해 업종과 시기에 관계없이 TFP 상승률을 견인하는 요인은 내부 효과임을 확인할 수 있다. 아시아 금융위기 상황에서 제조업의 내부 효과 기여는 현저하게 하락하는 반면에 비제조업의 내부 효과는 거의 변화가 없다. 이는 제조업의 내부 효과는 경기순응적(procyclical)인 반면에 비제조업의 내부 효과는 경기역행적(countercyclical)일 수 있음을 보여 준다. 이는 Comin and Gertler(2006)가 새로운 기술에 의한 창조적 파괴(creative destruction)현상이 빠르게 일어날수록 생산성이 경기순응적이고, 새로운 기술의 도입이 늦어지면 생산성이 경기역행적임을 보인 이론 모델과 정합적인 결과라고 볼 수 있다. 또한 아시아 금융위기로 대우그룹을 필두로 많은 재벌그룹에 속하였던 자동차, 조선, 전자산업에 속한 기업들이 워크아웃 대상이 되면서 구조조정이 이루어졌을 뿐만 아니

라 경영상 문제가 없었던 기업도 수출 감소로 인한 타격이 매우 컸기 때문에, 제조업에서 급속한 내부 효과의 감소를 경험하였다고 볼 수 있다.

금융위기의 상황에서 업종과 관계없이 기업 간 효과와 공분산 효과가 반대로 기여하고 있음을 알 수 있다. 또한 업종과 시기에 관계없이 부의 퇴출 효과가 관찰되고 있다. 이는 많은 시장경쟁 기능을 강화하는 정책에도 불구하고 한국경제의 신진대사에 문제가 남아 있음을 의미한다고 생각한다.

(3) 상장기업과 비상장기업

(1)에서 전 산업을 대상으로 두 기간과 세 기간으로 나누어서 TFP 상승률 분해 분석을 한 것처럼, 여기서는 같은 기간 구분을 상장기업과 비상장

그림 8-11 상장기업 · 비상장기업의 TFP 연평균 상승률 분해 결과: 전반기(1990-1997) (단위: %)

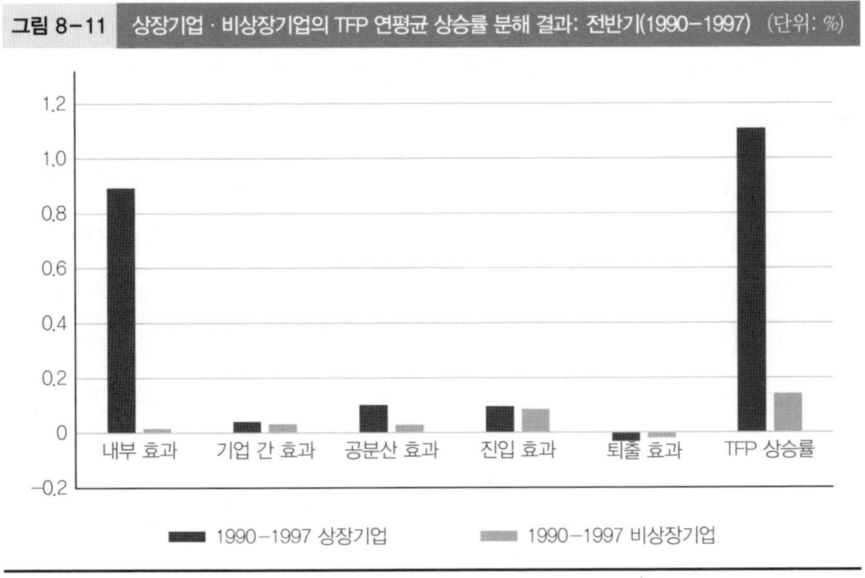

그림 8-12 상장기업 · 비상장기업의 TFP 연평균 상승률 분해 결과: 후반기(1997-2005) (단위: %)

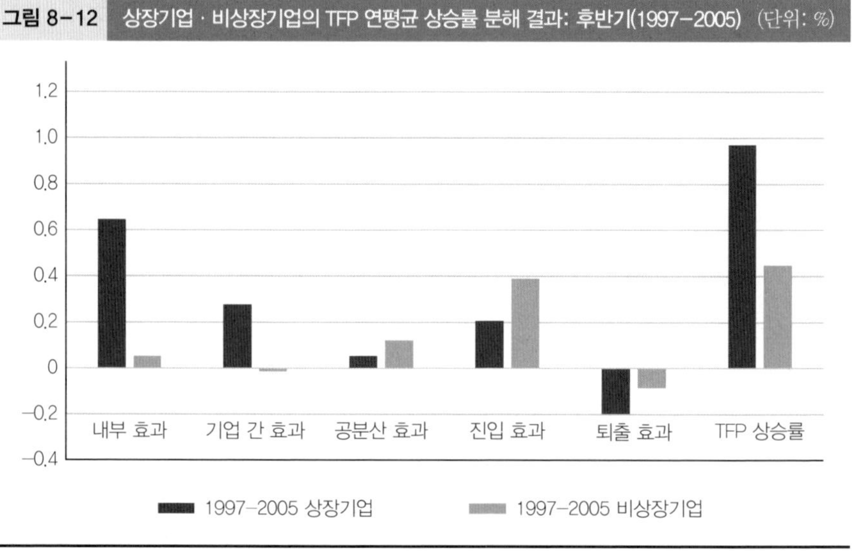

장기업에 따로 적용해서 분석한다.

[그림 8-11]과 [그림 8-12]는 아시아 금융위기 전후에 상장기업과 비상장기업의 TFP 상승률이 어떠하였는지를 보여 준다. 상장기업은 위기 전후에 큰 변화가 없기 때문에 아시아 금융위기의 영향을 크게 받지 않았음을 시사한다. 반면에 비상장기업의 TFP 상승률은 상대적으로 생산성이 높은 기업들이 많이 진입함을 통해 상승하고 있음을 알 수 있다. 기존의 재벌 대기업에 대한 경영의 투명화와 부당한 내부거래 등을 금지함으로써 시장의 공정한 경쟁환경이 조성되면서 새롭게 진입한 기업들이 경제 전체에 활력이 되고 있을 가능성을 강하게 시사하는 결과이다.

[그림 8-13]에서 [그림 8-15]는 세 시기에 대한 상장기업과 비상장기업의 TFP 상승률 분해 분석의 결과이다.

그림 8-13 상장기업 · 비상장기업의 TFP 연평균 상승률 분해 결과: 위기 이전(1990-1995) (단위: %)

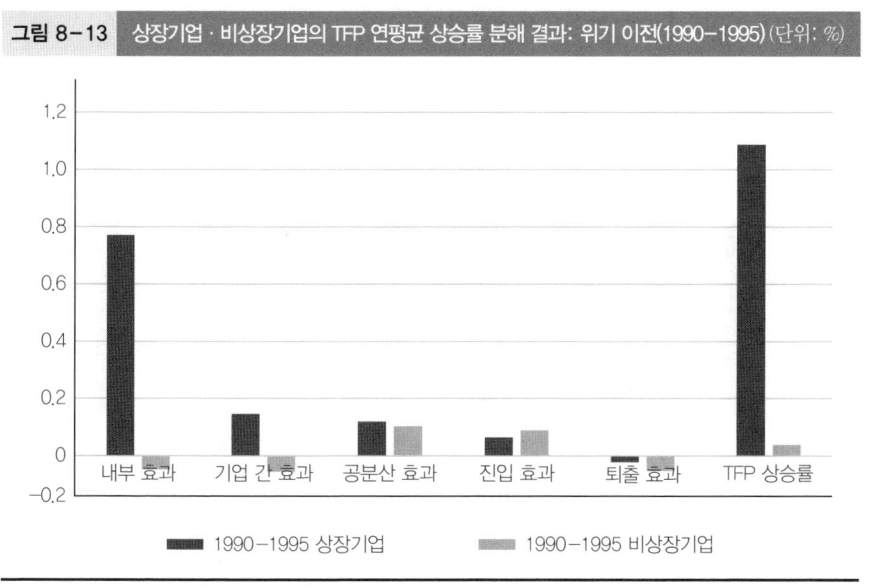

그림 8-14 상장기업 · 비상장기업의 TFP 연평균 상승률 분해 결과: 위기(1995-1999) (단위: %)

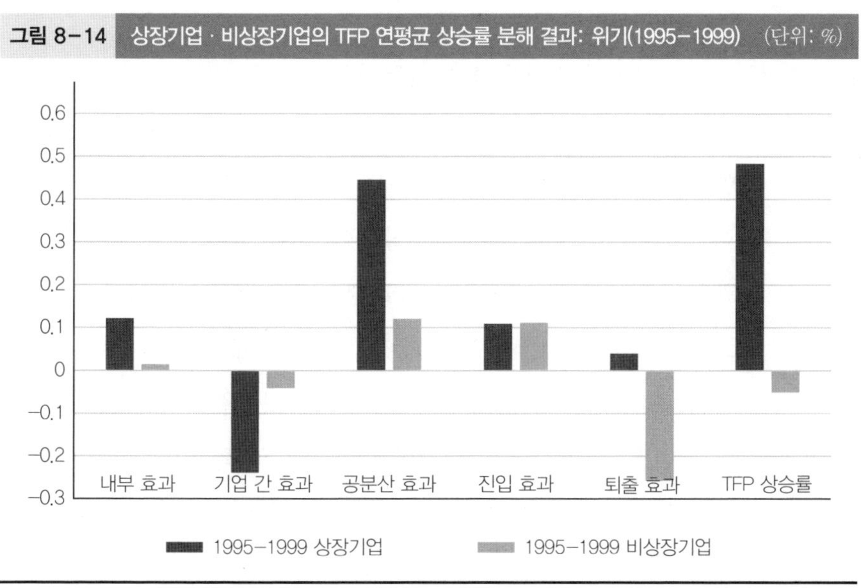

그림 8-15 상장기업 · 비상장기업의 TFP 연평균 상승률 분해 결과: 위기 이후(1999-2005) (단위: %)

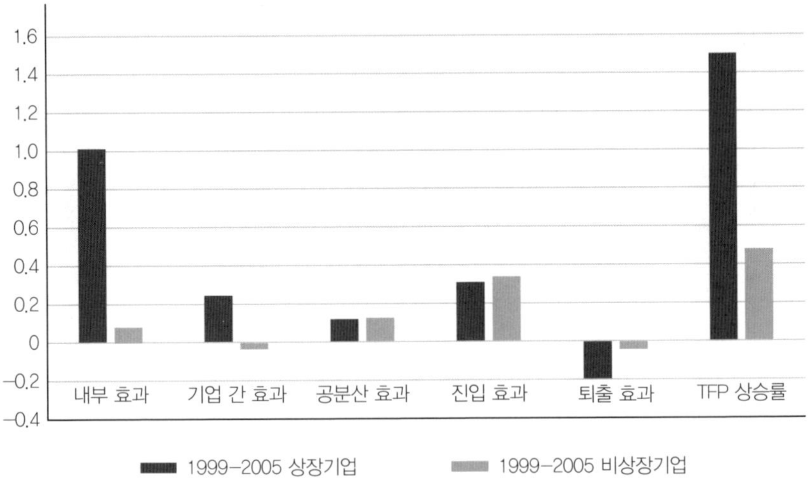

1.6
1.4
1.2
1.0
0.8
0.6
0.4
0.2
0
-0.2
-0.4

내부 효과 기업 간 효과 공분산 효과 진입 효과 퇴출 효과 TFP 상승률

1999-2005 상장기업 1999-2005 비상장기업

기본적으로 전체 TFP 상승률을 견인하는 요인은 내부 효과임을 알 수 있다. 상장기업은 앞에서 본 것처럼 아시아 금융위기에 의한 악영향은 한정적인 반면에 비상장기업의 TFP 상승률이 마이너스가 될 정도로 타격이 컸음을 알 수 있다. 상장기업은 위기 상황에 내부 효과가 감소한 부분을 공분산 효과의 증가분으로 상쇄하며 TFP 상승률을 유지하였음을 알 수 있다. 이는 Oh et al.(2006)이 금융위기 이후 한국경제의 회복은 주로 성공적인 구조조정을 거친 대기업에 의해서 이루어졌다는 결과와는 달리, 대기업은 대기업 간의 자원 배분으로 위기에 대처하였다고 볼 수 있다. 비상장기업의 경우에 아시아 금융위기 전에도 TFP 상승률이 정체하고 있는 상황에 상대적으로 생산성이 높은 기업이 시장에서 퇴출하는 부의 퇴출 효과

가 커지면서 TFP 상승률이 마이너스로 전락하였다. [그림 8-15]는 앞에서 위기 이후에 진입 효과의 기여로 비상장기업의 TFP 상승률이 높아진 것과 동일한 결과를 보여 준다.

5. 맺음말

한국의 기업 데이터를 구축해서 아시아 금융위기 이후에 한국의 TFP 상승률 변화와 그 변화의 원천을 TFP 상승률 분해를 통하여 분석하였다.

TFP 상승률 분해 분석을 통해서 얻어진 결과는 다음과 같다.

첫째, 전 산업을 대상으로 분석한 결과는 아시아 금융위기 이후에 시장의 경쟁 기능을 강화하는 기업구조 개혁정책이 TFP 상승에 상당히 기여하였을 가능성을 시사한다. 이는 Aghion, Antonin, and Bunel(2021)이 지적한 것처럼 위기의 상황에 적절한 대응을 통해서 한국경제가 혁신 주도 성장으로 도약하였다고 볼 수 있다.

둘째, 전 산업을 대상으로 분석한 동일한 기간에 대해 제조업과 비제조업을 나누어서 TFP 상승률 분해 분석을 한 결과 제조업에서 TFP가 더욱 크게 상승하였음을 확인할 수 있었다. 이는 아시아 금융위기 이후에 경제의 빠른 회복은 제조업이 주도하였다는 것을 시사한다.

셋째, 아시아 금융위기는 놀랍게도 기업 규모가 큰 상장기업의 TFP 상승률에 나쁜 영향을 거의 미치지 않았고, 비상장기업이 금융위기로 가장 큰 피해를 입었음을 확인하였다. 이는 상장기업이 고생산성의 비상장기업을 인수·합병한 결과일 수도 있다. 금융위기 이후에 생산성이 상대적으로 높은 기업이 진입해서 비상장기업 전체의 TFP가 개선되었음을 확인할 수 있었다.

마지막으로 분석 기간, 업종, 기업의 형태와 관계없이 부의 퇴출 효과가 관찰되었다. 한국에서는 일본처럼 생산성이 상대적으로 높은 기업이 퇴출하고, 생산성이 낮은 좀비기업이 생존하는 부자연스러운 현상이 일어나고 있다. 한국경제의 체질 개선을 위한 개혁을 계속해야 할 것이다.

아시아 금융위기가 발생한 이후의 대응으로 단기간에 너무 많은 개혁 정책이 있었다. 이 연구는 개별 정책의 효과를 분리해서 분석하지 못한 한계가 있다. 이러한 한계 극복을 앞으로의 연구과제로 하고자 한다. 구체적인 연구목표는, 위기극복을 위해 추진된 정책들이 기업의 생산성에 어떻게 영향을 미쳤는지에 대해서 현재 구축된 장기간의 한국 기업 생산성 데이터, 정책변수, 최신 계량경제학 기법을 결합해서 정책의 인과적 효과를 엄밀하게 실증해서 증거 기반 정책 실시를 위한 기초를 제공하는 것이다.

제3부

인적자본과 사회문화

제9장

한국 여성 초중등교육의 확대, 1960-1990

_ 김지영 · 고선

1. 머리말

학교 교육이 보편적으로 확대되는 과정에서 성별 불평등은 흔하게 관찰된다. 물론 19세기 미국에서의 초등교육 확대 과정처럼 성별 불평등 없이 교육기회가 보편적으로 확산된 예외적인 경우도 있었다(Goldin and Katz 2010; Go and Lindert 2010). 하지만 대부분의 국가에서 정규 학교 교육은 학령기 남성 인구를 중심으로 확대된 다음 그 대상이 여성으로 확산되며 성별 격차가 줄어드는 형태를 보여 왔다. 메이지 시기에 시작된 일본 초등교육 역시 남성을 중심으로 확대되었고, 이후 여성의 학교 교육이 증가하며 남성의 교육 수준을 따라잡았다(이명실 2008). 많은 개발도상국의 경험도 비슷하다. 인도, 파키스탄, 이집트, 나이지리아 등 아시아와 아프리카 국가들의 초등학교 취학률 추이를 보면 교육의 초기에는 성별 격차가 크게 나타나다가 남성 취학률이 충분히 높아지고 나서야 여성 취학률이 뒤따라 상승하며 남녀 간 차이가 줄어들기 시작한다(Kelly 1990). 한국의 경우에도 초등교육, 중등교육, 고등교육 모두 초기에는 남성 위주로 교육기회가 확대되었고 여성의 교육기회는 한동안 제한되어 있었다(김낙년 외 2018; 박기주 2012; 조경원·이배용 2000).

초중등교육 초기의 성별 교육격차가 어떠한 요인으로 인하여 발생하였는지, 또한 남성 중심의 교육이 어떻게 여성 교육으로 확대되었으며 그로 인한 성별 교육격차의 축소가 여성의 경제 활동에 어떤 영향을 미쳤는지에 대한 연구는 다양하게 이루어져 왔다. Bertocchi and Bozzano(2016)는 19세기 후반 통합 이탈리아에 대해 연구하며, 성별 교육격차는 오랜 문화적 배경의 산물이고 전통 관념은 상당히 느리게 변화하였다고 설명한다. 중세 상업의 발달은 여성의 경제 활동 참여를 촉진하여 여성의 문해율을 높이는 역할을 하였고, 이후 19세기가 되어서도 과거 상업이 발달하였던 지역에서는 다른 지역에 비해 성별 교육격차가 적었다. 이러한 격차는 추후 국가의 교육투자가 적극적으로 이루어지며 해소되지만 완전히 사라지기까지는 상당한 시간이 소요되었다. 한편, Ganguli, Hausmann, and Viarengo(2014)는 40여 개국의 센서스 미시 자료를 분석하여 성별 교육격차가 감소하더라도 경제활동참가율의 남녀 간, 기혼-미혼 여성 간, 유자녀-무자녀 여성 간 차이는 여전히 국가 간에 이질적으로 나타남을 보였다. Knodel(1997)은 태국의 성별 교육격차 축소의 원인을 살펴보았고, 이는 단순히 남아선호 사상이 약화되면서 발생한 것이 아니라 학교 교육 결정과 관련된 사회경제적 요인들의 변화가 중요하게 작용했다고 설명하였다.

한국의 여성 교육 확대와 성별 교육격차 감소에 대해서도 그동안 다양한 관점에서 연구가 이루어졌다. Ahn(2011)은 해방 이후 여성 교육의 발전 과정을 시대별 여성 노동시장의 상황 및 당대의 교육정책과 연계하여 살펴보았고, 김기헌·방하남(2005)은 한국 고등교육의 성별 격차 감소 추세를 일본과 비교하여 분석하였다. 백일우·임정준(2009)은 여성 고등교육의 확대가 이후 노동시장에서 성별 임금격차의 완화에 기여하였음을 노동패널 자료 분석을 통해 보였다. 정책이나 경제적인 영향 이외에 1970년대 여성의 중등교육이 팽창하던 시기에 실제 여학생들의 인식이 어떠하였는지에 대한 연구도 이루어졌다(윤은순 2020).

일부 연구는 식민지로 거슬러 올라가 여성 교육에 대해 살펴보았다. 식민지기는 여성의 교육이 상당히 제한적이었으며, 남성을 중심으로 하는 초등교육이 확대되던 시기로서의 특징을 가진다. 따라서 이 시기를 분석한 선행 연구는 주로 초등교육을 중심으로 이루어졌는데, 당시의 초등교육 팽창이 지역 출산율 등과 관계가 있고 특히 여성의 경우에는 교육 이후의 결혼과 출산에 다시 영향을 주기도 하였다는 결과를 제시한다. 예를 들면, 박이택(2020)은 1930년 면 단위 자료를 이용해 출산율과 취학률 사이의 상충관계를 구명하려고 시도하였으며, 고선(2018)은 1975년 인구총조사 미시 자료를 이용하여 여성 교육 수준의 변화가 결혼 연령 및 이후 출생아 수와 관련되었음을 보였다.

이 연구에서는 남성 위주의 교육기회가 확대되던 상황에서 어떻게 여성에 대한 교육이 뒤늦게 확산되었는지 한국의 역사 자료를 통해 살펴보려고 한다. 우선 여성 교육의 확대가 진행된 과정을 관련 통계를 활용하여 개관한다. 그리고 여성 교육의 확대를 설명하기 위해 가구 내 자원 배분 경합 모형을 바탕으로 여성의 진학을 촉진할 수 있었던 여성 노동시장 여건의 변화, 교육과 결혼의 관계 등의 자료를 사용하여 차례로 검토해 본다. 또한 이러한 수요 측 요인과 별개로 여학교의 설립 증가, 여교사의 증가 등 공급 측 요인이 영향을 미쳤을 가능성에 대해서도 검토한다. 이 연구는 한국 여성 교육의 확대를 통계 자료로 개관하고 여성 교육 확대를 설명할 수 있는 주요 가설들에 대해 각각 자료를 활용하여 검토해 본다는 점에서 다른 선행 연구와 차별성을 갖는다.

물론 여성 교육 확대를 설명하는 각각의 이론과 경로에 대해 엄밀히 분석하고 평가하는 과업은 방대할 수밖에 없고, 각각의 주제에 대해 독립된 연구논문으로 진행하는 것이 타당하다. 이 연구에서는 한국 여성 초중등교육 확대 과정을 개관하고, 이를 설명하기 위한 이론과 경로의 타당성에 대해서는 시론적으로 검토한다. 그리고 각 이론과 경로에 대한 면밀한 분석은 후속 연구의 과제로 남긴다.

이하에서는 우선 한국 여성 교육의 확대 과정을 취학률 통계를 이용해 살펴보도록 한다. 그 다음에는 성별 교육격차의 소멸을 설명하는 가설들을 소개한다. 이러한 가설들로는 미래소득 증대를 위한 교육투자, 결혼시장의 배우자 매칭 향상을 위한 교육투자, 가구 내 자원 배분에 따른 교육투자, 공급 측 요인에 따른 교육 확대 등이 있으며, 각 가설은 서로 배제적이지 않으며 동시에 성립될 수도 있다. 그리고 센서스 원시 자료를 포함한 다양한 역사 자료를 이용하여 각 가설들의 유효성을 검토해 볼 것이다.

2. 여성 취학률의 확대

한국의 각급 학교 취학률은 시기별로 다른 성장 추이를 보인다. [그림 9-1]은 유치원, 초등학교, 중학교, 고등학교의 취학률 변화를 자료가 가용한 시기부터 현재까지 나타낸다. 취학률은 학생 수를 학령 인구로 나눈 값이다. 초등학교 학생 수는 식민지기부터의 자료가 존재하나, 해당 시기에 초등학교 학제와 학령이 변화하였고 학령 인구 자료가 충분하지 않다는 문제점이 존재한다. 따라서 취학률을 계산하기 위해서는 학령 인구에 대한 추정이 불가피하다. 식민지기의 학령 인구를 추정하는 방법 중 한 가지로 5년 단위로 조사된 센서스 자료로부터 5세부터 14세까지의 인구 자료를 취한 뒤, 이 값에 로그선형 추세를 반영하여 연도별 인구를 예측하는 방식을 고려할 수 있다. 실제 초등교육 학령 인구는 보통 연령 하한이 5세보다 크고 연령 상한이 14세보다 작기 때문에 이렇게 추정할 때에는 취학

그림 9-1 취학률 추이 (단위: %)

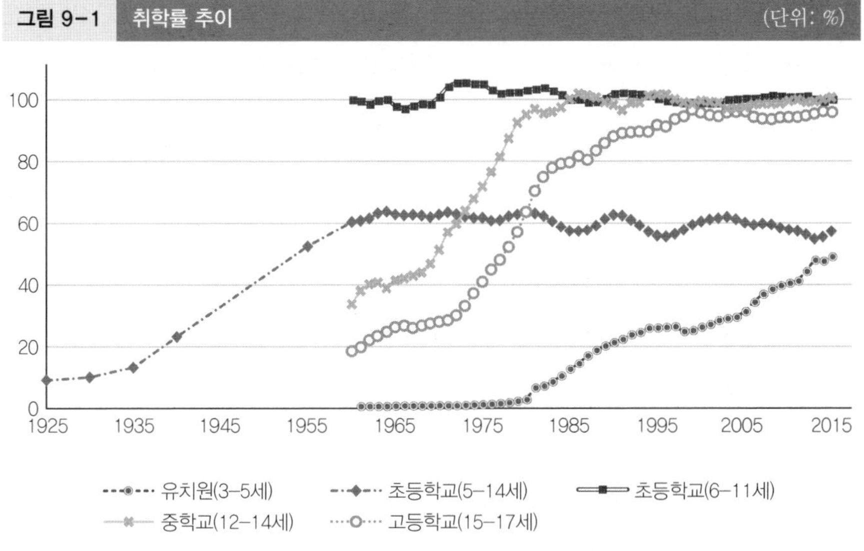

자료: 김낙년 외(2018: 220, 그림 E-c).

률이 과소 추계될 가능성이 있다. 하지만 이 방법은 보통 학령 인구 자료가 부족하더라도 5-14세 인구 자료는 가용한 경우가 많아 여러 연구에서 폭넓게 활용되고 있어, 국제 비교가 가능하다는 장점을 갖고 있다. 또한 이 방법을 사용할 경우 분모에 일관성을 두어 학교 교육 접근성의 확대 추이를 잘 보여 준다는 이점도 있다. [그림 9-1]에서도 같은 방식으로 계산한 취학률 추이를 식민지기부터 현재까지 보여 준다. 이 추세에 따르면 남녀 모두를 합산한 초등교육 취학률은 1920년대부터 완만하게 상승하다가 1930년대부터 빠르게 증가한다. 이 추세는 1950년대까지 이어진다. 1940년대는 제2차 세계대전, 식민지체제의 붕괴와 해방, 대한민국 건국, 한국전쟁 등이 겹치며 자료가 부족하지만 1930년대와 1950년대의 추이로 미루어 보았을 때 비슷한 증가 추세가 이어졌을 것으로 추측된다. 1950년대 말이 되면 5-14세 인구 기준으로 취학률은 60%에 달하게 되고, 이 수준은 1980년대까지 이어진다. 이는 초등교육 취학률이 1950년대 말에 달하면 실제 학령 인구 기준으로는 가능한 최대 수준을 달성하였을 가능성을 시시한다. 실제로 해방 이후 미군정기부터 초등교육 확대를 위한 정책적인 노력이 이어졌다. 대한민국 건국 이후에는 교육정책의 초점이 초등 무상의무교육 실현에 맞추어졌고, 한국전쟁 이후 본격적으로 전개된 초등교육 확대정책의 성과가 1950년대 말에 나타났다고 볼 수 있다(교육50년사편찬위원회 1998; 중앙대학교 부설 한국교육문제연구소 1974; 한국교육개발원 1998). 1960년부터는 연도별로 학령 인구 규모 자료가 존재하므로, 실제 학령인구 대비 취학률 계산이 가능하다. 초등교육 취학연령인 6-11세 인구 대비 초등학생 비율이 1960년대부터 이미 100%에 달하였다는 점은 이러한 추측이 옳음을 뒷받침한다.

중학교와 고등학교 취학률도 시기별로 유사한 증가 추이를 보여 준다. 1960년대 초반 중학교 취학률은 30% 수준이었고, 고등학교 취학률은 20% 이하였다. 1960년대에는 중학교 취학률과 고등학교 취학률 모두 완만하게 증가하였다. 1970년대는 두 취학률이 모두 빠르게 증가한 시기였고, 1980년대에는 다시 상승세가 완만해졌다. 1970년대 중등교육 팽창의 배경에는 1969년부터 시작된 중학교 무시험 추첨배정제, 1974년 고교 평준화 도입으로 시작된 중학교와 고등학교 교육 확대를 위한 정책적 노력이 있었다. 중학교 취학률은 1980년대 초반 100%에 근접하였고, 고등학교 취학률은 시간이 더 걸려 1990년대 후반이 되어서야 100% 수준에 이른다. 중학교와 고등학교의 의무교육 또는 무상교육화는 보편적으로 확대가 이루어진 이후에 본격적으로 진행되었다. 중학교 의무교육은 1985년부터 1986년 사이에 도서벽지 지역에서 먼저 실시되었고, 1992년부터 1994년까지는 읍면 지역, 2002년부터 2004년에는 나머지 시 지역에서 시행되었다. 고등학교는 2021년부터 무상교육이 되었으나 현재까지 의무교육으로 실시되지는 않고 있다.

유치원의 경우에는 1980년대부터 취학률이 증가하였다. 1990년대 중후반 다소 정체하였던 유치원 취학률 증가 추이는 유아교육 및 보육에 대한 정책 지원이 본격화된 2000년대부터 다시 증가하였다. 2000년대 중반 이후로 증가율이 급격히 상승하여 현재는 50% 수준에 달한다. 한국의 유아교육 및 보육 체계가 유치원과 어린이집으로 이원화된 점을 고려할 때 어린이집 등 보육기관에 재원 중인 학생 수를 포함하면 유아교육 이용률 역시 상당히 높은 수준일 것으로 추측해 볼 수 있다.

하지만 전반적인 취학률 증가가 여성과 남성에게 동일하게 적용된 것은 아니었다. [그림 9-2]는 각급 학교 학생 중 여학생과 남학생의 비율이 어떻게 변화하였는지 보여 준다. 만약 각급 학교 교육이 성별과 무관하게 확대되었다면 남학생 1인당 여학생 수는 이른 시기부터 1에 근접한 채 변화가 없었을 것이나, [그림 9-2]는 다른 추이를 보여 준다. 1950년대부터 각급 학교의 남학생 1인당 여학생 수는 1보다 훨씬 작았다. 이는 초기 학교 교육이 남성에게 크게 편중되어 있었음을 의미하며, 시간에 따른 성별 격차의 축소는 각급 학교별로 다르게 나타났다. 초등교육의 성별 취학격차는 1950년대부터 빠르게 감소하였고, 1960년대 중반이 되면 거의 소멸한다. 사실 남성의 초등교육은 식민지기 말인 1940년대에 이미 보편적인 수준에 가깝게 확대(Go and Park 2019)되었기 때문에, 해방 이후 1950년대까지 초등학교 취학률의 성별 격차 감소는 당시 초등 무상의무교육정책의

그림 9-2 남학생 1인당 여학생 (단위: 명)

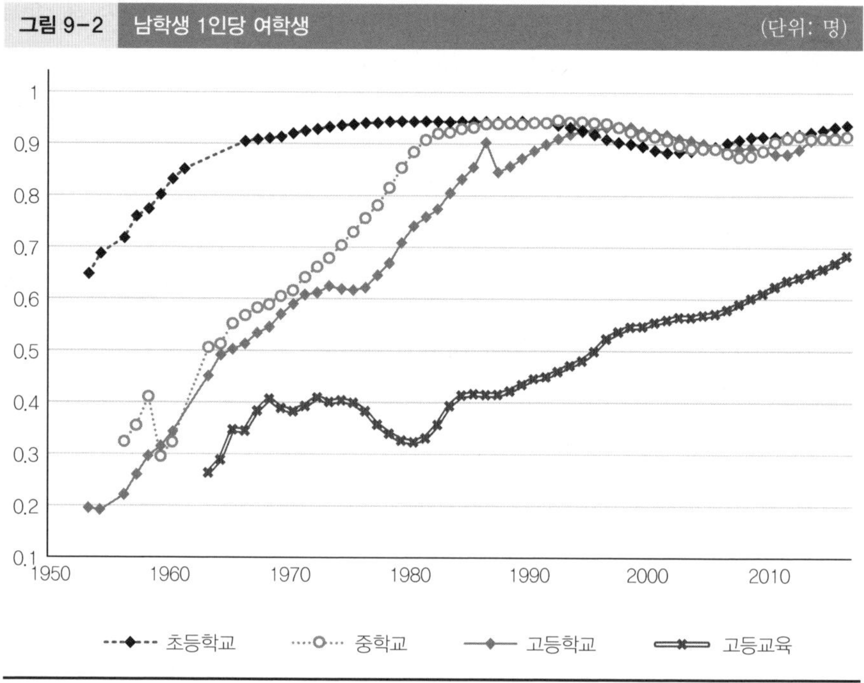

자료: 김낙년 외(2018: 220, 그림 E-e).

성과로 볼 수 있다. 한국 초등교육의 보편적 확대는 성별 격차를 줄이고, 여성에게 교육기회를 확대하며 달성된 것이다.

여성 교육 기회 확대를 통해 초등학교 취학률의 성별 격차는 감소하였으나, 한국 아동 인구는 남아가 여아보다 많았기 때문에 모든 학령기 아동이 성별 격차 없이 학교에 취학하더라도 남학생 1인당 여학생 수는 1보다 작았다. 1960년대가 되면 대부분의 여성이 초등학교에 진학하게 되지만, 중학교와 고등학교 취학률에서는 여전히 상당한 수준의 성별 격차가 존재하였다. 1960년대에는 중학교와 고등학교 취학률 성비 수준이 거의 비슷하였다. 중학교에 진학하는 여성의 비율이 빠르게 증가하기는 하였지만,

여전히 초등학교 졸업 후 학업을 중단하는 여성이 상당수였다. 대신 중학교 졸업 후 고등학교에 진학하는 비율은 남녀 간에 차이가 거의 없었다. 중학교의 남학생 1인당 여학생 수는 1970년대에 더 빠르게 증가하였고, 1980년대에는 성별 격차가 사라진다. 고등학교의 경우 1970년대 중반에 다소 정체를 겪은 뒤 1970년대 후반부터 남학생 1인당 여학생 수가 다시 증가한다. 고등학교 취학의 성별 격차는 1990년대 이후에 사라진다. 중학교 교육의 경우 1969년 무시험 추첨 진학제 실시 이후 대규모로 학교가 신설되는 등 교육기회가 크게 확대되었는데, 1970년대 중학교 취학률 성별 격차의 완화는 이러한 중학교 확대 정책의 수혜를 남성보다 여성이 더 많이 받았을 가능성을 시사한다. 고등학교의 경우에도 1974년 서울, 부산의 고교 평준화 제도 실시 이후로 많은 학교가 신설되어 교육기회가 늘어났고, 이 과정에서 여성의 교육기회도 빠르게 확대되었다.

한편, 고등교육의 경우에는 성별 격차의 본격적인 완화가 1990년 이후에 나타난다. 1960년대에 다소 증가하였던 남학생 1인당 여학생 수는 1970년 무렵부터 정체를 보였다. 대학교육이 팽창하였던 1970년대 후반에는 오히려 감소하는데, 이는 초기 대학교육의 팽창이 남성에게 편중되어 있었음을 보여 준다. 고등교육의 남학생 1인당 여학생 수는 1990년대부터 꾸준히 증가하고 있으나 아직 0.7에 미치지 못하였다.

[그림 9-3]은 각급 학교의 재학생 중 여학생의 비율이다. 성별 격차가 사라진다면 이 값은 0.5에 근접하게 된다. 앞서 살펴본 것처럼 초등학교, 중학교, 고등학교의 순서대로 성별 격차가 사라졌음을 확인할 수 있다. 다만 유치원의 경우에는 이른 시기부터 성별 격차가 별로 없었음을 확인할 수 있다. 유치원 교육이 초기부터 고소득층에 한정되었다면, 고소득

그림 9-3 재학생 중 여학생 비율 (단위: %)

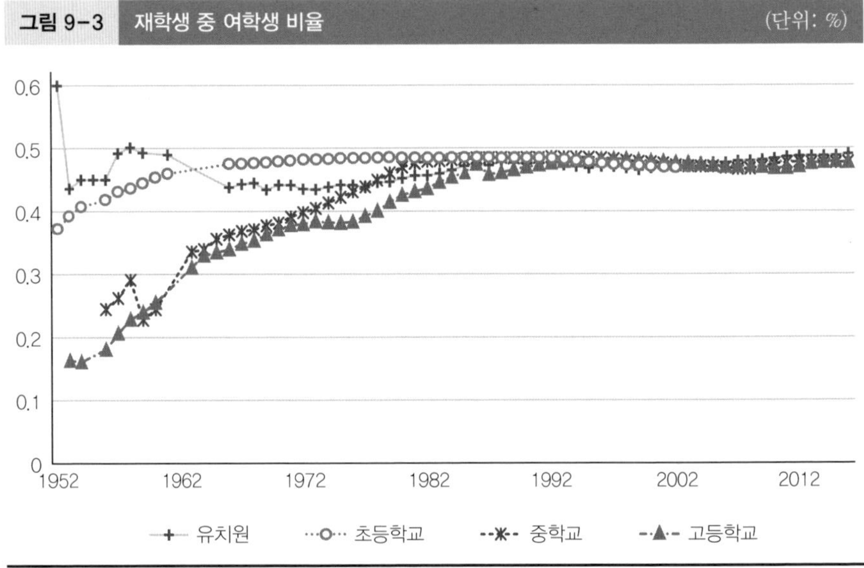

자료: 김낙년 외(2018).

층에게서는 교육투자의 성별 격차가 거의 없었음을 시사한다. 또한 각급 학교 성별 격차의 완화는 전반적인 소득 수준의 상승과 연관되었을 가능성을 보여 준다.

[그림 9-4]는 여성 학령 인구 대비 취학생 수를 보여 주는 여성 취학률이다. 여성 취학률의 증가 추이는 앞서 살펴본 각급 학교 교육의 성별 격차 완화 추이와 같다. 즉, 한국의 초중등교육이 확대되는 과정은 성별로 다르게 나타났다. 초기에는 남성에 편중된 교육 확대가 진행되었고, 이후 성별 격차가 완화되며 여성 교육의 확대가 이루어지고 나서야 각급 학교 교육의 보편적 확대가 완성되었다. 성별 격차의 완화 추이는 여성 취학률이 남성 취학률로부터 얼마나 벗어났는지 보여 주는 [그림 9-5]를 통해 더 뚜렷

그림 9-4 여성 취학률 (단위: %)

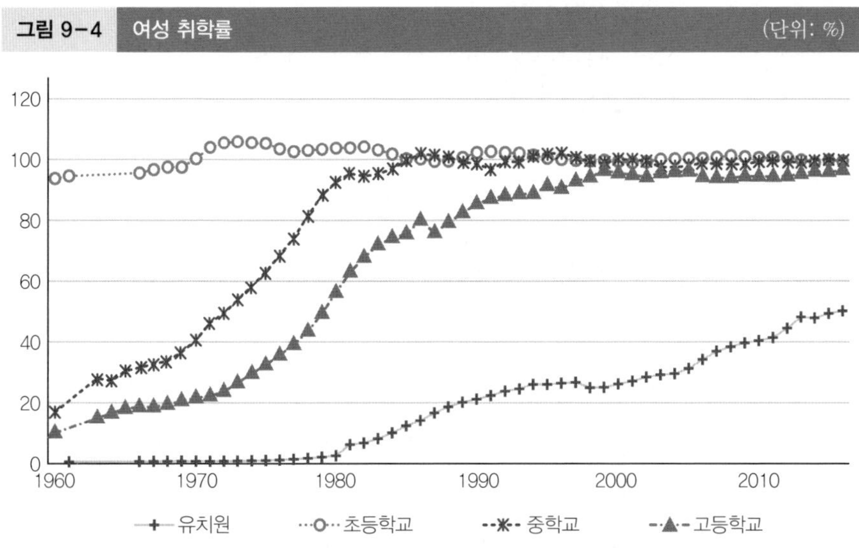

자료: 김낙년 외(2018).

그림 9-5 여성 취학률과 남성 취학률의 차이 (단위: %)

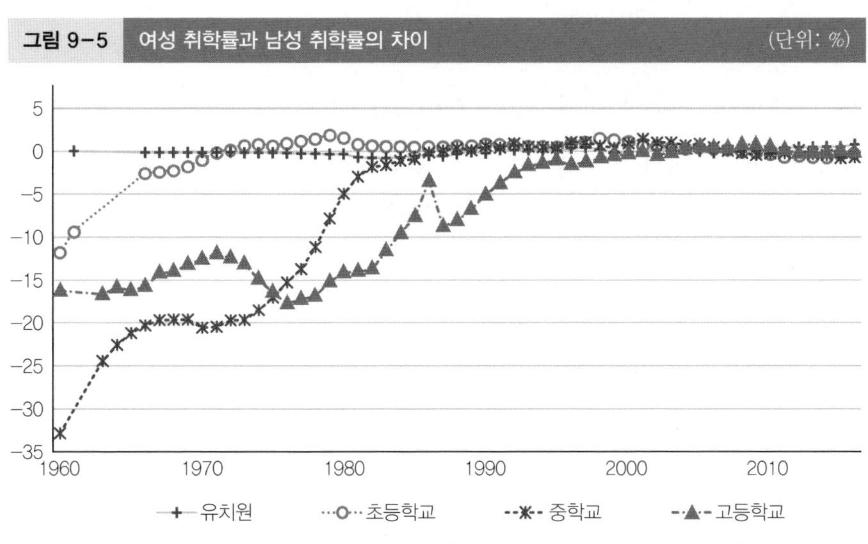

주: 표시된 값은 여성 취학률에서 남성 취학률을 뺀 값임.
자료: 김낙년 외(2018).

하게 확인할 수 있다. 이러한 성 편의 교육확대(性偏倚 敎育擴大, gender-biased education expansion)는 한국 교육 발전의 주요 특징 중 한 가지이다.

3. 성별 교육격차 소멸을 설명하는 요인들

한국 각급 학교 취학률에 나타났던 성별 격차의 소멸은 어떻게 설명할 수 있을까? 한 가지 출발점은 취학 선택에 대한 고려이다. 학교 교육을 수요 측면에서 설명하는 접근이기도 하다. 학교 교육이 제공되는 환경에서 취학률은 각 아동이 학교를 갈 것인지 가지 않을 것인지 선택하는 결과에 의해 결정된다. 그렇다면 어떤 아동의 진학을 결정하는 선택은 누가 하게 될까? 한국의 사회경제 환경을 고려하면 아동 본인보다는 아동의 주 양육자, 즉 부모가 결정한다고 볼 수 있다.

양육자가 자녀, 특히 딸의 학교 취학을 결정하는 문제는 일반적인 양육자의 효용 극대화 모형을 확장하여 설명할 수 있다. 양육자는 주어진 예산 제약하에서 효용을 극대화하는 선택을 한다. 자녀, 특히 딸의 학교 취학은 양육자의 효용에 직접 영향을 미칠 수도 있고 예산제약에 영향을 미칠 수도 있다. 우선 자녀의 취학을 통해 결정되는 교육 수준이 주 양육자인 부모의 효용에 직접 영향을 미칠 가능성을 검토해 보자. 편의상 자녀의 미래 가구소득 증가가 부모의 효용을 증가시킨다고 가정하자.

첫째, 자녀의 높은 교육 수준이 자녀의 미래 소득을 증가시킬 수 있다. 교육투자 수익률, 취업 가능성, 취업의 지속 기간도 중요하다. 만약 출산 등에 따라 경력단절이 발생할 확률이 크거나, 여성의 결혼 후 노동시장 참여를 제한하는 사회규범이 존재할 경우 취업의 지속 기간은 줄어든다.

둘째, 자녀의 교육 수준이 자녀의 노동시장 성과에 직접 영향을 미치는 대신 배우자의 특성에 영향을 주어 가구소득의 변화를 가져올 수 있다. 만약 높은 교육 수준이 고학력 배우자와 결혼할 확률의 상승으로 이어지고 교육 수준에 따른 소득격차가 남성 노동시장에 존재한다면, 미래의 가구소득 증가를 위해 여성 자녀의 교육에 투자할 유인이 생긴다.

셋째, 일종의 동료 효과가 존재할 수 있다. 교육의 확산으로 주변에서 모두 자녀를 학교에 보내고 학교에 보내지 않는 부모에 대해 좋지 않은 평판이 주어진다면 효용 감소를 피하기 위해 자녀를 학교에 보낼 수 있다. 의무교육제도의 도입도 관련된다. 교육을 의무화하고 이행하지 않을 경우 다양한 제재가 취해질 때, 해당 제재비용이 크지 않고 적발 가능성이 작더라도 제도 미이행에 따른 평판의 하락이나 심리비용을 절감하기 위해 자녀를 학교에 보낼 가능성이 커질 수 있다.

다음으로 자녀의 취학이 주 양육자인 부모의 예산제약에 영향을 미칠 경로들을 검토해 보자.

자녀의 교육비용은 중요한 고려 대상이다. 직접적인 학비 이외에도 학교에 가지 않은 자녀가 가계경제에 기여할 가능성을 제거하는 기회비용도 중요하다. 이러한 기회비용은 외부의 노동시장에서 임금을 받는 경우 이외에도 가계경제의 한 축을 이루는 농업, 공업, 유통업 관련 생산 활동에서 무급가족종사자로 종사하는 경우에 절감하는 임금 역시 포함된다.

부모의 가치관이나 사상에 따른 심리적인 비용이 발생할 수도 있다. 부모가 여성의 교육에 대한 혐오를 갖고 있거나, 여성의 교육에 대해 차별해야 한다는 신념을 갖고 있는 경우이다. 이러한 부모들은 여성 자녀의 교육으로부터 심리적인 비용이 발생하고, 이를 회피하기 위해 자녀의 교육투자 수준을 낮추려고 노력할 수 있다.

한편, 한정된 자원을 배분하는 과정에서 여성 교육에 대한 결정이 영향을 받을 수도 있다. 가계의 한정된 자원을 여러 자녀의 교육투자에 배분하는 문제가 이에 해당한다. 때때로 어떤 사람들은 딸보다 아들에게 더 많은 투자를 할 수도 있다. 가치관, 혐오, 차별 때문일 수도 있고, 남녀 간 교육투자 수익률의 차이에서 기인하는 선택일 수도 있다. 자녀가 성인이 된 후에도 전통사회 규범에 따라 아들이 부모에게 경제적으로 기여할 가능성이 더 크다고 예상될 경우에도 아들의 교육에 대한 투자가 더 커질 수 있다. 출생 순서도 종종 영향을 미칠 수 있다. 출생 순서가 빠른 자녀에게 투자가 더 이루어질 수도 있고, 반대로 나중에 태어난 자녀에게 더 많은 자원이 배분될 수도 있다.

이러한 가설들은 서로 배제적이지 않다. 즉, 여러 가설이 동시에 유효하게 성립하는 경우도 가능하다. 예를 들면, 자녀의 미래소득 증대와 결혼에서 더 나은 배우자의 매칭 모두를 이루기 위해 교육투자가 이루어졌을 수도 있고, 이 두 요인이 같은 시기에 함께 여성 교육 확대에 영향을 미쳤을 수도 있다. 다음 절에서는 센서스 원시 자료를 포함한 다양한 역사 자료를 활용하여 각 가설들이 시대별로 실제 여성 교육 확대와 성별 교육격차 축소를 설명하는 데에 유효한지 검토해 보겠다.

4. 역사 자료를 이용한 가설 검토

1) 여성 노동시장과 여성 교육

1960년부터 1990년까지의 인구총조사 1% 표본 자료를 이용해 여성의 취업률 변화를 살펴보았다. [그림 9-6]은 각 연도에 따른 연령별 취업률 변화를 보여 준다. 전반적인 모습은 Goldin(1990)이 제시한 전형인 뒤집어진 말발굽 모양을 따른다. 10대 중후반부터 증가하는 취업률은 20대

그림 9-6 연령별 여성 취업률의 변화, 1960-1990 (단위: %)

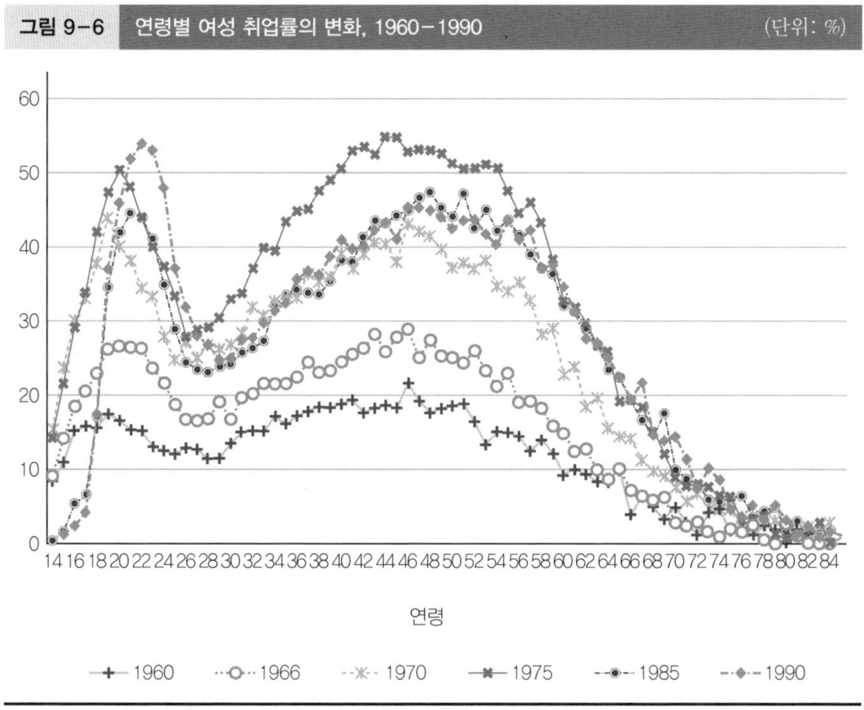

자료: 인구총조사 표본 자료.

에 결혼 및 출산에 따른 경력단절로 감소하고, 이후 30대부터 경력복귀를 반영하며 증가한다.

연도별 변화를 살펴보면, 10대 취업률은 1970년대까지 상승하였다가 이후 감소하였다. 1970년 이후로 10대 취업률은 감소하지만, 20대 취업률은 더 높아져서 정점에 닿았다. 20대 중후반의 경력단절은 꾸준히 개선되었다. 1960년에는 20대 여성의 취업률이 10% 초중반에 불과하였지만, 꾸준히 증가하여 1990년에는 30-50%를 기록하였다. 취업률이 하한을 이루는 연령 역시 결혼연령의 상승을 반영하여 점점 늦추어졌고, 1990년에는 30세에 가까워져야 경력단절에 따른 취업률 감소가 정점을 이루었다. 경력복귀 등에 따른 여성의 취업률 증가는 30세 이후부터 꾸준히 나타났는데 1975년에 가장 컸다. 이후 다소 감소하여 1985년과 1990년에는 40대 및 50대 초반 여성의 취업률이 50%에 미치지 못하고 있다.

여성 교육 수준이 취업에 미친 영향을 자세히 살펴보기 위해 각 연도 인구총조사 1% 표본 자료를 이용하여 선형확률모형으로 분석하였다. 전체 표본에 대한 결과는 [표 9-1]에 제시하였다. 결혼 이후 노동시장에서 퇴장하는 경우가 많았다는 점을 고려하여 학교를 다니지 않는 30세 이하로 한정한 표본에 대한 분석을 추가로 실시하였고 결과는 [표 9-2]에 제시하였다. 인구총조사 원시 자료에는 가구소득과 관련된 정보가 포함되어 있지 않다. 따라서 가구소득에 대해서는 통제할 수 없었고, 학력 수준 변수의 추정계수는 통계적으로 유의할 경우 가구소득 변수의 누락에 따라 과대추정되었을 가능성이 있다. 가구소득이 높을수록 여성의 학력 수준이 높았을 것으로 예상되기 때문이다.

교육 수준을 나타내는 지시변수는 각각 초등학교 이상, 중학교 이상,

표 9-1 여성의 취업확률

변수	1960	1966	1970	1975	1985	1990
초등학교 이상	0.018*** (0.004)	0.121*** (0.004)	0.085*** (0.004)	0.057*** (0.004)	−0.001 (0.004)	−0.030*** (0.004)
중학교 이상	−0.018*** (0.005)	0.150*** (0.005)	0.042*** (0.004)	0.007* (0.004)	−0.006 (0.004)	−0.031*** (0.005)
고등학교 이상	0.026*** (0.008)	0.113*** (0.004)	−0.002 (0.005)	−0.080*** (0.004)	0.016*** (0.004)	0.039*** (0.004)
고등교육 이상	−0.044*** (0.011)	0.171*** (0.006)	0.089*** (0.006)	0.014*** (0.005)	0.002 (0.005)	0.060*** (0.005)
연령	0.070*** (0.001)	0.055*** (0.000)	0.058*** (0.000)	0.064*** (0.000)	0.069*** (0.000)	0.072*** (0.000)
연령 제곱	−0.001*** (0.000)	−0.001*** (0.000)	−0.001*** (0.000)	−0.001*** (0.000)	−0.001*** (0.000)	−0.001*** (0.000)
미혼	0.175*** (0.006)	0.166*** (0.005)	0.226*** (0.004)	0.227*** (0.004)	0.108*** (0.003)	0.143*** (0.003)
상수	−0.941*** (0.015)	−0.756*** (0.012)	−0.665*** (0.012)	−0.708*** (0.011)	−0.881*** (0.009)	−0.971*** (0.009)
관측치	85,179	155,207	172,621	200,907	270,292	300,464
R−squared	0.176	0.087	0.096	0.138	0.160	0.162

주: 괄호 안의 값은 강건표준오차임. *** $p<0.01$, ** $p<0.05$, * $p<0.1$.

고등학교 이상, 고등교육 이상이다. 중학교 이상의 경우 초등학교 이상이기도 하기에 중학교 학력의 취업확률은 초등학교 이상 변수의 계수값과 중학교 이상 변수 계수값의 합이다. 즉, 중학교 이상 변수의 계수값은 초등학교 학력에 비해 중학교 학력일 경우 취업확률이 어떻게 변화하는지를 보여 준다. 마찬가지로 고등학교 이상 변수의 계수값은 고등학교 졸업학력과 중학교 졸업학력의 취업확률 차이를, 고등교육 이상 변수의 계수

표 9-2 만 30세 이하 여성의 취업확률

변수	1960	1966	1970	1975	1985	1990
초등학교 이상	0.016*** (0.005)	0.041*** (0.007)	0.028*** (0.010)	0.077*** (0.013)	0.096*** (0.025)	0.207*** (0.028)
중학교 이상	−0.070*** (0.005)	0.032*** (0.008)	−0.089*** (0.010)	−0.057*** (0.014)	0.061** (0.025)	0.209*** (0.027)
고등학교 이상	0.022** (0.009)	−0.068*** (0.008)	−0.202*** (0.010)	−0.228*** (0.014)	0.018 (0.025)	0.204*** (0.027)
고등교육 이상	−0.129*** (0.013)	−0.112*** (0.010)	−0.238*** (0.012)	−0.293*** (0.015)	−0.152*** (0.025)	0.067** (0.027)
연령	0.082*** (0.003)	0.058*** (0.004)	0.089*** (0.004)	0.150*** (0.004)	0.161*** (0.003)	0.186*** (0.003)
연령 제곱	−0.001*** (0.000)	−0.000*** (0.000)	−0.001*** (0.000)	−0.002*** (0.000)	−0.002*** (0.000)	−0.003*** (0.000)
미혼	0.206*** (0.007)	0.269*** (0.005)	0.350*** (0.005)	0.367*** (0.005)	0.244*** (0.004)	0.293*** (0.004)
상수	−1.107*** (0.030)	−0.865*** (0.046)	−1.109*** (0.044)	−1.812*** (0.040)	−2.196*** (0.039)	−2.737*** (0.040)
관측치	61,045	69,183	73,282	89,029	122,729	123,692
R-squared	0.127	0.076	0.115	0.187	0.202	0.231

주: 괄호 안의 값은 강건표준오차임. *** $p<0.01$, ** $p<0.05$, * $p<0.1$.

값은 고등학교 졸업학력과 고등교육 이상 학력의 취업확률 차이를 나타낸다. 분석 결과에 따르면 여성의 경우 학력이 높으면 취업확률은 더 낮았다. 1966년부터 1975년까지 고등학교를 졸업하면 그렇지 않은 경우보다 취업확률이 6-20%p 감소하였다. 대졸자의 경우에는 이에 더해 취업확률이 11-29%p 더 감소하였다. 이는 여성의 교육에 대한 투자가 취업보다는 결혼과 더 관련되었을 가능성을 시사한다. 고학력 여성의 노동시장 기회가 증가한 것은 1990년대 이후부터였다.

2) 여성의 결혼과 여성 교육

여성에 대한 교육투자 수준이 배우자의 교육 기간과 어떻게 관련되는지도 연도별 인구총조사 1% 표본 자료로 살펴보았다. 핵심 질문은 상급학교로의 진학이 더 선호하는 배우자와의 결혼확률을 높이는가이다. 이 질문에 답할 수 있는 정보를 구하기 위해 종속변수로는 남편의 교육연수와 남편이 전문직, 기술직, 관리직, 사무직 종사자일 확률 두 가지를 사용하였다. 남편의 직종 자료를 함께 활용한 이유는 남성 배우자의 교육 수준이 가구소득 등 여러 경제 배경을 충분히 나타내지 못할 수도 있기 때문이다. 직종 변수는 1과 0의 값을 갖는 지시변수이므로, 분석 모형은 선형확률모형을 적용하였다.

분석에는 인구총조사 1% 표본 자료를 사용하였다. 가구주의 여성 배우자로 표본을 한정하여, 여성 배우자와 가구주인 남성의 정보를 연계하는 방식으로 분석을 하였다. 대상은 만 15세 이상 기혼 여성으로 한정하였다. 전체 표본에 대해 여성 교육 수준과 남편의 교육연수를 분석한 결과는 [표 9-3]에 제시하였고, 30세 이하 표본으로 한정한 결과는 [표 9-4]에 제시하였다. 여성의 교육 수준에 따라 남편이 전문직, 기술직, 관리직 또는 사무직 종사자일 확률이 어떻게 변화하는지에 대한 분석 결과는 [표 9-5]에 제시하였고, 같은 모형으로 30세 이하 표본으로 한정해 분석한 결과는 [표 9-6]에 제시하였다.

앞서와 마찬가지로 교육 수준을 나타내는 지시변수는 각각 초등학교

표 9-3 여성 교육 수준과 남편의 교육연수

변수	1960	1966	1970	1975	1980	1985	1990
초등학교 이상	2.066*** (0.068)	4.520*** (0.038)	4.708*** (0.037)	4.622*** (0.041)	4.831*** (0.046)	4.495*** (0.051)	4.645*** (0.054)
중학교 이상	4.054*** (0.082)	8.339*** (0.075)	8.742*** (0.053)	8.221*** (0.050)	8.270*** (0.050)	7.721*** (0.054)	7.831*** (0.057)
고등학교 이상	1.961*** (0.131)	10.136*** (0.074)	11.223*** (0.054)	10.551*** (0.054)	10.807*** (0.052)	10.159*** (0.055)	10.278*** (0.057)
고등교육 이상	1.344*** (0.167)	12.649*** (0.088)	12.772*** (0.059)	12.445*** (0.062)	12.987*** (0.052)	12.565*** (0.055)	13.161*** (0.057)
연령	0.004 (0.020)	−0.064*** (0.008)	0.049*** (0.007)	0.116*** (0.007)	0.166*** (0.006)	0.191*** (0.006)	0.165*** (0.005)
연령 제곱	0.000 (0.000)	0.000 (0.000)	−0.001*** (0.000)	−0.002*** (0.000)	−0.002*** (0.000)	−0.002*** (0.000)	−0.002*** (0.000)
상수	5.499*** (0.353)	4.628*** (0.176)	2.202*** (0.155)	1.042*** (0.146)	−0.463*** (0.125)	−0.814*** (0.113)	−0.710*** (0.109)
관측치	11,514	40,097	47,552	52,980	62,289	73,320	83,690
R−squared	0.377	0.584	0.626	0.600	0.661	0.649	0.672

주: 괄호 안의 값은 강건표준오차임. *** $p<0.01$, ** $p<0.05$, * $p<0.1$.

이상, 중학교 이상, 고등학교 이상, 고등교육 이상이다. 따라서 각 교육 수준 변수의 계수값은 해당 교육 수준에 해당할 경우 이전 단계 학력에 비해 종속변수가 평균적으로 얼마나 달라지는지를 나타낸다. 회귀분석 결과를 살펴보면 여성의 교육 수준이 높아지면서 교육연수가 더 높은 남성과 결혼할 확률이 증가하였다. 남편이 전문직, 기술직, 관리직, 사무직 종사자일 확률도 더 높았다. 이러한 경향은 1960년부터 관찰된다.

표 9-4 30세 이하 여성 교육 수준과 남편의 교육연수

변수	1960	1966	1970	1975	1980	1985	1990
초등학교 이상	1.819*** (0.090)	3.687*** (0.078)	3.590*** (0.100)	3.154*** (0.172)	3.899*** (0.389)	3.190*** (0.586)	2.681*** (0.271)
중학교 이상	4.012*** (0.108)	7.652*** (0.103)	7.459*** (0.108)	6.387*** (0.173)	6.585*** (0.388)	5.845*** (0.583)	5.544*** (0.271)
고등학교 이상	1.997*** (0.159)	10.093*** (0.108)	9.901*** (0.114)	8.654*** (0.176)	8.923*** (0.388)	8.123*** (0.583)	8.022*** (0.271)
고등교육 이상	1.544*** (0.192)	11.672*** (0.123)	11.548*** (0.117)	10.869*** (0.181)	11.621*** (0.389)	11.090*** (0.583)	10.597*** (0.272)
연령	0.254 (0.166)	1.221*** (0.143)	0.566*** (0.126)	0.571*** (0.123)	0.523*** (0.096)	0.470*** (0.095)	0.930*** (0.121)
연령 제곱	−0.004 (0.003)	−0.023*** (0.003)	−0.009*** (0.002)	−0.009*** (0.002)	−0.009*** (0.002)	−0.008*** (0.002)	−0.017*** (0.002)
상수	2.270 (2.152)	−12.406*** (1.803)	−4.434*** (1.588)	−3.999*** (1.552)	−4.031*** (1.300)	−2.472* (1.351)	−7.972*** (1.568)
관측치	6,190	12,574	13,879	15,252	22,126	21,209	18,257
R-squared	0.405	0.492	0.540	0.513	0.559	0.535	0.565

주: 괄호 안의 값은 강건표준오차임. *** $p<0.01$, ** $p<0.05$, * $p<0.1$.

표 9-5 여성 교육 수준과 남편의 전문, 기술, 관리, 사무직 확률

변수	1960	1966	1970	1975	1985	1990
초등학교 이상	0.117*** (0.008)	0.113*** (0.003)	0.110*** (0.003)	0.096*** (0.003)	0.079*** (0.003)	0.083*** (0.004)
중학교 이상	0.264*** (0.015)	0.352*** (0.011)	0.350*** (0.007)	0.297*** (0.006)	0.214*** (0.005)	0.207*** (0.005)
고등학교 이상	0.111*** (0.026)	0.543*** (0.011)	0.584*** (0.010)	0.542*** (0.008)	0.484*** (0.005)	0.456*** (0.005)
고등교육 이상	0.137*** (0.048)	0.776*** (0.020)	0.788*** (0.015)	0.773*** (0.014)	0.831*** (0.008)	0.837*** (0.007)
연령	0.025*** (0.003)	0.013*** (0.001)	0.015*** (0.001)	0.013*** (0.001)	0.015*** (0.001)	0.021*** (0.001)
연령 제곱	−0.000*** (0.000)	−0.000*** (0.000)	−0.000*** (0.000)	−0.000*** (0.000)	−0.000*** (0.000)	−0.000*** (0.000)
상수	−0.495*** (0.053)	−0.268*** (0.018)	−0.323*** (0.017)	−0.312*** (0.017)	−0.396*** (0.017)	−0.561*** (0.019)
관측치	11,575	34,860	43,335	48,736	64,585	73,350
R-squared	0.114	0.238	0.246	0.221	0.259	0.244

주: 괄호 안의 값은 강건표준오차임. *** $p<0.01$, ** $p<0.05$, * $p<0.1$.

표 9-6 30세 이하 여성의 교육 수준과 남편의 전문, 기술, 관리, 사무직 확률

변수	1960	1966	1970	1975	1985	1990
초등학교 이상	0.091*** (0.009)	0.065*** (0.004)	0.060*** (0.005)	0.042*** (0.007)	0.021 (0.015)	0.023 (0.020)
중학교 이상	0.234*** (0.020)	0.287*** (0.013)	0.266*** (0.010)	0.190*** (0.010)	0.100*** (0.015)□	0.078*** (0.019)
고등학교 이상	0.115*** (0.032)	0.529*** (0.017)	0.496*** (0.014)	0.460*** (0.013)	0.363*** (0.016)	0.300*** (0.019)
고등교육 이상	0.150** (0.066)	0.719*** (0.030)	0.752*** (0.022)	0.739*** (0.020)	0.742*** (0.018)	0.712*** (0.020)
연령	0.007 (0.021)	0.031*** (0.012)	0.035*** (0.012)	−0.012 (0.013)	0.073*** (0.016)	0.069*** (0.019)
연령 제곱	0.000 (0.000)	−0.000** (0.000)	−0.001** (0.000)	0.000 (0.000)	−0.001*** (0.000)	−0.001*** (0.000)
상수	−0.236 (0.263)	−0.479*** (0.143)	−0.526*** (0.142)	0.055 (0.157)	−1.054*** (0.210)	−1.089*** (0.248)
관측치	6,280	11,536	13,214	14,625	20,598	20,128
R-squared	0.116	0.244	0.239	0.232	0.225	0.206

주: 괄호 안의 값은 강건표준오차임. *** $p<0.01$, ** $p<0.05$, * $p<0.1$.

3) 가구 내 자원 배분 경합

가구 내 자원 배분 경합 모형이 한국 여성 교육의 확대 과정을 설명하는 데 유용한지 살펴보기 위해 각 연도 인구총조사 1% 표본 자료를 취학 연령별로 표본을 나누어 분석하였다. 분석에는 선형확률모형을 사용하였고, 종속변수는 아동의 취학 여부이다. 분석에서는 가구 특성과 가구주 특성을 통제한 상태에서 맏딸인 경우 다른 형제들에 비해 취학확률이 달라

표 9-7 가구특성과 6-11세 여성 취학확률

변수	1960	1966	1970	1975	1980	1985	1990
맏딸	0.060*** (0.011)	0.062*** (0.006)	0.037*** (0.005)	0.042*** (0.005)	0.052*** (0.005)	0.064*** (0.006)	0.037*** (0.006)
18세 이하 가구원 수	0.021*** (0.004)	0.009*** (0.003)	0.001 (0.002)	0.009*** (0.002)	0.020*** (0.002)	0.036*** (0.003)	0.041*** (0.003)
가구주 연령	0.006*** (0.001)	0.004*** (0.000)	0.003*** (0.000)	0.004*** (0.000)	0.004*** (0.000)	0.006*** (0.000)	0.004*** (0.000)
여성 가구주	0.073*** (0.025)	0.044*** (0.010)	0.027*** (0.009)	0.011 (0.009)	0.031*** (0.009)	0.039*** (0.009)	0.017* (0.009)
가구주 교육연수	0.016*** (0.002)	0.009*** (0.001)	0.005*** (0.001)	0.003*** (0.001)	0.003*** (0.001)	0.002*** (0.001)	0.002*** (0.001)
상수	0.282*** (0.036)	0.535*** (0.023)	0.664*** (0.018)	0.638*** (0.021)	0.550*** (0.022)	0.444*** (0.024)	0.582*** (0.022)
관측치	6,994	20,848	22,650	21,371	22,082	18,726	19,078
R-squared	0.028	0.015	0.008	0.008	0.012	0.025	0.018

주: 괄호 안의 값은 강건표준오차임. *** p<0.01, ** p<0.05, * p<0.1.

지는지 살펴보았다. 또한 18세 이하 가구원 수를 설명변수로 추가하여 자원 배분 대상 학령기 아동 수가 변화할 때 나타나는 변화를 살펴보았다. [표 9-7]은 초등학교 학령인 6-11세 여성에 대한 분석 결과, [표 9-8]은 중학교 학령인 12-14세 여성에 대한 분석 결과, [표 9-9]는 고등학교 학령인 15-17세 여성에 대한 분석 결과를 나타낸다. 여성의 취업확률에 대한 분석과 마찬가지로 취학확률에 대한 분석에서도 가구소득의 누락에 따른 추정계수의 편의 문제가 발생할 수 있다. 가구소득이 높을수록 예산제약은 완화되고, 출생 순위 또는 전체 자녀 수에 따른 취학확률 변화는 작아질 것으로 예상된다. 따라서 주요 관심 변수인 맏딸 지시변수와 18세 이하 가

표 9-8 가구특성과 12-14세 여성 취학확률

변수	1960	1966	1970	1975	1980	1985	1990
맏딸	0.076*** (0.018)	0.003 (0.012)	−0.018* (0.009)	0.002 (0.008)	0.010** (0.005)	0.004 (0.003)	0.001 (0.002)
18세 이하 가구원 수	0.035*** (0.006)	0.000 (0.003)	0.003** (0.001)	−0.005 (0.003)	0.000 (0.002)	0.002 (0.001)	0.002 (0.001)
가구주 연령	0.003*** (0.001)	0.003*** (0.001)	0.003*** (0.001)	0.002*** (0.001)	0.001*** (0.000)	0.000 (0.000)	−0.000 (0.000)
여성 가구주	0.105*** (0.038)	0.000 (0.021)	0.008 (0.016)	0.022* (0.013)	−0.010 (0.009)	−0.003 (0.005)	−0.012** (0.006)
가구주 교육연수	0.007** (0.003)	0.014*** (0.001)	0.013*** (0.001)	0.013*** (0.001)	0.004*** (0.001)	0.002*** (0.000)	0.001*** (0.000)
상수	0.358*** (0.056)	0.474*** (0.039)	0.545*** (0.031)	0.685*** (0.033)	0.857*** (0.025)	0.955*** (0.014)	0.987*** (0.011)
관측치	6,994	6,138	8,361	8,897	8,341	8,661	7,113
R-squared	0.028	0.016	0.018	0.019	0.006	0.004	0.005

주: 괄호 안의 값은 강건표준오차임. *** $p<0.01$, ** $p<0.05$, * $p<0.1$.

구원 수의 추정계수는 실제보다 과소추정될 가능성이 크다.

분석 결과를 살펴보면 초등학교 학령인 6-11세 표본에서는 맏딸일 경우 취학확률이 높아졌다. 18세 이하 가구원 수는 해당 가구 6-11세 여성의 초등학교 취학확률과 양의 관계를 가지는 것으로 추정되었으나, 중학교 학령인 12-14세 표본에서는 1960년 이후로는 영향이 불분명하였다. 고등학교 학령인 15-17세 표본에서는 맏딸일 경우 1970년까지 고교 취학확률이 높아졌고, 1975년에는 효과가 보이지 않다가 1980년과 1985년에는 다시 양의 효과가 관찰되었다. 18세 이하 가구원 수의 경우에는 1966년, 1975년, 1980년에 음의 추정계수가 보였다. 가구원 수가 많을수록 해당

표 9-9 가구특성과 15-17세 여성 취학확률

변수	1960	1966	1970	1975	1980	1985	1990
맏딸	0.120*** (0.021)	0.046*** (0.012)	0.046*** (0.012)	0.003 (0.011)	0.056*** (0.009)	0.012** (0.005)	0.002 (0.005)
18세 이하 가구원 수	0.018*** (0.006)	−0.007** (0.003)	0.002* (0.001)	−0.018*** (0.003)	−0.013*** (0.003)	0.001 (0.003)	0.001 (0.002)
가구주 연령	0.005*** (0.001)	0.006*** (0.001)	0.007*** (0.001)	0.006*** (0.001)	0.005*** (0.001)	0.003*** (0.000)	0.001*** (0.000)
여성 가구주	0.135*** (0.038)	0.132*** (0.018)	0.124*** (0.018)	0.072*** (0.016)	−0.016 (0.015)	−0.002 (0.009)	−0.013 (0.008)
가구주 교육연수	0.037*** (0.003)	0.033*** (0.001)	0.033*** (0.001)	0.033*** (0.001)	0.019*** (0.001)	0.009*** (0.001)	0.005*** (0.001)
상수	−0.283*** (0.049)	−0.191*** (0.032)	−0.209*** (0.030)	0.094*** (0.036)	0.422*** (0.035)	0.698*** (0.025)	0.849*** (0.024)
관측치	2,105	5,212	6,817	8,248	7,897	8,537	7,697
R-squared	0.089	0.105	0.091	0.080	0.050	0.027	0.016

주: 괄호 안의 값은 강건표준오차임. *** $p<0.01$, ** $p<0.05$, * $p<0.1$.

가구의 15-17세 여성이 고교에 취학할 확률이 다소 낮아졌다는 의미이다. 1970년의 경우 양의 추정계수가 결과로 나왔으나 추정계수값이 상당히 작았다. 1985년 이후로는 추정계수값이 매우 작고 불분명하였는데, 이 시기부터는 여성의 고교 진학이 보편화되었기 때문으로 판단된다.

분석 결과가 복합적이지만, 대체로 1960년대까지는 가구 내 자원 배분 경합이 있었을 가능성이 있다. 특히 여성의 고교 진학과 관련한 가구 내 자원 배분 경합은 1970년대까지 이어졌다. 맏딸의 취학확률이 높아진다는 점 역시 한정된 자원을 배분할 때 손윗자녀에게 더 많이 투자하는 경향이 존재하였음을 시사한다. 1960년 자료에 대한 분석 등은 때때로 18세

이하 가구원 수와 학령기 여성의 취학확률 사이에 양의 상관관계가 존재함을 보여 준다. 이는 가구원 수가 가구소득의 함수이고, 가구원 수가 많을수록 가구소득이 높을 가능성이 큼을 시사한다.

초등학교 학령에서만 결과가 뚜렷하게 나오는 이유는 중학교, 고등학교 취학 여부는 가구 내 자원 배분과 무관하였을 가능성을 보여 준다. 즉, 중등학교의 경우에는 가구 특성과 무관하게 자녀 교육이 결정되었을 가능성이 있다. 만약 딸의 취학 여부를 결정할 때 가구 내 자원 배분보다 가치관, 혐오, 차별과 같은 요소들을 주 양육자가 더 중요하게 고려하였다면 이러한 결과가 나올 수 있다. 한편, 분석 시기 동안 합계출산율이 빠르게 하락하였고, 가구당 평균 자녀 수가 크게 줄었다는 점도 함께 고려할 필요가 있다. 중학교 및 고등학교 교육이 상당히 확대된 1980년대 이후로 맏딸 변수와 18세 이하 가구원 수 변수의 추정계수값이 작아지고 통계적 유의성이 사라지는 점이 이와 관련되었다고 볼 수 있다.

4) 여성 교육의 공급

앞에서 살펴본 부모의 선택은 학교 교육에 대한 수요 측면에서 접근하는 설명이다. 하지만 실제 여성 교육의 확대는 수요 측 요인과 별개로 공급 측 요인의 영향을 받았을 수도 있다. 초등학교는 남녀공학이므로 공급이 성별 격차에 영향을 미칠 가능성이 작았다. 반대로 중학교와 고등학교는 단성학교가 많아 여학교 공급이 중요하였을 가능성이 크다.

실제로 여자고등학교의 설립이 1970년대와 1980년대에 많이 이루어지기도 하였다. [그림 9-7]은 2019년 기준 한국 여자고등학교들의 설립연

그림 9-7 설립연도별 여자고등학교 분포 (단위: 개교)

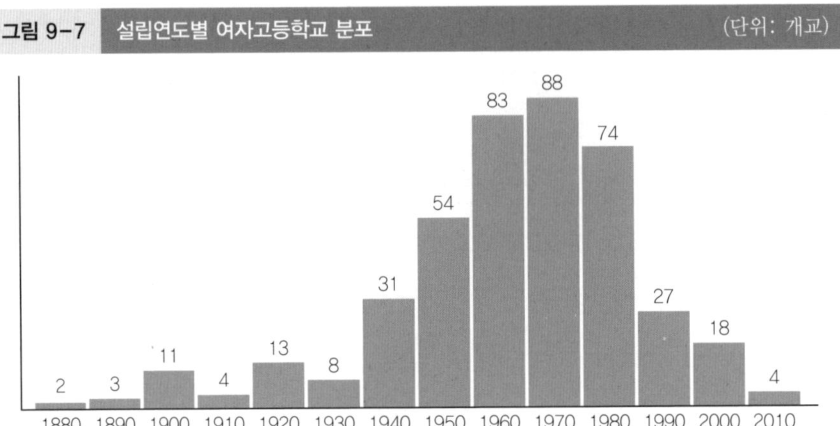

자료: 2019년 기준 학교알리미 학교별 공시정보.

도 분포를 보여 준다. 총 420개 여자고등학교 중 해방 이전에 설립된 학교는 13.57%인 57개에 불과하였다. 여자고등학교 설립이 본격화된 시기는 1960-1980년대로 30년간 전체의 절반이 넘는 245개교가 세워졌다. 나중에 혼성학교로 전환된 경우와 폐교된 경우는 제외되었으므로 실제 여자고등학교 설립 사례는 이보다 더 많을 것으로 보인다.

[그림 9-8]은 연도별 여자중학교와 여자고등학교 수를 보여 준다. 여자중학교와 여자고등학교 수는 한국전쟁 이후 1980년까지 빠르게 증가하였다. 여자고등학교의 수는 여성의 고등학교 교육이 확대되던 1980년대에도 계속 증가하였다. 여자중학교와 여자고등학교의 공급 확대는 여성의 중등교육 팽창을 선행하였다. 따라서 학교 진학에 대한 수요는 이미 높았지만 학교 공급이 부족하였던 상황에서, 공급 증가가 교육 확대를 가져온 주 요인이었을 수 있다. 물론 고등학교 진학에 대한 수요 증대가 학교 설립을 늘리고 궁극적으로 교육 확대를 이루어 낸 요인이라는 해석도 여

그림 9-8 연도별 여자중학교와 여자고등학교 (단위: 개교)

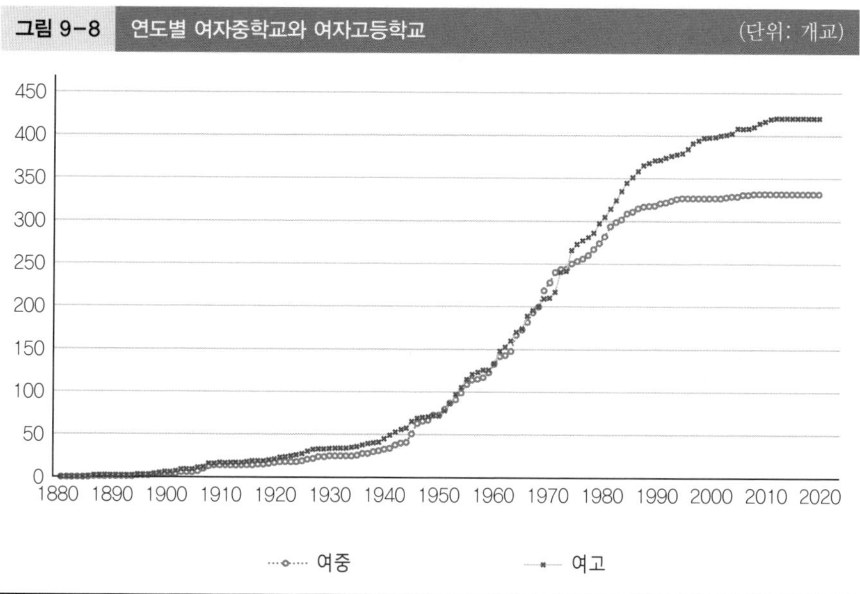

자료: 2019년 기준 학교알리미 학교별 공시정보.

전히 가능하다. 실제 여성 교육의 확대 과정에서 수요 측 요인이 더 중요하였는지, 아니면 공급 측 요인이 더 결정적이었는지는 추후 상세한 분석이 필요하다. 여성을 위한 단성학교뿐만 아니라 남녀공학 학교의 설립과 운영 확대 추이에 대한 고려도 필요하다. 또한 초등학교는 모두 혼성학교였으므로 남녀 취학률 격차에서 공급 측 요인이 주되게 중요하였다고 설명하기는 어렵다.

여성 교사의 확대도 초등교육의 경우에는 여성 교육의 확대보다 늦게 나타났다. [그림 9-9]는 각급 학교 교원 중 여성의 비율이 어떻게 변화하였는지 보여 준다. 초등학교 교사 중 여성 비율은 1960년대부터 증가하기 시작하였는데, 이는 여성 교육의 확대에 따른 결과로 보인다. 중학교와 고

그림 9-9 여성 교원 비율 (단위: %)

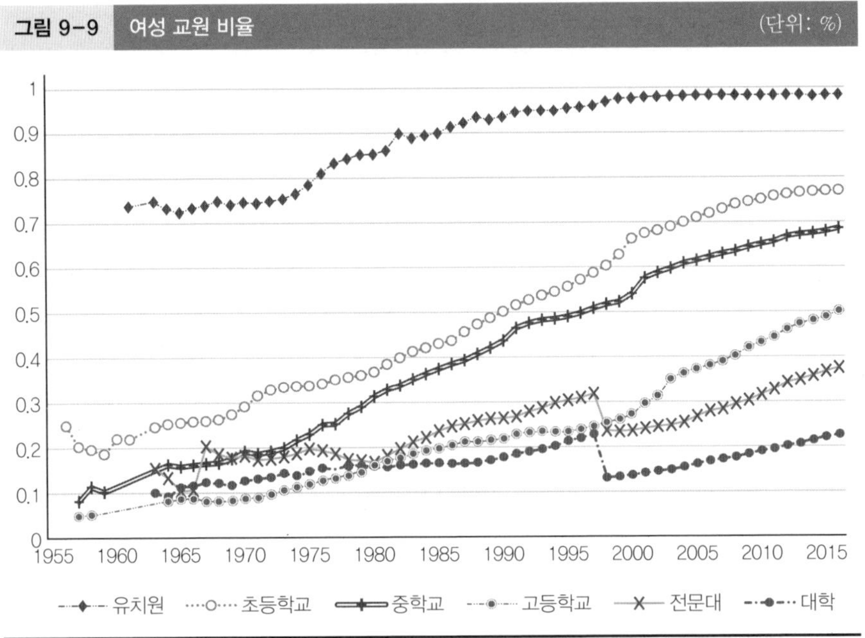

자료: 김낙년 외(2018: 222, 그림 E-h).

등학교의 경우에는 여성 교사 비율이 1970년대부터 증가하였다. 이는 여성 중등교육이 팽창한 시기와 겹친다. 실제로 비율이 아닌 인원 수로 보면 중학교와 고등학교 여성 교사의 수는 1970년대부터 빠르게 증가하였으며 이 시기에는 남성의 중등교육도 빠르게 확대되었다.

5. 맺음말

한국의 초중등교육 확대 과정에서 여성은 늘 남성보다 뒤쳐져 있었다.

대부분의 초등학교 학령 남성이 학교 교육을 받게 된 것은 식민지가 끝나는 시기 즈음이었지만, 여성의 경우에는 1950년대까지 미루어졌다. 12-14세 남성의 중학교 교육은 1950년대와 1960년대를 통해 보편적으로 확대되었지만, 여성의 경우에는 10년이 지난 1960년대와 1970년대를 통해 교육 확대가 이루어졌다. 고등학교 교육의 보편화 역시 마찬가지였다. 남성의 경우 1960-1970년대에 진행된 고등교육의 보편화는 여성의 경우 10년 정도 늦은 1970-1980년대에 나타났다. 이러한 성 편의 교육 확대는 한국 초중등교육 발전 과정의 주된 특성 중 하나였다.

이 연구에서는 남녀 간 성별 격차가 줄어들고 소멸한 이유를 설명하기 위하여 여러 가지 가설을 검토하였다. 여성 노동시장의 교육투자 수익률이 상승하여 여성의 교육투자가 증가하였다는 가설은 역사 자료로 잘 뒷받침되지 않는다. 교육 수준 향상에 따른 노동시장 기회 확대는 초중등교육이 이미 여성에게 보편적으로 확대된 1990년대 이후에 나타났기 때문이다. 대신 여성의 교육 수준 확대는 선택 가능한 배우자의 확대와 관계가 높았다. 여성의 교육 수준이 높으면 교육연수가 높은 배우자, 전문, 기술, 관리, 사무직 종사 배우자를 만날 확률이 증가하였으며, 여성에 대한 노동시장의 차별이 존재하는 상황에서 배우자의 선택이 장차 가구소득과 생활 수준을 결정하였을 가능성이 컸기 때문에 결혼과의 관련성 역시 증가한 것으로 보인다. 가구 내 자원 배분 경합 모형의 분석 결과는 복합적인 결과를 보여 준다. 맏딸의 경우 중학교 교육확률이 높아지지는 않았으나 고등학교 교육확률은 다소 높아졌다. 형제자매가 많을수록 딸의 초등교육 확률은 높았으나 중학교 영향은 불분명하였고 고등학교 취학확률은 감소하였다. 이러한 분석 결과는 중학교 교육은 가구 내 자원 배분보다는 다른 요인의 영향을 받았을 가능성을 시사한다. 고등학교 교육은 여성의 고교 진학이 늘어나기 시작한 1970년대에 가구 내 자원 배분의 경합 영향을 받았을 가능성이 보인다. 여성의 교육 확대에는 학령기 아동의 진학을 주 양육자가 결정하는 수요 측 요인 이외에도 진학을 희망하는 학령기 아동을 수용할 역량을 확대하는 공급 측 요인이 영향을 미쳤을 수 있다. 특히 중학교, 고등학교는 단성학교가 많았으므로 여학교의 공급이 여성 교육 확대에 영향을 미쳤을 가능성이 크다.

한국 여성 초중등교육 확대에 대한 이상의 논의는 1960년부터 1990년까지 초중등교육 기회의 성별 격차가 완화된 과정을 살펴보고 이를 설명하기 위한 여러 가설들을 살펴보았다는 점에서 의미가 있으나, 시론적인 수준의 검토가 이루어졌다는 점에서는 한계를 가진다. 여성 교육의 확대를 설명하는 각 경로가 실제로 성별 교육격차 축소에 어느 정도 기여하였는지는 후속 연구를 통하여 더욱 면밀하게 평가될 필요가 있다. 예를 들어, 자신보다 높은 학력의 배우자와 결혼하기 위해 여성의 교육투자를 늘리는 경우는 초기 학력 격차의 해소에는 해당될 수 있으나 여성과 남성의 교육 수준이 동등해지는 단계에 이르는 경로로 보기는 어려울 수 있다. 또한 남성의 교육기회가 확대되면서 다음 세대 딸 교육도 확대되었을 가능성이나, 여성 노동시장에서 학력 간 임금격차의 변화가 여성 교육 확대에 미친 영향 등, 이 연구에서 검토하지 못한 이론과 경로에 대한 분석도 역시 후속 연구에서 다루어야 하는 중요한 주제일 것이다.

제10장

한국의 지역 간 인구 불균형 확대의 인구학적 요인 분석

_ 이철희 · 황영지

1. 머리말

급격한 출생아 수 감소와 인구고령화는 현재 한국 사회가 당면한 주된 과제 가운데 하나이다. 2000년대 초 이후 1.3 이하의 낮은 수준에서 등락하였던 합계출산율은 2015년 이후 급감하여 2021년에는 0.82까지 떨어졌다. 1990년 초까지 70만 명을 넘었던 연간 출생아 수는 2000년대 초까지 40만 명대로 급격하게 떨어졌고, 2015년 이후 가파르게 감소하여 2021년에는 약 26만 명대를 기록하였다. 2021년 통계청 장래 인구 중위추계 결과는 출생아 수가 2024년 이후 다시 증가할 것으로 예상하였으나 실제 반등이 일어날지는 확실하지 않다. 유배우 비율과 유배우 출산율이 이전 몇 년간의 추세에 따라 감소하고 이후 반등하지 않는다는 가정을 도입한 추계 결과에 따르면, 출생아 수가 향후 10년 안에 20만 명 이하로 감소할 가능성을 배제할 수 없다(이철희 2019a).

이와 같은 인구 변화는 우리 사회와 경제에 다양한 파급 효과를 미칠 것으로 예상된다. 예컨대, 가파른 속도의 인구고령화로 인해 노동인력 규모는 점차 감소할 것으로 전망된다. 2020년부터는 주민등록 인구가, 2021년부터는 추계 인구가 감소세로 전환됨으로써 과거의 예상보다 빠르게 한국의 인구 감소가 시작되었다. 2021년 통계청의 장래인구특별추계(중위추계)에 따르면, 인구 변화로 인해 15-64세 생산연령 인구는 2070년까지 현재의 46% 수준으로 줄어들고, 이에 따라 노동 인구 규모가 감소할 것으로 우려되고 있다. 2020년 약 815만 명이었던 65세 이상 고령 인구는 2024년에 1,000만 명을 넘고, 2070년까지 1,747만 명으로 증가할 것으로 전망된다. 노동 인구에서 고령인력이 차지하는 비중이 늘어나면서 생산성이 감소한다면 인구 변화로 말미암은 실질적인 노동 투입은 더 빠르게 감소할 수 있으며, 인구 변화로 인한 노동력의 양적·질적 감소는 장기적으로 경제성장에 부정적인 요인으로 작용할 것으로 우려된다.

전체 인구의 감소는 최근에 시작되었고, 이로 인한 사회경제적 영향은 장래에 본격적으로 나타날 것으로 예상된다. 즉, 전체 인구가 감소세로 돌아서기는 하였지만 상당한 기간 동안 현재 규모에 비해 크게 줄어들지 않을 것으로 보인다. 현재의 경제활동참가율이 유지될 경우 노동 인구의 규모도 향후 15년 동안 크게 감소하지 않을 것으로 보인다(이철희 2022). 인구 변화로 인해 이미 진행되고 있거나 가까운 장래에 더욱 심각해질 것으로 우려되는 문제는 전체적·집계적인 인구 감소의 영향보다 부문·지역 간 불균형으로 말미암은 문제들이 될 가능성이 높다. 예컨대, 노동인력 변화는 산업 및 직종에 따라 매우 상이하게 나타날 것으로 전망되고, 특히 상대적으로 젊은 인력에 대한 의존도가 높은 산업들이 10년 내에 청년취업자의 급격한 감소로 말미암은 노동인력 부족에 직면할 가능성이 높다(이소영 외 편 2019b; 이철희 2021a).

무엇보다 심각한 문제는 지역적인 인구 불균형의 심화이다. 인구 감소가 시작되기 오래전부터 이미 상당수의 지방 중소도시들은 가파른 인구 감소 및 인구고령화를 경험하고 있다. 반면 수도권의 일부 지역은 인구 유입의 증가와 함께 인구가 오히려 늘어나는 현상이 나타나고 있다. 그 결과로 지역 간 인구 규모 및 인구구조 불균형은 점차 심화되고 있다. 이는 수도권 및 비수도권 인구의 상대적인 변화에 잘 드러난다. 1970년에는 수도권 인구(913만 명)가 비수도권 인구(2,312만 명)의 절반에도 미치지 못하였지만, 2020년을 기점으로 수도권 인구(2,596만 명)가 비수도권 인구(2,582만 명)를 추월하는 현상이 나타났다. 수도권 및 비수도권 내에서도 지자체 간 인구 격차는 점차 확대되고 있다. 일부 군 단위 지역은 '인구소멸'이라는 표현이 걸맞을 정도로 심각한 인구 감소를 경험하고 있다.

지역 간 인구 불균형 확대는 여러 가지 부정적인 사회경제적 결과를 가져올 수 있다. 지방재정의 악화는 그 중요한 예이다. 선행 연구들은 인구구조 변화가 지방의 공공재에 대한 선호, 공공재 제공의 비용, 공공지출을 둘러싼 정치적인 균형 등에 영향을 미침으로써 지방정부의 재정에 영향을 미칠 수 있음을 보인 바 있다(Porteba 1998; MaCurdy and Nechyba 2001; Figlio and Fletcher 2012). 또한 지역의 인구 감소가 규모의 경제를 매개로 해서 지자체 예산 사용의 효율성에 영향을 미칠 수 있다는 점도 지적되었다. 예를 들어, 주민의 수가 크게 줄더라도 기본적인 공공서비스 제공이 불가피한 만큼 인구 감소에 따라 주민 1인당 예산지출은 증가할 가능성이 높다. 인구고령화는 세금을 납부하는 생산적인 연령층을 감소시키고 복지지출을 늘림으로써 지방재정을 악화시킬 수 있다(이철희 2019c). 반면 지방 인구의 과밀화는 교통, 주거 등의 인프라 공급의 부족을 가져옴으로써 지방재정의 부담을 증대시킬 수 있다(이철희 2021b). 이런 점을 고려할 때 인구 변화에 대응한 정책은 지역 간 불균형 완화에 높은 우선순위를 둘 필요가 있다.

인구 감소를 경험하고 있는 지방자치단체들은 적극적으로 지역 인구를 유지 내지 증가시키기 위한 노력을 기울이고 있다. 많은 광역지자체와 기초지자체는 출생아 수를 늘리기 위해 다양한 형태의 출산지원금을 지급하고 있다. 출산지원금의 지급은 유배우 출산율 증가에 대해 어느 정도 긍정적인 효과가 있는 것으로 나타나지만 그 규모는 그리 크지 않은 것으로 평가된다. 그리고 지원금 수급 이후 타지역으로 이주하는 현상으로 인해 장기적으로 인구를 늘리는 데 한계가 있고, 재정적인 여건이 열악한 지자체들이 불리한 여건에서 타지자체와 경쟁해야 하는 문제도 발생한다. 지역 인구 감소에 대응하기 위해 중앙정부는 두 가지 상반된 방향의 정책을 추진하고 있다. 첫째는 거점도시 육성 및 지원을 포함하는 광역에 대한 통합적인 정책적 접근이고, 둘째는 인구가 빠르게 감소하는 개별 기초지자체에 대한 지원을 강화하는 방안이다. 이 두 가지 방향의 정책은 자칫 서로 상충하는 결과를 초래할 가능성이 있다.

지역 간 인구 불균형 문제에 대한 효과적인 대응방안을 마련하기 위해서는 무엇보다도 불균형 확대의 추이를 정확하게 파악하고, 그 구체적인 원인을 규명하는 작업이 선행되어야 한다. 지역 간 인구 불균형이 심화되고 있다는 지적은 있지만, 그 정도를 보여 주는 지표가 구체적으로 어떻게 변화하였는지는 잘 알려져 있지 않다. 또한 결혼, 출산의 감소와 인구 유출이 지역 인구 감소의 주된 요인이라는 데는 대체로 이의가 없지만, 각각의 세부적인 요인이 특정한 기간 동안 발생한 지역 간 인구 불균형 확대의 어느 정도를 설명하는지 보여 주는 연구는 없는 것으로 보인다.

이 연구는 이상의 문제의식을 가지고 2000년부터 2020년까지의 시군구 단위 지역별 인구 분포 및 인구 불균등 지표들의 변화를 추정하고 그 인구학적 요인들을 분석하는 것을 목적으로 한다. 보다 구체적으로 이 연구는 다음과 같은 작업을 수행하였다. 첫째, 지니계수나 10분위수 대비 90분위수의 비율 등과 같이 잘 정의된 불균등 지수를 이용하여 장기적인 지역 간 인구 불균형 정도 변화를 추정하였다. 둘째, 각 시군구의 초기 시점 인구구조, 연령별 유배우 비율, 연령별 유배우 출산율, 성별·연령별 인구이동, 성별·연령별 사망률 등 세부적인 요인들의 변화가 지역 간 인구 불균등 변화에 미친 영향을 추정하였다.

2. 선행 연구 검토

지역 인구 변화의 양상과 요인을 분석한 상당수의 연구들은 지역에서 인구가 급격하게 감소하는 문제에 초점을 맞추었다. 지역 인구 변화와 관련하여 널리 알려져 있는 연구는 지방 인구의 '소멸위기'를 분석한 연구들이다. 지방소멸위험지수는 젊은 여성 인구 유출이 지방의 소멸을 가져올 수 있다는 마스다 히로야(2014)의 『지방소멸』 내용에 착안하여, 가임기(20-39세) 여성 인구를 고령(65세 이상) 인구로 나눈 지수이다. 소멸위험지수의 값이 1.0 이하로 하락하는 경우, 그 지역은 인구학적인 쇠퇴위험 단계에 진입하게 되었음을 의미한다. 이 지수가 0.5 이하인 지역은 소멸위험지역으로 분류된다(이상호 2015). 우리나라는 전국적으로 2016년 7월 처음으로 소멸위험지수가 1.0 미만을 기록하였으며, 2018년 6월의 소멸위험지수는 0.91을 기록하였다. 2018년 6월 전남의 소멸위험지수는 0.47로 전국 최저 수준이었다(이상호 2018). 소멸위험지역 추세에 대한 최근의 시계열 분석을 보면, 시군구 단위에서 소멸위험지역이 2017년 85개에서 2021년 108개로 증가하였고, 읍면동 단위에서는 2017년 1,483개에서 2021년 1,791개로 증가하였다(하혜영·김예성 2021).

인구소멸지수는 특정 지역 인구구조를 단순하게 요약해 주는 장점이 있지만 각 지방의 구체적인 인구 변화를 대표하는 지표로서는 적지 않은 한계를 갖는다. 주지하듯이 출생이나 사망에 의한 인구의 자연 변화만이 지방 인구 변화의 유일한 원인이 아니고, 인구 이동에 의한 사회적 변화도 매우 중요하다. 또한 소멸위험지수가 동일하다고 해도 가임기 여성 인구의 출산율과 고령 인구의 사망률은 지역적인 여건에 따라 다를 수 있다. 그리고 무엇보다도 이 지수를 이용한 연구는 지역 인구 분포 가운데 좌측 끝에 위치한 지자체들의 변화를 반영하기 때문에 전체적인 지역 간 인구 불균형의 변화 및 요인을 파악하기 어렵다는 단점이 있다.

인구 이동으로 말미암은 수도권과 비수도권 간 인구 불균형 확대를 분석한 연구들도 있다. 급속한 도시화의 진행과 함께 우리나라의 지역 간 인구 불균형이 오래전부터 확대되기 시작하였다. 1920년 3.3%에 불과하였고, 1944년까지도 20%를 넘지 못하였던 전체 인구 대비 도시거주 인구 비율은 1960년대 말부터 서울, 경기, 부산 등 도시로의 인구 이동이 가속화되며 증가하기 시작하였으며, 2020년에는 전체 인구의 90% 이상이 도시에 거주하게 되었다(Kim and Sloboda 1981; 김성태·장정호 1997; 허문구 외 2014; 김두얼·이태석 2020). 특히 수도권 인구집중이 두드러지게 나타났다. 2019년에는 외국인을 포함한 수도권 총인구가 우리나라 전체 인구의 절반을 넘어섰다.

수도권 인구 순유입은 지방 청년 인구의 순유입 현상을 반영하는 것으로 분석되었다. 2004-2016년 기간에 대해 16개의 시도 간 인구 이동을 연령별로 구분하여 분석한 연구에 따르면, 20대 인구는 지속적으로 비수도권에서 수도권으로 이동하고 있으나 그 규모는 축소되고 있고, 반대로 40-50대는 수도권에서 비수도권으로의 이동이 존재하며 그 규모가 확대되고 있는 것으로 나타난다(이찬영 2018). 2015년부터 2017년 동안 비수도권에서 수도권으로의 이동이 아닌 비수도권 내에서의 이동(지역 내 핵심 지역으로의 이동)이 인구 이동의 큰 부분을 차지함을 보인 연구는 비수도권 내 이동이 지역 내 인구 불균형을 확대시킬 수도 있는 요인이 됨을 보여 준다(이상림 외 2018).

이 연구에서 직접 다루지는 않지만 지역 간 인구 이동의 요인에 관한 연구들도 제시되었다. 최진호(2008)의 연구에 따르면 젊은 인구의 취업이 수도권 전입 및 전출의 주된 요인 가운데 하나였다. 전국 229개 시군구별 청년 인구 감소 실태와 유출 현황, 그리고 유출 원인을 분석한 박진경·김도형(2020)의 연구에 따르면, 청년 인구 유출의 주원인은 20대의 경우 직업, 30대의 경우 주택과 관련된 것으로 파악된다. 정책이 인구 이동에 미치는 영향을 살펴본 연구들도 있다. 예컨대, 일련의 연구들은 지자체의 출산장려금이 가임기 여성 인구의 이동에 유의한 영향을 미쳤음을 보였다(송헌재·김현아 2014; 김우영·이정만 2018; Hong and Sullivan 2016).

이 연구는 다음의 몇 가지 점에서 해당 주제에 대한 선행 연구들과는 차별화된다. 첫째, 이 연구는 시군구별 인구 불균형을 분석 대상으로 하였다. 둘째, 10분위수 대비 90분위수의 비율(p90/p10), 지니계수 등 불균등 지표를 이용하여 지역 인구 분포의 전반적인 변화를 파악하고자 하였다. 셋째, 각 시군구 인구 변화의 모든 세부적인 결정 요인들(연령별 여성 유배우 비율과 유배우 출산율, 성별·연령별 사망률과 인구 이동률 등)을 고려하였다. 넷째, 시뮬레이션 분석을 통해서 각 요인의 변화가 시군구 인구 불균등 지표의 변화에 미친 영향을 수량적으로 분석하였다. 이러한 분석을 통해 선행 연구들을 개선·보완할 수 있을 것으로 기대한다.

3. 분석 방법

이 연구가 이용한 방법의 개요를 간략하게 설명하면 다음과 같다. 먼저 지난 20년(2000-2020년)의 각 5년 기간에 대해 각 시군구의 성별·연령별 인구 변화를 기준 시점의 인구구조, 사망률, 순이동률, 유배우 비율, 유배우 출산율 등 요인으로 분해하는 작업을 수행하였다. 그리고 시군구 인구 변화를 결정하는 각 요인들에 대한 시나리오를 설정하고, 이 시나리오가 실현되는 경우의 가상적인 시군구 인구를 추정하였다. 예컨대, 기준 시점부터 비교 시점까지 각 시군구의 모든 인구집단의 순인구이동률이 0인 경우 비교 시점의 가상적인 인구를 추정하였다. 이 결과에 기초하여 얻은 가상적인 시군구별 인구 분포 및 인구 불균등 지표를 실제의 인구 분포 및 인구 불균등 지표와 비교함으로써 특정한 요인(예컨대, 인구 이동)이 해당 기간 지역 간 인구 불균등 정도 변화에 미친 영향을 분석하였다. 이하에는 각각의 내용을 설명하기로 한다.

$$P_{t+5}^{a+5,s} = \widetilde{P}_{t+5}^{a+5,s}\lambda_t^{a,s} = (1-d_t^{a,s} + m_t^{a,s})P_t^{a,s}\lambda_t^{a,s} \tag{1}$$

먼저 각 시군구 5세 이상 인구의 성별·연령별 인구를 분해하는 방법을 소개하기로 하자. 식 (1)이 보여 주는 바와 같이 특정 시군구(여기에서는 편의를 위해 시군구를 나타내는 첨자는 생략한다)에서 5년 후로 정의된 비교 시점(t+5)의 성별 s, 연령 a+5 인구($P_{t+5}^{a+5,s}$)는 기준 시점(t)의 같은 성별 s 및 연령 a 인구($P_t^{a,s}$)에 5년 동안 사망과 인구 이동으로 인한 인구 변화율 ($1-d_t^{a,s}+m_t^{a,s}$)과 보정항($\lambda_t^{a,s}$)을 곱하여 계산할 수 있다. 여기에서 d는 성별·연령별 5년간 사망확률을, m은 성별·연령별 5년간 순유입률을 나타낸다. 보정항은 평균적인 사망률, 순이동률 등을 이용함으로써 발생하는 오차를 보정하기 위하여 초기 인구에 인구동태 비율을 곱해서 얻은 추정 인구 대비 실제 인구의 비율이다. 이 보정항은 각 시군구의 해당 인구집단에 대해 매 5년 기간마다 추정하였다. 이 계산에 필요한 기준 시점에서의 각 시군구의 성별·연령별 사망률은 해당 연도 인구동향조사 사망편 마이크로 자료로부터 추정하였다. 그리고 기준 시점에서의 각 시군구의 성별·연령별 유출률, 유입률, 순유입률 등은 해당 연도 인구 이동 통계 마이크로 자료를 이용하여 추정하였다.

$$P_{t+5}^{0-4} = \lambda_t^{0-4}\left[\Sigma_{a=15}^{49}\left(1+\frac{m^{a,f}}{2}-\frac{d^{a,f}}{2}\right)P_t^{a,f}\left(\omega_t^a F_t^{a,m}+(1-\omega_t^a)F_t^{a,n}\right]\times \left(1+m_t^{0-4}-d_t^{0-4}\right) \quad (2)$$

다음으로는 각 시군구 5세 미만 인구의 성별·연령별 인구를 추정하는 방법을 살펴보자. 5년을 분석 기간으로 설정할 때 특정 시군구의 5세 미만 인구는 5년 동안 그곳에서 태어나는 신생아의 수, 5세 미만 아동 사망률, 5세 미만 인구의 시군구 간 이동에 의해 결정된다. 그리고 신생아 수는 가임기의 연령별 여성 수, 유배우 여성 비율, 유배우 출산율, 무배우 출산율 등에 의해 결정된다. 그리고 여기에 이 파라미터를 이용한 인구 추정에서 발생하는 오차를 보정하기 위한 보정항(λ_t^{0-4})을 곱하였다. 식 (2)는 이를 수식으로 나타낸 것이다. 여기에서 인구, 사망률, 순유입률, 보정항 등의 정의는 식 (1)과 동일하다. ω는 연령별 여성 유배우 비율, F^m은 연령별 유배우 출산율, F^n은 연령별 무배우 출산율을 나타낸다. 특정 기간 동안 여성이 타지역으로 이동하거나 사망하더라도 그 사건이 발생하기 전까지는 해당 지역에서 자녀를 낳을 수 있다. 여기에서는 5년 기간 동안 각 시군구 출생이 매 연도 같은 비율로 발생한다고 가정하여 여성의 순유입률과 사망률을 2로 나눈 값을 이용하였다.

각 시군구의 연령별 여성 유배우 비율과 유배우 출산율 자료는 다음의 두 가지 종류의 데이터를 결합하여 구축하였다(이철희 2012; 2018). 첫째, 인구 변동의 요인이 되는 특정한 사건(예컨대, 출산)을 경험한 개인 혹은 가구를 모집단으로 하는 인구동태조사를 이용하여 출산율의 분자에 해당하는 여성의 특성별 출산 수를 계산하였다. 둘째, 전 국민을 모집단으로 하는 인구 자료(인구센서스, 주민등록 자료 등)를 이용하여 출산율의 분모에 해당하는 인구특성별 여성 인구를 추계하였다. 그리고 출산율의 분자와 분모는 여성 인구의 사회경제적 특성 및 지역을 매개로 하여 연결하였다. 예컨대, 2015년 특정 시군구 25-29세 유배우 여성의 출산율은 2015년 인구동태조사 원시 자료에서 계산한 해당 시군구 25-29세의 유배우 여성에게서 태어난 출생 수를 같은 연도 통계청 주민등록 인구에서 계산한 해당 시군구의 동일한 인구특성을 가진 여성의 인구 수로 나누어 계산하였다. 주민등록 인구 통계의 경우 성별·연령별 인구에 대해 혼인 상태를 동시에 구분한 인구 수를 제공해 주지 않는다. 따라서 센서스 원시 자료에서 계산한 연령별 유배우 비율에 해당 연령 여성 인구를 적용하여 센서스 연도의 해당 인구 수를 계산하고 선형보간법(linear interpolation)을 이용하여 나머지 연도의 해당 인구 수를 계산하였다.[1]

1 부록의 [그림 10A-1]부터 [그림 10A-4]는 2000년부터 2020년까지의 각 5년 기간에 대해 시

앞의 식 (1)과 (2)에 아래와 같은 여섯 가지 시나리오들을 적용하여 각 비교 시점(2005년, 2010년, 2015년, 2020년)의 가상적인 시군구별 인구를 추정하였다. ① 기준 시점(2000년)부터 비교 시점까지의 시군구 연령별 유배우 여성 비율이 전국의 평균 유배우 비율과 동일함, ② 기준 시점(2000년)부터 비교 시점까지의 시군구 연령별 유배우 출산율이 전국의 평균 유배우 출산율과 동일함, ③ 기준 시점(2000년)부터 비교 시점까지의 시군구 성별·연령별 사망률이 전국의 평균 성별·연령별 사망률과 동일함, ④ 기준 시점(2000년)부터 비교 시점까지의 시군구 성별·연령별 순이동률이 0으로 동일함, ⑤ 기준 시점(2000년)부터 비교 시점까지 인구 동태율에 관한 앞의 네 가지 시나리오가 모두 실현됨, ⑥ 기준 시점(2000년) 각 시군구의 인구구조(전체 인구에서 성별·연령별 인구가 차지하는 비율)가 동일함(단 전체 인구 규모는 실제치와 동일함).[2]

이렇게 추정한 2000년부터 2020년까지의 시군구별 실제 인구 및 시나리오별 가상 인구의 분포를 비교하는 작업을 수행하였다. 예컨대, 각 시군구의 유배우 비율이 전국 평균 유배우 비율과 동일하게 되는 시나리오 1이 적용되는 경우, 각 시군구의 가상적인 비교 시점 5세 미만 인구는 다음

군구 사망률, 순이동률, 여성 유배우 비율, 유배우 출산율 분포를 보여 준다. 결과는 65세 이상 인구의 사망률, 순이동률, 유배우 여성 비율, 유배우 출산율 등에 있어서는 상당한 정도의 시군구 간 변이가 존재함을 보여 준다. 순이동률의 경우, 특히 5세 미만 인구와 20-30대 인구에게서 상대적으로 큰 시군구별 변이가 나타났다([그림 10A-2]). [그림 10A-3]은 시간이 지나면서 전반적으로 여성 인구의 유배우 비율이 감소하였음을 보여 주고, [그림 10A-4]의 결과는 2000년대 초부터 2010년대 초까지 높아지다가 2010년대 중반 이후 급격하게 감소하였던 유배우 출산율 추이와 잘 부합된다(이철희 2019a).

2 각 시나리오에서 인구 요인의 전국 평균은 전국 수준 데이터를 활용하여(즉, 각 시군구 인구 수로 가중치를 주어) 추정하였다.

과 같이 추정할 수 있다. 여기에서 $\overline{\omega}$는 해당 5년 기간 동안 특정 연령 여성의 전국 평균 유배우 비율을 나타낸다.

$$P(1)_{t+5}^{0-4}=\lambda_{t}^{0-4}\left[\Sigma_{a=15}^{49}\left(1+\frac{m^{a,f}}{2}-\frac{d^{a,f}}{2}\right)P_{t}^{a,f}(\overline{\omega}_{t}^{a}F_{t}^{a,m}+(1-\overline{\omega}_{t}^{a})F_{t}^{a,n}\right]\times (1+m_{t}^{0-4}-d_{t}^{0-4}) \quad (3)$$

그리고 2000년부터 2020년까지의 시군구별 실제 인구 및 앞에서 설명한 시나리오별 가상 인구의 지니계수, p90/p10, p90/p50, p50/p10 등 인구 불균등 지표들을 계산하였다. 만약 특정한 시나리오에 기초하여 추정한 비교 시점까지의 인구 불균등 지표 증가분이 비교 시점까지의 실제 인구 불균등 지표 증가분에 비해 작다면, 해당 시나리오를 구성하는 요인이 해당 기간 동안의 지역 간 인구 불평등 정도를 심화시키는 데 기여하였다고 판단할 수 있다.[3]

3 이러한 분석 결과가 신빙성을 얻기 위해서는 기준 시점과 비교 시점의 시군구 인구 분포 변화가 식 (1)과 (2)에 제시된 보정항을 제외한 인구 요인들의 변화에 의해 잘 설명되어야 한다. 이는 각 시군구에 대한 보정항이 안정적으로 1과 가까운 특정한 값을 갖는다는 것을 의미한다. 이 조건을 살펴보기 위해서 비교 시점(2005년, 2010년, 2015년, 2020년)의 실제 시군구 인구를 식 (1)과 (2)에서 보정항을 제외하고 추정한 시군구 인구로 나누어 계산한 집계적인 보정항의 분포를 살펴보았다. 부록의 [그림 10A-5]에 제시된 결과는 이 조건이 대체로 잘 충족됨을 보여 준다. 첫 5년 기간(2000-2005년)에 대한 보정항의 89.7%는 1.0-1.1 구간 내에 있고, 가장 멀리 떨어진 값은 1.3을 넘지 않았다. 시간이 지남에 따라 오차가 누적되면서 보정항의 분포가 넓어지고 중간값이 높아지는 것으로 나타났다. 그렇지만 최종연도(2020년)에도 84.6%의 보정항의 간격이 0.25인 구간(1.05-1.30) 내에 집중되어 있는 것을 확인할 수 있다.

4. 실제 및 시나리오 실현 시 가상적인 시군구별 인구 분포 변화

이 절에서는 제3절에서 소개한 각 시나리오가 실현되는 경우 시군구별 인구 분포가 어떻게 변화하였을지 추정한 결과를 제시한다.[4] 그에 앞서서 분석 기간 동안 실제의 시군구 인구 분포 변화를 살펴보기로 하자. [그림 10-1]은 2000-2010년, 2010-2020년, 2000-2020년 기간에 대해 추정한 기초지자체별 인구 변화율의 분포를 제시해 준다. 결과에 따르면 지난 20년 동안 전체 지자체의 3분의 2에 해당하는 152개 시군구에서 인구가 감소하였다. 특히 전체의 약 21%에 달하는 48개 지자체에서 인구가 20-30% 감소하였고, 30% 넘게 감소한 지자체도 16개(7%)에 달한다. 일부 시군구들의 인구 감소세는 특히 2000-2010년 기간에 두드러지게 나타났다. 예컨대, 2000-2010년 기간 동안 84개 시군구 인구가 10% 이상 감소한 데 비해, 2010-2020년 기간에는 46개 시군구만 10% 이상의 인구 감소율을 기록하였다. 분석 기간 동안 일부 시군구에서는 인구가 큰 폭으로 증가하였다. 2000-2020년 기간 동안 전체의 약 10%인 22개 시군구는 60% 이상의 인구 증가율을 기록하였다. 31개 시군구(13.6%)는 같은 기간 동안 0-20% 미만의 인구 증가율을 보였다.

[그림 10-2]는 이와 같은 인구 변화의 결과로 나타난 2000-2020년 기간 지자체별 인구 규모 분포의 변화를 보여 준다. 전반적으로는 80만 명

4 이 분석은 2000년부터 2020년까지 행정구역에 변화가 없었던 214개 시군구를 대상으로 수행하였다.

그림 10-1 2000-2010년, 2010-2020년과 2000-2020년 지자체 인구 변화율 분포 (단위: %)

a. 2000-2010년 시군구 인구 변화율 분포

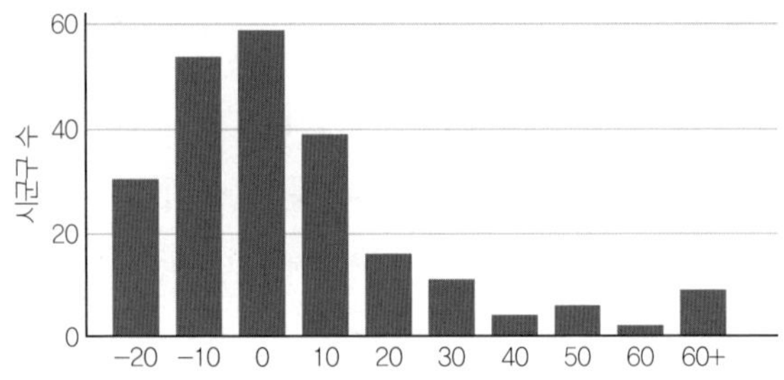

b. 2010-2020년 시군구 인구 변화율 분포

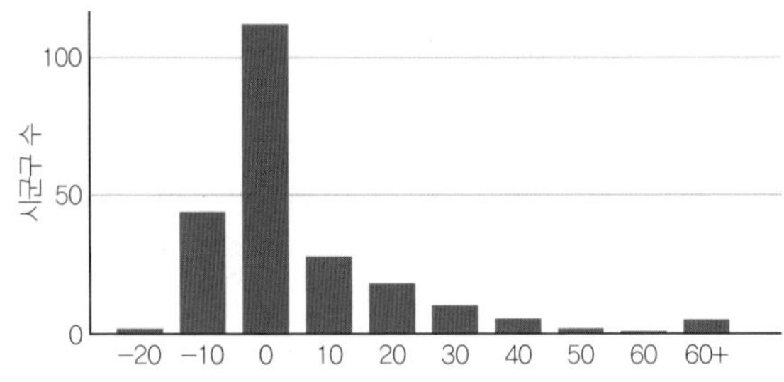

c. 2000-2020년 시군구 인구 변화율 분포

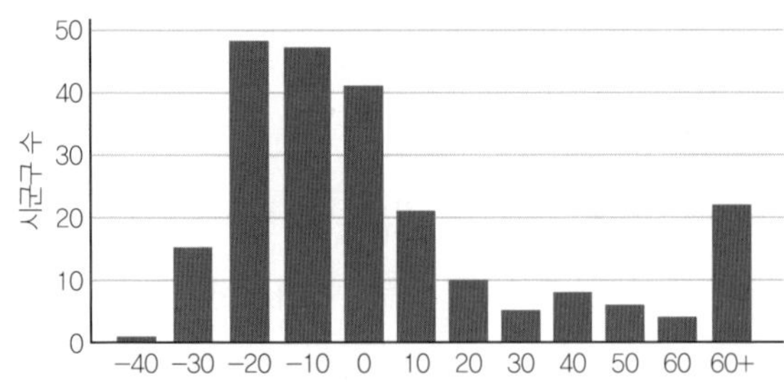

자료: 통계청, 인구주택센서스 2% 표본, 인구동태조사, 인구 이동 통계 등을 이용하여 필자가 추정. 이하 동일.

그림 10-2 2000년, 2010년, 2020년 지자체(시군구) 인구 분포 (단위: 50,000명)

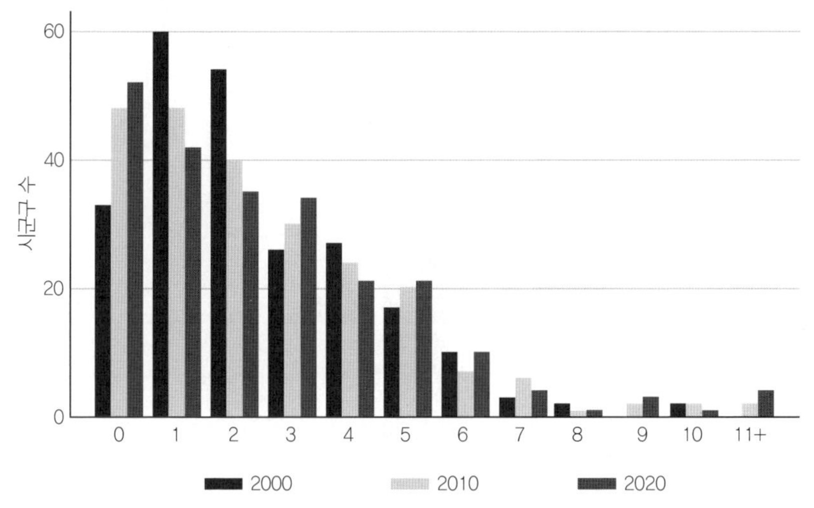

주: x축의 0부터 11+는 [표 10-2]의 각 인구 범주를 순서대로 나타냄(0=5만 미만, 1=5만 이상 10만 미만, 2=10만 이상 20만 미만, 3=20만 이상 30만 미만, 4=30만 이상 40만 미만, 5=40만 이상 50만 미만, 6=50만 이상 60만 미만, 7=60만 이상 70만 미만, 8=70만 이상 80만 미만, 9=80만 이상 90만 미만, 10=90만 이상 100만 미만, 11+=100만 이상).

이상 대규모 지자체의 수와 5만 명 미만의 소규모 지자체 수가 증가한 것으로 나타난다. 5만 명 미만의 소규모 지자체 수는 2000년 33개(14.1%)에서 2010년 48개(20.1%), 2020년 52개(22.8%)로 증가하였다. 같은 기간 동안 80만 명 이상의 지자체는 2개에서 8개로 늘었고, 2000년에는 없었던 100만 명 이상 지자체도 2010년 2개, 2020년 4개로 증가하였다. 반면 인구 5만–20만 규모의 지자체 수는 2000년 114개(48.7%)에서 2020년 77개(33.8%)로 빠르게 감소하였다. 20만 명대와 40만 명대 인구를 가진 지자체 수는 분석 기간 동안 다소 늘어난 반면 30만 명대 인구를 보유한 지자체 수는 약간 감소하였다.

그림 10-3 시나리오 1(유배우 비율 동일화) 실현 시 가상적인 시군구 인구 분포

a. 2010년의 가상적인 시군구 인구 분포

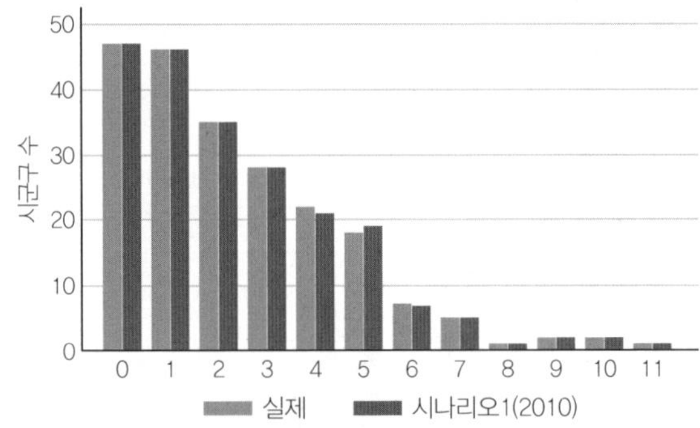

b. 2020년의 가상적인 시군구 인구 분포

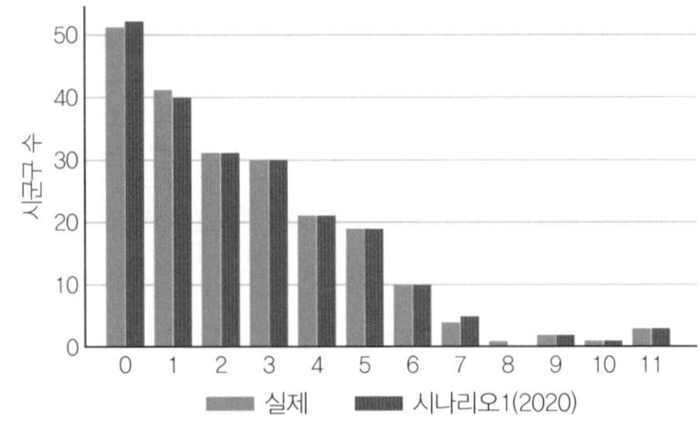

이제 제3절에서 설명한 방법에 기초하여 각 시나리오가 실현되었을 경우의 가상적인 시군구별 인구 분포가 어떻게 변화하였을지를 살펴보기로 하자. [그림 10-3]은 각 시군구의 연령별 여성 유배우 비율이 전국 평균으로 동일화되는 경우(시나리오 1) 나타났을 2010년과 2020년의 가상적인 시군구 인구 분포를 실제 인구 분포와 비교한 결과를 제시해 준다. 시나리오 1 실현 시 가상적인 인구 분포는 실제 인구 분포와 매우 유사한 것으로 나

그림 10-4 시나리오 2(유배우 출산율 동일화) 실현 시 가상적인 시군구 인구 분포

a. 2010년의 가상적인 시군구 인구 분포

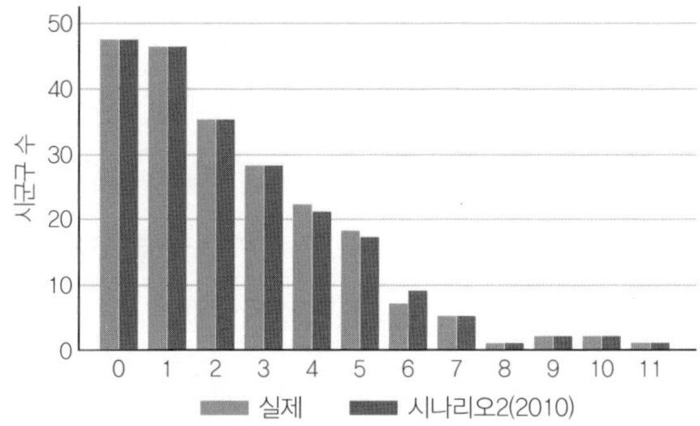

b. 2020년의 가상적인 시군구 인구 분포

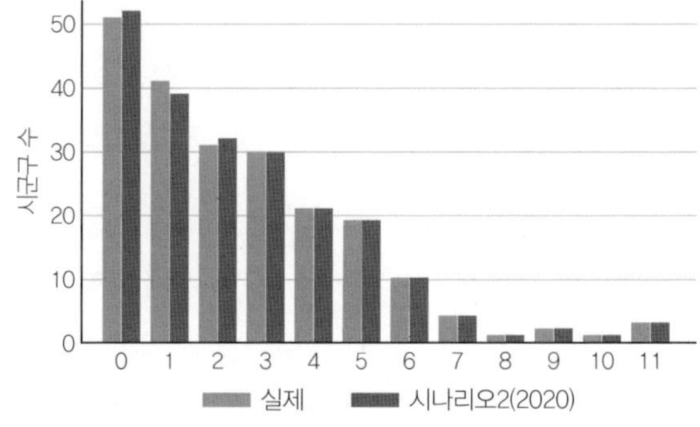

타났다. 몇 개 인구 규모 구간의 빈도수가 미세하게 변하기는 하였지만, 눈에 띄는 분포의 변화는 발견되지 않았다. 이 결과는 분석 기간 동안 지자체 간 여성 유배우 비율의 차이에 기인하는 출생아 수 차이가 지자체 간 인구 불균형 확대의 주된 요인이 아니라는 것을 보여 준다.

[그림 10-4]는 각 시군구의 연령별 여성 유배우 출산율이 전국 평균으로 동일화되는 경우(시나리오 2) 나타났을 것으로 추정되는 2010년과 2020

년의 가상적인 시군구 인구 분포와 실제 인구 분포를 비교한 결과를 보여 준다. 두 번째 시나리오가 실현되는 경우의 가상적인 인구 분포 역시 실제 인구 분포와 크게 다르지 않은 것으로 나타난다. 즉, 몇 개 인구 규모 구간의 빈도수가 한두 개 정도 바뀌기는 하였지만, 전체적인 분포 변화는 미미하다. 이 결과를 보건대 분석 기간 동안 지자체 간 유배우 출산율 차이에 기인하는 출생아 수 차이가 지자체 간 인구 불균형 확대의 주된 요인이 아닐 것으로 추측된다.

[그림 10-5]는 각 시군구의 연령별 사망률이 전국 평균으로 동일화되는 경우(시나리오 3) 나타났을 것으로 예상되는 2010년과 2020년의 가상적인 시군구 인구 분포를 실제 인구 분포와 비교한 결과를 보여 준다. 세 번째 시나리오가 실현되는 경우의 가상적인 인구 분포는 실제 인구 분포와 크게 다르지 않은 것으로 나타났다. 눈에 띄는 변화는 20만–30만 명 및 100만 명 이상 지자체 수가 분석 기간 동안 실제치에 비해 약간 늘어나고, 40만–50만 명과 50만–60만 명 지자체 수가 실제치에 비해 약간 줄어드는 것 정도이다. 이 시나리오가 실현되었을 경우 지자체 인구 분포는 약간 더 불균등해졌을 것으로 판단된다. 즉, 분석 기간 동안 지자체 간 연령별 사망률 차이는 지자체 간 인구 불균형 확대를 약간 상쇄한 요인으로 작용하였을 것으로 추정된다.

[그림 10-6]은 각 시군구의 성별·연령별 인구 이동률이 0이 되는 경우(시나리오 4) 나타났을 것으로 추정되는 2010년과 2020년의 가상적인 시군구 인구 분포와 실제 인구 분포를 비교한 결과를 보고해 준다. 이 네 번째 시나리오가 실현되는 경우의 가상적인 인구 분포는 실제 인구 분포와 상당한 차이를 보인다. 지자체 간 인구 이동이 전혀 없었다면 실제치에 비해

그림 10-5 시나리오 3(사망률 동일화) 실현 시 가상적인 시군구 인구 분포

a. 2010년의 가상적인 시군구 인구 분포

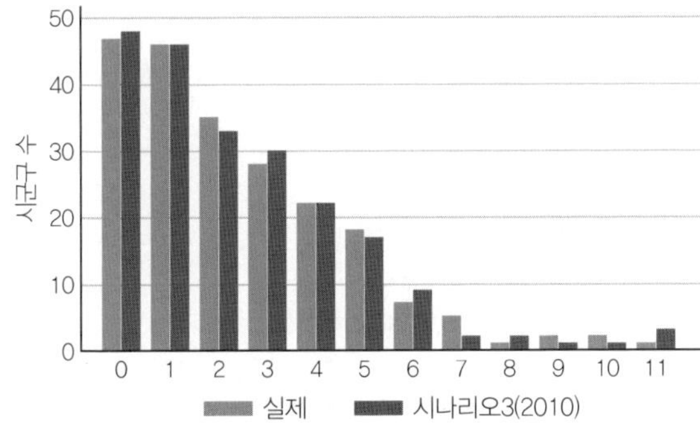

b. 2020년의 가상적인 시군구 인구 분포

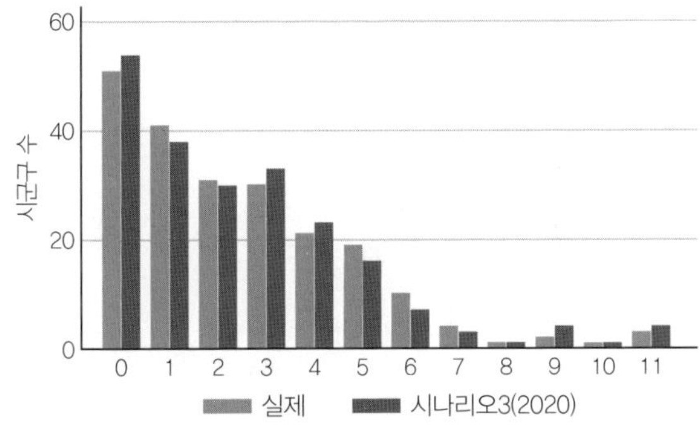

인구 5만 명 미만 지자체 수가 줄어들고, 인구 5만–20만 명 지자체 수가 늘어났을 것으로 추정된다. 또한 인구 30만 명대 지자체 수는 약간 감소하였을 것으로 보인다. 전반적으로 보아 인구 이동이 없었다면 시군구 인구 불균형 정도가 실제 관찰된 정도에 비해 완화되었을 것으로 추정된다. 이 결과는 지자체 간 인구 이동률 차이가 분석 기간 동안 인구 불균형 확대의 주된 요인 가운데 하나였음을 알려 준다.

그림 10-6 시나리오 4(순이동률 동일화) 실현 시 가상적인 시군구 인구 분포

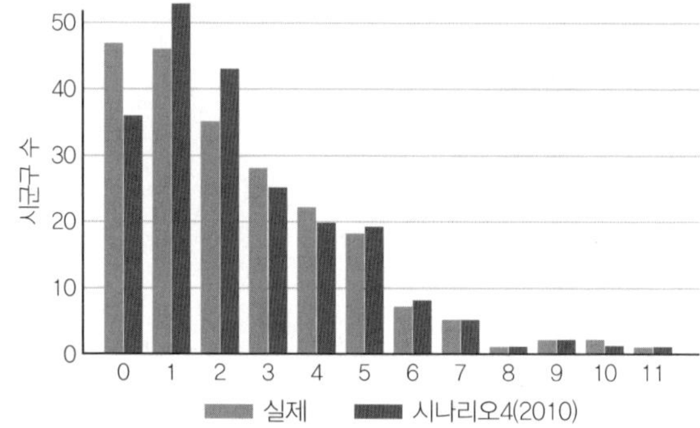

b. 2020년의 가상적인 시군구 인구 분포

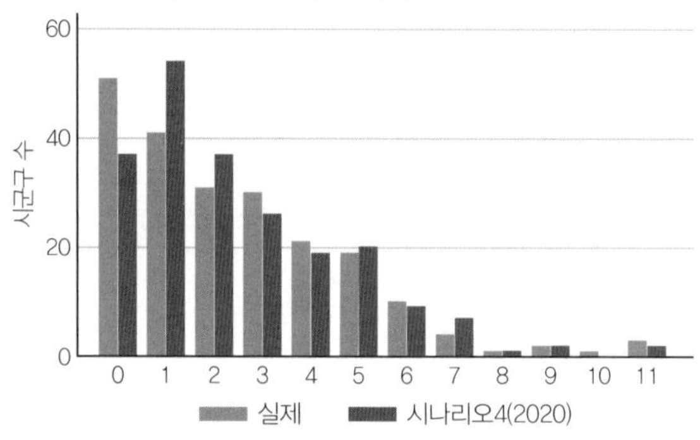

[그림 10-7]은 위에서 고려한 네 가지 시나리오가 모두 실현되는 경우(즉, 유배우 비율, 유배우 출산율, 사망률, 인구 이동률 등 인구 동태율의 지자체 간 차이가 제거되는 경우) 나타났을 것으로 추정되는 2010년과 2020년의 가상적인 시군구 인구 분포와 실제 인구 분포를 비교한 결과를 보고해 준다. 이 복합적인 시나리오가 실현되는 경우의 가상적인 인구 분포는 시나리오 4가 실현되었을 경우의 가상적인 인구 분포와 유사한 것으로 나타났다. 즉,

그림 10-7 시나리오 5(인구 동태율 동일화) 실현 시 가상적인 시군구 인구 분포

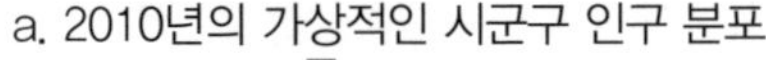

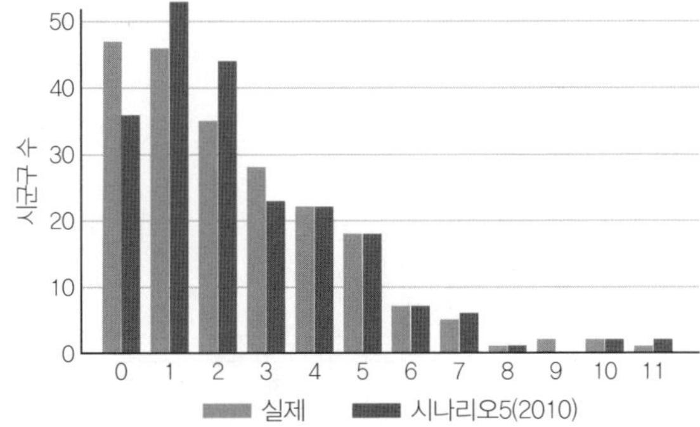

b. 2020년의 가상적인 시군구 인구 분포

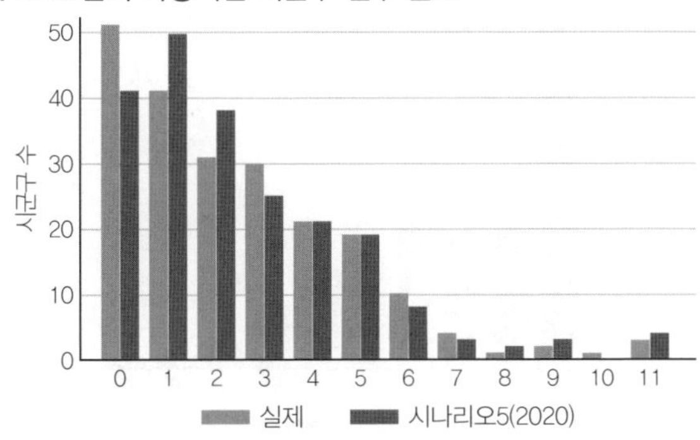

실제치에 비해 인구 5만 명 미만의 지자체 수가 줄어들고, 인구 5만-20만 명 지자체 수가 늘어났을 것으로 추정된다. 이러한 결과는 위의 결과가 보여 주듯이 시군구 인구 불균형 확대가 지역 간 출산율 및 사망률 차이(시나리오 1-3)보다 인구 이동률 차이(시나리오 4)에 의해 발생하였기 때문에 나타난 것으로 풀이된다.

그림 10-8 시나리오 6(초기 인구구조 동일화) 실현 시 가상적인 시군구 인구 분포

a. 2010년의 가상적인 시군구 인구 분포

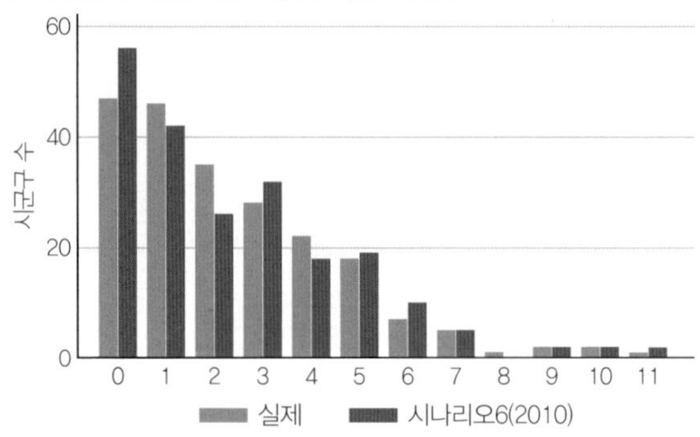

b. 2020년의 가상적인 시군구 인구 분포

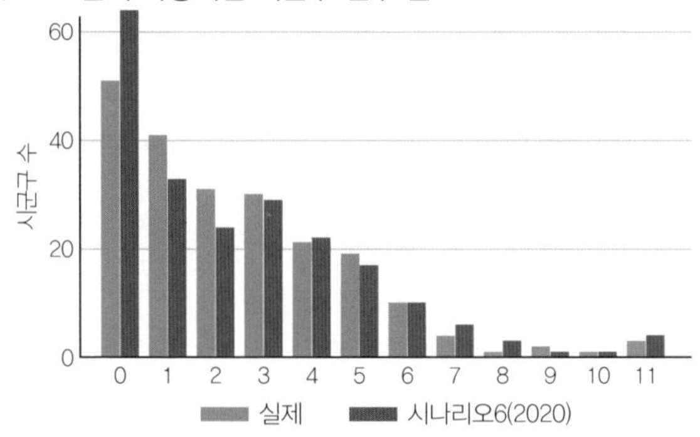

[그림 10-8]은 기준 시점(2000년) 각 시군구의 성별·연령별 인구 분포가 동일하게 되는 시나리오(시나리오 6)가 실현되었을 경우 나타났을 것으로 추정되는 2010년과 2020년의 가상적인 시군구 인구 분포와 실제 인구 분포를 비교한 결과를 보여 준다. 기준 시점과 비교 시점의 모든 인구동태 비율이 동일하더라도, 기준 시점의 인구구조가 다르면 인구 증가율이 다르게 나타날 수 있다. 예컨대, 전체 시군구 유배우 비율과 유배우 출산

율이 같더라도, 가임기 여성이 전체 인구에서 차지하는 비율이 높은 시군구에서는 아동 인구 증가율이 상대적으로 더 높을 것이다. 이 시나리오가 실현되는 경우의 가상적인 인구 분포는 인구 동태율이 동일화는 경우(시나리오 5)와 정반대로 나타났다. 즉, 실제치에 비해 인구 5만 미만 지자체 수가 늘어나고, 인구 5만-20만 명 지자체 수는 줄어들었을 것으로 추정되었다.

이러한 결과는 각 시군구 인구집단별 인구 비율과 인구 유출률 간의 관계로 설명될 수 있다. 시나리오 4를 분석한 결과는 시군구 간 인구 불균형 확대의 주된 원인이 인구 이동의 차이라는 것을 보여 준다. 만약 인구 유출로 말미암아 인구가 줄어드는 지역에서 유출률이 높은 인구집단이 전체 인구에서 차지하는 비중이 높았다면 시나리오 6 분석에서 관찰된 결과를 예상할 수 있다. 예컨대, 청년 이동률 차이가 시군구 간 인구 불균형 확대의 주된 원인이었고 인구가 줄어드는 지역의 청년 인구 비율이 낮았다면, 청년 인구 비율 균등화는 인구 감소 지역의 유출 인구를 더 증가시키는 결과를 가져왔을 것이다. 이러한 추측은 제6절의 분석에서 더 자세하게 확인할 것이다.

5. 실제 및 시나리오 실현 시 가상적인 시군구별 인구 불균등 지표 변화

이 절에서는 제4절에서 살펴본 실제 및 가상적인 인구 분포 변화를 구체적인 인구 불균등 지표를 이용하여 수량적으로 분석하였다. [표 10-1]

표 10-1 시나리오별 시군구 인구 불균등 지표 변화

연도	실제	S1	S2	S3	S4	S5	S6
패널A: p90/p10 비율							
2000	11.068						
2005	13.102	12.997	12.979	13.204	11.521	11.495	14.636
2010	14.725	14.493	14.474	14.604	12.303	12.353	17.363
2015	14.847	14.69	14.755	14.957	13.045	13.246	19.563
2020	15.796	15.89	15.858	15.681	12.983	13.098	22.445
패널B: p90/p50 비율							
2000	3.532						
2005	3.498	3.477	3.451	3.496	3.561	3.514	3.546
2010	3.620	3.557	3.545	3.567	3.666	3.688	3.766
2015	3.619	3.596	3.604	3.549	3.56	3.562	4.042
2020	3.609	3.645	3.63	3.601	3.547	3.569	4.23
패널C: p10/p50 비율							
2000	0.319						
2005	0.267	0.268	0.266	0.265	0.309	0.306	0.242
2010	0.246	0.245	0.245	0.244	0.298	0.299	0.217
2015	0.244	0.245	0.244	0.237	0.273	0.269	0.207
2020	0.228	0.229	0.229	0.23	0.273	0.272	0.188
패널D: 지니계수							
2000	0.463						
2005	0.483	0.482	0.482	0.484	0.469	0.471	0.495
2010	0.492	0.492	0.492	0.498	0.478	0.483	0.512
2015	0.496	0.496	0.497	0.507	0.485	0.494	0.522
2020	0.503	0.503	0.503	0.521	0.489	0.504	0.535

의 패널 A는 2000년부터 2020년까지의 실제 및 시나리오별 10분위수 대비 90분위수 비율(p90/p10)을 추정한 결과를 보여 준다. 마찬가지로 패널 B와 C는 각각 중위수 대비 90분위수 비율(p90/p50)과 중위수 대비 10분위수 비율(p10/p50)을 추정한 결과를 제시한다. 이 두 지표 분석은 시군구 인구 분포의 변화가 분포의 어느 부분에서 발생한 것인지, 즉 하위 시군구의 상대적인 인구 감소로 인한 것인지 혹은 상위 시군구의 상대적인 인구 증가로 인한 것인지를 보기 위한 것이다. 마지막으로 패널 D는 종합적인 불균등 지표라고 할 수 있는 지니계수를 추정한 결과를 보고한다.

2000년부터 2020년까지 실제의 시군구 간 인구 불균등 정도는 큰 폭으로 커진 것으로 나타났다. 이 기간 동안 p90/p10 비율은 11.068에서 15.796으로, 지니계수는 0.463에서 0.503으로 높아졌다. 5년 단위 결과를 살펴보면 이와 같은 지역 간 인구 불균형의 심화가 특히 2000년과 2010년 사이에 집중되었던 것으로 파악된다. 2010년의 p90/p10 비율과 지니계수는 각각 14.725와 0.492로 추정되었다. 이는 전체 20년 기간 동안 두 지표 증가의 각각 77% 및 73%가 초기 10년 동안의 증가에 의해 설명된다는 것을 의미한다. 그리고 이 기간 동안 지역 간 인구 불균등 확대는 거의 전적으로 하위 시군구 인구의 상대적인 감소에 의해 나타난 것으로 파악된다. 패널 B와 C의 결과가 보여 주듯이 분석 기간 동안 p90/p50 비율은 3.532에서 3.609로 거의 변화하지 않았던 데 반해, p10/p50 비율은 0.319에서 0.228로 감소하였다.

각 시나리오가 실현되는 경우의 인구 불균등 지표 변화는 제4절에서 제시한 결과와 대체로 부합하는 것으로 나타났다. 전체적으로 보아 지역 간 인구 불균등 확대의 주된 요인은 시군구 간 인구 이동의 차이였고, 유배우 여성 비율, 유배우 출산율, 사망률 등의 차이는 큰 영향을 미치지 않았던 것으로 분석되었다. 초기(2000년) 시군구 간 인구구조의 차이는 실제 인구 동태율의 차이가 인구 불균형 확대에 미치는 영향을 완화하는 요인으로 작용하였던 것으로 나타났다.

출산율 및 사망률과 관련된 세 가지 시나리오(시나리오 1-3)에 대한 p90/p10 비율과 지니계수는 실제치와 큰 차이를 보이지 않았다. 반면 인구 이동률이 0으로 동등화되는 시나리오 4가 실현되는 경우 2020년의 p90/p10 비율과 지니계수 각각 12.983과 0.489로 낮아졌다. 시나리오 4가 실현되는 경우 2000-2020년 p90/p10 비율과 지니계수 증가 크기는 실제 증가 규모의 약 41% 및 65%로 감소하였다. 이는 분석 기간 동안 시군구별 인구 p90/p10 비율 증가의 59%와 지니계수 증가의 35%가 시군구 간 인구 이동률 차이에 의해 설명된다는 것을 의미한다. 시군구 간 인구 이동 차이가 지역 인구 불균형을 심화시키는 현상은 주로 분포의 좌측에서 나타난 것으로 분석된다. 즉, 시나리오 4 실현 시 2020년의 p90/p50 비율은 3.547로 실제치(3.609)와 큰 차이를 보이지 않았지만, p10/p50 비율은 0.273으로 실제치(0.228)와 상당한 차이를 보였다.

기준 시점(2000년)의 각 시군구 인구구조(성별·연령별 인구 분포)가 동등화되는 경우 지역 간 인구불균등 정도는 실제에 비해 훨씬 더 커졌을 것으로 추정되었다. 즉, 시나리오 6 실현 시 분석 기간 동안 p90/p10 비율은 11.068에서 22.445로, 지니계수는 0.463에서 0.535로 증가하였을 것으로 예상된다. 이는 두 지표의 실제 증가 크기의 각각 241% 및 180% 규모에 해당한다. 이 결과는 앞에서 지적한 바와 같이 2000년 시점의 지역 간 인구구조 차이가 이후 인구 동태율 차이에 의한 지역 간 인구 불균형 확대

표 10-2 시나리오별 인구 5만 명 이하 시군구 수와 비율

연도	실제	S1	S2	S3	S4	S5	S6
2000	32 (15.0%)						
2005	42 (19.6%)	41 (19.2%)	42 (19.6%)	42 (19.6%)	34 (15.9%)	33 (15.4%)	49 (22.9%)
2010	47 (22.0%)	47 (22.0%)	47 (22.0%)	48 (22.4%)	36 (16.8%)	36 (16.8%)	56 (26.2%)
2015	50 (23.4%)	50 (23.4%)	50 (23.4%)	51 (23.8%)	38 (17.8%)	39 (18.2%)	61 (28.5%)
2020	51 (23.8%)	52 (24.3%)	52 (24.3%)	54 (25.20%)	37 (17.3%)	41 (19.2%)	64 (29.9%)

를 완화하는 요인으로 작용하였음을 시사한다. 각 5년 기간에 대한 결과를 보건대, 이러한 효과는 전체 기간을 통해 고르게 나타났던 것으로 보인다. 그리고 p90/p50 비율과 p10/p50 비율 변화를 비교하건대, 이 효과는 분포의 좌측에서 더 강하게 나타난 것으로 파악된다.

이상에서 살펴본 인구 불균등 지표들과 함께 지역 인구 변화 혹은 '인구소멸' 문제를 논의할 때 빈번하게 이용되는 두 가지 지표를 추가적으로 고려하였다. 첫째는 인구 5만 명 미만 소규모 지자체 수의 변화이다. [표 10-2]에 제시된 결과는 실제 및 각 시나리오 실현 시의 가상적인 인구 5만 명 이하 시군구 수 변화를 보여 준다. 분석 기간 동안 인구 5만 명 이하 지자체 수는 32개에서 51개로 증가하였다. 출산율 및 사망률과 관련된 시나리오(시나리오 1-3)가 실현되는 경우 나타났을 변화는 실제치와 큰 차이가 없는 반면, 인구 이동률이 0으로 동등화되는 시나리오 4가 실현되는 경우, 2020년 인구 5만 명 미만 지자체 수는 37개로 크게 줄어드는 것으로 나타났다. 이는 지역 간 인구 이동 격차가 하위 지자체의 인구를 상대적

표 10-3 시나리오별 65세 이상 인구 비율 25% 이상 시군구 수와 비율

연도	실제	S3	S4	S5	S6
2000	0 (0.0%)				
2005	5 (2.3%)	3 (1.4%)	1 (0.5%)	0 (0.0%)	0 (0%)
2010	34 (15.9%)	29 (13.6%)	26 (12.1%)	17 (7.9%)	0 (0%)
2015	51 (23.8%)	43 (20.1%)	45 (21.0%)	35 (16.4%)	0 (0%)
2020	77 (36.0%)	74 (34.6%)	72 (33.6%)	58 (27.1%)	11 (5.1%)

으로 감소시켜서 지역 간 인구 불균등 확대의 주된 요인으로 작용하였다는 위의 결과와 부합된다. 2000년의 시군구 인구구조가 동등화되는 경우(시나리오 6), 인구 5만 명 미만 시군구 수는 2020년까지 64개로 더 많이 늘어났을 것으로 추정되었다.

지역 인구 변화 문제를 논의할 때 각 지자체의 인구고령화 정도는 인구 규모와 함께 널리 고려되는 인구지표이다. [표 10-3]에 제시된 결과는 실제 및 각 시나리오 실현 시의 가상적인 65세 이상 인구 비율 25% 이상 시군구 수 변화를 보여 준다. 거주 인구의 4분의 1 이상이 고령자인 지자체는 2000년 당시 없었으나, 2005년 5개(2.3%), 2010년 34개(15.9%), 2015년 51개(23.8%), 2020년 77개(36.0%)로 빠르게 증가하였다. 각 시군구 간 출산율과 사망률 차이가 사라지는 경우(시나리오 3), 이와 같은 초고령화 시군구 수는 2020년까지 74개(34.6%)로 약간 줄어들었을 것으로 추정되었다. 인구 이동률이 0으로 동등화된 경우에도 이와 같은 시군구 수가 2020년까지 72개(33.6%)로 줄어들었을 것으로 추정되었다. 이는 시군구 간 인구 이동률 차이가 인구 규모의 지역 간 불균등뿐만 아니라 인구고령화 정도의 지역 간 불균형에도 상당한 영향을 미쳤음을 시사한다. 2000년의 각

시군구의 인구구조(성별·연령별 인구 비율)가 동등화되었다면(시나리오 6), 이후 20년 동안 고령 인구 비율이 25%를 넘는 지자체는 2015년까지 생겨나지 않다가 2020년에 비로소 11개 출현하였을 것으로 추정되었다. 이는 인구 규모와는 달리, 고령 인구 비율은 분석 기간 초기(2000년)의 연령별 인구 분포에 의해 절대적인 영향을 받았음을 시사한다.

6. 연령별 인구 이동률 차이의 효과 분석

제4절과 제5절의 분석 결과는 인구 이동에서의 시군구 간 차이가 2000년 이후 지자체 간 인구 불균형 확대의 주된 요인 가운데 하나라는 것을 보여 준다. 이 절에서는 인구 이동을 연령별로 구분하여, 연령별 인구 이동률 차이가 지역 간 인구 불균형 심화에 미친 효과를 심층적으로 살펴보고자 한다. 이는 각 인구 이동의 성격이 연령별로 다를 수 있고, 연령별 인구 이동을 결정하는 사회경제적, 정책적 요인이 상이하다는 사실을 반영한 것이다.

[표 10-4]의 패널 A는 시군구의 4개 연령집단(20세 미만, 20-39세, 40-64세, 65세 이상) 각각의 인구 이동률이 0으로 동일화되는 경우의 가상의 p90/p10 비율을 추정하고, 이를 실제의 p90/p10 비율과 비교한 결과를 제시해 준다. 마찬가지로 패널 B와 C는 연령별 인구 이동률이 0이 되는 경우의 p90/p50 비율과 p10/p50 비율 변화를 보여 준다. 패널 D는 지니계수를 이용하여 동일한 분석을 수행한 결과를 보고해 준다.

분석 결과는 20-39세 인구 이동률의 시군구 간 차이가 지자체 간 인

표 10-4 연령별 인구 이동률 동일화 시 인구 불균등 지표 변화

연도	실제	S4 (전체)	S4 (20세 미만)	S4 (20-39세)	S4 (40-64세)	S4 (65세 이상)
패널A: p90/p10 비율						
2000	11.068					
2005	13.102	11.521	12.577	11.708	13.093	12.855
2010	14.725	12.303	13.636	12.598	14.693	14.113
2015	14.847	13.045	14.14	12.898	15.754	14.374
2020	15.796	12.983	15.268	12.154	17.573	15.373
패널B: p90/p50 비율						
2000	3.532					
2005	3.498	3.561	3.353	3.386	3.448	3.458
2010	3.620	3.666	3.447	3.396	3.560	3.546
2015	3.619	3.560	3.597	3.335	3.696	3.607
2020	3.609	3.547	3.676	3.226	3.839	3.625
패널C: p10/p50 비율						
2000	0.319					
2005	0.267	0.309	0.267	0.289	0.263	0.269
2010	0.246	0.298	0.253	0.270	0.242	0.251
2015	0.244	0.273	0.254	0.259	0.235	0.251
2020	0.228	0.273	0.241	0.265	0.218	0.236
패널D: 지니계수						
2000	0.463					
2005	0.483	0.469	0.479	0.471	0.484	0.481
2010	0.492	0.478	0.488	0.476	0.496	0.490
2015	0.496	0.485	0.492	0.477	0.503	0.493
2020	0.503	0.489	0.497	0.476	0.511	0.499

구 불균형 확대를 가져온 주된 요인이었음을 보여 준다. 20-39세 인구 이동률이 0으로 동일화되었을 경우, 2020년 p90/p10 비율과 지니계수를 각각 12.154와 0.476으로 낮추었을 것으로 추정된다. 20-30대 인구 이동률이 동일화되는 경우, 2000-2020년 p90/p10 비율 및 지니계수 증가 크기는 실제 증가 규모의 각각 약 23% 및 33%로 줄어들었을 것이다. 이는 이 연령층 인구 이동률의 시군구 간 차이가 분석 기간 동안 p90/p10 비율 및 지니계수 증가의 각각 77%와 67%를 설명한다는 것을 의미한다. 반면 20세 미만과 65세 이상 인구 이동률 차이가 제거되는 경우의 가상적인 p90/p10 비율(각각 15.268과 15.373)은 실제치(15.796)와 거의 유사하다. 또 이 시나리오가 실현되는 경우, 가상적인 지니계수(0.497과 0.499)도 실제치(0.503)와 유사하다. 40-64세 인구 이동률 차이가 사라지는 경우의 가상적인 p90/p10 비율(17.573)과 지니계수(0.511)는 실제치보다 오히려 높은 것으로 추정되었다. 즉, 다른 연령층의 시군구 간 인구 이동률 차이는 지자체 인구 불균형 확대에 영향을 미치지 못하였거나 오히려 이를 상쇄하는 요인으로 작용하였던 것을 알 수 있다.

지역 인구 불균형 정도를 보여 주는 주된 지표 이외에 연령별 인구 이동률 차이가 소규모 지자체 수의 변화에 미친 영향을 살펴보았다. [표 10-5]는 시군구의 4개 연령집단(20세 미만, 20-39세, 40-64세, 65세 이상) 각각의 인구 이동률이 0으로 동일화되는 경우의 가상적인 인구 5만 명 이하 시군구 수 변화를 보여 준다. 지역 인구 규모 불균형 정도에 대한 결과와 마찬가지로, 지난 20년 동안 소규모 지자체 수가 늘어난 주된 원인 가운데 하나는 20-39세 인구 이동률의 시군구 간 차이 때문이었던 것으로 나타났다. 이 연령층의 인구 이동률이 0이었다면 인구 5만 명 이하 시군구

표 10-5 연령별 인구 이동률 동일화 시 인구 5만 명 이하 시군구 수와 비율

연도	실제	S4 (전체)	S4 (20세 미만)	S4 (20–39세)	S4 (40–64세)	S4 (65세 이상)
2000	32 (15.0%)					
2005	42 (19.6%)	34 (15.9%)	40 (18.7%)	36 (16.8%)	43 (20.1%)	41 (19.2%)
2010	47 (22.0%)	36 (16.8%)	44 (20.6%)	39 (18.2%)	48 (22.4%)	44 (20.6%)
2015	50 (23.4%)	38 (17.8%)	48 (22.4%)	40 (18.7%)	52 (24.3%)	50 (23.4%)
2020	51 (23.8%)	37 (17.3%)	50 (23.4%)	39 (18.2%)	57 (26.6%)	50 (23.4%)

는 2020년까지 32개에서 39개로 늘어났을 것으로 추정되었다. 이는 동일 기간 인구 5만 명 이하 시군구 수 증가(19개 증가)의 약 63%가 20대와 30대 인구 이동률의 시군구 간 차이에 의해 설명된다는 것을 의미한다. 20대 미만과 65세 이상 인구 이동률 차이는 인구 5만 이하 시군구 수 증가에 별다른 영향을 미치지 못하였고, 40-64세 인구 이동률 차이는 소규모 시군구 수 증가 추이를 약간 상쇄한 요인이었던 것으로 분석되었다.

다음으로, 연령별 인구 이동률 차이가 지역 인구고령화에 미친 영향을 살펴보았다. [표 10-6]은 시군구의 4개 연령집단(20세 미만, 20-39세, 40-64세, 65세 이상) 각각의 인구 이동률이 0으로 동일화되는 경우의 65세 이상 인구 비율 25% 이상 시군구 수 변화를 추정한 결과를 제시한다. 이 결과도 인구 규모 불균형 지표나 인구 5만 명 이하 지자체 수 변화를 분석한 결과와 유사한 함의를 제공해 준다. 즉, 인구 이동률의 지역 간 차이가 고령자 비율이 높은 지자체 수를 증가시킨 효과는 대부분 20-39세 인구 이동률 차이의 효과를 반영한 것이다. 20-39세 인구 이동률이 0으로 동일화된 경우, 2000년부터 2020년까지 65세 이상 인구가 전체의 4분의 1 이상

표 10-6 연령별 인구 이동률 동일화 시 65세 인구 비율 25% 이상 시군구 수와 비율

연도	실제	S4 (전체)	S4 (20세 미만)	S4 (20-39세)	S4 (40-64세)	S4 (65세 이상)
2000	0 (0.0%)					
2005	5 (2.3%)	1 (0.5%)	3 (1.4%)	0 (0.0%)	7 (3.3%)	14 (6.5%)
2010	34 (15.9%)	26 (12.1%)	34 (15.9%)	16 (7.5%)	37 (17.3%)	45 (21.0%)
2015	51 (23.8%)	45 (21.0%)	48 (22.4%)	33 (15.4%)	61 (28.5%)	63 (29.4%)
2020	77 (36.0%)	72 (33.6%)	75 (35.0%)	51 (23.8%)	79 (36.9%)	86 (40.2%)

을 차지하는 지자체 수는 77개(실제치)가 아닌 51개 증가하였을 것으로 추정되었다. 이 기간 고령자 비율 25% 이상 지자체 수 증가의 34%는 20대와 30대 인구 이동률의 지자체 간 차이에 의해 설명될 수 있다. 20대 미만과 40-64세 인구 이동률 지자체 간 차이는 고령화된 지자체 수 증가에 큰 영향을 미치지 않았고, 65세 이상 인구 이동률 차이는 고령화된 지자체 수를 약간 감소시키는 역할을 하였던 것으로 나타났다.

7. 맺음말

이 연구는 2000년부터 2020년까지의 기간에 대해 시군구 단위 지역별 인구 분포 및 인구 불균등 지표들의 변화를 추정하고 그 인구학적 요인들을 분석하였다. 보다 구체적으로 지니계수, 10분위수 대비 90분위수의 비율(p90/p10) 등의 불균등지수를 이용하여, 장기적인 지역 간 인구 불균형 정도 변화를 추정하였다. 그리고 각 시군구의 초기 시점 인구구조,

연령별 유배우 비율, 연령별 유배우 출산율, 성별·연령별 인구 이동, 성별·연령별 사망률 등이 균등화된 경우의 가상적인 지역 인구 분포 변화를 분석함으로써, 각 요인의 변화가 지역 간 인구 불균등 변화에 미친 효과를 추정하였다.

2000년부터 2020년까지 실제의 시군구 간 인구 불균등 정도는 큰 폭으로 커진 것으로 나타났다. 전반적으로는 80만 명 이상 대규모 지자체의 수는 늘어나고 5만 명 미만의 소규모 지자체 수가 큰 폭으로 증가하였다. 이 기간 동안 p90/p10 비율은 11.068에서 15.796으로, 지니계수는 0.463에서 0.503으로 높아졌다. 이와 같은 지역 간 인구 불균형의 심화는 특히 2000년과 2010년 사이에 집중되었던 것으로 파악된다. 이 기간 동안 지역 간 인구 불균등 확대는 거의 전적으로 하위 시군구 인구의 상대적인 감소에 의해 나타난 것으로 파악된다.

시나리오별 분석 결과는 2000-2020년 기간 동안 지역 간 인구 불균등 확대의 주된 요인이 시군구 간 인구 이동의 차이였음을 보여 준다. 인구 이동률이 0으로 동등화되는 시나리오가 실현되는 경우, 2000-2020년 기간 동안 p90/p10 비율과 지니계수 증가 크기는 실제 증가 규모의 약 41% 및 65%로 감소하였다. 이는 분석 기간 동안 시군구별 인구 p90/p10 비율 증가의 59%와 지니계수 증가의 35%가 시군구 간 인구 이동률 차이에 의해 설명된다는 것을 의미한다. 반면 유배우 여성 비율, 유배우 출산율, 사망률 등의 차이는 지역 인구 불균형 확대에 큰 영향을 미치지 않았으며, 초기 인구구조의 차이는 실제 인구 동태율의 차이가 인구 불균형 확대에 미치는 영향을 완화하는 요인으로 작용하였다. 즉, 출산율 및 사망률과 관련된 세 가지 시나리오 실현 시의 가상적인 p90/p10 비율과 지니계수는 실제치와 큰 차이를 보이지 않았다. 또한 기준 시점(2000년)의 각 시군구 인구구조(성별·연령별 인구 분포)가 동등화되는 경우 지역 간 인구 불균등 정도는 실제에 비해 훨씬 더 커졌을 것으로 추정되었다.

연령별로 수행한 분석의 결과는 20-39세 인구 이동률의 시군구 간 차이가 지자체 간 인구 불균형 확대의 주된 요인이었음을 보여 준다. 20-39세 인구 이동률이 동일화되는 경우 2000-2020년 p90/p10 비율 및 지니계수 증가 크기는 실제 증가 규모의 각각 약 23% 및 33%로 줄어들었을 것으로 추정되었다. 이는 이 연령층 인구 이동률의 시군구 간 차이가 분석 기간 동안 p90/p10 비율 및 지니계수 증가의 각각 77%와 67%를 설명한다는 것을 의미한다. 반면 다른 연령층의 시군구 간 인구 이동률 차이는 지자체 인구 불균형 확대에 영향을 미치지 못하였거나 상쇄하는 요인으로 작용하였다. 20-39세 인구 이동률의 지역 간 차이는 또한 분석 기간 동안 인구 5만 명 미만의 지자체 수 증가와 65세 인구 비율 25% 이상인 지자체 수 증가의 주된 요인이었던 것으로 분석되었다.

이 연구의 주된 결과는 젊은 인구의 인구 이동이 지역 간 인구 불균등 확대의 주된 원인이라고 지적한 선행 연구들의 결과를 확인해 준다(이찬영 2018; 이상림 외 2018). 40-64세 인구 이동의 지역 간 차이가 시군구 인구 불균형을 줄이는 역할을 하였다는 이 연구의 결과는, 40-50대 인구의 경우 수도권에서 비수도권으로 이동이 늘고 있다는 결과와 부합된다(이찬영 2018). 이 연구의 공헌은 다양한 지역 인구 결정 요인을 동시에 고려하고, 구체적인 불균등 지표를 이용하여 이 요인들의 영향을 수량적으로 제시하였다는 점이라고 할 수 있다. 지역 간 인구 불균형 문제에 대한 보다 구체적인 정책적 시사점을 얻기 위해서는, 이 연구에서 고려한 세부적인 인구 요인들(특히 연령별 인구 이동)의 변화가 어떤 사회경제적·정책적 요인들에 의해 초래되었는지, 지역 인구 변동의 양상이 수도권과 비수도권 혹은 도시와 비도시 지역 간에 어떻게 달랐는지 등을 추가로 분석할 필요가 있다. 또한 2000년 이후 시기의 다양한 기준 시점을 도입한 분석도 새로운 시사점을 제공해 줄 수 있을 것으로 기대한다. 이는 추후의 연구과제로 남겨 두고자 한다.

그림 10A-1 시기별 · 연령별 사망률 분포

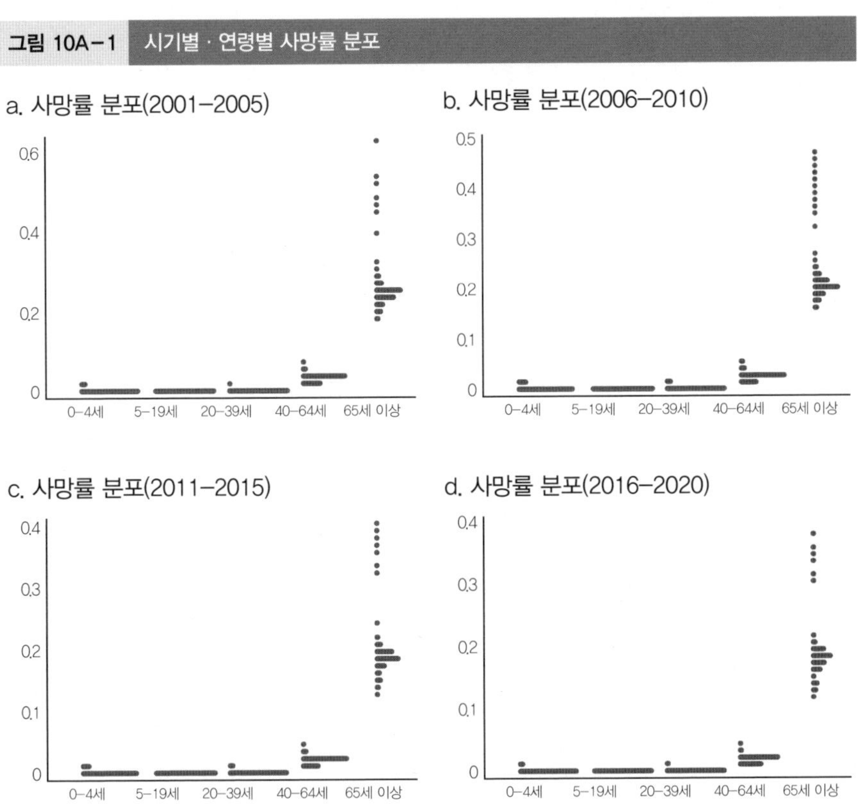

주: 사망률=5년간 연령별 사망자 수/5년 단위 연령별 인구.

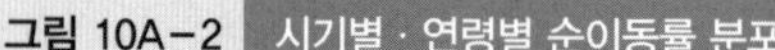

그림 10A-2 시기별 · 연령별 순이동률 분포

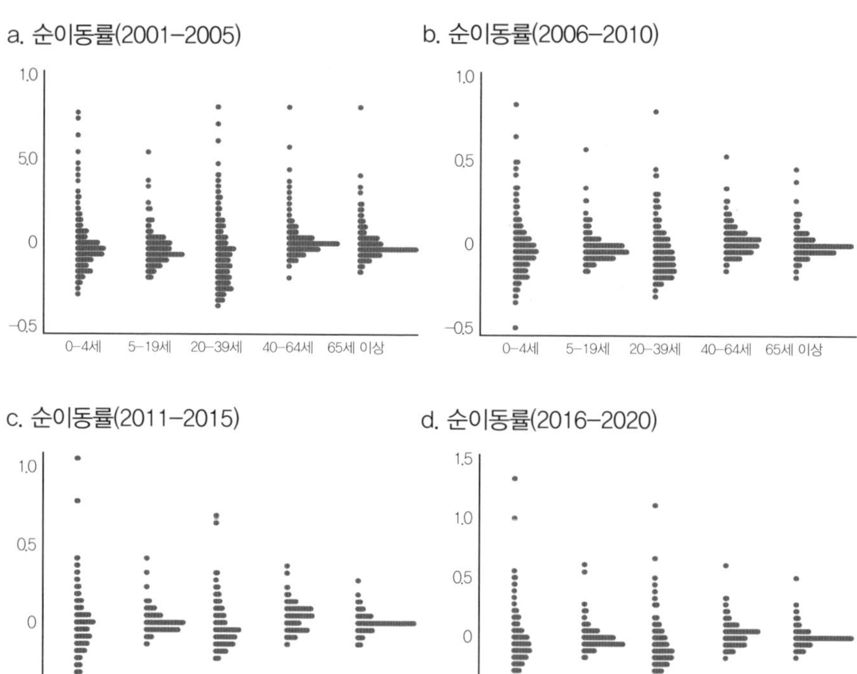

주: 순이동률=5년간 연령별 순이동자 수/5년 단위 연령별 인구.

그림 10A-3 시기별 15-49세 여성 유배우 비율 분포

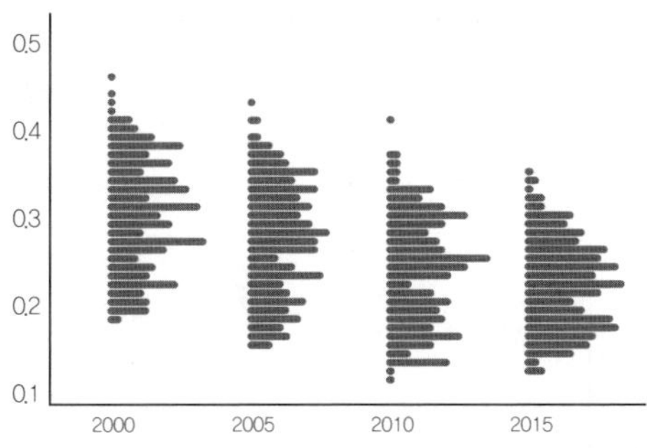

주: 유배우 비율=15-49세 유배우 여성/전체 인구.

그림 10A-4 15-49세 유배우 여성 대비 여아 및 남아 출생 수 분포

a. 유배우 여성(15세-49세) 대비 여아 출생 수 분포

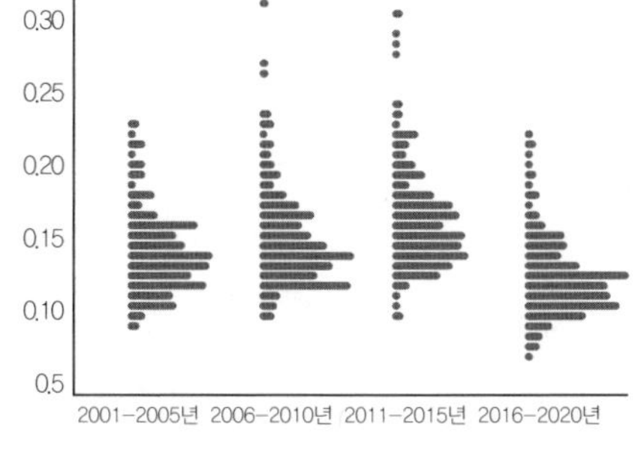

b. 유배우 여성(15세-49세) 대비 남아 출생 수 분포

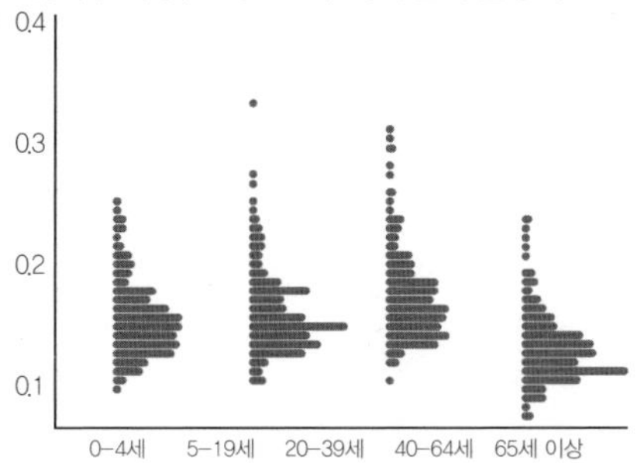

그림 10A-5 시기별 시군구 인구 보정항 분포

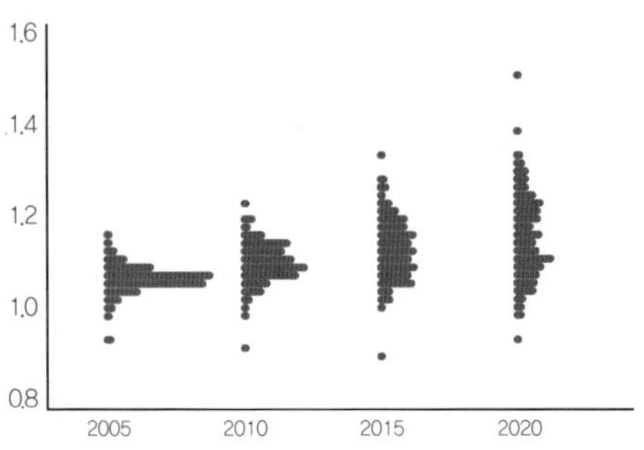

주: 보정항 = 실제 인구/추정 인구.

제11장

인지-동기 모델을 활용한 한국경제 발전 과정의 미시적 토대 분석

_ 임동균

1. 머리말

20세기 후반 동아시아의 예외적 경제발전은 그것을 설명하고자 하는 다양한 관점과 논리들을 불러일으켰다. 왜 소수 동아시아의 사회들은 유럽과 북미를 제외하고 거의 유일하게 압도적인 경제성장과 근대화를 달성할 수 있었을까. 이를 설명하기 위한 다양한 접근들 중 하나로 문화적인 설명 방식이 요청된 것은 일면 당연한 측면이 있다고 할 수 있는데, 동아시아의 문화를 총체적으로 묶어 설명하기에 효과적인 방식으로 제시된 키워드는 유교였다.

잘 알려져 있지만, 유교자본주의 논리의 기본적인 아이디어는 다음과 같다. 첫째로, 유교적 가치관에 기반한 동아시아 사회는 가족중심적이고 위계적 서열 관계를 바탕으로 하는데, 이와 같은 관계중심적, 집단중심적 연고중심적인 환경은 경제 행위에 수반되는 거래비용을 낮춤으로써 발전을 촉진시키는 효과를 가졌다는 것이다. 여기서 '집단'은 자발적 결사체라기보다는 지역, 학교, 가문 등 비교적 '출신'이라고 불릴 수 있는, 자발적으로 소속되었다고 보기 힘든 경우가 많다(류석춘·장미혜 2001). 다음으로, 유교에 담겨 있는 윤리적 요소들로 근면 성실, 검약, 끈기가 강조되는데, 이는 프로테스탄티즘에 대응될 수 있는 유교적 노동윤리(Confucian work ethic)라 할 수 있다. 문화심리학자들은 장기적 시간을 관점으로 두고 일을 하는 유교적 다이너미즘(Confucian dynamism)으로도 이를 일컫기도 하였다(Hofstede and Bond 1988). 마지막으로, 학습을 인격의 완성에 필요한 것으로 강조하는 유교의 특징 때문에 동아시아에서는 교육열이 강하였고 이는 인적자본을 축적할 수 있게 하였다. 이러한 관점에서는 관계, 윤리, 교육을 가로지르는 유교라는 문화적 바탕을 동아시아의 경제발전을 설명하는 데 무시할 수 없는 요인으로 여긴다.

동아시아 경제성장에 있어 유교적 가치의 역할을 강조하는, 막스 베버를 떠올리게 하는 이러한 논리는 일견 설득력이 있지만, 보다 분석적으로 접근하면 드러나는 여러 가지 난점들 혹은 설명하기 힘든 모순점들을 마주하게 된다. 몇 가지를 열거하면 다음과 같다.

첫째, 앞서 언급한 연고주의, 위계적 질서 강조, 근검 절약과 교육에 대한 강조와 같은 특징들이 과연 유교인가라는 비판적 질문이 제기된다. 유교가 내포하고 있는 요소들과 의미의 다양성, 그것이 변용되어 작동할 수 있는 가능성이 열려 있음에도 그것이 유독 자본주의와 친화력을 가지고 있다고 주장하는 것은 무리한 해석이다. 예를 들어, 중국에서 강조되어 온 유교와 사회주의의 정합성에 대한 주장은 어떻게 평가할 것인가?

둘째, 지역별 차이를 설명하기가 힘들다. 유교자본주의는 관계중심적, 집단중심적 연고주의를 강조하는데, 그러한 성격이 마찬가지로 강하다고 평가를 받는 라틴아메리카 국가들에서는 왜 경제발전이 동아시아에 비해 뒤처졌는가? 역으로, 일본은 유교의 영향을 받은 정도가 한국보다 상대적으로 적지만 일찍이 눈부신 경제성장을 이루었다. 이러한 차이들을 어떻게 설명할 것인가? 더 나아가, 가족중심의 경제 행위라 하더라도 일본의 게이레츠, 한국의 재벌, 대만의 기업들, 기타 아시아 국가들의 차이가 나타나는데, 이를 어떻게 설명할 것인가?

셋째, 유교의 역할에 대한 논리가 역사적 사건을 설명하기 위해 자의적으로 적용된다. 베버를 비롯해서 동아시아 내에서도 일찍이 근대화를 하지 못한 이유로 유교적 가치관과 세계관이 종종 지적된 바 있는데, 그와 같이 어떤 경우에는 유교가 경제발전을 저해한 원인으로 지목된다. 유교는 근대화 및 자본주의의 발전과 상충하는 요소들을 가지고 있었다는 것이다. 그런데 왜 20세기 후반의 발전에 대해서 유교를 적용하는 것이 갑자기 타당성을 지녀야 하는가?

넷째, 뒤에서 살펴보겠지만 동아시아 발전의 원동력은 유교의 영향이 아니라 벼농사 지역에서 보이는 특징이라는 주장이 있다. 우리 문화에서 나타나는 특징들은 일견 유교적인 것 같지만, 유교가 그것의 원천이 아니라 벼농사가 원천이라는 주장이다.

다섯째, 유교자본주의의 메커니즘에 대한 비판이라기보다는 유교자본주의에 대한 강조가 가지는 정치적 함의와 관련된 것이지만, 실제 작업장, 노동현장에서의 모습들은 갈등 없는, 유교적 덕성이 넘치는 곳이었는가에 대한 비판적인 질문도 있다. 게다가 1997년 경제위기로 인해 아시아적 가치에 대한 의구심도 제기되었다.

유교적 가치에 기반한 설명이 가지고 있는 이러한 난점 때문에, 때로는 유교라는 단어에 지나치게 초점이 맞추어지지 않도록 아시아적 가치(Asian values)라는 용어가 대신 제시되기도 하였다. 그런데 경제현상의 밑바탕에 한 사회의 문화적 특징이나 사회심리적 경향성이 자리잡고 있음은 자명함에도 불구하고, 개발 시기 한국의 경제성장에 대한 문화적·사회심리적 설명은 그 분석적 정교함이나 깊이에 있어 민족적 한(恨)에 기초한 설명 등에 머물거나, 문화 분석을 위해 보다 최근에 제시된 모델들을 반영하지 못하는 경우가 많다.

그런데 위와 같은 문제적 지점들에도 불구하고 유교자본주의론은 한 사회에서 문화가 경제에 어떻게 영향을 미칠 수 있는가에 대한 사회과학적으로 본질적인 부분을 다룬다는 점에서 우리에게 이론적·경험적으로 충분히 흥미로운 질문들을 제기한다. 하지만 그에 대한 어떤 만족할 만한 답이나 후속 연구들이 제시되지는 못하였다. 유교자본주의론 관련 논의가 특히 1990년대 중요한 논쟁의 주제로 뜨겁게 등장하였다가 2000년대 이후 관심 영역 밖으로 갑자기 밀려나면서, 관련 논의가 충분히 정리되지 못하고 아쉽게 사라져 버린 상태라고 할 수 있다.

이 연구는 잘 마무리되지 못한 채 방치되어 있던, 동아시아 경제발전에서 문화와 사회심리의 역할이라는 문제의 주제를 다시금 소환하면서 흥미로운 사회과학적 퍼즐들이 풍부한 이 사례에 다시 학술적 조명을 비추고자 한다. 그러면서 유교자본주의론에 대한 논쟁이 비교적 잠잠하였던 기간 동안 여러 사회과학 분과학문에서 축적한 새로운 논의들, 특히 유교자본주의론이 제시하였던 퍼즐을 좀 더 정교하게 풀 수 있는 이론적·경험적 성과물들을 활용하여 보다 대안적인 설명 틀을 제시한다. 그리하여 한국 경제발전의 원동력이 되었던 미시적 메커니즘을 보다 분석적인 모형으로 보여 주고, 그러한 모형의 틀 속에서 유교라는 변수가 가지는 위치는 무엇이었는지를 보다 정확하게 파악하고자 한다.

2. 동아시아 자본주의 정신의 인과 메커니즘

유교자본주의가 여러 비판을 받아 왔음에도, 그 기저에 있는 문화적 설명이 가지는 직관적 설득력을 완전히 제거하기란 쉽지가 않다. 즉, 서구식 자본주의와 한국식 자본주의는 차이가 있고, 동아시아의 문화는 쉽게 요약하기는 힘들지만 독특한 특징을 분명히 가지고 있는데, 그것의 이면에는 분명히 무언가 문화적인 요소가 있을 것이라는 상식적이고 직관적 이해를 우리는 가지고 있기 때문이다.

여기서 논의를 좀 더 분석적으로 가져오기 위해 설명되어야 할 대상을 먼저 명료화하기로 한다. 어떠한 설명 방식(예: 문화적, 산업적, 조직적, 제도적 설명)을 택하던, 한국의 경제성장 과정에 개인들의 경제적 행위 측면에서 다음과 같은 특성들이 존재하였다고 평가할 수 있는데, 그것을 우리가 설명해야 할 대상(explananda; Hempel and Oppenheim 1948)이라고 볼 수 있다. 그것들은 다음과 같다: (1) 성공과 성취를 위한 개인 수준의 그리고 집단 수준의 열망, (2) 장시간 노동이나 큰 노력을 감내하는 의지와 태도, (3) 가족이나 자신이 속한 조직의 성공을 위한 개인들의 희생, (4) 주어진 과제를 성취하기 위해 작동하는 효율적인 집합적 조정(collective coordination).

이것을 설명하는 데 있어 유교적 설명, 즉 가치관의 내재화를 바탕으로 한 설명 방식이 가지는 매력이 존재한다. 그것은 그러한 설명 방식이 분석사회학(analytical sociology)에서 제시하는 일반 행위이론 중 하나인 DBO 모델에 부합하기 때문이다. 여기서 DBO는 각각 Desire(욕망, 선호), Belief(믿음), 그리고 Opportunity(기회)를 의미한다. 이 비교적 간명한 모델은 인간의 행위는 DBO의 과정을 통해 만들어진다는 것을 핵심으로 하는데, 상식적으로 이해할 수 있는 메커니즘을, 그 구성 요소를 나누어 약간 분석적으로 제시한 모델이라고 할 수 있다.

이 모델을 유교자본주의론에 적용하면 다음과 같이 설명할 수 있다. 한국인들의 가난을 벗어나고자 하는 열망과 억눌려 있던 욕망(desire)을 가지고, 가족주의, 관계주의, 연고주의와 같은 문화적 규범들과 교육의 차별적 가치에 대한 믿음(belief)을 바탕으로, 토지개혁과 전후 시기 세계적 경제성장과 계층 이동의 가능성(opportunity)이 맞물리면서 집단적인 수준에서 경제발전을 낳는 행위의 토대가 마련된 것이다. 유교자본주의론, 혹은 민간의 설명(folk theory) 방식은 이러한 모델의 내용을 구성하는 요소들에 가족, 국가, 관계, 연고, 교육과 같은 것들이 유교와 연결되어 있음을 주장하는 것이다. 이러한 강조는 잠재적으로 DBO 모델에 기반한 행위이론적 설명 방식을 경제발전의 미시적 메커니즘으로 제시함으로써, 직관적인 수준에서 어느 정도의 설득력을 가지게 된다.

그런데 여기서 두 가지 중요한 문제가 존재한다. 첫 번째 문제는 위의 DBO 모델에 제시되는 내용이 얼마만큼 유교로 귀인될 수 있는가의 문제이다. 즉, 우리가 설명하고자 하는 대상을 인과 메커니즘상 유교라는 변수가 충분히 설명할 수 있는 것인지, 아니면 외생성 문제가 존재하는지의 문제이다. 이는 DBO 모델이 역사적, 제도적, 맥락적 문제를 충분히 고려하고 있지 않기 때문에 생기는 문제라고 할 수 있다. 이후의 논의에서는 유교가 가지는 독립변수로서의 위치와 효과가 유교자본주의론에서 제시한 것보다 훨씬 제한적임을 주장하고, 또한 그럼에도 불구하고 유교가 가지는 독특하고 중요한 역할이 있었음을 제시한다.

다음으로는 행위이론 차원에서의 문제점으로, 믿음이나 가치관에 기초한 설명을 바탕으로 하는 가정이 얼마나 받아들일 만한 것인가의 문제이다. 이 문제는 아래에서 좀 더 구체적으로 상술하겠지만, 유교 혹은 모종의 동아시아적 가치체계를 개인들이 내면화하고 있었고, 경제적 행위는 그러한 내면화된 가치관을 반영한다는 주장은 최근의 행위이론적 관점에서 문화와 인지(culture and cognition)와 관련된 논의의 관점에서는 받아들이기 힘든 측면이 있다. 앞으로의 논의에서는 인지 및 동기와 관련된 메커니즘을 제시하여, 유교자본주의론이나 아시아적 가치론처럼 '아시아인들에게 내면화된 가치관'을 상정하여 제시하는 설명들을 대체하고자 한다.

위와 같은 문제의식을 바탕으로, 먼저 총체적인 인과 메커니즘의 외생변수에 해당하는 사회생태적 조건들을 살펴보고, 이어서 이 연구가 제시하는 중요한 모형으로서 인지-동기적 분석(cognitive-motivational analysis)을 바탕으로 한 20세기 후반 한국 경제성장의 사회심리적 메커니즘을 제시하기로 한다. 핵심 논지를 간단히 요약하면 다음과 같다. 경제성장의 심리적 바탕을 설명하는 전반적인 설명 논리에서 유교가 외생변수로서 가지는 위치는 상당히 제한적이고, 그럼에도 불구하고 그것이 문화적 스키마로서 가지는 가치는 독특한 역할이 있다. 아울러 개인들의 인지적 특성에 영향을 미친 조건과 동기적 특성에 영향을 미친 거시적인 맥락을 사회생태학적 요인들과 사회경제적 요인들로 나누어 볼 수 있고, 인지·동기 모델을 통해 경제성장의 원동력이 된 미시적 토대가 형성되는 과정의 메커니즘을 제시할 수 있다.

3. 아시아적 가치의 외생변수로서의 사회생태학적 조건

앞서 설명한 아시아적 가치론, 유교자본주의론 혹은 일반인들이 종종 가진 통속적 모델을 기반으로 하는 설명 논리에 있어 궁극적 설명 요인을 유교로 귀인시키는 데에는 여러 가지 한계가 있는데, 이와 관련하여 기존 연구에서 제시되었던 주장들 중 고려할 만한 것은 사회생태적(socioecological) 관점이다. 관련 연구에서는 동아시아와 같은 벼농사 지역, 그리고 생산을 위해 상호 의존성이 높은 노동이 요구되었던 지역에서 더 강한 집합주의적 문화가 등장하였다는 것을 경험적으로 보여 준다(Talhelm and English 2020; Talhelm et al. 2022; 이철승 2021).

이에 따르면, 벼농사는 특히 물을 끌어다 쓰는 관개가 중요하고, 이는 매우 큰 노동량을 요구하는데, 밀농사에 비해 많게는 4배 가까이 요구되는 노동량으로 인해 협업이 필수적이다(Ashraf et al. 2021; Talhelm and English 2020). 그리고 벼농사 특성상 계절에 따라 공동 노동을 하게 되는 경우가 많은데, 어떻게 노동을 공동으로 조율하고 협력해야 하는지, 이때 누가 더 혹은 덜 노동을 하는지, 그리고 어느 집에서 생산량이 더 많거나 적은지와 관련하여 서로를 관찰하는 정도가 높다는 것이다. 밀농사의 경우 벼농사에 비해 요구되는 노력이 크게 낮고, 경작하기 쉽고 타인과의 협업이 덜 요구되어, 보다 개인주의적인 문화가 발전할 수 있었다. 이를 경험적으로 보여 준 탈헬름 등의 연구(Talhelm et al. 2014)에서는, 설명의 인과성을 더욱 강화하기 위해 집단주의가 강한 것으로 여겨지는 동아시아권 내에서도 생태적 환경의 차이에 따라 이와 같은 차이가 나타남을 보여 주고자 하였다. 그들의 연구에 따르면, 중국 내에서도 경작 작물 중 벼농사 비율이 50% 미만인 화북지역과 동북지역, 그리고 50%를 넘은 그 이남 지역을 성(省)별로 비교하면서 살펴보았을 때, 벼농사 비율이 높은 지역일수록 개인주의 성향보다는 전체론적(holistic) 사고 경향이 더 강하게 나타나고 이혼율도 낮아지는 것을 발견하였다.

다른 연구에서는 중국의 성(省)별로 분석하였을 때, 쌀 경작지 면적의 비율이 높아짐에 따라, 혹은 상호 의존적 생산의 정도가 높아짐에 따라 규범의 제약 정도(tightness)가 높은 것을 발견하였고, 이러한 관계는 국가 간 비교·분석에서도 발견되었다(Talhelm and English 2020). 해당 연구에서는 자연재해나 전쟁의 피해가 많았던 지역에서 규범의 긴장감이 높은 것 또한 보여 주고 있다. 문화를 제약이 많은 문화(tight culture)와 느슨한 문화(loose culture)로 나누어 살펴보는 연구에서도(Gelfand et al. 2011), 그러한 문화의 생성 배경에는 경작하는 작물의 종류나 자연재해의 빈도와 같은 사회생태적인 요인이나 전쟁과 같은 역사적 요인들이 있음을 지적한다.

따라서 만약 20세기 후반 동아시아의 경제적 발전의 배경에 집합주의적 문화가 기여를 하였다면, 그것은 유교가 아니라 주식(主食)을 위해 재배한 주요 경작물과 자연재해의 빈도와 같은 사회생태적 요인들이 더욱 주요한 배경이라고 할 수 있을 것이다. 인과적 선후 관계를 더 따져 본다면, 중국의 역사적 기록물들을 보면 서구에 비해 더 관계적 지향을 보이는데 그것은 유교가 전면적으로 등장하였던 시기보다 훨씬 더 이전이다(Nisbett 2004). 따라서 유교보다는 이와 같은 생태적 조건이 사람들의 사고 구조에 더 영향을 주었으리라 생각하는 것이 타당하다.

다른 한편, 환경적 요인들이 개인과 집단 간의 관계에 영향을 주는 이유 중 하나는 그것이 사람들의 이동성 자체에 영향을 줄 수 있기 때문이다. 이러한 점은 관계적 이동성(relational mobility)이라는 개념에 의해 이론적·경험적으로 포착된 바 있다(Thomson et al. 2018; Yuki and Takemura 2014). 관계적 이동성은 사회적으로 사람들이 맺고 있는 전반적인 관계가 얼마나 유동적인지, 관계가 고착되어 있지 않고 개인들의 의사에 의해 바뀔 수 있는 자유와 기회가 어느 정도인지를 나타낸다. 톰슨과 동료들의 연구들에 따르면, 관계적 이동성이 높은 사회들일수록 대인 관계에 있어 보다 전향적인(proactive) 태도를 가지고, 일반적 신뢰나 친밀성과 같이 관계를 유지하는 데 필요한 심리적 성향들을 더 강하게 보인다(Thomson et al. 2018). 관계적 이동성에 대한 연구들은, 벼농사를 주로 하거나 정착형 생계(subsistence)가 주된 유형을 이루고 있는 사회, 그리고 자연재해나 전쟁이 상대적으로 빈번한 지역에서는 관계적 이동성이 낮게 나타나고, 목축이나 유목생활이 위주인 지역 그리고 자연재해나 전쟁이 상대적으로 드문 지역에서는 관계적 이동성의 정도가 높게 나타남을 보여 준다(Thomson et al. 2018).

한편, 벼농사 문화론과 같은 사회생태학적 설명 외에도, 사회적으로 나타나는 관계성의 특징을 설명하는 데 있어 유교에 기반한 설명을 대체할 수 있는 가설들은 더 있다. 식민지 지배의 역사와 형태나, 인종적·민족적 동질성과 이질성 정도의 효과가 그것들이다(Krys et al. 2022). 그렇기에 아시아에서 나타나는 모종의 사회심리적 경향성을 사회생태학적 설명 한 가지로 환원시킬 수는 없다. 하지만 그럼에도 생태적 조건이 문화에 미치는 유의미한 효과가 있음을 기각하기는 힘들다. 주요 경작물의 종류나 자연재해의 빈도에 따른 문화의 차이, 사회가 정착형인지 아니면 프론티어 개척형인지에 따른 차이, 관계적 이동성에 따른 차이에 대한 연구들 대다수는 넓은 틀에서 자연환경 조건과 그것에 대한 인간의 대응 과정 속에서 생겨난 문화의 특징들을 설명하고자 하는 시도로서, 큰 틀에서 모두 사회생태학적 요인들의 중요성을 보여 준다고 할 수 있다.

4. 인지-동기적 모델

벼농사 문화론을 위시한 이러한 사회생태학적 설명은 그 장점에도 불구하고 몇 가지 한계를 가지고 있다. 하나는, 한국의 경제성장 과정의 밑바탕이 되었던 사회심리적 메커니즘과 동력 그 자체에 대해 충분히 분석적으로 설명하지는 못한다는 것이다. 동아시아의 사회생태적 조건이 보다 집단주의적인 혹은 상호 관찰에 민감한 사회적 환경을 만들어 냈을 것으로 추정은 할 수 있으나, 보다 구체적인 내용에 대해서는 별다른 설명을 제시하지 못한다. 아울러 벼농사가 낳았던 것이 소위 '집단주의' 혹은 '공동체주의'라고 하였을 때 그것들이 충분히 구체적이고 분석적인 개념이라고 하기에는 힘들다. 한국인이 가지고 있는 세계관이나 세계를 보는 인지적 틀에 대한 묘사적 설명은 되지만, 더욱 정교한 개념들이 요구된다.

다음으로, 벼농사 문화가 개인들이 타인과 집단과 가지는 관계에 영향을 미쳤음까지는 가설 수준에서라도 설명이 되지만, 사람들이 가지고 있는 욕망과 성취동기를 설명하는 데는 실패하는데, 이는 경제발전 과정의 미시적 과정을 설명하는 데 있어 중요한 공백이다. 한국인들이 성공한 이유로 흔히 언급되는, 특히 산업화 시기를 경험하였던 세대에서 자주 강조하는 가난으로부터 벗어나고자 하는 한이나 성공을 위한 국민들의 열정은 벼농사 문화로 설명하기는 힘들다. 즉, 강력한 성취동기의 근원을 제시하지는 못한다.

보다 사회심리학적으로 분석적인 설명과 성취동기의 바탕을 이루는 요소들을 설명 모델에 모두 담으려면, 한국의 경제성장 과정 중 한국인들이 가졌던 인지적(cognitive), 그리고 동기적(motivational) 특성을 설명해야 한다. 이를 위해 인지와 동기라는 서로 구분되는, 하지만 상호 영향을 주고 받는 관계에 있는 두 가지 요소들을 구분하여 설명하고, 양자의 상호 작용이 이루어지는 부분에 대한 설명도 아울러 이루어져야 할 필요가 있다(Duckitt 2001; Pessoa 2017). 아래에서는 경제성장 과정의 미시적 토대를 구성한 인지적 측면과 동기적 측면을 각각 살펴보면서, 비교적 단순한 유교자본주의론의 설명 방식을 대체하는 대안적인 모델을 제시해 보기로 한다.

1) 경제발전 과정의 인지적 바탕

먼저 경제발전 과정에 있어 도움이 된 인지적 특성이나 조건은 무엇이었는지를 살펴보기로 한다. 앞서 벼농사론이나 생태적 설명에서는 벼농사가 협업과 집단적 조정을 요구하였기 때문에 집합주의적 가치관과 생활양식이라는 벼농사 문화를 낳았다고 하였다. 그런데 여기서 '집합주의' 혹은 '집단주의'라 해서 한국인의 경우 모종의 문화적 가치나 어떤 '주의'가 내면화된 것이라고 가정하는 것은 문제가 있다. 문화사회학이나 사회학에서의 행위이론에서 주장하듯이, 개인 행위자는 문화를 내면에 깊이 있게 내재화하는 것이 아니라 상황적 필요에 따라 전략적으로, 도구(toolkit)적으로 사용한다(Swidler 1986). 이는 프래그머티즘 행위이론에서 제시하는 설명과 유사한데, 예를 들어 개인주의가 개인들이 가진 신념이 아니라 주어진 상황에 대처하기 위한 담론적 전략(discursive strategy)이듯(O'Brien 2015), 집단주의라는 일견 문화적 믿음이나 가치체계로 보이는 것은 내재화된 가치관이라기보다는 주어진 현실과 환경에 대해 행위자가 취하는 문제 해결 방식으로 볼 수 있다(Swidler 1986; 2001).

다른 말로 표현하면, 어떤 내면화된 가치관으로서 집단주의나 집합주의가 강한 것이 아니라, 실천 행위에 있어 사회적 신호들에 주목하는 정도가 높은 것이라 할 수 있다. 따라서 집합주의는 문화적 관념이 아니라, 체화된 문제 해결 방식이자 전략이다. 이러한 관점에서는, 어떤 문화권에서 많은 사람들이 비슷하게 행동하는 것처럼 보이는 것은 그 개인들에게 현실적으로 그렇게 행동하는 것이 좋은 결과를 낳을 가능성이 크기 때문인 것으로 본다. 따라서 집단·집합주의라는 것은 가치(value)가 아니라 주어진 환경에서 문제를 발견하고 그것에 대해 어떻게 대응할지에 대해 이미 체화된 형태로 성립되어 있는 체화된 인지(embodied cognition)라 할 수 있다(Ignatow 2009). 즉, 개인이 환경을 인식하는 인지적 틀이자 도식인 것이다.

문화와 인지 관련 연구에서 택하는 이러한 관점을 바탕으로 보면, 한국이나 동아시아의 개인들이, 집단이나 관계에 초점을 맞추어 인식을 한다고 하였을 때, 그것이 집단·집합'주의'에 뿌리를 둔 것이 아니라, 세상을 보는 보다 근본적인 인지적 틀의 차이에 기인한 것일 가능성이 크다. 요약하자면, 집단이나 관계에 주목하는 것은 한국인들이 집단이나 공동체에 더 가치를 두는 가치관을 가지고 있어서가 아니라, 기본적으로 세상을 보고 자아를 이해하는 생각의 지도 자체가 관계적이고 전체적(holistic)이기 때문이다. 즉, 사람들 사이의 관계뿐 아니라 환경 전반을 인식하는 방식이 그러한 것이다.

실제로 기존의 사회심리적 연구 결과에서 나타나는 한국인들이 (서구인들에 비해) 보이는 특성들이 있는데, 그것은 자신이 속한 사회적 집단과 별다른 직접적인 상관이 없으면서도 관계와 전체를 고려하는 데서 나타나는 특징들이다. 그것들은, 예를 들어 내면의 사적인 특징들보다는 외적인 요인들(역할, 집단, 지위 등)을 자기의 핵심 요소로 인식한다는 점, 자신의 내면의 특징에 대한 명확한 인식이 부재하고, 선호(preference)의 불안전성을 보인다는 점, 자신의 소득에 대해서 생각할 때도 상대적 소득에 민감하다는 점, 복잡한 인과론적 사고의 경향을 보인다는 점들이 그것들이다(Park et al. 2013; Klein et al. 2009; Kang et al. 2013).

이러한 점을 고려하면 서구에 비해 우리가 가지고 있는 특성을 묘사한다면 '개인 대 집단' 모델보다는 '분석적 대 전체적'의 모델로 묘사하는 것이 더 적확하다. 그리고 이러한 측면에서 보자면, 한국인들의 경우 집단적·공동체적 가치관을 가진 것이 아니라 관계적 사고를 한다고 보는 것이 더 정확한 설명이라고 할 수 있다. 보다 전체론적이고 관계적 사고를 하는 인지적 스키마를 가지고 있는 것인데, 그것이 생활세계의 영역에서는 자신이 속한 집단이나 자신이 관계를 맺고 있는 사람들에 대해 보다 더 복잡한 방식으로 고려를 하는 형태로 자아가 형성되어 있는 것이다.

이러한 관점에서 본다면, 유교가 제시하는 가치 때문에 경제발전의 원동력이 마련될 수 있었다고 주장하는 것은 지나치게 많은 것을 생략한 설명이자, 의도와는 관계없이 잘못된 가정에 기초하여 모종의 정치적 함의를 가진 결론을 낳는 설명 방식이라 할 수 있다.

이러한 인지적·심리적 측면을 더 파고 들어가면, 동아시아와 타지역간의 차이도 보다 정교하게 구분할 수 있다. 앞서 유교자본주의론에 대해 제기된 비판 중 하나로, 라틴아메리카 또한 동북아만큼 가족주의가 강한데, 왜 동북아만이 경제성장을 하였는가에 대한 지적이 있음을 소개하였다. 그런데 사회심리학적으로 보다 엄밀하게 구분을 하면 동아시아와 라틴아메리카의 경우 집단주의-개인주의의 스펙트럼에 있어 유의한 차이를 보이는 지점이 있다. 크리스(Krys)와 그의 동료들의 연구(Krys et al. 2022)에 따르면, 라틴아메리카의 경우 일반적인 서구적 시각에서는 공동체주의적, 집합주의적 문화인 것으로 여겨지는데, 그러한 고정관념과는 달리 실제 연구들에서는 라틴아메리카 사람들이 상당히 독립적인 자아를 가지고 있는 것으로 나타난다. 집합주의적 문화이면서도 독립적인 자아를 가지고 있다는 이러한 퍼즐은, 개인의 자아와 인지적 틀이 어떻게 구성되어 있는지를 개인주의(individualism)(Triandis 1995)와 자기 해석(self-construal)(Markus and Kitayama 1991)으로 분리하여 분석적으로 나누어 살펴보면 풀린다. 크리스와 동료들의 연구에 따르면, 홉스테데의 방법을 따라 측정한 개인주의/집단주의의 점수를 X축으로, 자기 해석에 있어서의 독립성/상호 의존성을 Y축으로 놓고 세계 여러 나라의 시민을 대상으로 한 설문조사 결과를 배치한 결과, 라틴아메리카 시민들은 동아시아 지역 시민들만큼 혹은 경우에 따라 그보다도 더 공동체주의적 경향성이 높은 것으로 나타났다. 하지만 개인들의 자기 이해(self-construal) 측면에서는, 서구보다도 더 강한 독립적인 자기 인식을 가지고 있는 것으로 나타났다. 여기서 개인주의와 집단주의의 구분은 '생존에 있어서의 최소 단위'가 무엇인가에 따라 정해지는 것으로 볼 수 있다(Hui and Triandis 1986). 반면, 자기 해석은 독립적인(independent) 유형과 상호 의존적인(interdependent) 유형으로 나뉘는데, 후자의 경우 타인에 주의 관심을 기울이고, 자신을 집단에 잘 맞추는 데 관심을 가지며, 타인과의 조화로운 관계를 맺음에 관심을 가진다. 전자인 독립적 자기 해석의 경우에는 주의의 초점이 자기 자신에 있으며 자신의 독특한 속성들을 발견하고 드러내는 것에 관심을 가진다(Markus and Kitayama 1991).

즉, 동아시아는 개인주의 성향이 낮을 뿐 아니라, 라틴아메리카에 비해서도 자기 해석의 상호 의존적 특성이 강하다. 이는 집단의 목표 설정과 그것에 개인들이 자신들의 목표를 일치(alignment)시키는 데 비교적 더 쉬운 인지적 환경과 조건을 낳았을 것으로 볼 수 있다. 집단이 무엇인가를 성취하려 할 때, 상호 의존적인 자기 해석이 강한 문화에서는 집단과 개인의 목표가 하나로 보다 쉽게 정렬될 것으로 볼 수 있다. 특히 우리나라에서 관계적인 자기 이해라는 자아성(selfhood)을 구성하는 인지적 틀은, 조직, 사회를 가족의 확장 형태로 이해하게끔 하였고(최재석 1965), 이는 개인들로 하여금 조직과 자신을 비교적 쉽게 동일시할 수 있게 하였다고 볼 수 있다. 이는 작업장 공동체의 형성과 일터와 직장을 정체성의 기반으로 삼아 장시간 노동을 감내하게 하는 효과를 낳았을 것으로 추정할 수 있다. 즉, 집단과 개인의 목표의 정렬은 20세기 글로벌 산업 환경하에서 포드주의적 축적체제와 수출 기반 추격 경제라는 맥락에서 높은 수준의 조직적 헌신과 노동 투입 극대화를 낳았고, 또한 성장과 수출을 목표로 하는 국가주의적 동원체제의 효율적 작동으로 이어졌다. 이는 물론 개발도상국가였던 한국 경제성장의 중요한 기반이 되었다.

인지적 요소와 관련한 지금까지의 논의를 요약하면, 먼저 유교나 아시아적 가치의 영향력의 실체는 어떠한 가치관의 힘이 아니라, 결국 전체적이고 관계적, 상호 의존적 세계 인식 및 자기 이해와 같은 인지적 틀과 스키마의 효과에 가깝다는 것이다. 그리고 동아시아인들이 집단주의와 상호 의존적 자기 해석이라는 두 가지 차원 모두에서 가장 강한 성향을 보이는데, 이와 같은 방식으로 자신과 사회를 바라보는 인지적 틀은 개인과 그 개인이 속한 조직이 가지는 차이들을 최소화하고, 이는 경제적 행위와 실천에 영향을 주었을 것이다.

여기서 짚고 넘어가야 할 것은 위와 같은 인지적 특성이 언제나 더 높은 경제성장으로 이루어짐을 의미하는 것은 아니라는 점이다. 독립적이고 자유로운 자기 이해 방식이 도움이 되는 경제 및 산업 환경에서는, 위에서 기술한 것과는 정반대의 성향이 더 좋은 거시적 결과를 낳을 경우가 있다. 즉, 사회의 전반적인 사회심리적·문화적 특성과 거시적 환경 사이의 적합도(fitness)에 따라 그 사회의 경제적 발전 정도가 결정되는 것으로 보아야 한다. 즉, 여기서 제시하는 설명 논리 혹은 인과 모형은 당연히 맥락 의존적이라 할 수 있다.

2) 경제발전 과정의 동기적 바탕

다른 한편, 앞서 설명한 인지적 특성만으로 경제성장의 미시적 원동력이 마련되었다고 하기는 힘들다. 흔히 한국의 기적적인 경제성장이 어떻게 이루어졌는지를 설명할 때 등장하는 민속 이론으로 개발 시기에 널리 퍼져 있던 한국인들 특유의 "하면 된다"는 정신, 성공을 위한 끈질긴 인내와 악착같음, 무모함, 열정, 한과 같은 감정적 상태와 동기를 언급하는 경우를 많이 접하게 된다.

그런데 이와 같은 개인의 동기나 감정적 태도의 경우 그것을 인지적 스키마나 유교적 가치로 귀결시키는 것은 쉽지 않다. 이는 성취동기(achievement motivation)와 관련되어 있는 동기 메커니즘으로 설명해야 할 필요가 있다. 이와 같은 심리적 조건과 태도, 행동 경향성을 개념화시킬 수 있는 이론으로, 동기적 준비성(motivational readiness) 개념(Kruglanski et al. 2014)이 높은 관련성을 가지고 활용되어 설명 모형을 구축하는 데 도움을 줄 수 있다.

동기적 준비성은 어떤 개인이 자신이 가지고 있는 욕망(desire)을 실현시키고자 하는 의사, 의지, 경향, 그리고 그러한 것들과 관련된 심리적 경험이라고 요약할 수 있다. 기존의 여러 심리학적 이론들과 모델들을 종합하여 이 개념을 제시한 학자들(Kruglanski et al. 2014)은, 개인들은(혹은 동물까지 포함하여) 각자 그 수준과 강도가 다른 동기적 준비성을 가지고 있음을 설명한다. 동기적 준비성 개념이 여기서 유용한 이유는, 한국의 경제발전을 설명할 때 종종 동원되는 한, 열정, 배고픔, 하면 된다는 정신, 가난에서 탈출하고자 하는 욕망 등 위에서 설명한 여러 가지 수사들을 보다 심리과학적 분석의 틀로 재서술하고, 그것들을 결정짓는 파라미터들에 대한 논의를 가능하게 하기 때문이다. 특히 어떤 구체적인 동기를 가리키는 것이 아니라, 욕구나 욕망을 실현시키고자 하는 그 일반적인 심리적 의지(willingness)와 상태를 지칭하는 이 개념은 위에서 나열한 단어들이 공통적으로 짚어 내고자 하는 경제발전 시기의 개인의 욕구, 동기, 그리고 더 나아가 전반적인 사회적 정동(affect)까지 다룰 수 있기에 다른 개념들보다 상대적으로 적확하면서도 유연한 측면이 있다.

크루글란스키(Kruglanski)와 그 동료들은 이 동기적 준비성이 크게 원함(Want; W)과 기대함(Expectancy; E)의 정도라는 두 가지 요소에 의해 구성된다고 주장한다. 그리고 그러한 요소들에 영향을 미치는 여러 가지 조건들에 대하여 설명한다. 우리나라의 빠른 경제성장이 부분적으로 개인들의 높은 수준의 동기적 준비성에 있었다면, 그러한 강한 동기적 준비성의 원천은 무엇이었을까? 먼저 전통적으로 비교적 열려 있던 사회 이동(social mobility)이 역사적으로 개인들의 동기적 준비성에 영향을 미쳤던 기본적인 조건이라고 생각할 수 있다. 시험을 통한 계급 상승 가능성이 존재하고, 시험을 거치지 않으면 특권적 엘리트 지위가 세대를 거쳐 지속적으로 세습되기 힘들었던 조선시대는, 과거시험의 응시자격 등에 있어 비록 한계가 없는 것은 아니었지만 능력주의적 믿음이 입신양명과 성공의 내러티브를 구성하며 존재하였다. 이는 중국의 경우에도 마찬가지인데, 허핑티(何炳棣)의 청나라 사회 연구를 보면 역시 시험을 통한 계층 이동이 꽤 높았음이 드러난다. 그리하여 중국의 경우에도 전근대 시기를 봉건사회라고 지칭하는 것은 실상과 맞지 않는데, 중국 역사에서 대체로 일반인이 관료가 되는 시험이나 상업적 기회를 통해 보다 더 높은 사회적 신분과 지위로 올라가는 데에 법적·제도적 장애물이 거의 존재하지 않았다(Whyte 2010).

물론 실질적인 사회 이동이 매우 활발하지는 않았지만, 그렇게 노력을 통해 자신의 처지나 신분을 바꿀 수 있다고 하는 가능성의 존재만 알고 있더라도 욕구(W)가 유지될 수 있기도 하다. 즉, 기대감(E)이 낮아도 높은 수준의 욕구(W)가 유지될 수 있는데, 사회심리학자 로버트 자욘스(Robert Zajonc)가 말한 "선호(preferences)는 추론(inferences)을 요구하지 않는다"는 명제처럼(Zajonce 1980; Kruglanski et al. 2014), 기대감(E)을 높이는 사례가 매우 빈약한 경우에도 욕구(W)는 생겨날 수 있다. 즉, 미국의 허레이쇼 앨저 신화(Horatio Alger myth)가 아메리칸 드림 실현 가능성의 표상이 되듯이, 문화적 담론과 이야기들, 추상적인 희망만으로도 욕구의 강한 형성은 이루어질 수 있으며 이는 동기적 준비성에 긍정적 영향을 미칠 수 있다.

시험에 합격하면 지대추구를 할 수 있는 기반이 확보되는 지위 질서가 구축되었던 전근대 사회의 토양에, 광복 후 농지개혁을 통해 자작지 면적이 증가하고 최소한의 기회가 분배되었던 세계적으로 비교적 드문 조건,

도시화와 산업화가 급속하게 진행되면서 가난으로부터의 탈출구가 보이는 터널 효과(tunnel effect)(Hirschman and Rothschild 1973)가 동기적 준비성을 증폭시켰다고 할 수 있다. 이는 동기적 준비성 모형에서 이야기하는 기대감(E)이 상승되는 효과를 낳았고, 그러한 기대감은 욕구(W)와 서로 강화되먹임 과정을 통해 개인들의 동기적 준비성을 크게 증가시켜 열정적이고 헌신을 다하는 주체들을 만들었을 것이다.

크루글란스키와 동료들의 동기적 준비성 이론은, 기존의 인간(및 동물들)의 행위와 동기를 설명하는 많은 이론들(예: 동기적 강도 이론(motivational intensity theory), 인지적 에너지학 이론(cognitive energetics theory))을 종합하며, 개인을 둘러싼 상황적 어포던스(affordances)들이 어떻게 개인들이 원하는 바(W)와 (벡터 간 조합에서) 매칭이 이루어지면서 유인기제로 작동하여 W와 E를 키우는지와 같은 사회적 환경의 영향을 다루는 이론으로서, 기존에 열정이나 한풀이, 한민족의 근면성과 같은 단어들로 표현이 되던 심리적 경험과 조건들을 보다 엄밀한 틀과 구체적인 근거들 위에 놓을 수 있게 해주는 장점을 가진다. 이러한 동기적 설명 방식은 경제발전 과정에 있어서 개인들 행위의 엔진이 되었던 성취동기가 어떠한 방식으로 작동하였는지를 분석적으로 제시할 수 있다는 점에서, 그리고 관련하여 검증할 수 있는 가설들을 제시한다는 점에서 유용하다.

논의를 요약하면, 사회적 상층 이동에 있어 전근대 및 현대 시기 개인들이 가졌던 믿음은 개인 행위자의 행위성(agency)을 불러일으키는 강한 엔진으로 작동하였고, 국가적으로 경제성장으로 이어질 수 있는 여러 행동 양식들, 예를 들어 극대화된 노동 시간 투입 그리고 학력 자본 획득을 위한 노력을 낳았으며, 이를 통한 생산성 향상이 이루어졌을 것으로 생각할 수 있다.

그런데 이와 같은 동기적 메커니즘은, 앞서 서술한 인지적 메커니즘과 분리되어 작동하는 별도의 요인이라고 보기 힘들다. 동기의 작동과 행위에 미치는 영향이, 인지적 자극이나 내용에 의해 촉발되는 것은 없는지 또한 중요하게 다루어야 할 문제이다. 동기적 준비성 이론에서도 행위자의 목표 추구가 사회적으로 주어지는 의미적 자극(semantic priming)에 의해 이루어짐을 소개한다. 인지-동기적 관점은, 결국 양자가 서로 어떻게 연결되어 있고 피드백을 주고받는지에 대하여 설명해야 완성된다. 다음에서는 그러한 가능성을 살펴보고, 그 과정에서 유교가 수행한 모종의 역할이 있었음을 논의한다.

3) 인지적 조건에 의한 행위 동기의 생성

인지적 요소들, 그리고 사회적 인지(social cognition)의 조건이 동기를 불러일으키는 생성적 힘을 가지고 있음은 인지인류학자들에 의해 제시된 바 있다. 스키마는 동기적 힘(motivating force)을 가진다는 연구들은, 어떠한 사회나 문화에서 개인들에게 제공되는 어떤 이슈에 대한 스키마는, 그 사안에 대한 개인들의 이해를 구성하고, 특정한 단어와 담론을 제공하여 그것에 대해 개인들로 하여금 특정한 방식으로 행동을 하게끔 하는데, 그러한 과정이 스키마가 행동을 불러일으키는 과정이자 메커니즘이라고 할 수 있다. 인지인류학자 단드레이드(D'Andrade)가 이야기하듯, 모든 스키마가 다 목표로 작동하지는 않지만, 모든 목표는 스키마라고 할 수 있다(D'Andrade 1992).

인지적 스키마가 동기로 작동하는 예는 무수히 많은데, 예를 들어 학창시절이나 대학생 때 어떠한 연애를 경험하고 그 형식은 어떠해야 하는가라는 담론과 그것을 둘러싼 관습은 자연스럽게 사람들로 하여금 그와 같은 방식으로 로맨스를 추구하고 경험하는 것에 대한 목표와 욕구를 가지게끔 한다(Holland 1992). 이와 같은 구체적인 행위나 대상뿐 아니라, 세상과 사회가 어떠한 방식으로 작동한다는 문화적 모델과 설명은 그 자체가 인과적 힘을 가진 사회적 화용론(social pragmatics)으로 공유되고 제시되면서 개인들로 하여금 특정한 방식으로 행위를 하게끔 하는 힘을 행사한다. 즉, 모델 자체가 동기가 된다(Lutz 1992). 이러한 인지인류학적 설명 외에도, 사회심리학에서 역시 동기의 원천으로서 인지가 가지는 역할이 인지 패러다임으로 제시되면서(cognitive paradigm of motivation), 어떻게 의미적 자극(semantic priming)이 목표 추구에 영향을 미치는지, 성취 혹은 협력과 관련된 단어들이 그것에 노출된 개인들에게 영향을 미치는지가 연구되었다. 최근의 한 정치학 연구(Kim 2022)에서는 오디션 프로그램같이 성공과 능력을 강조하는 TV 프로그램을 잠시 보는 것만으로도, 그것을 본 사람들은 (민주당 지지자에서 공화당 지지자로 바뀔 때만큼이나) 개인들이 성공할 수 있다는 믿음을 가지게 된다는 실험 결과가 제시되었다.

결국 사회적으로 퍼져 있는 스키마들은 개인들의 행위를 일으키는 인과적 힘을 가지며, 그것이 집단적으로 구심력을 가진 동기로 작동할 수도 있고, 원심력을 가진 동기로 작동할 수도 있다. 이와 같은 설명은 논의를 다시 처음에 언급하였던 유교의 문제로 귀환시킨다. 유교가 제공하였던 강력한 인지적 틀의 힘이 동기적 힘을 발휘하였을 수도 있음을 상상할 수 있기 때문이다. 그렇다면 유교자본주의론에서 이야기하는, 유교적 가치의 내재화로 인한 연고주의의 발달과 그로 인한 거래비용 하락과 같은 메커니즘이 아닌, 인지－동기적 메커니즘을 바탕으로 한 유교의 영향은 어떻게 도식화할 수 있을 것인가?

앞서의 논의를 종합하면 다음과 같은 모델이 가능할 것으로 보인다. 먼저 유교를 '가치'의 저장소로 보기보다는 하나의 스키마로 볼 수 있다. 즉, 유교적 사회 시스템에서 제시하는 수많은 사회적 위치와 정체성들의 일반적 위계화는, 개인 행위자들로 하여금 사회적 위치에서 상승 욕구를 불러일으키는 스키마를 제공하였을 것으로 볼 수 있다. 기독교나 힌두교, 불교 등 기타 주요 종교들에 비해 유교는 사회적 위계체계를 강력하게 정립하여 구성원들에게 권위적 지위 질서를 제시하면서도(Hwang 2012; 송재룡 2014), 동시에 개인들의 신분 이동을 근본적으로 막지 않는 특성을 가지고 있어서, 개인들로 하여금 노력을 통한 사회적 지위와 신분 상승을 목표로 하는 성취동기를 더욱 강하게 가지도록 하였을 가능성이 있다. 이는 유교가 '내재화된 가치'로서 작동한 것이 아니라, 위계화된 틀을 바탕으로 사회적 정체성들의 상대적 위치를 보다 분명하게 제시하는 인지적 틀로 작동하고, 그에 따라 동기적 힘을 발생시켰다는 것이다. 앞서의 논의와 연결시켜 설명하면, 유교라는 스키마가 동기적 준비성을 강화하는 영향을 준 것이다.[1]

1 가설적 수준의 논의이지만, 인지적 조건이 동기적 조건에 영향을 미쳐 파생된 다른 결과로 다음을 생각할 수 있다. 동아시아 사회에서 높게 나타나는 상호 의존적 자기 해석과 관계주의적인 인지적 틀이 동기적 준비성이 강한 사회적 맥락 안에 놓이게 되면서, 개인들은 타인들에 대한 지속적 관찰과 비교와 같은 사회적 자기 수용성(social proprioception)을 바탕으로 자신이나 가족이 남들에 뒤처지지 않는 생활 수준을 영위하며 살아야 한다는 의식과 성취 열망을 상대적으로 강하게 가지게 될 가능성이 있다.

물론 인지적 틀이 성취동기에 영향을 미치면서 성공적인 경제적 결과를 낳을 때 반드시 이와 같은 사회적 정체성에 기반한 위계적 스키마를 제시해야 하는 것은 아닐 것이다. 즉, 그것이 반드시 유교일 필요는 없다. 그것은 아메리칸 드림이라는 문화적 스키마일 수도 있고, 예정설에 기초한 프로테스탄트 윤리가 될 수도 있으며, 신자유주의적 자기 계발 논리 또한 유사한 역할을 할 수 있다. 다만 사회적 정체성들을 위계적으로 배치하면서도 그것들 사이에 결정적인 장애물을 놓지 않았던, 유교가 남긴 문화적 스키마는 그것의 영향을 직간접적으로 받았던 20세기 후반 동아시아 사회들에서 산업화와 도시화를 통한 계층 이동의 기회가 열리면서 개인들에게 매우 큰 동기적 준비성을 가질 수 있도록 하고, 그것을 통해 개인적·국가적 성취를 달성하는 높은 수준의 상황적 적합도를 가졌던 것으로 평가할 수 있다.

결국 상술한 인지적·동기적 특성은 각각 개인과 집단의 목표 정렬 그리고 사회경제적 위치 상승을 위한 욕구를 낳았다고 할 수 있는데, 이는 산업화 시기 경제성장률 향상에 기여하는 여러 실천들로 이어졌다고 할 수 있다. 특히 개인들이 강한 조직 정체성을 가지고 장기간 노동을 감내하면서 직장이나 일터에 헌신하여 노동 투입량 증대를 통한 총생산 증대가 이루어지는 결과를 낳았다. 아울러 계층 상승을 위한 학력 자본 추구가 이루어지면서 장기적으로 총요소생산성이 증대될 수 있는 조건이 마련되었다. 또한 IMF의 진단처럼, 개인이 자신의 여가를 희생하고 소비를 제한하여 경제성장률을 높이는 사회심리적 조건이 조성되었다(Sarel 1996).

4) 종합

지금까지의 논의를 종합하면 [그림 11-1]과 같이 표현할 수 있다. 여기서 설명하고자 하는 대상은 20세기 후반 한국의 고도경제성장 과정에서 나타난 개인 행위자들의 집합적인 행위 양식이다. 이 그림은 사회생태학적, 그리고 사회경제적 환경과 같은 거시적 맥락 안에서 어떻게 보다 미시적인 인지-동기적 메커니즘이 작동하였는지를 다층적 모형의 모습으로 제시하고 있다. 이 모형은 장시간에 따라 펼쳐진 역사적 과정을 요약하면서, 여러 거시적 요인들과 미시적 메커니즘의 구성 요인들 간의 관계를 정리하고, 인지적·동기적 기제에 기초한 모델로 기존의 문화적 설명 방식을 대체한다. 또한 인지적 조건이 동기적 준비성에 영향을 미치는 과정에도 집중하여, 하나의 요소로 간단하게 환원시킬 수 없는 사회심리적 메커니즘이 어떻게 한국경제 발전의 미시적 토대를 낳았는지를 보여 준다.

이 모델에서 유교는 개인들에게 내면화된 어떠한 가치관이나 종교적 수준의 믿음이 아니라, 동기적 힘을 가진 인지적 틀로서 작동하는 것을 볼 수 있다. 여기서 유교는 중요한 위치를 차지하고 있는데, 바로 인지적 메커니즘과 동기적 메커니즘을 연결해 주는 연결 고리로 자리매김하고 있다. 즉, 유교는 사회에 존재하는 다양한 위치와 정체성들을 위계적이면서도 상당 부분은 열린 시스템으로서 제시하면서, 동기적 준비성을 강화시키는 힘을 가진 스키마로서 작동하고 있다. 그러므로 전체 인과 모형에서 구조적으로 중요한 위치를 차지하고 있기에 유교의 역할을 무시하기는 힘들다고 할 수 있다. 다만 여기서 중요한 것은 유교의 가르침이나 유교 경전들에 등장하는 구체적 내용이 아니라, 위계적이면서도 열려 있는

그림 11-1 20세기 후반 한국경제 성장의 사회심리적 메커니즘을 설명하는 분석 틀

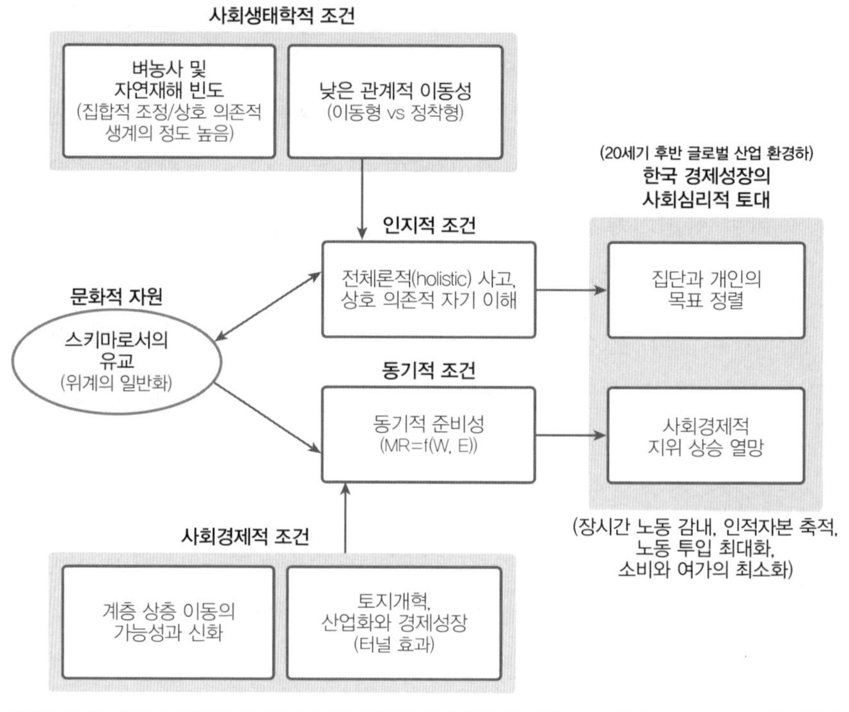

자료: 필자가 직접 작성.

사회적 관계에 대한 인식을 제공하는 문화적 스키마로서의 유교이다. 따라서 만약 다른 사회문화적 환경에서 이와 유사한 역할을 수행하는 문화적 자원이 있다고 한다면, 반드시 유교가 아니더라도 유사한 결과를 기대할 수 있을 것이다.

이와 같은 모델의 제시가 경제발전 경로는 반드시 이러한 과정을 거쳐야만 하는 것을 의미하는 것은 물론 아니다. 이 연구에서 그림과 같이 제시하는 분석 틀은 20세기 후반 한국에서 있었던 경제적 사건을 설명하고

자 그 사건의 발생 메커니즘을 모형화한 것이다. 즉, 그러한 메커니즘은 어떻게 일련의 과정을 통해 펼쳐졌고(Gross 2009), 그러한 과정을 구성하는 비교적 관찰 가능한 미시적인 내적 내용물들은 무엇이었는지(Hedström and Swedberg 1998; Stinchcombe 2005)를 구체화한 것이다. 비록 앞서 라틴아메리카가 어떠한 이유로 이 모델에 부합하지 않는지를 설명하였지만, 경제발전의 경로는 시대와 조건에 따라 나라마다 다양할 수 있으며, 따라서 여기서 제시한 모델이 다른 국가나 사회의 경제성장이나 실패를 설명하는 데에 직접적으로 혹은 일차적으로 활용되기는 힘들다.

5. 맺음말

이 연구에서는 개발 시기 한국의 경제성장 과정에 있어 개인들의 성취동기와 경제 활동의 사회적 증가의 기반이 된 사회심리적 메커니즘을 제시하고자 하였다. 해당 사안에 대해 그동안 문화적 혹은 사회심리적 설명은 충분히 이루어지지 않았고, 유교자본주의론이나 아시아적 가치론 정도가 제시되었으며, 다른 한편으로는 '한'이나 교육열, 상태적 박탈감에 기초한 직관적 수준의 가설들만이 제기되어 왔다. 이 연구는 그와 같은 기존 연구들의 한계를 극복하고 그것들이 뭉뚱그려 다루던 이질적인 구성요소들을 풀어 내어(unpack), 한국경제 발전의 미시적 원동력이 되었던 메커니즘을 보다 분석적인 모델로 제시하고자 하였다. 그리고 그러한 모델을 통해 개발 시기의 한국 사회 경제성장의 밑바탕을 이룬 사회심리적 조건을 밝히고자 하였다.

복잡한 논의를 거쳐 제시한 설명 논리는, 앞서 그림으로 제시하였듯이 다음의 요소들과 그들 간의 상호 작용을 포함한다. (생태적 배경을 바탕으로 한) 전체론적 사고 성향과 상호 의존적인 자기 이해, 낮은 수준의 개인주의 성향이 낳은 개인 목표와 집단 목표의 정렬, 전근대와 현대에 걸쳐 사회 이동의 가능성에 대해 비교적 긍정적으로 기대할 수 있게끔 한 사회경제적 요인들과 그것이 나은 동기적 준비성, 그리고 유교적 윤리체계가 만들어 낸 위계적이면서도 사회 이동 측면에서 열려 있던 문화적 스키마가 가졌던 동기적 힘이 그것들인데, 이러한 힘들이 동시에 작동하면서 산업화 시기 경제성장의 미시적인 심리적 바탕을 만들어 내었음을 설명 모델로 제시하였다. 이는 베버의 다중인과론적 관점(theory of multi-causality)을 반영한다.

이 모델은 기존의 유교자본주의론이나 아시아적 가치론과 비교하였을 때 다음의 상대적 특징을 보인다. 우선 유교가 개인의 내면에 내재화되어 그러한 가치 지향이 행위자들의 경제적 행위를 낳았다는 설명 방식에 대해서 부정적인 입장을 취한다. 동아시아 지역에서 상대적으로 높게 나타나는 관계 지향성과 전체적 사고는 그것을 역사적 등장 시점을 고려한 인과관계를 고려하더라도 유교로 귀인시키는 것은 무리가 있다. 아울러 문화가 개인의 내면에 신비한 과정을 거쳐 믿음으로 내면화되어 장착되는 것이 아니라, 문제 상황을 해결하기 위한 몸에 밴 인지로서 자동적으로 작동한다는 보다 최근의 행위 이론을 반영한다. 다른 한편, 유교가 일정 부분 역할을 하였다면 그것은 사회적 세계와 자신의 관계를 인식하는 스키마로서 작동하였을 것으로 보고, 전체 인과구조에서는 동기적 힘을 가진 인지 틀의 역할을 하였을 것으로 본다. 앞서 서술한 것처럼, 사회적 정체성들의 보편적 위계화는 지위의 유동성을 낳은 사회적, 역사적, 세계산업적 조건과 맞물리면서 개인들에게 지위 상승을 향한 강력한 동기적 준비성을 낳았을 것으로 본다.

이러한 관점을 바탕으로 이 연구에서는 한국 경제성장의 기적이 어떻게 가능하였는지를, 기존의 비교적 단순한 유교자본주의론의 한계를 극복하고 대안적 설명을 제시하고자 하였다. 이러한 모델에 따르면 유교가 차지하고 있는 독립적인, 고유한 위치는 상대적으로 작음을 볼 수 있는데, 그럼에도 불구하고 인지적 영역과 동기의 영역을 연결한다는 측면에서, 그리고 스키마가 동기를 낳는다는 면에서 나름의 독특하면서도 중요한 역할을 수행한 것으로 보인다. 물론 이러한 주장과 모델은 매우 많은 가정들을 요구하고 있고, 그러한 가정들은 경험적 검증이 필요한 가설들이라고 할 수 있다.[2]

이와 같은 설명 모델이 다른 가능한 설명변수의 존재 가능성을 기각하는 것은 아니며, 대안적 가설들이나 기타 더 중요하였던 제도적, 역사적, 경제학적 조건들의 영향 또한 분명히 검토해 볼 필요가 있다. 하지만 위에서 제시한 인과관계의 논리들이 대체로 여러 가지 양적·질적인 경험 연구들을 기반으로 하는 것이기 때문에 어느 정도 수준에서는 설명력을 가질 것으로 검토할 수 있다고 본다. 다만 이러한 모델이 어떤 통계 모형의 관점으로 보자면 과잉적합 모형(overfitted model)으로써, 설명 논리가 지나치게 복잡하다는 단점을 가지고 있기도 하다. 하지만 이러한 모델의 복잡성은 역사적 경험의 '설명'에 있어 피할 수 없는 것이기도 하고, 아울러 경

2 예를 들어, 경작 농작물의 종류가 심리적 경향성 등에 미친 효과에 대해서는 아직 논쟁이 진행 중에 있다고 볼 수 있다.

제발전 과정에 영향력을 미친 심리적·문화적 요인들을 발굴하면서도 환원론에 빠지지 않기 위해서는 필연적으로 감수해야 하는 것이기도 하다. 베버적 관점에서 행위, 의미, 구조의 삼각관계가 낳은 역사적 산물(신진욱 2013)로서의 동아시아 경제성장을 설명하기 위한 더 나은 모델 구축을 위해 기존의 문화적 담론을 넘어서는 보다 분석적인 연구들이 지속적으로 생산될 필요가 있다.

제12장

1970년대와 2010년대 이후 한반도 평화 프로세스 관련 신문 사설의 비교 분석

_ 한길수

1. 머리말

한국전쟁이 끝난 지 70년이 흘렀지만 2025년 말 현재 아직도 종전선언을 이루지 못하였다. 한반도에 영구적인 평화를 불러오기 위한 다각적인 노력은 있었지만, 지속 가능한 열매를 거두기에는 아직도 멀고 험난한 과정이 남아 있다. 지난 반세기 동안 대한민국은 경제발전을 비롯하여 문화·외교 등 전반에 걸쳐 전례 없는 발전과 성취를 이루었다. 지난 수십 년간 다양한 사회 변화를 겪어 왔지만, 동시대를 사는 오늘의 한국인들이 한반도의 평화와 통일에 대한 인식이 매우 다르다는 연구 결과가 있는가 하면, 그렇지 않다는 선행 연구도 있다는 것은 잘 알려져 있다. 예를 들어, 청소년들과 기성세대가 통일을 원하거나 원하지 않는 이유는 비교적 다르다는 것이다. 아마도 그 이유는 그들이 살아온 경제, 문화 그리고 국제적 분위기 자체가 매우 다른 것이 주요인일 것으로 추론된다. 그렇다면 한국의 경제·문화·국제적 위상이 열악하였던 1970년대의 박정희 정부와 21세기의 박근혜 정부, 문재인 정부 기간에 대한민국은 주권국가로서 한반도의 평화와 통일에 어떤 에이전시를 소유 또는 실행하였는가에 대하여 분석하고 이해하는 것은 국내외의 정세 변화에 따른 통일 인식을 이해하는데 도움이 될 것이라는 가능성 때문에 본 연구를 수행하게 되었다. 1970년대와 21세기 당시의 신문 사설을 분석함으로써 한반도 평화 프로세스에 대한 순기능과 역기능을 하는 요소에 대한 이해를 도모하고자 하는 것이 이 글의 주 목적이다.

물론 통일은 단지 1970년대와 2010년대 이후의 관심사가 아니라 한국전쟁 이후 줄곧 대한민국의 존재와 발전에 가장 큰 영향을 준 요소 중의 하나이다. 그러므로 1970년대 이후 1980-2000년대의 국내외 구조와 문화, 국가 에이전시를 포함하는 것으로 연구가 시작되었으나 그 기간을 모두 포함하면서 관련된 구조와 문화, 국가 에이전시를 한 편의 연구에 서술하기에는 너무 방대한 분량이기 때문에 1970년대와 2010년 이후를 분석 기간으로 잡았다. 1970년대와 2010년대는 구조, 문화, 국가 에이전시가 뚜렷한 비교 결과를 보여 줄 것이며, 2010년대 이후의 박근혜 정부와 문재인 정부도 많은 차이가 있을 것으로 기대되었다. 이러한 차이로 인한 연구 결과의 효과를 기대한 것이 분석 기간을 설정하는 데 있어서 중요한 요인이었다.

2. 선행 연구 고찰

최근 남북한 통일에 대한 연구는 크게 세 가지 흐름이 있는 것으로 파악된다. 첫째, 대한민국 국민의 통일에 대한 다양한 의식에 미치는 영향에 관한 연구이다. 둘째, 통일교육이 시민들의 통일에 대한 이해를 증진한다는 연구이다. 셋째, 통일을 뒷받침하기 위한 통일 세금에 대한 연구이다.[1]

좀 더 자세히 언급하면, 첫째로 대한민국 국민의 통일에 대한 다양한 의식에 영향을 미치는 여러 가지 독립변수들이 있다(김도경 2019; 최우선 외 2016; 이내영 2014). 독립변수로는 사회·경제적 특성(예: 나이, 젠더, 교육, 수

1 선행 연구의 고찰은 『한국의 계산적 민족주의』(이문희 역 2025)의 일부를 발췌, 인용하였음을 밝힌다.

입, 출생지), 이데올로기, 정치 정당 아이덴티티, 북한 사람들과의 민족 공동 아이덴티티 공감, 사회·문화적 요소, 그리고 개인적·국가적 득실 계산 등이 있다. 나이 든 사람들이나 남자들은 젊은 사람들과 여성들보다 통일에 대한 필요성을 더 많이 느끼는 것으로 나타난다. 2014년 통일부는 초중고생들을 대상으로 서베이하였다. '통일은 꼭 필요하다'는 질문에 53.9%가 동의하였는데, 이는 초등학생 71%, 중학생 54.3%, 고등학생 47.8%를 포함한다(통일부 통일교육원 2014; 박범종·서선영 2018). 2017년 통일부가 실시한 또 다른 서베이에 의하면 초중고생들의 62.6%, 그리고 대학생들의 47.9%가 위의 질문에 동의하였다(박범종·서선영 2018: 440). 박범종·서선영(2018), 그리고 다른 연구 보고에 의하면 통일에 대한 열망에 관하여 세대간에 큰 차이를 보인다는 것이다. 청소년들은 통일에 관하여 점차 무관심하여지고 있으며, 갈수록 많은 청소년들이 통일의 필요성에 대하여 의문을 가지고 있다는 것이다(오재록 · 윤향미 2015: 113; 한석지 2016: 139; 서현진 2017: 116). 아마도 여기에서 추론해 볼 수 있는 한 가지는, 청소년들이 경제적으로 비교적 넉넉한 대한민국을 경험하였기 때문에 그 경제적 풍요로움을 북한 사람들과 나누어야 할 하등의 이유가 없다고 생각하기 때문일 수도 있다. 또한 상대적 박탈감을 느끼는 청소년들도 통일에 관하여 무관심하기는 마찬가지일 수 있다. 이렇게 하여 남북한 사람들의 민족 동질성이 통일의 이유로 제시된다면, 대부분의 사람들, 특히 청소년들은 통일을 열망하기보다는 그에 대한 의구심이 앞서기 마련일 것이다. 70년 이상 분단국가의 국민으로 지내다가 구체적인 이유가 제시되지 않은 상태에서 단지 같은 민족이라는 이유로 북한 주민과 '부'를 나누자고 하는 것은 쉽게 납득되기 어려운 측면이 크기 때문이다.

교육을 많이 받은 사람일수록 통일의 필요성을 더 잘 인식하는 경향이 있다(박종민 외 2020; 장민수·김준석 2015; 김도경 2019: 107). 소득이 높은 사람들은 통일을 부정적으로 인식하는 경향이 있다(최진만·한정택 2014: 166; 김도경 2019: 107; 박종민 외 2020: 188). 이것은 저소득자는 '통일로 인한 기대이익 발생이 비용보다 크다고 생각'하여 통일을 긍정적으로 인식할 수 있는 반면에 고소득자는 그 반대의 인식을 할 가능성을 추정해 볼 수 있다(김도경 2019: 107 참조). 정치적으로 진보적인 이념을 가진 사람들과 진보정당을 지지하는 사람들은 통일이 필요하다고 인식한다. 보수 지지자는 통일에 대한 염원이 낮을 가능성이 높다는 기존 연구가 있다(이내영 2014: 195; 박종희 2013: 434-436).

연구 응답자·참여자가 북한 동포를 같은 민족으로 포용할수록 통일에 대해 긍정적으로 인식하게 된다(이내영 2014). 그런데 이와 관련하여 남북한의 통일이라는 측면에서 민족주의의 중요성은 점점 줄어들고 있는 것이 현실이다. 2019년 기독교정의발전연구소 조사에 따르면, 한국 개신교 교인의 24.4%, 비개신교인의 19.6%가 통일에 동의하였으며, 남북한 사람이 같은 조상을 가지고 있는 민족이기 때문에 통일이 되어야 한다는 것이다(김상덕 2019: 64). 흥미롭게도 개신교인(44.6%)과 비개신교인(48.2%) 모두 경제성장의 새로운 동력을 제공하기 위한 통일의 필요성에 동의하였다(김상덕 2019: 64). 통일의 경제적 이유는 민족주의적 이유의 약 2배이다. 이에 반하여 정동준 외(2018)는 2018년 1,200명의 참가자를 대상으로 설문조사를 실시한 결과, 응답자가 통일이 필요한 이유를 민족주의적 이유(45.1%), 전쟁 위협의 근절(31.4%)을 선택한 것으로 나타났다(김상덕 2019). 같은 조사에서 통일하지 말아야 할 이유로 34.67%가 통일로 인한 경제적 부담을,

27.67%가 통일로 인해 발생할 수 있는 사회적 문제를 꼽았다. 필자는 한국인들이 경제적 이익을 위해 통일을 보고 싶어 하지만, 통일 과정과 통일 후의 관련 비용을 지불하는 것을 꺼린다고 이해하였다. 즉, 개인이 책임져야 할 부담이 없는 한 통일의 모든 잠재적 혜택을 누리고자 한다. 김상덕(2019: 64)은 응답자들이 이념적이거나 민족주의적 이유보다는 통일로 인해 발생할 수 있는 손익에 더 민감하다고 덧붙였다.

박범종·서선영(2018: 454)은 연구 참가자들에게 남북한의 통일 가능성에 대한 잠재적 손익에 대한 인식을 묻는다. '북한은 남한과 조상을 공유하는 같은 민족이다'라는 질문에 대한 학생들의 응답은 10점 만점에 5.88점으로 남한과 북한 사이에 사회·역사적 차이가 심한 것으로 이해하고 있음을 알 수 있다. 그리고 그들에게 민족적 정체성의 공유가 과거만큼 중요하지는 않다. 박범종·서선영(2018: 456)에 의하면 대학생들은 실제 통일에 따른 비용과 세금이 많이 발생하고, 현재 남북한의 생활 수준 차이로 인해 높은 사회복지 비용이 발생할 것으로 예상하고 있으며, 결과적으로 삶의 질을 악화시킨다는 것이다. 박범종·서선영(2018)은 통일교육이 학생들에게 사회·정치적 혜택을 가르치는 데 더 중점을 두어야 한다고 주장한다. 같은 맥락에서 양계민(2019)은 통일교육이 독일 통일의 사례에서 경험한 '사회적 안정과 발전'의 혜택을 포함한다고 제안한다. 문제는 갈수록 삶의 기회가 줄어들고 있는 대학생들에게(Han 2023: 5장) 통일로 인한 사회·정치적 이익이 설득력 있게 될 것인지에 대한 의문이며, 설득력보다는 실체가 없는 투기적 희망으로 이해될 수도 있다.

두 번째로, 통일 연구는 국민을 교육하여 번영하는 통일한국의 비전을 제시하는 것이다. 통일교육에는 (1) 통일에 관한 교육, (2) 통일을 위한 교육, (3) 통일 이후에 관한 교육 등 세 가지 분야가 있다(박광기 2012: 187). 연구자들은 다음과 같은 이유로 통일교육의 중요성과 타당성을 주장하였다. 첫째, 교육의 목적은 통일의 필요성과 방향성을 대중에게 제시함으로써 통일에 대한 국민적 공감대를 형성하는 것이다. 둘째, 교육은 또한 북한에 대한 정확한 그림을 대중에게 제공한다(정경환 2014: 161). 특히 젊은이들이 상대적으로 통일에 무관심할 때 효과적인 통일교육을 실시하는 것이 과제이다. 비록 통일교육이 젊은 세대의 이익을 위한 것이기도 하지만, 후자는 그것을 통일 의욕을 주입하려는 노력으로 인식할 수 있다. 서현진(2017: 122)은 통일에 관한 열망에 대하여 나타나는 세대 차이가 어릴 때 받은 통일교육의 차이에서 비롯된 것이라고 가정한다. 중년의 한국인들은 어렸을 때 이념에 입각한 교육을 받아 통일에 대한 관심과 필요성을 생각하고, 동포들을 본래 '동일한' 한국인으로 여기게 되었다. 그러나 젊은 세대를 위한 통일교육은 정보화 시대의 현실과 실천에 가까웠기 때문에 통일 시에 발생할 수 있는 문제에 대해 의문을 제기하게 되었다. 서현진(2017)은 여러 세대의 한국인들이 직면하고 통일을 고려하였던 구조적·문화적 맥락의 몇 가지 차이점을 부분적으로 고려한다. 그러나 개별적 에이전트와 통일교육에 대한 주요 질문들은 여전히 풀리지 않고 있다. 사회 구성원들이 직면한 관련 구조와 문화는 아직 적절하게 또는 충분히 고려되지 않았기 때문이다.

마지막으로 통일의 기대비용과 편익은 통일에 대한 개인의 인식에 영향을 미치는 중요한 요소들이다. 더 많은 이익과 더 적은 비용을 생각하는 사람들은 통일이 필요하고 필수적이라고 생각하는 경향이 있다. 남한 사람들은 일반적으로 통일이 북한에 있는 동포들의 교육과 사회 복지를 위한 기하급수적인 지출을 야기할 것이라고 가정한다. 연구에 따르면 예상 비용과 세금은 세대를 넘어 모두를 낙담하게 하는 요소이다(우경봉 2017: 218). 전쟁의 위협으로 한국인들이 통일을 기대하지 않게 되면서, 가능한 비용과 세금이 얼마나 되는지에 대한 계산이 뒤따랐다(오재록·윤향미 2015: 114; 양계민 2019: 52-53). 많은 연구에서 한편으로는 사회·경제적 비용과 혼란이 클 것이라는 데 동의한다(이정희 2000: 319-320; 이기식 2008; 손기웅 2009; 윤덕룡 2011). 다른 연구에 의하면 한국의 언론이 독일식 통일 모델이 한국에 미치는 관련성이 거의 없고 비용이 많이 들 수 있다는 점을 한국 대중이 받아들이고 있다는 관점을 강조해 왔다고 주장한다(한운석 2015: 335; 양계민 2019: 54; 윤덕룡 2011). 이에 반하여 윤덕룡(2011)과 손선홍(2016: 310)은 비용과 혼란은 일시적이고 이익은 다음 세대를 위한 것이라고 주장한다. 그러나 통일 시기와 통일 당시 남북한의 사회·경제적 지위에 대한 불확실성이 커서 통일의 비용과 편익을 측정하기 어렵다(이석 2012).

통일에 대한 기대비용과 편익이 통일에 대한 인식을 결정짓는 핵심적인 영향력 있는 요소임이 분명하게 인식되고 있다. 전망 이론(prospect theory)에 따르면, 사람들은 이익보다 비용이나 손실에 더 민감하다. 그러나 우리는 언론의 주제에 대한 공개 담론, 특히 사회 구성원들이 염두에 두고 있는 우려의 종류에 대해 잘 알지 못한다. TV와 온라인 뉴스는 통일 가능성에 대한 주요 정보원이며(김상덕 2019: 68), 관련 미디어 내러티브를 분석할 가치가 있음은 물론이다. 김도경(2019)은 한반도 분단이 장기화되는 상황에서 민족주의적 정서가 20대 대학생들을 설득하지 못한다고 주장한다. 결과적으로 개인과 민족이 부담해야 할 통일에 따른 비용·편익이 젊은이들에게 중요한 기준이 되었다. 일반적으로 통일에 대한 연구의 어려움은 그것이 지나치게 추리적이라는 점이다. 예를 들어, 김도경(2019: 112-113)은 부산 소재 대학 재학생 1,060명을 대상으로 한 설문조사에서 63.8%가 통일이 민족국가에 이롭다고 생각하고, 42.6%가 통일이 개인들에게 득이 되는 것으로 생각한다고 밝혔다. 김도경(2019: 121)은 젊은이들이 개인의 이익보다 국익을 우선시한다는 통계적 결과를 성급하게 해석한다. 이 해석은 연구자의 희망으로 보이며 현실과는 거리가 먼 것으로 간주된다. 이러한 성격의 어려움은 필자로 하여금 통일의 비용과 세금에 관련하여 통일에 대한 더 넓은 담론을 검토하게 하는 촉매제가 되었다. 이념이 한국에서 온갖 논쟁의 요인이 되고 있음에도 불구하고, 이제 이념이 통일에 대한 대중의 인식과는 거의 관련이 없고 비용·편익과 더 관련이 있을 가능성이 있다고 사려된다.

남북한이 통일세나 관련 비용을 지불할 의향이 있는지 여부는 통일 가능성을 얼마만큼 인식하고, 또한 어떻게 접근할 것인가 하는 방식에 달려 있다. 통일을 열망하는 사람들은 그에 따른 비용을 기꺼이 감수할 의향이 있다. 김도경(2019: 118) 역시 연구 참여자가 통일 비용과 편익을 어떻게 인식하느냐에 따라 통일이 필요하다고 생각하는지에 대한 여부가 결정된다고 언급하였다. 통일이 남한의 민족국가나 개인에게 이롭다고 생각하는 사람들은 남북한의 통일이 필요하다고 생각한다(김도경 2019: 115-116). 다른 연구에서는 통일을 이루기 위한 비용, 통일세의 적정성(김우철·신영효 2016), 국민적 공감대에 따른 통일세 도입 방안(김정수 2010), 통일세 인식과 지지의 상관관계를 조사한 바 있다(심석무·박현춘 2013). 김해영·신명환(2016: 26)은 세금을 내는 것은 국민이라고 지적하지만 대부분의 한국인들은 통일세를 설정해야 할 필요성에 대해 잘 알지 못하는 것이 문제라고 지적한다. 이러한 상황에서 통일세를 부과하는 것은 현실적으로 불가능해 보인다. 설령 통일세가 신설되어도 납세자의 납세는 합리적(정보에 입각한) 선택에 근거하지 않을 수 있다(Slovic and Peters 2006; 김해영·신명환 2016: 26에서 재인용).

살펴본 바와 같이 대한민국 국민의 평화통일 열망에 대한 최근 연구는 연령별, 세대별, 사회·경제적 배경 또는 교육 수준을 바탕으로 한 여러 집단을 연구 대상으로 한 조사가 대세를 이루고 있다. 본 연구의 목적을 고려할 때 우리에게 중요한 통찰력을 제공하는 연구는 함인희·한정자(2000)의 연구이다. 그들은 1990년부터 2000년까지 수행된 선행 연구를 분석, 보완하였다(함인희·한정자 2000: 161-162). 그들이 분석한 16건의 논문 중 3건을 제외한 논문의 조사 주체가 주로 정부 내 통일 관련 부처나 연구기관으로 나타났다(함인희·한정자 2000: 142). 그들의 조사에 의하면, 청소년이나 여성 또는 586세대[2]와 같은 특정 동일집단에 관한 연구가 대부분이므로 다양한 그룹을 비교·분석한 관점이 부족하다는 것이다. 또한 청소년에 관한 연구는 성별이나 나이, 그리고 지역적 특성에 따라 다른 결과가 나올 수 있음에도 불구하고 대부분의 연구가 청소년들을 하나의 동일집단으로 간주하여 좀 더 깊이 있는 연구가 이루어지지 못한 측면이 있다는 것이다.

이와 같은 문제점을 보완하여 그들은 청소년과 여성, 그리고 586세대를 비교·연구하여, 청소년은 통일에 대한 관심과 열망이 비교적 낮으며 통일을 원치 않는 이유로는 명분보다 실리를 추구하는 경향이 있기 때문

2 기성세대를 의미하는 '586세대'는 '386세대'로 지칭하기도 하지만 이 연구에서는 현시점에서 '586세대'로 지칭하는 것이 적합하다는 의견을 따른다.

으로 나타났다. 그들은 연구 당시의 통일 진행 속도를 유지하는 것이 좋다고 표현하였다. 여성들과 586세대와 유사하게, 청소년들이 남북한 주민의 동질성에 관하여는 평균 5.5/10점으로 남북한 주민들이 비교적 동질성이 높다고 생각하는 것으로 이해하였다. 또한 북한 지도층과 북한의 정치체제가 통일의 주요 걸림돌로 작용하고 있다고 인식하였다. 게다가 통일비용이 분단비용보다 높다고 인식하고 있으며, 남북관계 개선이 남한에게도 이익이라는 항목에서 상대적으로 높은 동의를 보였다. 함인희·한정자(2000: 161-162)는 청소년들의 통일 의식이 실리적인 것에 맞물려 있기 때문으로 해석하였다.

여성들은 통일에 대한 관심과 열망이 비교적 낮으며, 통일을 원하는 이유가 있다면 통일을 민족의 지상과제로 들고 있는 반면, 통일을 원하지 않는 여성들은 통일이 사회적 불안정을 가져올 수 있다고 생각하기 때문이다.[3] 이것에 관하여 함인희·한정자(2000: 161-162)는 통일에 대한 각종 이데올로기를 마음속 깊이 내면화하였기 때문으로 지적하였다. 그들은 통일과정의 속도를 현 상태로 유지하기를 원하며, 북한의 현재 체제와 북한 지도층의 태도는 통일의 걸림돌이 되고 있다고 생각한다. 또한 통일비용에 대한 우려가 높으며, 남북한을 운명의 민족 공동체로 보는 경향이 낮으며, 통일을 통한 실리성이 낮은 것으로 인지하고 있다고 한다.

반면에 586세대는 통일에 대한 열망이 높을뿐더러 북한에 대해서도 우호적인 태도를 유지하고 있다.[4] 분단비용을 부담하는 것보다는 통일비

---

3 '여성'을 하나의 그룹으로 구분하는 것은 오류와 한계를 조장할 가능성이 있음을 인정해야 할 것이다.

4 여기서 586세대는 '남성 독점'으로 오해될 가능성이 있음을 유의해야 한다.

용을 감당하는 것이 실리적이라는 인식을 하고 있다. 같은 시대를 사는 한국인들이지만 그들의 통일에 대한 열망과 관심이 왜 이렇게도 다를까? 아마도 이것은 그들이 살아왔던 시간과 공간의 궤적이 다르기 때문에, 그들이 같은 현상을 놓고서 다르게 반응하는 것으로 이해할 수 있다. 예를 들면, 북한의 남침 위협 등을 직접적으로 경험한 세대와 간접적으로 경험한 세대가 북한 주민과 정권에 대하여 가지는 의식은 다를 수밖에 없을 것이다. 또한 한국전쟁은 과거에 일어난 일이지만 그것으로 인하여 발생한 사회·경제·민족적 과제는 현재의 문제가 되는데, 그 문제를 바라보는 시각은 다른 세대들이 살아온 삶의 궤적에 따라 다를 수밖에 없을 것이다.

함인희·한정자(2000)의 연구가 시사하는 한 가지는 과거 1970년대와 1980년대, 즉 21세기의 경제 위상에 미치지 못하였던 당시에 북한으로부터의 도발 가능성으로 인한 전쟁의 위협을 느끼며, 그로 인한 반공교육을 받으며 청소년기를 보냈던 사람들이 586세대이다. 그런데 그들이 오히려 통일에 대한 열망을 높이 유지하고 있다는 것은 흥미로운 일이다. 그렇다면 1960년대 이후 한국경제가 발전하는 과정에서 대한민국 국민들의 통일에 대한 열망이 어떻게 변화하였는지는 중요한 연구 주제이다.

하지만 한국전쟁 이후 한국 사회가 빠르게 변화하였고, 산업화 그리고 도시화 과정에서 공동체의 삶보다는 개인의 자유와 인권이 보장되는 사회로, 또는 공동체의 삶 못지않게 개인의 자유와 인권을 보장하는 사회로 변화하고 있다. 이러한 일련의 과정에서 한국은 주권국가로서의 한반도 평화·통일에 대한 에이전시가 1970년대 이후에 어떻게 변천되어 왔는지 분석하는 것이 이 글의 목적이다. 다른 말로 하자면, 가추와 역행추론의 방법론을 적용하여(이기홍 2021: 108) 청소년, 여성, 그리고 586세대가 살아온 삶의 궤적에 주요 영향을 미쳤던 그때 당시의 국내외 구조와 문화를 되짚어 분석하고자 한다는 것이다.

함인희·한정자(2000: 139)의 연구가 지적하는 또 한 가지는 남북 정상회담 이후에는 국민의 통일 열망이 비교적 고조된다는 것이다. 예를 들면, 2000년도 6월에 남북 정상회담 직후 국민 여론조사에 의하면 국민은 통일에 가장 큰 장애가 되는 요인으로 '이념 차이가 주는 이질감'(47.3%), '주변 강대국의 간섭'(22.3%), 그리고 '남북 대화 및 교류를 위한 노력 부족'(19.1%)을 제시하였다. 이와 같은 요소들은 지난 수십 년간 통일을 방해하는 요인으로 지적되어 왔는데, 이러한 요소들이 주요 신문 사설에서는 오랜 기간에 걸쳐 어떻게 묘사되고 있는지 살펴볼 만한 가치가 있다고 생각된다.

함인희·한정자(2000)의 연구 이후에 수행된 대부분의 연구와 미디어 리포트는 다양한 그룹의 통일에 대한 열망과 북한에 대한 의식을 비교·분석하는 것이 추세이다. 주목할 만한 것은 통일과 북한 동포에 대한 의식이 북한의 자연재해 그리고 핵무기 개발, 2007년과 2018년의 남북 정상회담, 특히 2018년 평창 동계 올림픽 등에 의하여 크게 긍정적으로 영향을 받았다는 것이다(양계민 2019). 그동안 북한과 통일에 대한 한국 정부 정책의 특성은 통일에 대한 대중들의 의식에 큰 영향을 미쳐 왔다. 예를 들면, 문재인 대통령의 진보 정권 기간 중인 2018년 5월에 실시한 서베이에 의하면 83.5%의 응답자들이 통일은 가능할뿐더러, 64.6%의 응답자들은 통일이 여러 가지 긍정적 효과를 가져올 수 있다고 답하였다. 그런데 진보 성향의 뉴스 매체는 통일을 지지하는 반면, 보수 매체는 통일을 지지하지 않을 것이라는 일반적인 가정과는 달리, 뉴스 매체의 진보 또는 보수 성향은 그들이 갖는 북한에 대한 관점과는 무관한 것으로 나타났다(김재한 2009; 박종민 외 2020: 168). 이것이 의미하는 것은 북한 관련 이슈에 대한 이해는 매우 복잡하기도 하고 변할뿐더러, 변화하는 사회·경제적 상황을 깊이 고려할 필요가 있음을 암시한다고 보겠다.

요약하면, 북한에 대한 인식과 통일에 대한 언론 보도의 경향을 분석한 많은 연구가 있다(이화행 2015; 최종환·하진홍 2016). 우리는 개인적·국가적 차원에서 통일의 비용·편익이 중요하다는 것을 알고 있다. 통일비용과 세금은 개인이 통일 한국의 국가 정체성을 인식하는 데 영향을 미치는 요소이기 때문에 유사한 연구를 반복하기보다는 시대의 담론을 대표하는 신문 사설을 분석하려 한다. 한국 언론은 언론사의 정치적 입장과 정치적 맥락에 따라 지난 수년간 통일에 관한 찬성과 반대의 목소리를 내고 있다. 따라서 미디어에 만연한 견해가 반드시 미디어의 대다수 소비자를 대표하는 것은 아닐 수 있음은 물론이다(김재홍 2003; 박종민 외 2020: 167). 이 글에서 평화와 통일에 관하여 신문 사설에 나타난 국내·국제 관계 구조와 문화의 내러티브를 분석하려고 한다. 이론적인 관점으로 요약하면, 평화와 통일을 위해 주어지는 경제적 구조, 만연한 문화의 조건은 시대에 따라서 바뀌기 마련이다. 이러한 와중에서 한반도의 평화 프로세스는 구조와 문화에 의하여 어떤 제한 또는 촉매의 영향을 받아 왔는지, 게다가 한국은 자주국으로서의 에이전시를 어떻게 펼쳐 왔는지 이해하고자 하는 시도를 신문 사설의 비교·분석을 통해서 하려는 것이다.

앞에서 논의한 것처럼 국민들의 한반도 평화와 통일에 대한 열망과 에이전시가 한국의 경제력과 밀접한 관계가 있다면, 대한민국의 경제력에 따른 주권국으로서의 국가 에이전시는 어떻게 변화하였을까? 이것을 당시의 신문 사설은 어떻게 피력하는지 비교·분석하고자 한다.

3. 연구의 이론적 틀: 마가렛 아처의 구조, 문화, 에이전시

마가렛 아처의 형태발생학적(morphogenetic) 접근은 한국 사회 또는 국제관계에 필연적으로 내재되어 있는 '발현적 구조적 속성'(emergent structural properties)을 규명하는 데 단초를 제공해 준다. 이러한 속성은 종종 불평등하거나 불공정한 관계의 결과이며, 이러한 관계는 지속되고 사회 또는 국제관계에 구조적으로 스며들게 된다. 구조적 속성의 맥락에서 구조적 속성을 촉진하거나 반대하는 새로운 문화와 아이디어가 등장하기 마련이다. 문화적 속성은 변화와 변형이 실행될 수 있는 과정을 통해 행위자/사람을 동원할 수 있으며, 이는 새로 부상하는 구조적 속성을 조건화하고 형성할 수 있다.

지난 수십 년 동안 대한민국은 어떻게 한반도 평화를 위한 남북관계에 변화를 가져왔을까? 또는 가져오지 못하였는가? 이것은 필자가 형태발생학적 접근의 더 넓은 연구철학인 비판적 실재론에 기초하여 해결하려고 시도하는 경험적 질문이다. 사회 또는 국제관계의 변화와 추이를 이해하는 데 있어서 세 가지 요소가 되는 용어는 사회 변화를 설명하는 요소인 구조, 문화 및 에이전시이다(Porpora 2013: 27). 이론적으로 사회는 크게 구조(물질)와 문화(이상·사고)의 두 부분으로 구성된다. 흔히 연구자들은 구조와 문화를 융합하지만 사회과학적 연구에서 두 요소는 다를뿐더러 개념적으로도 다르다. 사회과학자의 이론적·방법론적 입장을 결정하기 위해 구조·문화와 행위자 사이의 매개가 이해되어야 하는 방식이다. 여기서 우리는 구조·문화와 에이전트 사이의 개인 발현 속성의 매개가 사회의 재생산 또는 변화로 이어진다는 비판적 실재론의 입장을 따른다. 핵심 용어인 구조, 문화 그리고 에이전시에 대한 이론적 가정을 간단히 설명하면 다음과 같다.

구조는 권력, 경쟁, 착취, 의존 등의 관계, 자민족 중심주의, 복지정책과 같은 사회적 위치를 차지하는 인간 행위자 간의 인간관계 시스템을 의미한다. 따라서 구조는 정확히 '인간 행위자가 차지하는 사회적 지위 간의 관계'를 의미한다(Archer 1995: 178; Porpora 2013: 27). 권력, 정치 또는 경제 권력의 불균등한 관계는 부패, 뇌물 또는 그러한 권력의 남용(예, 갑질) 등으로 이어질 수 있다. 사회구조에 대한 이러한 비판적 실재론적 정의는 다음과 같이 '창출된 물질적' 관계를 허용한다. Porpora(2007: 425)에 따르면,

> "… 비록 모든 인간관계가 일부 인간 활동에 의해 확립되고 유지되지만, 물질적 관계는 존재에 대한 에이전트의 지식과는 별도로 자체적으로 독립적인 효과와 함께 존재한다. 예를 들면, 에이전트가 알지 못하는 와중에도 착취적이거나 에이전트의 이익이 상충되는 관계가 있을 수 있다."

Porpora의 정의는 자연으로부터 자신을 보호하거나 다른 사람들과 비교하여 사회·경제적 또는 문화적 지위를 높이기 위해 삶의 일부로 더 좋고 더 많은 물질적 자원을 획득하려는 인간의 경쟁을 인식한다는 점에서 마르크스주의 정치경제학적 관점과 밀접하게 일치한다. 이 점은 우리가 물질 세계에서 계속되는 실제적 활동에 전념하고 있다는 마르크스의 통

찰에 의해서도 이해될 수 있다(Archer 1995: 291). 본 연구와 관련하여 '구조'는 남북한의 경제력·군사력을 바탕으로 형성된 국제관계(냉전체제) 등을 포함한다.

문화는 '상호 주관성, 아이디어 및 관념적 영향의 영역'이다(Archer 1996: xiii; de Souza 2014: 146에서 인용). 이를 다르게 표현하면, 문화는 아이디어, 이론, 신념 및 가치(Horrocks 2009: 51) 또는 '기존 지적 영역의 말뭉치–누군가가 파악, 해독, 이해 또는 알 수 있는 모든 것'을 포함한다(Archer 1996: 104). 사실주의(realist) 전통에서 Archer(1998)는 문화와 관련하여 세 가지 명제를 제시한다. (1) 관념의 본질은 그것이 실재한다는 것이다. (2) 아이디어 공유는 조건부이다. (3) '아이디어'(문화 시스템)와 '그룹'(사회·문화적 상호 작용 또는 수준) 간의 상호 작용은 역동적이며 문화적 정교화(기존 아이디어 수정 및/또는 새로운 아이디어 도입)를 설명한다(de Souza 2014: 146에서 인용). 구조와 달리 문화가 어디에 존재하는지 묻는다면 궁극적으로 사람들이 개인의 머릿속에 지니고 다니는 공유 의식에 있다(Porpora 2013: 32). 본 연구와 관련하여 '문화'는 남북한의 교류·감시 기류, 북한의 공포정치, 북한 주민에 대한 동포애, 한류, 남한의 문화 콘텐츠 등을 바탕으로 형성된 문화교류나 흐름 등을 포함한다.

에이전시는 사회에서 에이전트 또는 행위자의 역할을 수행할 수 있는 사람을 말한다. 에이전트는 권력을 행사하거나 행동할 수 있는 권한을 가진 자이다. 행위자는 구조나 문화에 변화를 가져오거나 재생산하는 상황에 참여하는 사람이다. 문화는 사람들이 집단적으로 만들어 내는 것이고 에이전시는 그들 개인이 그것을 가지고 무엇을 하느냐 하는 것이다(Porpora 2013: 27). 본 연구와 관련하여 '에이전시'는 남한이 독자적으로 또는 수동적으로 목소리를 내느냐, 능동적 외교전략 등을 포함한다.

구조, 문화 및 에이전시를 구분하지 않거나 문화와 구조를 융합하거나 구조와 에이전시를 융합하는 것은 부르디외(Bourdieu)와 기든스(Giddens)가 제시한 이론(즉, 중앙융합(central conflation))의 문제점으로 지적된다(Bourdieu 1997; Giddens 1981; Archer 1984; 1991; 2007). 예를 들어, 기든스는 구조를 '규칙'으로 재정의하여 구조를 에이전시에 통합한다(Porpora 2013: 26). 자아와 정체성에 대한 사회적 구성주의적 관점은(가령, Althusser 2000; Butler 2006; Rose 1996) '개인의 성격과 독특한 주관적 반응'을 경시하고, 개인과 사회가 가진 상호 연관성에 대하여 부적절한 이해를 하고 있다(Layder 2006: 274; Hearn 2007: 671). 여타의 관련 이론이 가진 결점으로는 하향융합(예: 사회학적 전체주의, 구조주의, 방법론적 집단주의)이 포함되며, 여기서 개별 행위자는 구조 또는 문화로 용해되거나 상향융합(방법론적 개인주의)에서는 반대 현상이 발생한다(Archer 1995: 34, 46; Porpora 2013: 28, 32). 하향융합 및 방법론적 민족주의의 문제와 유사하게(Wimmer and Schiller 2002), Anthony Cohen(1996)은 분석의 대단위로서의 '국가'가 국가의 개별 구성원에 대해 구체적으로 언급하지 않는다는 점에 주목한다. 대신에 아처는 "구조와 에이전시는 변증법적으로 관련되어 있지만 존재론적으로 그리고 분석적으로는 별개"라고 주장하면서 분석적 이원론을 제안한다(Porpora 2007: 425). Porpora(2013: 27)는 이상과 물질, 주관과 객관을 비교함으로써 문화와 구조의 구별을 더 설명하고, 각 쌍의 전자는 문화의 영역에 속하고 후자는 구조의 영역에 속한다고 지적한다.

조직체, 국가 또는 사람들은 감정적 필요와 삶의 기회에 대해 성찰할 수 있는 능력을 단순히 수동적으로 점유하는 것 이상이다. 그들은 물질적

이익과 이상주의적 신념을 가지고 있으며, 이를 통해 사회적 관심을 적극적으로 표현하여 행동으로 옮길 수 있다(Porpora 2013: 28). 즉, 개인의 속성과 능력은 내면의 대화(internal conversation)를 통해 에이전시와 구조적·문화적 상황 사이에서 능동적으로 중재한다(Porpora 2013: 28). 이것은 사회 변화의 시작을 촉발한다. 이제 구조, 문화 및 에이전시에 대한 비판적 사실주의적 정의를 도입하였는데, 사회 변화를 가져오는 데 구조, 문화 및 에이전시가 서로 어떻게 상호 연결되어 있을까? 인간은 의도적이든 아니든 사회의 구조나 문화를 재생산하거나 변화시키는 데 기여하면서 지속적으로 집단적으로 협력하고 있다. 이것이 그들이 '태어날 때 물려받은 사회·문화적 구조를 유지하거나 변형시키는' 구성 요소로서 집단적 정체성을 유지하거나 수정할 수 있는 방법이다(Archer 1995: 255). 지금까지의 이론적 틀에서의 에이전트는 개인이나 한 사회의 구성원을 지칭하지만 한 사회에 대한 형태발생학적 접근의 기본 원리는 국제관계를 이해하는 데에도 동일하게 적용될 수 있다고 사려된다. 즉, 한 사회 내 구성원의 에이전시를 개념화할 수 있듯이 국제 사회를 이해하는 데는 관련의 국제관계의 구조·문화 그리고 개개의 주권국가의 에이전시를 개념화할 수 있다는 것이다.

4. 연구 방법론

대한민국 국민이 사회 구성원들로서 시대에 따라 주어진 문화와 경제·외교력에 따라 한반도의 평화와 통일에 대한 열망을 어떻게 표현하고, 그것을 '학문적으로 어떻게 이해하느냐?' 하는 질문은 대한민국이 주권국가로서의 에이전시를 '어떻게 실행하고 한반도의 평화와 통일을 어떻게 지향하는가?' 하는 질문과 동일한 것은 아니다. 하지만 대한민국의 구성원들이나 주권국가 대한민국이 주어진 문화와 경제·외교력의 속성을 어떻게 활용하고 때로는 난관을 극복하여 '한반도의 평화와 통일을 어떻게 지향하느냐?'를 이해하는 데 필요한 접근의 근본은 다르지 않다는 것이 본 연구 방법론의 출발점이다. 그렇다면 사회 구성원들의 한반도 평화와 통일에 대한 인식은 서베이나 인터뷰, 소셜미디어 또는 각종 뉴스매체를 조사·분석할 수 있을 것이다. 반면에 주권국가 대한민국의 평화·통일을 위한 노력은 국가가 실행해 온 정책을 분석하거나, 또는 평화·통일을 위한 국가 정책을 제안하기도 하고 평가하는 신문 사설을 분석하는 것이 또 하나의 방법이 될 수 있을 것으로 간주된다. 이 글에서는 후자를 선택하였다. 정치외교학적인 분석이 그동안 대세였는 데 반하여 미디어 분석을 꾀하려는 시도라고 하겠다.

신문 사설에 나타나는 담론은 미디어 매체가 현안을 어떻게 인식하고 반응하는가를 보여 준다. 사설은 당시의 사회·문화 환경을 규정지을뿐더러 특정 매체가 추구하는 사회·정치적 방향이 묻어 있기도 하다. 사회현상을 이해하는 스냅숏으로 간주되기도 한다. 어느 나라의 미디어 사설과 마찬가지로, 한국 사회의 미디어 매체도 사실과 객관적 접근이 부족한 경우가 있을 수 있다는 것을 고려하여, 사설을 분석하는 데 있어서 유의해야 할 점이라는 것을 염두에 둘 필요가 있다고 사려된다. 그럼에도 불구하고, 신문 사설은 한 사회의 담론을 대표한다는 것을 수용하는 것은 어렵지 않다. 사설은 비교적 수집하기 쉽지만 그것을 분석하기 위해서는 문장과 단어 하나하나를 미시적으로 분석하는 보톰업, 그리고 사회현상을 대표하는 정치·경제적 상황을 고려하여 거시적으로 톱다운 분석을 동시에 고려하여야 한다(Le 2010). 이미 언급하였듯이, 물론 신문 사설은 대부분 사실에 근거하지만 사설을 쓰는 주필의 의견으로서 신문사에 따라서 다른 의견을 낼 수 있다. 주필과 신문사에 따라서 주관적일 수 있음은 물론이다. 그럼에도 불구하고 특정 구조와 문화 속에 존재하는 미디어가 현안을 어떻게 이해하고 읽어 내는가 하는 것은 한 시대와 역사를 이해하는 중요 바로미터가 될 수 있다. 이러한 측면에서, 본 연구는 사설을 표상(representation)과 분석의 텍스트로 간주하였다. 현안을 알리는 모든 뉴스 리포트는 보도 당시에 구조와 문화를 내재하고 있다고 본다. 특히 신문 사설은 어느 특정한 사건이나 현상에 관하여 종합적이고 깊이 있는 의견을 개진하기 때문에 한국 사회의 근간을 이루고 있는 구조와 문화, 그리고 그 사건에 대한 대응을 기록하고 있으므로 비판적 실재론을 본 연구에 적용하게 되었다.

분석 데이터는『경향신문』,『조선일보』,『매일경제』,『한겨레』,『동아일보』등의 주요 신문의 사설 제목에 '한반도 AND 평화'를 키워드로 포함한 사설을 수집하였다. 이 키워드가 최대한 많은 사설을 도출하였기 때문이다. 1970년부터 1989년까지 31건의 사설이 있다. 이 글에서는 1970-1979년의 신문 사설 21개를 포함·분석하였다(A4 단일 간격으로 53쪽 상당). 1970년부터 1979년을 분석 기간 대상으로 설정한 것은 단순한 무작위 설정이며, 분석할 만한 충분한 자료의 양을 얻을 수 있었기 때문이다. 그리고 KINDS 데이타베이스는 1990년 이후의 신문 사설을 포함한다. '한반도 AND 평화'를 검색어로 하는 163건의 사설이 있다. 박근혜 보수정권이 시작된 2013년부터 2016년까지 22개, 문재인 진보정권이 들어선 2017년부터 2021년 7월까지의 사설 76개 모두를 분석하였다(A4 단일 간격으로 171쪽 상당). 문재인 대통령이 통일 외교에 적극적인 노력을 한 결과 많은 사설이 쓰였음을 짐작할 수 있다. 김대중·노무현 정권이 한반도 평화 프로세스에 큰 공헌을 한 것은 말할 나위가 없다. 하지만 본 글에서 다루기에는 방대한 연구이다. 1970년대와 2010년대 이후의 박근혜·문재인 정권을 선택한 것은 두 기간이 갖는 대한민국 내외의 구조와 문화 차이로 인한 대조적인 연구 결과를 기대하였기 때문이다. 박근혜·문재인 정권을 포함한 것은 단순히 2010년 이후의 기간 선택이 가져온 우연의 결과이다. 하지만 두 정부가 가지는 이념적 차이가 주는 정책의 차이와 성취가 다를 것으로 기대하였다.

분석은 정성적 분석 소프트웨어 NVivo12를 활용하였으며 근거 이론 접근(grounded theory approach)을 바탕으로 자료 분석을 하였다(Strauss and Corbin 1994). 이 분석의 원칙을 실행함에 있어서 중요한 한 가지는 분석 결과를 미리 추정하지 않고 분석하는 방식으로, 텍스트에 충실하면서 객관적인 분석을 위하여 최대한 노력하는 것이다. 특히 open coding의 과정에서 이것이 중요하다. 그 후 축코딩(axial coding)과 선택적 코딩(selective coding)을 실행하는 과정에서 본 연구가 성취하고자 하는 분석 내용, 즉 앞서 언급한 구조, 문화, 에이전시와 관련된 요소들을 추적, 분석하였다.

5. 자료 분석 결과

1) 1970년대 대한민국의 통일에 관련된 국내외 구조, 문화, 그리고 에이전시

(1) 구조

냉전 시대의 한반도 평화는 주변 강대국의 이데올로기 전쟁에 갇혀 있었다. 냉전 구도는 한반도 평화 이슈의 모든 것을 잠식하였다. 1968년 1월 21일 북한의 무장 게릴라 청와대 습격 시도에 이어 1970년대에 있었던 남북 간의 주요 일지는 1972년 7.4 공동성명, 1976년 8.18 도끼 만행 사건, 1978년 11.7 한미연합사 창설 등을 포함한다. 한국전쟁이 종식된 지 겨우 20년 후였던 당시는 무엇보다도 미국과 소련을 중심으로 한 냉전의 시대로 군사력과 경제력을 바탕으로 한 힘의 논리를 극도로 앞세워 국제적 위상을 내세우려던 전략이 국제관계의 중심에 있었다. 더군다나 한반도는 미·소·중공의 3대 핵 무장국이 각각 "군사조약에 의하여 개입되어 있는 세계 유일의 특수한 지역이었다."[5]

소련을 중심으로 한 동구 공산권은 대한민국에 매우 비우호적이었다. 한국이 미국과 두터운 외교관계를 유지하고 있는 상태에서 동구 공산권과 비동맹국가들은 한국이 국제 사회에서 가질 수 있는 입지를 제한하였다. 이것은 결과적으로 한국으로 하여금 미국에 더욱 의존하도록 이끌었다.

5 『조선일보』 1973년 11월 16일자.

미국은 군사적·정치적으로 강력한 슈퍼파워를 쥐고 있었기 때문이다.[6] 하지만 당시에 미국 국회에서는 해외에 주둔하는 미국 군사비용을 줄이기 위한 방편으로 미국에 대한 군사원조 삭감에 대한 논의가 있었다. 사실상 미군의 한반도 철수는 오래전부터 거론되고 있었음을 알 수 있다.[7] 이에 대하여 대한민국은 깊은 관심과 우려를 표하였다. 그 이유는 미군이 주둔하는 기간 동안에 한국군의 현대화 계획을 통하여 남북 간에 군사적 균형을 유지함으로써 북한의 남침 시도를 저지할 수 있을 것으로 간주되었기 때문이다. 1972년 6월 미국 대통령 안보 특별보좌관 키신저가 일본에 체류하면서 "한국민이 원한다면 미군은 앞으로 계속 주둔하게 될 것"이라고 말함으로써 한국인을 안심시킨 것은 그만큼 대한민국이 약소국이었음을 말해 준다.[8]

이런 상황에서 한국은 정치·군사적으로 전혀 독립국가로 보기 어려운 측면이 강하다. 1973년 11월 16일 키신저 미 국무장관의 방문을 앞두고 『경향신문』의 사설은 한반도의 평화 문제가 미국과 중공 간의 입장에 의하여 좌우될 수 있음을 시사한다.[9] 당시 1970년대는 미국과 중공이 외교적으로 급격히 가까워지는 상황에서 두 나라가 어떤 대화를 나누는지에 관하여 한국이 관심은 크지만 약소국으로서 단지 관망만 해야 하였다.[10] 참고로 1970년도와 1975년도 1인당 GDP는 각각 북한은 US$342, US$497

6 『동아일보』 1977년 7월 1일자.
7 『동아일보』 1972년 6월 13일자.
8 『동아일보』 1972년 6월 13일자.
9 『경향신문』 1973년 11월 14일자.
10 『조선일보』 1973년 11월 16일자.

남한은 US$279, US$617였으니 말이다.[11] 이 통계 수치는 대한민국이 북한과의 관계는 물론 국제 사회에서 가지는 위상을 명약관화하게 말해 준다고 볼 수 있다.

1970년대는 한국의 신문 사설이 사용한 단어, '북괴', '김일성도당' 등이 말해 주듯이 남북한은 군사적으로 극도의 긴장관계를 유지하였다. 북한은 '중공'과 '소련'을 배경으로 끊임없이 군사력 증강에 총력을 기울였다. '북괴'는 아시아에 배치된 미군의 일부를 한국으로 이동한 것을 정전협정 위반으로 비난하면서 뒤로는 막대한 양의 신무기를 도입하였다.[12] 군사적으로 비교적 약세였던 남한은 미국의 군사력에 힘입어 남북한의 군사력 균형을 이루어 북한의 남침을 저지할 수 있었던 것이 피할 수 없는 현실이었다. 이러한 세력 균형을 깨뜨리기 위해서 북한은 끊임없이 미군 철수를 주장하였다. 이런 북한의 대남 공산주의화 전략을 지원한 나라가 소련과 중공이다.[13]

닉슨 대통령의 탄핵 이후 미국 의회는 주한미군 철수를 통하여 예산을 아끼고 한반도에서의 분쟁 개입에 회피하려는 경향을 보였다.[14] 또한 지미 카터 대통령 행정부(1977-1981)는 미군 철수를 진지하게 고려하기도 하였다.[15] 한국의 정치·경제적 역량이 신장하였음을 명시하면서 미군 철수가 고려되었고, 필요한 절차와 회담을 거치지도 않고 미군 철수가 추진

11 countryeconomy.com 웹사이트.
12 『경향신문』 1974년 6월 10일자.
13 『조선일보』 1978년 5월 25일자.
14 『경향신문』 1974년 8월 3일자.
15 『동아일보』 1977년 7월 1일자.

되는 듯하였지만,[16] 결국은 미국이 방위 공약의 중요성을 내세우면서 미군의 철수는 실행되지 않았다. 미국의 국익을 거스를 수는 없었기 때문이다. 카터 행정부 내의 밴스 국무장관과 유사하게, 그 이전의 키신저 국무장관이 1975년 9월 UN을 통하여 남북한과 미국·중공이 참가하는 당사국 회담을 통하여 문제들을 토의하고 소련을 비롯한 관련국들을 참가시켜서 문제 해결을 도모하자고 하였으나 '북괴'와 중공의 완강한 거부로 인하여 무산되었다.[17] 이런 회담 제의와 실제로 열렸던 회담들은 그 후에도 구체적인 결과를 내지 못하였다.

(2) 문화

냉전 구도의 1970년대는 남북 간에 서로 신뢰하지 못하고 서로를 감시하는 기류로 가득하였다. 1973년 8월 28일 북한은 김대중 납치 사건을 구실로 갑자기 대화 중단을 선언하였다. 이렇게 하여 남북 대화의 물꼬가 트이는 듯하였던 한반도는 전쟁도 아니고 평화도 아닌 극단적 냉전 상태로 되돌아갔다. 김일성은 이렇게 시간을 벌면서 주한미군을 철수시켜 대한민국을 국제적으로 고립시킴으로써 그가 말하는 소위 '자주적 평화통일 정책'을 통한 한반도 공산화를 꾀하였다.[18] 1968년 1월 21일 무장 게릴라를 청와대에 침투시킨 것을 비롯하여 계속해서 간첩을 남파시켰다. 또한 북한의 계속되는 적화통일 야욕은 다른 모습으로도 계속 표출되었다. 이를테면 호주 정부가 남북한의 UN 동시 가입을 제시하였지만 북한에서는

16 『동아일보』 1977년 7월 1일자.
17 『동아일보』 1977년 7월 1일자.
18 『조선일보』 1978년 5월 25일자.

이것이 통일에 저해된다고 하여 강력히 반대하였다. 이런 북한의 입장은 남측이 북한을 침략주의자로 재인식하게 하였다.

게다가 1976년 8.18 도끼만행 사건은 북한이 남북 간의 평화를 추구하기보다는 도발을 일삼는 것으로 대한민국 국민에게 각인시켰으며, 또한 소련과 중공으로부터 잠시나마 백안시 당하는 원인을 제공하기도 하였다. 또한 반서방 그리고 반한적 성격을 짙게 유지한 비동맹 국가들이 한국에 우호적인 입장을 갖게 된 계기가 되기도 하였다.[19] 이같이 반평화적인 북한의 태도가 계속될 때에, 지미 카터 행정부와 제럴드 포드 행정부, 그리고 대한민국 정부는 남한과 북한의 "현실을 있는 그대로 인정하고, 상호의 입장을 존중하여 더 이상의 분쟁을 막고 평화를 정착시키자"고 제안하였다. 하지만 이것은 '북괴'와 중공의 끊임없는 거부로 성공을 거두지 못하였다.[20]

이렇게 하여 미국과 한국은 북한을 안정시키고 북한의 남침을 저지시킨다는 비교적 소극적인 평화를 추구하게 되었다. 즉, 주한미군을 이용하여 전쟁 방지와 긴장 완화를 지켜야 한다는 것이 가장 중요한 남한의 목표로 설정되었다. 이렇게 주한미군은 한반도 평화에 지대한 역할을 하게 되었다. 북한은 UN을 통하여 주한미군의 철수를 끊임없이 요구하였다. 평화통일의 명분 그리고 민주·민족적 자주성의 이름으로, 사실은 대한민국을 국제적 지원으로부터 절단시켜 남북한 간의 힘의 균형을 깨기 위한 의도를 가지고 있었다.[21] 북한이 한편으로는 평화를 말하고, 또 한편으로는

---

19 『동아일보』 1976년 9월 3일자.
20 『동아일보』 1977년 7월 1일자.
21 『조선일보』 1973년 11월 16일자.

주한미군의 철수와 군사력 증강에 전력을 다함으로써 남침의 기회를 노렸던 것이다.

한편, 주한미군은 동북아의 평화를 구실로 한반도 주둔을 정당화하였지만, 미국은 동아시아까지 진출하여 자국의 군사적 위력을 과시할뿐더러 국제적으로 경제적 이득을 공공연하게 추구하였던 것이다. 이러한 와중에서 대한민국이 원한 것은 북한으로 하여금 미국과 한국이 맺은 한국 수호 공약을 의식할뿐더러, 그 공약이 기필코 지켜질 것이라고 믿게 함으로써 도발을 감행하지 못하게 하는 것이었다.[22] 대한민국은 당시 한반도 평화를 위해서는 남북한 간에 군사력의 균형을 이루어야 하며 이 방법은 오직 주한미군 주둔에 의하여 성취 가능하다는 생각이 깊게 깔려 있었음을 추론할 수 있다.[23]

긴장으로 가득한 한반도에 1972년 7월 4일 남북 공동성명은 단기적으로 큰 성과를 이루지 못한 것으로 이해되지만, 장기적인 측면에서는 한반도에 평화 가능성을 불러일으킨 것으로 사려된다.[24] 당시 『동아일보』 사설에 의하면, “우리는 통일을 위한 방향이 쌍방에 의하여 설정되고 합의된 것으로서 만족하며 결코 실망하지 않는다. 도리어 성급한 기대나 지나친 흥분은 통일을 위한 착실한 준비 과정에서 유해할 경우가 있다는 것을 경고해 두고자 한다”고 하였다. 이것은 남한은 과거부터 지금까지 끊임없이 북한에게 인내하는 태도를 가지고 임해 왔음을 보여 준다. 이것이 남한 사회에 깊숙이 젖어 있는 문화와 정서적 흐름이기도 하다. 또한 남북 공동

22 『동아일보』 1976년 9월 3일자.
23 『동아일보』 1976년 9월 3일자.
24 『동아일보』 1972년 7월 5일자.

성명을 통하여 전쟁은 통일의 수단이 될 수 없음을 천명한 것은 매우 중요한 대목이었다. 안타깝게도 남북 공동성명 이후 한반도의 정치적·군사적 긴장은 격화되었다.[25]

또 한 가지 주목할 만한 것은 당시 일본의 역할과 공헌에 관한 이해이다. 특히 주한미군 철수 계획이 한창 논의되던 시기에 강조된 것은, 남북 간의 끊임없는 세력 균형을 위해서는 한국의 경제발전이 필수 불가결하다는 것이었다. 역사적으로 일본은 신뢰할 수 없는 나라이지만 한국의 100억 달러 외자 중 20-25%를 일본에서 도입할 예정으로, 일본의 도움을 구할 수밖에 없는 상황을 당시의 신문 사설이 지적하였다는 점이다.[26]

한국 주변의 국제관계를 주도하는 힘의 원천을 이루는 구조와 문화는 철저하게 주변의 강대국들에 의하여 생산·재생산되어 왔음이 분명하다. 전쟁 방지를 위한 남북한 간의 군사력 균형도 남한의 의도와는 상관없이 결정되고 진행되었음을 알 수 있다.

(3) 에이전시

그렇다면 지금까지 논의한 한국 내외의 구조와 문화 속에서 대한민국은 어떤 에이전시를 가지고 능동적으로 대처하였을까? 한마디로 대한민국의 국력은 미약하지만 적대적인 북한을 전쟁으로부터 억제하기 위해서는 할 수 있는 모든 것을 실행에 옮긴다는 태도였다. 이를테면, 남북한 적십자회담 제의와 같은 구체적이고 실현 가능한 합의를 제안하였다. 하지

---

25 『조선일보』 1974년 6월 29일자.
26 『동아일보』 1977년 8월 6일자.

만 북한은 무력 적화통일 야욕의 꿈을 버리지 않았고, 대한민국은 철저하게 미국의 힘에 의존하고 있는 상황에서 에이전시를 가지고 행동으로 옮길 수 있는 여력은 극히 제한적이었다.[27]

단순히 외세의 힘이 우리를 지켜 줄 것이라기보다는 대한민국은 자체방위에 필요한 군사력을 보유해야 한다고 목소리를 높였다. 1973년 11월 16일 『조선일보』 사설은 다음과 같이 한국의 무기력한 상황을 언급하였다.

> "남한은 자체방위에 필요한 군사력을 … 보유해야 하며 북한의 도발을 사전에 억제할 수 있는 관계 3대국 간에 치밀한 국제적 보장책이 있어야 한다. 평화조약이 있다고 해서 전쟁이 안일어났다는 예는 역사상 거의 없다."

그때 당시 자주국방의 필요성이 강하게 제시되었고[28] 자주국방은 대한민국 전역에 나붙어 있는 중요한 포스터였다. 즉, 미국의 도움과 관심도 중요하지만 가장 중요한 것은 남한이 능동적으로 군사력을 증진시킴으로써 가장 큰 전쟁 억제력이 작동된다는 것으로 이해하였다.

1973년 7월 김종필 총리는[29] '세계 정치 속의 남북한 관계'를 주제로 한 국제학술대회에서 대한민국이 공산권에 문호를 완전히 개방할 것을 천명함으로써 당시에 냉전의 세계 속에서 대한민국이 북한과의 관계를 어떻게 헤쳐 나갈 것인지를 언급한 것은 매우 관심을 받을 만한 일이었다. 이것은 아마도 군사·외교적으로 약소국이었던 대한민국의 자구책이었던 것

---

27 『조선일보』 1972년 4월 20일자.
28 『경향신문』 1974년 8월 3일자.
29 『경향신문』 1973년 7월 11일자.

으로 이해되기도 한다. 또한 북한의 호전적 태도를 중·소가 무조건적으로 옹호하는 것에 대한 반박을 하며 중·소의 한반도에 대한 평화지지를 호소하기도 하였다.[30]

또한 미국과 중공이 새로운 관계를 정립하면서 한반도에 어떠한 정책을 펴나갈 것인지 결정하기에 앞서 미국은 한국의 목소리를 들어야 한다고 한국이 주장하였다.[31] 이는 단순히 유엔이나 미군에 의존함으로써 전쟁을 방지할 수 있는 것이 아니라는 것을 인지한 것이다. UN 군사 해체를 논의하던 1970년대 초반 한국의 안보는 휴전협정이나 '국제평화감시군'에 의하여 보장되지 않고 군사적 힘에 의해서만 뒷받침될 수 있다는 것이다.[32]

1970년대 한국은 작은 구실이나 불씨를 이용하여 북한과의 친화적 관계를 도출하려 하였던 것으로 보인다. 예를 들면, 서해상에서 표류하는 북한의 고기잡이 배를 돌려보내면서 이것이 남북 대화와 평화의 불씨가 되기를 힘썼다.[33] 고기잡이 배를 돌려보내는 마음 한가운데 있는 것은 아마도 민족주의를 바탕으로 한 동포애였을 것으로 짐작된다. 이 같은 동포애가 21세기 대한민국의 청소년들에게는 그리 중요하지 않은 요소로 채색된 측면이 있는 듯하다는 것은 앞서 언급한 선행 연구를 통해서도 알 수 있다. 여하간 남한의 끊임없는 노력에도 불구하고 북한은 휴전선에서 총질과 지하터널 구축 같은 망동으로 도발을 계속하였지만 남한은 극도의 인내심을 가지고 접근한 것으로 당시의 사설은 기록하고 있다. 1979년에 대

30 『동아일보』 1979년 1월 12일자.
31 『경향신문』 1973년 11월 14일자.
32 『동아일보』 1975년 3월 18일자.
33 『동아일보』 1974년 12월 26일자.

한민국이 영국 상사의 중개로 북한산 석탄 일만 톤을 수입한 것도 박정희 대통령의 남북 경제협력을 위한 노력으로 간주된다.

2) 박근혜 정부 기간(2013-2016)의 국내외 관계의 구조, 문화, 국가 에이전시

(1) 구조

1970년대에 비하여 박근혜 정부가 들어선 2013년은 대한민국의 경제·군사적 위력이 매우 증진되었음은 말할 나위가 없다. 하지만 북한과 남한의 군사력 균형을 이루는 데 중요한 역할을 하는 것이 주한미군이라는 사실은 달라지지 않았다. 이것은 21세기에 들어서 북한이 핵무기 개발에 전력 질주하였기 때문이다. 북한의 핵 개발과 주변 강대국들의 영향으로 인하여 한반도 평화와 관련하여 한국은 강대국에 부속되어 자주권이 부족한 나라로 머무른 것이 현실이다. 예를 들면, "김관진 국방장관과 척 헤이글 미국 국방장관은 어제(2013. 10. 1) 열린 제45차 한미안보협의회(SCM)에서 2015년 12월로 예정된 전시작전통제권(전작권) 전환 시기를 다시 연기할 필요가 있다는 데 의견을 같이하였다."[34]

북한의 핵 개발에 따른 위기와 더불어 '일본의 재무장, 미·중 양대 세력의 충돌, 중·일의 영토 갈등이 모두 한반도 위기'를 부르기 때문이었다. 특히 '군국주의 부활을 꾀하는 일본은 남북의 군사 대결을 부추겨 재무장, 극우 노선의 강화, 부채위기 탈피를 도모할 여지'가 매우 크기 때문이었

34 『세계일보』 2013년 10월 1일자.

다.[35] 중국은 2013년 11월 한국군이 관할하는 '이어도 해역을 포함한 방공식별 구역을 일방 선포해 동북아에 긴장의 파고를 높였다'.[36]

이러한 상황에서 강조되는 것이 한미동맹의 중요성이다. 한반도의 안보와 동북아 평화 정착을 위해서는 가장 중요한 것이 한미동맹을 튼튼하게 유지하는 것으로 이해하였다. 미군이 남북한 군사력의 균형을 이룬다는 것은 1970년대와 동일하다 하겠다. 중국과 일본이 한반도에 어떤 영향을 미칠지 예측하기 어렵기 때문에 중국과는 전략적 동반자 관계를, 일본과는 원활한 외교관계를 유지해야 한다는 것이다.[37] 박근혜 정부 기간 동안에 계속 불거진 것은 북한의 핵·미사일 문제가 가져온 한반도 안보위기이다. 미군이 동아시아·태평양 지역에 주둔하는 한 적극적인 태도를 가져야 함에는 의심의 여지가 없다. 하지만 미국의 오바마 정부는 한반도 평화 프로세스에 방관자로 머물렀다. 미국은 중국이 북한에 압력을 가하거나 설득하기를, 그리고 한국 정부의 대북정책을 존중한다고 말하는 것에 그칠 뿐이었다.[38]

일련의 계속되는 북한의 핵·미사일 문제의 핵심에는 주변의 여러 강대국보다는 남·북 및 북·미 관계가 있다고『한겨레』는 지적하였다.[39] 따라서 평화체제 논의를 위한 동력은 한국과 미국에서 나와야 한다는 것이다. 또한『한겨레』는 남북 정상회담을 열어 남북한 평화체제 논의를 위한 동력의 틀을 짜야 한다고 주장하였다. 또한 박 대통령은 '한반도 신뢰 프로세

35 『세계일보』 2013년 11월 11일자.
36 『세계일보』 2013년 12월 15일자.
37 『세계일보』 2013년 12월 15일자.
38 『한겨레』 2013년 5월 3일자.
39 『한겨레』 2013년 5월 3일자.

스'라는 대북정책을 내놓았으나 북쪽의 굴복을 무작정 기다렸던 이전 정권의 정책과 차별된 모습을 보여 주지 않았다고 지적하였다.[40]

2016년 박근혜 정권이 한반도 평화에 대한 성과 없이 저물어 갈 때 중요한 요소로 등장한 것이 미국의 트럼프 대통령 후보이다. 한편으로는 김정은 위원장을 '미치광이'로 취급하고 또 한편으로는 그를 만나는 것에 "아무런 문제가 없다"고 말하면서 트럼프는 세간의 관심을 끌기 시작하였다. 트럼프가 대통령으로 당선되고 미국 우선주의를 내세울 때에 한국은 박근혜 대통령 탄핵 사태로 리더십 공백 상황에 접하고 있었다. 『경향신문』은 박근혜가 "한반도 안보를 미국의 대북정책에 종속시키고 미·중 갈등의 하위 변수로 전락시킨" 지도자라고 지적하면서, 트럼프를 신뢰하기 어려운 지도자로 비판하였다. 그럼에도 불구하고 트럼프는 예측 불가능한 한반도 평화에 회복의 계기를 불러올 수 있는 사람으로 지목되었다. 여기에서 무엇보다도 중요한 것은 중국을 비롯한 주변국을 설득하는 주도적 역할은 바로 한국이 해야 한다는 것을 『경향신문』은 지적하였다.[41] 비교적 진보 매체라 할 수 있는 『한겨레』와 『경향신문』은 한국이 한반도 평화의 당사자로서 구조와 문화를 극복할 만한 에이전시를 발휘할 것을 독려하고 있다.

1970년대에 비하여 한국의 국내외 구조에 가장 큰 변화를 가져온 것은 한국이 중국과 외교관계 수립을 하고 대한민국의 국제·경제적 지위가 월등히 향상되었다는 것이다. 2013년 11월 18일 한국과 중국의 첫 전략대화는 상징적인 것으로, 박근혜 대통령과 시진핑 주석이 6월에 합의하여

---

40 『한겨레』 2013년 5월 3일자.
41 『경향신문』 2016년 11월 9일자.

이루어진 것이다. 한·중의 신뢰, 유대 강화를 위한 계기가 되었을뿐더러 한반도 평화에 대한 한·중의 공감대를 넓혀 나가는 과정으로 평가되었다. 처음부터 대단한 성과를 거두기 어렵지만 통일에 대한 중국 지도부의 생각을 바꾸는 중요한 계기로 『세계일보』는 기대하였다.[42] 한국의 적극적인 노력이 없으면 국제관계는 한반도 평화에 미온적임을 되새기게 된다. 그만큼 한국이 국제관계의 구조 속에서 작은 목소리나마 낼 수 있는 경제적 역량을 갖추었다는 것을 반증해 주는 말이다.

(2) 문화

북한 정권은 21세기가 되어서도 남쪽의 같은 민족을 수시로 위협하는 행태를 멈추지 않았다. 이는 한반도 평화 가능성에 가장 큰 영향을 미치는 요소이다. 북한 내에서 반역사적인 공포정치와 반인륜적인 행위를 자행할 뿐 아니라, 핵과 미사일, 수많은 재래식 무기로 같은 민족을 수시로 위협하는 북한 정권과 평화·통일을 논의해야 하는 것은 한국 국민에게 크나큰 짐이다.[43] 계속되는 핵실험, 이남 지역을 향한 포격 도발, 무인기 비행 등으로 한반도와 동북아에 안보 불안을 촉발시키고 일본의 핵무장을 자극한다.[44] 이러한 북한과의 갈등은 박근혜 정부의 통일정책을 특징지었다고 해도 과언이 아니다. 8.15 경축사를 통해서 화해 메시지를 전하였지만 북한은 묵묵부답이었다. 한·미 연합 을지 프리덤 가디언 연습을 시행할 때면 한·미 연합 훈련은 북한에 대한 핵전쟁 선전포고나 다름없다고 주장한다.

42 『세계일보』 2013년 11월 18일자.
43 『세계일보』 2013년 12월 15일자.
44 『세계일보』 2014년 5월 9일자.

"임의의 시각에 선제 타격을 개시해 침략의 크고 작은 본거지들을 불바다와 잿더미로 만들겠다"고 위협하기도 한다.[45] 북한은 또한 김정은 암살을 소재로 한 영화를 제작한 다국적 영화사 소니픽쳐스 엔터테인먼트 해킹 공격 사건의 주범으로 의심받았고, 2013년 2월 북한의 3차 핵실험, 그리고 장성택 처형 등으로 북·중 관계가 악화되었을 뿐만 아니라 국제 사회에서 고립되는 결과를 낳았다.[46] 이렇게 북한이 곤경에 처할수록 남북 관계는 얼어붙을 수밖에 없다. 북한 나름의 안보와 체제 보장의 필요성 등 북한의 곤경은 한국의 신문 사설에는 거의 나타나지 않는다. 아마도 이것은 남한의 미디어 매체가 한반도의 평화 프로세스보다는 남한의 평화 필요에 매몰되어 있기 때문이 아닌가 생각된다. 이처럼 북한의 입장에 대한 적극적 이해를 위한 시도가 없었다는 것은 한반도 평화 프로세스에 대한 전문가적인 접근이 부족하였던 것으로 이해되기도 한다.

이러한 긴장과 위기를 벗어날 수 있는 가장 효과적인 방법은 남북 대화를 통한 화해밖에 없다. 남북 '분쟁의 소지를 없애고, 공영의 길로 나설 때 한반도를 희생양으로 삼고자 하는 주변국의 기도를 뿌리칠 수 있다'고 『세계일보』는 주장한다.[47] 북한의 경제 건설을 도와줄 수 있는 것은 바로 남한이고, 남북 간의 진정한 경제협력은 남북 화해의 틀을 만들어 줄 수 있다는 생각이 박근혜 정권 당시나 지금도 팽배하다. '남·북·러 가스관 연결, 한반도 종단철도(TKR)와 시베리아 횡단철도(TSR)의 연결이 모두 북한

45 『세계일보』 2014년 8월 18일자.
46 『경향신문』 2015년 3월 31일자.
47 『세계일보』 2013년 11월 11일자.

에 도움이 될 수 있다'는 것이다.[48] 한국의 증진된 경제력을 통하여 국제관계의 구조에 영향을 도모해야 한다는 것이다.

(3) 에이전시

박근혜 정부 기간에도 한국이 할 수 있는 것은 꾸준히 능동적으로 실천하려 한 듯하다. 하지만 한국이 에이전시를 발휘할 수 있기에는 구조적·문화적으로 극히 제한적인 여건이었다. 2014년 10월 31일 경기도와 『세계일보』 공동 주최로 스위스 제네바 유엔 사무국 국제 회의장에서 한반도와 세계 평화를 위한 유엔 제5사무국을 비무장지대에 유치하기 위한 국제회의가 열렸는데, 이는 한반도에 유엔 사무국을 설치해 반목과 갈등을 종식하려는 노력이었다. 더불어서 갈등에 따른 미래의 위험도 완화할 수 있다는 확신에서였다.[49] 박근혜 정부의 'DMZ 세계평화공원' 구상과 '한반도 생태평화벨트' 조성 사업도 한반도 평화를 위한 계획이었다.[50]

한국전쟁이 끝나고 60년의 세월이 지났음에도 불구하고 중국이 한반도의 평화에 미치는 영향은 줄어들지 않고 오히려 증가하였다. 중국이 한반도의 중요한 무역 파트너로 발돋움하였기 때문이다. 이는 미군이 사드(THAAD)를 한반도에 도입하면서 얼어붙은 한중 간의 무역관계를 통해서도 알 수 있다. 또한 한국은 북한의 도발을 막는 데 중국의 힘을 이용하는 것이 중요하다는 것을 알고 있다. 버락 오바마 미국 대통령이 2014년 4월 "한중 관계의 중요성"을 언급하였고, 한국 입장에서는 한중 관계가 돈독

48 『세계일보』 2013년 11월 11일자.
49 『세계일보』 2014년 11월 2일자.
50 『세계일보』 2015년 3월 2일자.

하면 '통일 대박'이라는 레토릭은 난무하였지만 실제의 노력과 결과는 극히 제한적이었던 것으로 분석된다.[51]

미국은 사드가 "북한의 핵과 대량살상무기, 탄도미사일 위협으로부터 대한민국과 국민의 안전을 보장하고 한미 동맹의 군사력을 보호하기" 위한 것이라고 주장하였지만 사드의 군사적 효용성에 대한 의구심을 크게 일으켰으며, '사드에 대한 중국·러시아의 안보 우려'도 컸다. 결과는 동북아 지역에 '한·미·일 대 북·중·러 간 신냉전 구조'를 형성할 구도를 만들고 한국은 중국으로부터 극심한 경제 보복을 감수하였다.[52]

북한의 계속되는 도발과 쉽게 풀리지 않는 강대국들의 이해관계는 결국 '한반도 안보와 평화는 어느 누구도 대신 지켜 주지 않는다. 전략적인 대응 방안을 갖고 적극적으로 대처할 때 국민의 생명을 지킬 수 있다'고 『세계일보』는 피력한다.[53] '한국은 더욱 인내심을 갖고 평화통일을 모색해 나가야 할 것이다'.[54] '인내심을 갖고 북한을 대화의 장으로 나오게 하고, 북한의 이득을 설득하는 것이 중요'하다는 『세계일보』의 사설에 동의할 수밖에 없는 것이 현실이다.[55] '전쟁의 위험을 제거하고 평화로운 한반도를 만드는 것은 우리의 노력 여하에 달려 있다'.[56] 하지만 북한을 제외한 한국과 미국, 중국, 러시아, 일본의 5자회담을 제안하는 등 북한을 제재와 압박 위주로 일관한 것은 박근혜 정부의 돌이킬 수 없는 실책으로 남아 있다.[57]

51 『세계일보』 2014년 5월 9일자.
52 『경향신문』 2016년 7월 8일자.
53 『세계일보』 2013년 12월 15일자.
54 『동아일보』 2014년 8월 15일자.
55 『세계일보』 2014년 8월 18일자.
56 『세계일보』 2014년 11월 2일자.
57 『경향신문』 2016년 1월 22일자.

3) 문재인 정부 기간(2017-2022)의 국내외의 구조, 문화, 국가 에이전시

(1) 구조

대한민국은 2018년 12번째 그리고 2021년에는 10번째 경제 강국으로 부상하였다. 문재인 정부가 통일·평화 프로세스를 추진하는 데 그 어느 때와도 비교될 만한 국내외 관계의 구조적 특성은 월등히 성장한 한국의 경제력이라 할 수 있다. 이것이야말로 한반도 '운전자론'이나 '중재자론'과 같은 발현적 구조적 속성을 가능하게 한 원동력이라고 할 수 있다. 문재인 정부 기간에는 가시적 효과뿐 아니라 통일의 가능성을 다지는 기간으로서 4년 반 동안 76개의 주요 신문 사설이 게재되었다. 문재인 정부가 박근혜 정부로부터 물려 받은 것은 통일 외교적 자산의 허약함이었다. 박근혜 정부의 대북 강경책에 기인한 미국 오바마 정부의 '전략적 인내'로 인하여 통일 외교적 노력이 부족하였기 때문이다. '박근혜 정부가 한미 동맹과 대북 강경정책에 올인하면서 외교 자산을 모두 소진한 탓이다'. 당시에 북한은 미·중과 갈등을 겪으며 외교적 출구를 찾고 있는 상황이었기 때문에 한국이 북한에 적극적으로 화해를 요구할 수 있는 상황이었다.[58]

2017년 2월 트럼프 행정부가 들어설 때 북한이 미사일을 발사함으로써 '미국은 아시아·태평양 지역에서 영향력 확대를, 일본은 군사력 확대를 상호 보장하며 중국 견제'의 정당성을 더해 주었다. 북한은 우방인 중국을 당혹스럽게 하였고 스스로를 고립시켰다.[59] 중국이 북한의 조건 없는 영원

58 『경향신문』 2017년 5월 10일자.

한 우방은 아니라는 것이다. 이해득실에 의하여 관계는 변할 수 있다는 것이다. 아시아·태평양 지역 국제관계의 속성이 어떻게 돌아가는지를 보여주는 단면이라고 할 수 있다. 특히 미국과 중국의 역할은 1970년대에 비하여 한반도 평화 프로세스에 미치는 영향이 결코 축소되지 않았다. 청와대는 국가안전보장회의 상임위원회를 열어 북한의 도발을 규탄하고 강력하게 대응하기로 결의하면서 한반도 평화 프로세스를 추진하는 동력을 얻은 것으로 이해된다. 국제관계의 구조와 문화가 충분히 뒷받침해 줄 수 있을 정도로 변화한 것은 아니지만, 문재인 진보정부의 평화에 대한 강력한 의지, 즉 국가적 에이전시를 발휘한 것은 긍정적으로 평가된다.

여기서 흥미로운 것은 트럼프 대통령 개인의 리더십 스타일 또는 미국내 정치를 위한 외교 활용 등, 원인은 어떻든 간에 트럼프가 한반도 평화의 작은 가교 역할을 하였다고 볼 수 있다. 여러 단계의 '예비 과정을 거치리라는 예상을 깨고 전격적이고 파격적인 방식으로' 한미 정상회담 합의가 이루어졌다. 이 사실 하나만으로도 '한반도 평화에 일대 전기를 마련하고 극적인 정상화로 나아갈 돌파구를 열었다고 할 수 있다'. 이런 극적인 전환은 국제 사회의 제재와 압박으로 급속하게 어려워진 북한경제, 그리고 2018년 11월 중간선거를 앞두고 자신의 외교 성과가 필요하였던 트럼프 대통령의 필요가 큰 몫을 하였기 때문이었다.[60] 그럼에도 불구하고, 북미 정상회담은 수십 년간 계속된 '미국 내 대북 불신 분위기 속에서도 북한이 보낸 비핵화 메시지의 진정성을 감별해 내고 적극 호응하면서 대전

59 『경향신문』 2017년 2월 12일자.
60 『한겨레』 2018년 3월 9일자.

환'을 이끌어 낼 수도 있었을 것이다.[61] 궁극적으로 북미 정상회담은 성공으로 이어지지 못하였고, 문제의 볼턴 회고록에서 '확인할 수 있는 것은 한반도 비핵화 문제의 첫 단추라고 할 북미 대화를 둘러싸고 그동안 미국 내에서 혼란이 적지 않았다는 점이다. 회고록에 공개된 '팩트'가 진실이라면 트럼프의 대북정책은 다분히 즉흥적이고 경제적인 이해타산에 치우친 것이다'.[62] 이것은 국제관계가 어떻게 운용되고 발전·유지되는지를 명확하게 보여 주는 전형적인 예라 할 수 있다. 『한국일보』가 지적하듯이 "결국 남북 대화는 물론이고 북미 협상까지 우리 정부가 중심이 되어야 한다는 점을 명심해야 한다."[63]

'북한이 무조건 핵을 먼저 포기해야만 제재 완화도 가능하다'는 볼턴의 '리비아식 모델'은 현실적으로 가능하지 않을뿐더러 약자인 북한이 받아들일 수 없는 조건으로 이해된다. 북한의 유일한 안전망을 위해서 국제 사회의 반대를 무릅쓰고 개발한 핵을 스스로 나서서 포기한다는 것은 있을 수 없는 일이 아니었던가? 볼턴의 방식은 한반도의 전쟁을 불러올 수밖에 없다고 『한겨레』는 지적하였다.[64] '볼턴은 대화를 통한 비핵화 가능성을 근본적으로 부정하는 한반도 평화의 '훼방꾼'이라'고 지적되었다.

제2의 경제 강국으로 도약한 중국은 한반도 평화에 더욱 중요한 요소로 성장하였다. 중국과 남북 간은 피차 한반도 평화를 통하여 얻는 경제적 이득을 무시할 수 없는 관계이다. 또한 중국이 북한의 후견 국가를 자처하

61 『경향신문』 2018년 4월 24일자.
62 『한국일보』 2020년 6월 23일자.
63 『한국일보』 2020년 6월 23일자.
64 『한겨레』 2020년 6월 23일자.

던 시절은 지났고, 동북아와 세계의 정세 속에서 자국의 도움이 되는 실리적 외교를 추구하는 나라이다.[65] 문재인 대통령과 시진핑 중국 국가주석은 2017년 12월 14일 베이징에서 정상회담을 열고, 한반도 평화와 안정을 확보하기 위한 4가지 원칙에 합의하였다. '두 정상이 합의한 4대 원칙은 ① 한반도 전쟁 불용, ② 한반도 비핵화 원칙 확고히 견지, ③ 북한 비핵화 등 모든 문제를 대화와 협상을 통해 평화적 해결, ④ 남북한 관계 개선이 한반도 문제 해결에 도움이 된다는 것 등이다'.[66] 한국은 중국의 중요한 무역국으로서 중국이 한반도의 평화에 '건설적이고 적극적인 역할'[67]을 바라는 것은 과거와 달리 무게 있는 부탁으로 여겨진다. 중국은 북중 회담을 통해서 한반도 평화구축에 소외되기보다는 '전략적 협동'을 천명하기도 하였다.[68] 그래서 '중국이 보증인이자 중개자로서 적극적인 역할'을 수행하기를 원하는 것이다.[69] 다만 중국이 깊게 관여하면서 한반도 평화 프로세스를 '미중 패권 경쟁을 위한 지렛대로 이용되어서는 안된다. 한반도 평화 프로세스가 미중 갈등에 휩쓸려 좌초하거나 부정적 영향을 받는 일은 용납할 수 없다. 한반도 평화와 비핵화 문제만큼은 미중이 갈등을 멈추고 협력할 것'을 『경향신문』은 당부하였는데,[70] 한국이 분명히 요구할 수 있는 부탁으로 이해된다. 이러한 관점에서 러시아와 일본도 한반도 평화 프로세스와 그 이후의 안정을 위해서 진정성 있는 관심을 가져야 함은 두 말할 나위가 없다.

---

65 『동아일보』 2018년 3월 13일자.
66 『한겨레』 2017년 12월 14일자.
67 『동아일보』 2018년 3월 13일자.
68 『서울신문』 2018년 5월 10일자.
69 『한겨레』 2018년 6월 19일자.
70 『경향신문』 2019년 6월 18일자.

한반도의 평화는 일본의 국익에 크게 기여할 수 있다. 하지만 '남북 및 북미 정상회담 등 한반도 정세가 진전되고 있지만 일본의 처신은 탐탁지 않았다. 한반도 문제에서 일본이 소외되는 이른바 '재팬 패싱' 우려가 커지면서 아베 신조 총리 등이 전방위 외교에 나섰지만 무리한 요구와 부적절한 언동으로 되레 반감만 사고 있다'.[71] 경제 강국으로 우뚝 선 대한민국은 '한일 위안부 합의에 대해, 문 대통령은 예상대로 국가 간 공식적 합의이고 일본과의 관계도 중요하지만 일본에 진심 어린 사죄를 요구하였다. 그러면서 역사 문제와 미래지향적 협력을 분리해 나가겠다고 강조하였다. 그러나 일본이 강하게 반발하고 있어 한일 관계는 여전히 풀기 어려운 숙제가 될 것으로 보인다'.[72] 일본의 도움과 관심 없이도 한반도의 평화 프로세스는 진행될 것으로 보인다. 그만큼 일본의 역량이 비교적 줄고 한국의 역량은 증가하고 있다. 이는 분명히 대한민국의 근래 발현된 구조적 속성(emergent structural properties)에 근거한다고 분석된다.

(2) 문화

문재인 정부하의 남북 평화 기류는 북한의 미사일 발사로 매우 무겁게 시작되었다. 북한은 2017년 7월 4일 '중대 발표'를 통해 "대륙간 탄도미사일 화성14를 최대 고각으로 발사해 2,802km까지 올라갔으며, 39분간 933km 날아갔다"고 주장하였다.[73] 북한의 7.4 도발은 한미 정상회담 나흘 만의 일이다. 국제 사회의 압박과 제재에도 불구하고 핵·미사일 개발

71 『경향신문』 2018년 4월 4일자.
72 『서울신문』 2018년 1월 11일자.
73 『서울신문』 2017년 7월 5일자.

을 추진하는 상황이었다. 2018년 2월 평창 동계 올림픽 개막을 보름 앞두고 북한 여자 아이스하키팀이 한국으로 내려와 단일팀 구성의 첫발을 내디딜 때만 해도 한반도의 평화는 '바람 앞의 촛불을 지키듯이' 대화의 판이 깨지지 않도록 노심초사 중이었다.[74] 스포츠를 통한 '평화'가 '평창'에만 그치는 것이 아니라 '평창'을 발판으로 한반도에 '평화'의 첫걸음이 시작되는 듯하였다.[75]

이 첫걸음은 무엇보다도 북한의 적극적인 태도 변화에 기인한다. 흥미롭게도 '북한은 한미 연합훈련도 양해한다며 훈련 중단 요구 없이 먼저 핵·미사일 실험 중단을 약속하였다. 오히려 북한이 미국과의 대화에 나선 것은 중국의 대북 제재 동참의 결과였다. 중국이 대북 제재를 엄격하게 시행하자 북한은 중국 대신 미국에 손을 내미는 상황으로 전개되었다'.[76] 남북 정상회담을 문 앞에 두고 여건은 성숙되고, '정상 간 핫라인이 개통된 데 이어 북한의 핵 동결 선언과 대북 방송 중단의 선순환이 이루어지면서 남북은 물론 북미 정상회담에 대한 기대'도 커졌다.[77] 2018년 '신년사에서 시작한 김정은 위원장의 평화와 개방 행보는 과거 어느 때보다 전격적이고 과감'하였다. '특히 노동당 전원회의에서 핵·경제 병진노선을 폐기하고 경제 총력노선으로 전환한 것은 비핵화 의지에 비추어 주목할' 만하였다.[78] 아마도 북한을 대화로 이끈 것은 무엇보다도 핵·경제발전 병진으로 어려워진 경제 상황에서 북한이 가진 선택은 제한적이었던 것 같다. 물론

---

74 『중앙일보』 2018년 1월 26일자.
75 『한겨레』 2018년 2월 5일자.
76 『동아일보』 2018년 3월 13일자.
77 『한국일보』 2018년 4월 23일자.
78 『한국일보』 2018년 4월 23일자.

핵무기를 어떻게 지렛대로 이용하여 경제발전에 극대 효과를 누릴까 하는 것은 계속되는 북한의 딜레마이다.

관심을 둘 만한 또 하나는, 남한 내에 통일을 방해하는 세력이 있다는 지적이다. 첫째, 한국의 보수 정당인 자유한국당이다. '마이크 폼페이오 미국 국무장관의 네 번째 방북 결과에 대해서도 자유한국당만 "진전이 없다"고 평가절하하였다. … 판문점 선언 당시 홍준표 대표가 '남북정상회담을 지지하는 계층은 좌파뿐'이라며 '위장평화쇼'라고 한 인식 틀에서 한 치도 벗어나지 못한 결과이다'.[79] 둘째, 시대를 바로 읽지 못하는 보수 언론이다. 볼턴의 일방적인 주장을 진실인 것처럼 호도하면서 문재인 정부를 공격하는 행태이다.

> "『조선일보』는 23일 사설 '한미 정권에 필요했던 건 북핵 폐기 아닌 TV용 이벤트'에서 '볼턴의 회고에서 드러나는 일관된 사실 중 하나는 한미 정권이 북핵 폐기의 실질적 내용이 아니라 TV 쇼에 몸이 달아 있었다는 것'이라고 주장하였다. 『중앙일보』와 『문화일보』는 사설에서 한국 정부가 국민과 미국을 속였다고 기정사실화하면서 '볼턴의 회고록에 대해 청와대가 진상을 밝히라'고 요구하였다. 『동아일보』는 '북 비핵화 사기극, 남 중재자론 민낯 드러났다'는 사설에서 '이벤트에 치중한 중재자론, 운전자론'을 접으라고 하였다."[80]

이러한 수구 보수의 목소리는 1970년대에 비교하여 다양한 의견이라기보다는 기득권자들의 무모한 방종으로밖에 볼 수 없다. 한반도 평화를

79 『경향신문』 2018년 10월 8일자.
80 『한겨레』 2020년 6월 23일자.

저지하기라도 하는 듯한 이런 신문 사설은 1970년대에는 도저히 찾아볼 수 없는 논조였다. 국외의 방해 세력보다 국내의 방해 세력이 더욱 무섭고 탈역사적인 매국 행위와도 같은 반평화적인 행위라는 생각이 들 정도이다. 『한겨레』의 지적에 의하면, '한국 정부가 어려운 여건 속에서도 한반도 평화와 비핵화의 돌파구를 만들어 내기 위해 애쓴 사실을 곳곳에서 보여 준다. 북미 협상을 정치적 이익을 위해 이용하려는 트럼프 대통령, 협상을 좌초시키기 위해 온갖 일을 벌이는 볼턴과 폼페이오 국무장관 등 미국 정부의 난맥상에도 불구하고 한국 정부는 한반도 평화 프로세스를 진전시키기 위해 노력해 온 것이다'.[81]

안타깝게도 하노이 북미 회담 결렬 이후 2020년 6월 16일 남북공동연락사무소 폭파 등 대남 군사도발은 다시금 남북관계를 얼어붙게 하였다. 55일간 단절되었던 남북통신 연락선을 2021년 10월 4일 아침에 복원하여 남북 대화의 가능성을 다시 열었다. 신문 사설에서 언급하지 않은 한 가지는 한국의 경제·문화 발전에 기인하는 한국의 문화 콘텐츠 발전이 대한민국의 정체성과 한반도 평화 프로세스를 위한 국가의 에이전시를 향상시켰음을 언급해 둔다.

(3) 에이전시

문재인의 한반도 평화에 대한 각오와 그의 탁월한 외교력, 그리고 그를 뒷받침하는 국민들의 지지와 성원에 더불어 한반도 평화 프로세스는 많은 진전을 가져왔다. "한반도 불안과 위기는 북한의 핵 위협은 물론 도

---

81 『한겨레』 2020년 6월 23일자.

널드 트럼프 미국 대통령의 돌출성 언동으로 더욱 확산되었"지만,[82] 이런 상황이 문 대통령의 평화에 대한 의지를 더욱 확고하게 한 듯하다. '사드 배치 이후 꽁꽁 얼어붙었던 한중 관계'를[83] 회복하고, 동북아 지역이 한·미·일 대 북·중·러 간 신냉전 구조로 치닫는 것을 막았다. 중국의 이권을 보듬고, 한미 동맹을 중요시하면서 미중 간에 균형잡힌 외교를 추구·활용하는 것은 주어진 국내외의 구조와 문화를 바탕으로 한 주권국가로의 에이전시를 실행하는 전형적이고도 바람직한 모습이다. 아니, 복잡한 국제관계를 헤쳐 나가는 유일한 길이라고 할 수 있다. 이는 그동안의 보수정부가 보여 준 한반도 평화 프로세스와 차별화되는 측면이라 하겠다.

『경향신문』이 '대통령이 한반도 평화를 위한 독자적 방안을 마련해 주변국들에게 제시하고 설득하는 주도적 노력이 필요하다'고 주장한 것처럼,[84] 문재인은 미국과 북한의 회담을 적극적으로 중재하였다. 이에 대한 구체적 실천 방안으로 문 대통령은 미국·일본·중국에 각각 한반도 평화를 위한 특사를 파견하면서,[85] 남·북·미 정상회담을 통한 많은 성과를 끌어내면서 평화 프로세스의 동력을 얻었다. 남·북·미 회담은 한반도 평화의 중요한 획을 그은 사건이었다. 냉전의 축인 북미 두 적대국의 정상이 한 테이블에 마주 앉은 장면은 한반도 평화를 위한 가슴 벅찬 일이었다.[86]

북핵 위기가 한창일 때 시작된 문재인 정부는 '국제 사회의 대북 제재에 동참하는 한편으로 한반도 전쟁 반대를 천명하고 북한에 대화 메시지

---

82 『경향신문』 2017년 2월 12일자.
83 『한겨레』 2017년 10월 31일자.
84 『경향신문』 2017년 5월 10일자.
85 『한국일보』 2017년 5월 17일자.
86 『경향신문』 2018년 5월 11일자.

를 보내야 하는 이율배반적 처지에서도 지혜와 용기, 균형감각을 잃지 않았던' 것이[87] 한반도 평화 프로세스를 일보 전진시켰다고 볼 수 있겠다. '어떤 상황에서도 북핵 폐기와 종전 선언, 평화협정, 북미 수교 등의 큰 목표[88]를' 위하여 노력한 결과 지금까지 가시적인 성과는 부족하였지만, 일보 전진을 위한 가교를 놓았다고 하겠다. 김정은이 해외 방문으로 중국을 다녀온 것, 그리고 군사 분계선을 넘어 문 대통령과 악수하는 순간 등은 앞으로의 가능성을 위한 상징 그 이상이다.[89] 험난한 과정을 위해 꼭 필요한 절차이기 때문이다. 북미의 70년 적대관계 청산은 냉전 해체의 출발에 매우 큰 의미가 있다고 하겠다.

> "이번 정상회담은 가히 세기의 담판이라고 할 만하다. 1948년 북한 정권 수립 이후 70년 동안 적대와 반목을 거듭하던 양국 정상이 한 테이블에 앉은 것만으로도 역사적 사변이다. 공동성명에도 '역사상 처음으로 이뤄진 북미 정상회담이 거대한 중요성을 지닌 획기적인 사건'임을 명시하였다. 김 위원장은 공동성명 서명식장에서 '우리는 오늘 역사적인 만남에서 새로운 출발을 알리는 역사적 서명을 하게 되었다'며 '세상은 아마 중대한 변화를 보게 될 것'이라고 역사적이란 단어를 몇 번씩 강조하며 의미를 부여하였다."[90]

문재인 정부하의 일련의 남·북·미 회담 결과는 한반도 평화 프로세스의 어려움과 실현 가능성을 모두 보여 주었다. 한반도의 평화는 강대국, 특히 미국과 함께 가야 하고 미국과 중국 등의 이권이 걸려 있음을 다

87 『경향신문』 2018년 4월 24일자.
88 『한국일보』 2018년 3월 25일자.
89 『동아일보』 2018년 4월 26일자.
90 『한국일보』 2018년 6월 12일자.

시 보았다. 미국은 국내 문제 해결을 위한 수단책으로 한반도 평화를 이용할 수 있지만, 한국은 중단할 수 없는 길이다. 한반도에 진정한 평화를 만들어 낼 수 있는 국가는 오직 대한민국이다. 과거와는 달리 2017년 이래 한국은 한반도 평화의 운전자로서의 주권을 발휘한 것으로 평가된다. 문 대통령은 "한반도 운명의 주인은 우리"라면서 "우리는 지금 식민과 전쟁, 분단과 냉전으로 고통받던 시간에서 평화와 번영의 시대를 주도하는 시간으로 역사의 한 페이지를 우리 손으로 넘기고 있다"고 밝혔다.[91] 이제야말로 한반도의 평화 페이지를 그 누구보다도 남과 북이 주도적으로 넘겨야 할 때가 왔다.

6. 맺음말

1970년대는 대한민국이 극도의 약소국으로서 자국의 목소리를 내지 못하고 미국에 의존하면서 미군의 힘을 빌려 남북 간의 군사적 세력 균형을 이룸으로써 전쟁을 억제하려는 데 총력을 기울인 소극적인 과정으로 나타난다. 미·중·소 등의 강대국 틈바구니에서 자국의 에이전시를 실행에 옮긴다는 것은 거의 불가능하거나 무의미하였던 상황으로 이해된다. 당시는 경제·군사력을 바탕으로 한 힘의 논리만이 모든 것을 대변하는 상황이었기 때문이다. 또한 신문 사설 대부분의 내용은 국내보다는 해외 주변 국가, 특히 강대국을 중심으로 구성되어 있고 강대국의 결정과 움직임

---

91 『서울신문』 2019년 2월 26일자.

에 매달려 있는 듯하다. 북한의 호전적인 태도는 1970년대 이후 군사정권과 보수정부의 정권 유지와 정권 재창출을 위한 도구로 끊임없이 이용되어 왔다.

1970년대는 수동적으로 강대국(미·소·중·일)을 향한 기대로 가득하였으나 2010년대 이후는 한국이 북한과 주변 국가에 대한 능동적 접근을 시도해 온 것으로 분석된다. 물론 이를 뒷받침해 주는 힘은 특히 지난 20여 년간 국내외적으로 새로이 발현된 구조적·문화적 속성 때문인 것으로 추론하는 것은 합리적인 분석인 것으로 이해된다(emergent structural and cultural properties). 또한 한국 국민들에게 호소함으로써 한국이 보다 적극적이고 능동적인 접근을 시도하는 것으로 나타난다.[92] 함인희·한정자(2000: 139)의 연구가 지적한 것처럼 북한과 남한이 가지는 '이념 차이가 주는 이질감'은 남한으로 하여금 이해하지 못할 북한의 군사적 도발과 핵 개발이 과거나 지금이나 동일하게 평화 프로세스의 가장 큰 장애물이 된다고 판단된다. '주변 강대국의 간섭'도 한국의 경제·외교력과 무관하게 주요 장애물로 작동되고 있다. 다만 '남북 대화 및 교류를 위한 노력 부족'은 적으나마 극복되고 있음을 남·북·미 대화를 통해 볼 수 있다 하겠다.

남한의 진보정부는 보수정부에 비하여 한반도 평화 프로세스에 큰 관심과 진전을 보인 것으로 나타난다. 진보정부가 빠른 학습 효과를 보이며 진전을 이룰지라도 정권이 바뀌면 평화 프로세스가 답보 상태에 머무를 수 있다. 이를 보완할 수 있는 장치가 필요하지만 아직도 냉전체제의 이념에 빠져 있는 한국 보수정당의 한계이기도 하다. 이런 보수정권의 한계

---

92 『세계일보』 2016년 8월 15일자.

는 2022년 3월 9일 대통령선거에서의 윤석열 당선자가 내세운 공약에서도 나타나는데, 한반도 평화 프로세스가 앞으로 수년간 답보 상태에 머무르지 않을까 염려하는 시각이 이미 만연하다. 미국과 중국 사이에서 대한민국의 국익을 위하여 균형 잡힌 외교를 추구하여야 하는데, 그렇지 못할 경우 한반도 평화 프로세스를 위한 국제관계의 구조적·문화적 속성들은 오히려 역기능적인 역할을 할 수 있다는 것이다. 대한민국의 평화 프로세스를 위한 에이전시는 점차 축소될 수 있으며 대한민국은 21세기에 새로운 모습의 경제·문화적 속국으로 전락될 수 있다는 것이다. 그렇게 된다면 통일과 평화는 점점 멀어지는 희망이 되고 만다.

하지만 윤석열 정부가 내란으로 인하여 막을 내리고 2025년 6월 이후 이재명 진보정부가 북한과의 관계회복을 위해 힘쓰고 있다. 북한의 핵 '보유'로 인하여 발현된 국제관계 구조와 문화의 속성 때문에 한반도 운전자론이 무색해졌고, 그 위치를 미국이 차지하고 있는 게 현실이다. 게다가 트럼프 대통령의 전례없는 보호무역주의가 한반도의 안보와 맞물려 있음으로 인하여 한국 정부의 에이전시가 약화된 상황인데, 앞으로 한반도의 평화 프로세스의 귀추가 주목된다.

1970년대는 군사독재 시절로 대부분의 신문이 대통령 의도에 따라 사설이 게재되던 시절이다. 마치 모든 신문이 대한민국 안보를 걱정하며 평화의 날이 빨리 도래하기를 바란 것임에는 틀림이 없었다고 하여도 과언이 아닐 듯하다. 이러한 상황에서 여러 신문사가 서로 다른 다양한 의견을 내는 것에는 소홀할 수밖에 없었던 것으로 이해된다. 또한 대한민국은 이제 막 전쟁의 잿더미에서 벗어난 약소국으로서의 에이전시나 역량을 발휘할 수 있는 처지가 되지 못한 것도 사실이다.

1970년대에는 한반도 평화 프로세스가 비교적 현상 유지의 '모포스타시스'의 기간이었는가 하면 박근혜 정부 기간부터, 특히 문재인 정부 기간 동안에는 비교적 진전의 '모포제네시스' 기간으로 분석된다. 주권을 가진 국가로서 국가의 에이전시를 관철시키는 것으로 이해할 수 있다는 것이다. 즉, 1970년대는 열악한 국내외 구조, 그리고 북한의 남침 야욕으로 만들어지는 기류로 인하여 그나마 부족하였던 남한의 에이전시는 실행될 수 있는 여지가 거의 전무하였다고 하겠다. 결론적으로 한국은 경제·문화적 위상이 향상됨으로써 미국과 중국의 중요한 동반자로 성장하였다. 한국과 북한이 뚜렷한 의지가 있다면 어떠한 모습이든지 분명 한반도 평화 프로세스는 진전을 이룰 것이며, 과거 1970년대와 비교하면 통일은 우리 앞에 조금 더 가까이 다가와 있을 것이다. 물론 어떤 모습의 통일을 단기적 또는 장기적으로 기대하는지는 계속되는 논의이기도 하다(김상준 2019).

박근혜 대통령의 통일대박론은 한반도 평화와 관련된 국제관계, 특히 북한의 사정을 고려하지 않은, 게다가 북한을 흡수통일하여 급속한 경제발전을 이루어 남북한의 경제를 뒷받침한다는 섣부른 포퓰리즘에 지나지 않는 것으로 평가되기도 한다.[93] 문재인 정부의 한반도 평화에 대한 성과는 당시에 직면한 위기의 돌파를 위한 적절한 전략뿐만 아니라 과거와는 현저히 다른, 한국의 경제·문화·외교력이 전략을 뒷받침하였기 때문으로 이해된다. 그렇다면 비핵화의 필요성과 강대국의 이해관계에 매몰되지 않고 꾸준히 경제·문화·외교력을 키우다 보면 한반도 평화는 기대하는 것보다 빨리 다가올 수 있지 않을까? 국가 에이전시 실행이 뜻밖으로 가능한

93 김준형, 「10.4 남북정상선언 14주년 특별방송」, 유튜브, 2014년 10월 4일 게시.

여건이 만들어질 수 있다는 것이다. 또한 한미동맹이나 북미관계 못지않게 남북관계, 특히 남북 간에 합의한 약속을 한두 개씩이나마 실행하는 것 또한 중요하다고 사려된다. 이것이 곧 능동적인 에이전시를 실행에 옮기는 방법임에도 불구하고 실천되지 못한 측면이 많았다.

이 글의 한계는 우리가 분석한 신문 사설이 무엇보다도 북한이 가진 딜레마를 깊이 고려하지 못한 측면이다. 하지만 이것은 모든 나라의 미디어가 가진 한계가 있듯이, 분단된 한반도의 대한민국 신문 사설이 갖는 특성이기도 하다. 당연히 대한민국의 국익을 대변하는 경향 때문에 보다 넓은 국제적 안목을 놓칠 가능성이 있다는 것이다. 말하자면 국가, 체제 대결, 분단 상황, 냉전과 탈냉전 등 다양한 요인의 복합적인 문제 등을 고려하는 것이 마땅하나 이와 같은 요소들이 신문 사설에 충분히 고려되지 않을 수도 있다는 점이다. 또 한 가지는 문재인 정부 이후 더욱 복잡해진 윤석열, 이재명 정부하의 구조와 문화를 포함한 후속 연구가 필요하다.

표 12-1 한반도 평화 프로세스와 관련된 국제관계의 구조, 문화, 국가 에이전시의 변화: 1970년대와 2010년대 이후

	구조			문화			에이전시			
	강대국의 이권에 의한 영향	북한·남한의 경제력	주요 요소	북한에 대한 호감도 (도발 관련)	북한 동포애	주요 영향 요소	한국의 목소리	북한과의 인내	가시적 성과	주요 요소
1970년대	높음, 일본의 모호한 태도	북=남	군사력 경쟁, 미군 주둔, 냉전	낮음	높음	북한의 도발, 공포정치, 남한 정당이나 언론의 방해 불가능	거의 전무	높음	낮음	혈연민족주의 팽배, 북한에 대한 무한 인내, 나름의 능동외교
박근혜 정부	높음	북<남	북핵	낮음	조정됨	북한의 도발	제한적	높음	낮음	통일대박의 허구, 일관된 북한 압박, 오바마의 전략적 인내
문재인 정부	높음, 일본의 역량은 감소	북<남, 북한의 경제적 낙후, 남한의 선진국 대열 진입	북핵, 남북한의 경제적 격차, 북한과의 힘의 균형을 위한 미국 의존, 지속되는 강대국의 역량	소폭 증진	조정됨	북한의 도발, 남한의 경제력이 국제적 문화에 변화를 가져옴, 문화 콘텐츠, 소프트 파워, 보수 정당과 언론의 방해, 한국의 외교력 증대	증진됨	높음, 국민들의 변함없는 성원	보통, 평화 로드맵 개진	트럼프 팩터, 문재인의 외교 의지, 북한의 선택 폭이 줄어듦

참고문헌

『京城日報』.

『京鄕新聞』.

『공업신문』.

『東亞日報』.

『매일경제신문』(『매일경제』).

『每日新報』.

『釜山日報』.

『서울신문』.

『세계일보』.

『자유신문』.

『朝鮮時報』.

『朝鮮新聞』.

『조선일보』.

『중앙일보』.

『한겨레신문』.

『한국일보』.

『한성일보』.

『현대일보』.

New York Times.

경제기획원(각 연도), 『경제백서』.

내무부(각 연도), 『대한민국통계연감』.

재무부(각 연도), 『결산개요』.

_____(1980), 『한국의 재정통계』.

_____(1982), 『재정투융자백서』.

_____(1989), 『재정투융자백서』.

_____(1993), 『재정투융자백서』.

한국은행(각 연도), 『기업경영분석』.

_____, 『경제통계연보』.

_____, 『한국은행조사월보』.
_____(1980), 『경제통계연보 1980』.
_____(1989), 『국민투자기금총람』.

大藏省(各年度), 『朝鮮總督府特別會計歲入歲出決定計算書』.
殖產銀行(各年度), 『殖銀調査月報』.
朝鮮證券取引所(1943), 『朝鮮證券取引所出資者名簿』.
朝鮮證券取引所(各年度), 『朝鮮證券取引所 月報』.
_____, 『朝鮮證券取引所營業報告書』.
朝鮮總督府(各年度), 『朝鮮總督府官報』.
_____, 『朝鮮總督府統計年報』.
朝鮮取引所(各年度), 『朝取月報』.
_____, 『朝鮮取引所年報』.
_____, 『朝鮮取引所 營業報告書』.

개발부 지도과장(1967), 「燃料轉換에 대하여: 家庭燃料를 중심으로」, 大韓石油公社, 『石油』, 3-1(1967. 3), 18-20.
건설교통부 국토정책국 입지계획과(1976), 「삼성중공업주식회사의 안정조선소 건설계획 포기 통보」, 『안정산업기지관계철』, 국가기록원(관리번호: BA0938710).
경제기획원장관(1976), 「산업기계공장건설을 위한 외국인 투자 변경인가(삼성중공업(주))」, 『외자도입신의회안건(124차)』, 국가기록원(관리번호: BA0149103).
경제기획원장·상공부장관(1963), 「大韓石油公社와 걸프會社間의 基本協定書(案)」(1963. 7).
_____(1963), 「大韓石油公社와 걸프會社間의 細部契約書(案)」.
경제기획원 총무과(1973), 『외자도입신의회안건(81차)』, 국가기록원(관리번호: BA0139225).
경성전기(1957), 『경성전기60년사연혁사』.
고선(2018), 「한국 여성의 초혼연령과 교육, 출산: 1975년 인구총조사 자료를 이용한 분석」, 『경제사학』, 42(3), 315-336.
교육50년사편찬위원회(1998), 『교육50년사』, 교육부.
극동정유25년사편찬위원회(1991), 『極東精油25年史』, 極東精油株式會社.
기미야 다다시(2008), 『박정희 정부의 선택』, 후마니타스.
기획부(1967), 「大型油槽船의 經濟性과 大型化의 限界」, 『石油』, 3-1(1967. 3), 大韓石油公社, 95-101.

기획실(1965), 「Gulf石油會社와의 借款協定締結에 관하여」, 『石油』, 1-1(1965. 1), 大韓石油公社, 34-36.
_____(1967), 「製油工場建設의 歷史的背景」, 『石油』, 1-1(1967. 3), 大韓石油公社, 24-25.
기획재정부(2016), 『2014년도 한국통합재정수지』.
김광모(1988), 『韓國의 產業發展과 重化學工業化政策』, 地球文化社.
_____(2004), 「한국 최초 정유공장의 태동」(2004. 1. 5), http://kmokim.com/bbs/zboard.php?id=pds(접속 2016. 5. 27).
_____(2015), 『중화학공업에 박정희의 혼이 살아 있다: 청와대 비서관이 엮은 '역사의 기록'』, 기파랑.
김규민(1956), 「연료 5개년 종합계획 개관」, 『석탄』, 5(1956. 8), 대한석탄공사 기획실 조사과.
김기헌·방하남(2005), 「고등교육 진학에 있어 가족배경의 영향과 성별 격차: 한국과 일본의 경우」, 『한국사회학』, 39(5), 119-151.
김낙년(2003a), 「식민지기 조선 공업화에 관한 제 논점」, 『경제사학』, 35, 29-61.
_____(2003b), 『일제하 한국경제』, 도서출판 해남.
김낙년 외 편(2018), 『한국의 장기통계』, 도서출판 해남.
김도경(2019), 「통일편익/비용과 통일인식의 관계 연구: 부산지역 대학생 여론조사를 중심으로」, 『국제정치연구』, 22(3), 105-124.
김동건(1983), 「우리나라의 재정투융자에 관한 역사적 분석」, 『행정논총』, 21(1), 1043-1061.
김동명(2002), 「일본제국주의와 식민지 조선의 근대적 참정제도」, 『國際政治論叢』, 42(3), 273-289.
_____(2007), 「아시아·태평양전쟁 말기 식민지 참정권의 전개: 1943년 조선 지방의회의 '추천선거'를 중심으로」, 『日本學報』, 73, 309-326.
_____(2018), 『지배와 협력: 일본제국주의와 식민지조선에서의 정치참여』, 역사공간.
김동완·김민호(2014), 「울산공업단지의 서막, 정유공장건설의 정치지리」, 『대한지리학회지』, 49(2), 139-159.
김동욱(1989), 「개방 이후 귀속기업체 처리과정에 관한 일 연구: 조선석유공사의 사례」, 『경제사학』, 13, 173-215.
김두얼·이태석(2020), 「인구구조 변화의 역사적 추이와 정책과제」, 『인구구조 변화에 대응한 구조개혁 방안』, 한국개발연구원.
김명윤(1966), 「한국의 재정투융자」, 『아세아연구』, 1, 1-26.
김상덕(2019), 「통일 및 남북관계에 대한 개신교인의 인식」, 『기독교사상』, 731, 60-72.
김상조(2011), 「외환위기의 뿌리」, 유종일 편, 『박정희의 맨얼굴』, 시사IN북, 143-182.
김상준(2019), 『코리아 양국체제: 촛불을 평화적 혁명으로 완성하는 길』, 아카넷.
김성태·장정호(1997), 「한국 지역간 인구이동의 경제적 결정요인: 1970-1991」, 『국제경제연구』, 3(2), 175-197.
김옥근(1994), 『日帝下朝鮮財政史論攷』, 일조각.

김우영·이정만(2018), 「출산장려금의 출산율 제고 효과: 충청지역을 대상으로」, 『노동정책연구』, 18(2), 61-98.
김우철·신영효(2016), 「통일세 도입에 대한 납세자의 수용성 분석」, 『재정학연구』, 9(2), 107-142.
김융성(1972), 「한국석유산업의 마아케팅상의 문제점개선방안」, 『石油技術』(1972. 7), 大韓石油公社, 3-16.
김재한(2009), 「북한 및 미국 관련 남남갈등의 변화추세: 조선일보 및 한겨레신문 사설 분석을 중심으로」, 『통일과 평화』, 2, 140-161.
김재호(1992), 「'보호국기'(1904-1910)의 황실재정정리-제도적 변화를 중심으로」, 『경제사학』, 16, 1-57.
______(1997), 『갑오개혁 이후 근대적 재정제도의 형성과정에 관한 연구』, 서울대학교 경제학과 박사학위논문.
______(2001), 「근대적 재정제도의 성립과 징세기구의 변화, 1894-1945」, 안병직 편, 『한국경제성장사』, 서울대학교출판부.
______(2006), 「정부부문」, 김낙년 편, 『한국의 경제성장: 1910-1945』, 서울대학교출판부(김재호(2012), 「정부부문」, 김낙년 편, 『한국의 장기통계: 국민계정 1911-2010』, 서울대학교출판문화원 재수록).
______(2009), 「植民地期의 財政支出과 社會間接資本의 形成」, 『경제사학』, 46, 85-125.
______(2014a), 「근대적 재정국가의 수립과 재정능력, 1894-1910」, 『경제사학』, 57, 143-178.
______(2014b), 「대한민국 정부수립의 경제적 기초와 근대적 재정제도의 성립」, 김용직 편, 『대한민국 정부수립과 국가체제 구축』, 대한민국역사박물관.
______(2016), 「정부 고용의 장기적 변화, 1910-2013: 공무원의 규모와 구성」, 『경제사학』, 40(2), 219-271.
______(2018a), 「정부 재정과 고용」, 김낙년 외 편, 『한국의 장기통계』 II, 도서출판 해남.
______(2018b), 「한국 재정의 장기적 추이와 특성, 1896-2015」, 『경제사학』, 42(2), 153-195.
______(2016), 『대체로 무해한 한국사』, 생각의힘.
______(2019), 「11-19세기 일본과 한국의 경제성장과 '소분기': 『日本經濟の歷史』 중세·근세의 서평을 대신하여」, 『경제사학』, 43(2), 199-248.
______(2021), 「조선왕조 재정의 현대적 조명: IMF의 GFS 체계의 적용」, 『경제사학』, 45(2), 139-199.
______(2022a), 「'내재적 발전론'에서 '경제성장론'으로: 근현대 한국경제사 연구의 동향과 전망」, 『경제사학』, 46(1), 35-88.
______(2022b), 「'재정투융자'와 국가에 의한 자본형성, 1913-1988」, 『경제사학』, 46(2), 207-262.
______(2023), 「재정능력 함정으로부터의 탈출, 1800-2000」, 『경제사학』, 47(3), 233-290.
______(2026), 『근대국가와 황실재정』, 도서출판 해남.
김재홍(2003), 「김대중 정부의 대북 포용정책에 대한 언론논조와 국민여론의 비교분석」, 『한국정치학회보』, 37(2), 197-218.
김정수(2010), 「이명박 정부의 통일세 제안 배경과 향후 추진과제」, 『통일연구논총』, 19(2), 1-26.
김주환(2002), 『세계 속의 한국조선업』, (주)새로운사람들.

김태기(2016), 「한국 제조업 내 수출산업의 변화와 산업별 총요소생산성 변화 분석」, 『무역학회지』, 41(5), 351-369.

김태기·장선미(2015), 「무역이 한국경제의 성장에 미친 영향」, 『경제학연구』, 50(1), 173-207.

김태웅(2012), 『한국근대 지방재정 연구』, 아카넷.

김해영·신명환(2016), 「통일세 수용의 선행 요인과 메시지 유형별 설득 효과에 대한 연구」, 『한국콘텐츠학회논문지』, 16(9), 22-39.

김혜정(2015), 「일제의 財政顧問部 조직과 운영(1905~1907)」, 『한국민족운동사연구』, 83, 45-102.

김홍식 편(1997), 『조선토지조사사업의 연구』, 민음사.

남덕우(2009), 『경제개발의 길목에서』, 삼성경제연구소.

대한민국 국회도서관(1980), 『우리나라의 에너지 현황』(입법참고자료 제215호)(원자료: 박정삼(1979), 「석유 3사의 내막」, 『신동아』(1979 .9)).

대한민국 에너지협의회(1993), 「京仁에너지를 찾아서」, 『에너지協議會報』, 27, 54-55.

大韓石油公社(1963), 「FLUOR 및 UOP 契約書: 大韓石油公社 蔚山精油工場 建設 契約書」.

_____(1973), 『油公十年史 1962-1972年』.

大韓石油協會(1984), 『石油政策과 石油產業(1945-1983)』.

_____(1990), 『石油產業의 發展史』.

大韓商工會議所(n.d.), 「湖南精油」, 『外國企業의 國內投資事例硏究: 成功 및 失敗要因을 中心으로』, 99-120(원자료: 朴炳潤(1982), 『財閥과 政治』, 230).

대한조선공사(1968), 『대한조선공사30년사』.

대한증권업협회(1963), 『증권협회십년지』.

도널드 스턴 맥도널드 지음, 한국역사연구회 1950년대반 옮김(2001), 『한미관계 20년사(1945~1965년): 해방에서 자립까지』, 한울아카데미.

류석춘·장미혜(2001), 「연고집단과 사회발전」, 이승환 외 편, 『아시아적 가치』, 전통과 현대.

마스다 히로야(2014), 『지방소멸: 도쿄 일극집중이 초래하는 인구급감』, 중앙공론신사.

문용식(2001), 『조선후기 진휼과 환곡운영』, 경인문화사.

文宗民(1989), 「京仁에너지創立20周年」, 『石油協會報』, 1989-11, 90-93.

박광기(2012), 「한반도 통일비전과 통일교육의 재인식」, 『정치정보연구』, 15(1), 187-214.

박기주(2012a), 「식민지기 조선인 초등교육 확대의 통계적 분석」, 『경제사학』, 52, 87-116.

_____(2012b), 「식민지기(1905-1945년)의 세제」, 『한국세제사』 1, 한국조세연구원.

_____(2014), 「중화학공업화 정책에 대한 평가의 재검토」, 박기주 외, 『한국 중화학공업화와 사회의 변화』, 대한민국역사물관, 621-694.

______(2015), 「수출지향적 경제성장과 중화학공업화」, 박경로 외, 『한국의 무역 성장과 경제·사회 변화』, 대한민국역사물관, 131-198.

______(2017), 「1980년대 초의 외채 위기」, 김두얼 외, 『한국의 경제 위기와 극복』, 대한민국역사물관, 107-176.

박기주 외(2014), 『한국중화학공업화와 사회의 변화』, 대한민국역사박물관.

박범종·서선영(2018), 「한반도 통일효과와 남북통일 인식 연구-부산지역 대학생의 통일인식 설문조사를 중심으로」, 『한국민족문화』, 67(5), 435-462.

朴炳潤(1982), 『財閥과 政治』, 韓國良書.

박석윤·박석인(1982), 「조선후기 재정의 변화시점에 대한 고찰」, 『동방학지』, 60, 141-168.

박영구(2008), 『한국 중화학공업화 연구 총설』, 도서출판 해남.

______(2015), 「1970년대 안정공업기지의 사례를 통해 본 한국사회 갈등구조의 역사적 고찰」, 『한국민족문화』, 57, 363-394.

______(2018), 『한국의 중화학공업화 공업별 연구: 조선공업』, 도서출판 해남.

박우현·정태헌(2020), 「일제시기 철도재정의 식민지성-회계과목 분석과 순익 추산을 중심으로」, 『한국사학보』, 78, 223-262.

박이택(2020), 「식민지 조선에 있어 출산율과 교육 간의 상충관계」, 『경제사학』, 44(2), 155-194.

박종민 외(2020), 「대한민국은 지난 20년간 '북한'과 '통일'을 어떻게 보았는가? 언론 보도 빅데이터 분석 및 국민인식 종단연구」, 『한국언론학보』, 12, 161-201.

박종희(2013), 「진보와 보수, 그리고 통일: 통일의식조사를 통해 나타난 통일에 대한 인식과 국내정치의 이념적 대립구조의 관계」, 윤영관 편, 『한반도 통일』, 서울대학교출판부, 407-438.

박진경·김도형(2020), 『인구감소대응 지방자치단체 청년유입 및 정착정책 추진방안』, 한국지방행정연구원.

배석만(1994), 「1950년대 대한조선공사의 자본축적 시도와 실패원인-자본축적과정에서 귀속기업체의 역할 분석-」, 『부산사학』, 25·26 합집, 157-202.

______(2008), 「태평양전쟁기 조선총독부의 국책조선소 건설추진과 그 귀결」, 『한국사연구』, 143, 377-413.

______(2011), 「현대중공업의 초창기 조선기술 도입과 정착과정 연구」, 『경영사학』, 26(3), 181-214.

______(2012), 「태평양전쟁기 일본 戰時金融金庫의 식민지 조선에 대한 자금투융자구조와 실태」, 『경영사학』, 63, 167-201.

______(2017), 「일본 대기업 조선소의 구조조정 대응과정」, 안상훈·구자현 외, 『주력산업 구조조정과 고도화를 위한 사례연구』, 한국개발연구원, 364-402.

______(2018), 「조선산업-수출전문산업으로의 극적 전환」, 『역사비평』, 122, 71-105.

______(2021), 「1970년대 대한조선공사의 옥포조선소 건설과정-중화학공업화 정책 하의 국가와 기업-」, 『경영사연구』, 36(3), 93-116.

백일우·임정준(2009), 「여성고등교육이 성별 임금격차에 미치는 효과 분석」, 『교육재정경제연구』, 18(1), 1-26.
산업은행(1964), 「財政投融資政策의 推移와 그 效果」, 『산업은행조사월보』, 105, 1-41.
삼성전자(2010), 『삼성전자 40년』.
삼성중공업 사사편찬위원회(1994), 『삼성중공업20년사』.
商工部長官(1962), 「大韓石油公社 1962年度事業計劃 및 收支預算 承認의 件」.
서현진(2017), 「청소년기 통일교육과 세대 간 통일 인식 차이」, 『통일문제연구』, 29(1), 93-127.
손기웅(2009), 『독일통일 쟁점과 과제』 2권, 늘펌 플러스.
손낙구(2022), 『조세 없는 민주주의의 기원: 1934-60년 세무 기구 분석』, 후마니타스.
손병규(2018), 『19세기 지방재정 운영』, 경인문화사.
손선홍(2016), 『독일통일 한국통일』, 푸른길.
송상윤(2020), 「한계기업이 우리나라 제조업 노동생산성에 미친 영향」, 『BOK 이슈노트』, 2020-7.
송재룡(2014), 「유교의 문화·언어 습속과 권력 현상: 존·비어체계의 '문화적' 권력성을 중심으로」, 『사회사상과 문화』, 29, 285-314.
송헌재·김현아(2014), 「출산장려금과 지역 간 인구이동」, 『응용경제』, 16(3), 165-199.
신진욱(2013), 「정당성 정치의 구조와 동학: 막스 베버 정치사회학의 관계론적, 행위론적 재구성」, 『한국사회학』, 47(1), 35-69.
심석무·박현춘(2013), 「통일비용조성의 인지도가 통일세 도입에 미치는 영향」, 『재무와 회계정보저널』, 13(1), 157-176.
쌍용정유10년사편찬위원회 편(1986), 『쌍용정유10년사』, 쌍용정유주식회사.
안상훈(2006), 『생산의 국제화와 산업구조 및 생산성의 변화-미시데이터의 분석과 국제비교-』, 한국개발연구원, 연구보고서 2006-05.
양계민(2019), 「남북통일의 사회적 부담 인식이 통일에 대한 지지도에 미치는 영향: 세대별 독일통일에 대한 인식의 조절효과를 중심으로」, 『현대북한연구』, 22(2), 47-86.
양동휴(2012), 「재정국가의 역사와 유로존 부채위기」, 『경제논집』, 51(2), 379-410.
S-Oil 주식회사(2006), 『에쓰-오일30년사』.
연갑수(2001), 『대원군집권기 부국강병책 연구』, 서울대학교출판부.
오두환(1991), 『韓國近代貨幣史』, 한국연구원.
______(1993), 「전시공업화와 금융」, 안병직 외 편, 『근대조선 공업화의 연구』, 일조각.
오재록·윤향미(2015), 「통일의식 조사를 통한 사회통일교육 활성화 방안 연구: 전라북도 사례를 중심으로」, 『입법과 정책』, 7(1), 107-127.
오원철(1994), 「산업전략군단사 203회」, 『한국경제신문』 1994년 3월 29일자.

우경봉(2017),「통일의식에 관한 연구」,『통합인문학연구』, 9(2), 207-225.

우명동(1987),「日帝下의 우리나라 財政分析(其二)」,『研究論文集』, 25, 성신여자대학교, 181-208.

울산발전연구원(2018),『울산옛터비에 담긴 기억들』.

油公二十年史編纂委員會編(1983),『油公二十年史 1962-82』, 大韓石油公社.

유동우(2024a),「디자인 태양광 패널의 경제적 가치 분석: 3차원 시각화를 중심으로」,『무역연구』, 20(4), 213-232.

_____(2024b), "Remember the design: labor-intensive industrialization of Hyundai Heavy Industry through multi-layer perceptron approach,"『해양비즈니스』, 60, 113-128.

_____(2025),「노동유연성과 출산율의 비교분석: 3차원 데이터 시각화와 벨만 방정식을 통한 분석을 중심으로」,『무역연구』, 21(2), 133-146.

유정호(1991),「1970년대 중화학공업정책이 자본효율성과 수출경쟁력에 미친 영향」,『한국개발연구』, 13(1), 65-113.

유한성(1987),「국민복지와 재정투융자」,『재정논집』, 창간호, 59-96.

윤건영(1991),「재정투융자」,『한국재정40년사』 7, 한국개발연구원.

윤덕룡(2011),「독일통일 20년 구동독지역의 경제적 변화와 통일비용」, 황병덕 외 편,『독일의 평화통일과 통일독일 20년 발전상』, 늘품 플러스, 252-289.

윤은순(2020),「1970년대 여성중등교육과 여학생 인식」,『여성과 역사』, 33, 1-36.

이기식(2008),『독일통일 15년의 작은 백서』, 고려대학교 출판부.

이기홍(2021),「비판적 실재론이 상기시키는 사회과학의 가능성」,『담론201』, 24(1), 73-121.

이내영(2014),「한국인의 통일의식의 결정요인: 새로운 분석모델의 모색」,『평화연구』, 22(1), 167-206.

이명실(2008),「메이지 시기 일본의 여자교육과 여학생」,『역사와 문화』, 16, 40-67.

이명휘(2000),「조선거래소의 주식거래제도와 거래실태」,『경제사학』, 31, 65-92.

이민주(2008),「울산 공업단지 개발에 관한 연구: 일제강점기 후반부터 1960년대까지」, 울산대학교 도시계획학 석사학위논문.

이병철(1986),『湖巖自傳』, 중앙일보사.

이상림 외(2018),『지역 인구공동화 전망과 정책적 함의』, 한국보건사회연구원.

이상호(2018),「한국의 지방소멸 2018: 2013~2018년까지의 추이와 비수도권 인구이동을 중심으로」,『지역고용동향브리프』, 2018(7), 2-21.

이석(2012),「과연 무엇이 통일비용이고 통일편익인가?」,『KDI 북한경제리뷰』, 2012년 11월호, 23-29.

이영호(2001),『한국근대 지세제도와 농민운동』, 서울대학교출판부.

이영훈(2012),「17세기 후반~20세기 전반 水稻作 토지생산성의 장기추세」,『경제논집』, 51(2), 411-460.

이영훈 외(2004), 『한국의 유가증권 100년사』, 도서출판 해남.
이용모(1967), 「燃料轉換은 왜 하여야 하는가」, 大韓石油公社, 『石油』, 3-2(1967. 6), 32-34.
이용상·정병현(2017), 「일제강점기 사설철도의 변화와 특징에 관한 연구」, 『한국철도학회논문집』, 20(1), 128-141.
이윤상(1996), 「1894-1910 재정 제도와 운영의 변화」, 서울대학교 국사학과 박사학위논문.
이정희(2000), 「독일의 통일과 유럽 통합」, 임종대 외 편, 『시인과 사상가의 나라, 독일이야기 2: 통일 독일의 사회와 현실』, 거름, 287-344.
이제민(2005), 「'동아시아 경제 기적'과 한국의 산업정책-중화학공업화 정책에 대한 평가-」, 『경제발전연구』, 11(1), 1-25.
이찬영(2018), 「연령대별 인구유출입 결정요인 분석」, 『산업경제연구』, 31(2), 707-729.
이철승(2021), 『쌀, 재난, 국가: 한국인은 어떻게 불평등해졌는가』, 문학과 지성사.
이철희(2012), 「한국의 합계출산율 변화요인 분해: 혼인과 유배우 출산율 변화의 효과」, 『한국인구학』, 35(3), 117-144.
_____(2018), 「한국의 출산장려정책은 실패했는가? 2000년~2016년 출산율 변화요인 분해」, 『경제학연구』, 166(3), 1-38.
_____(2019a), 「출생아 수 변화요인 분석과 장래전망」, 『한국경제의 분석』, 25(1), 37-83.
_____(2019b), 「출생아 수 감소에 대응한 노동정책」, 이소영 외, 『출생 및 인구규모감소와 미래 사회정책』, 보건사회연구원.
_____(2019c), 「지방자치단체별 인구변화 전망: 지방재정에 대한 함의」, 조세재정네트워크 발표논문.
_____(2021a), 「인구변화가 부문별 노동수급에 미치는 영향」, 조세재정네트워크 발표논문.
_____(2021b), 「장래 시군구별 인구변화가 지역 물류 수요에 미치는 영향」, 『한국경제연구』, 39(3), 5-34.
_____(2022), 『노동투입 양적 확대를 통한 잠재성장률 제고 방안』, 국민경제자문회의.
이철희·권정현·김태훈(2019), 『인구변화가 노동시장, 교육, 의료에 미치는 영향: 전망과 대응방안』, 저출산고령화사회위원회.
이헌창(2021), 『한국경제통사』(제9판), 도서출판 해남.
이형식(2018), 「조선의 전기왕 오구라 다케노스케(小倉武之助)와 조선사회」, 『동양사학연구』, 145, 171-211.
_____(2020), 「고이소 총독 시기(1942. 5-1944. 7) 조선총독부의 운영과 통치 이념」, 『일본역사연구』, 52, 123-162.
이호(2007), 「정주영의 조선업도전 4」, 『이코노미스트』, 874.
이화행 외(2015), 「한국언론은 통일을 어떻게 바라보는가?-정권, 미디어 유형, 개별 언론사별 통일보도 내용분석을 중심으로」, 『한국방송학보』, 29(2), 220-259.

임채성(2008), 「해방 후 석탄산업의 재편과 귀속탄광의 운영(1945~1950년)」, 『亞細亞研究』, 51(4), 208-240.
장민수·김준석(2015), 「북한 주민에 대한 상충적 태도와 적극적 통일인식에의 영향: 순차적로짓분석과 이분산 프로빗분석의 적용」, 『한국정치연구』, 24(1), 111-139.
재경회·예우회 편, 조세연구원 기획(2011), 『한국의 재정 60년: 건전재정의 길』, 매일경제신문사.
재무부 경제협력국 경제협력과(1974), 『고려조선차관관계철』, 국가기록원(관리번호: BA0148613).
재무부 경제협력국 외자관리과(1972-73), 『대한조선공사 차관관계철』, 국가기록원(관리번호: BA0148153).
재무부·한국산업은행(1993), 『한국외자도입 30년사』.
전민제(2019), 『화학, 석유, 그리고 엔지니어링을 향한 꿈』, 히스토리즈 웹사이트.
정경환(2014), 「통일교육과 한반도통일의 상관성에 관한 연구」, 『통일전략』, 14(3), 161-185.
정동준 외(2018), 『2018 통일의식조사』, 서울대학교 통일평화연구원.
정병욱(2004), 『한국근대금융연구: 조선식산은행과 식민지 경제』, 역사비평사.
정안기(2013), 「1940년대 戰時金融金庫의 조선 진출과 금융통제권」, 『경제사학』, 55, 281-313.
정태헌(1996a), 「일제하 자금유출 구조와 조세정책」, 『역사와현실』, 18, 189-224.
_____(1996b), 『일제의 경제정책과 조선 사회-조세정책을 중심으로-』 역사비평사.
정태헌·박우현·주동빈(2023), 『조선총독부의 재정정책』, 동북아역사재단.
조경원·이배용(2000), 「해방이후 여성교육정책의 변화와 여성의 사회진출 양상-미군정기(1945) ~ 제1공화국시기(1960)-」, 『한국교육사학』, 22(2), 261-283.
趙東成(1986), 『韓國企業의 國際經營事例』, 經文社.
調査研究課(1967), 「產油業과 精製業의 最近의 趨勢」, 『石油』, 3-1(1967.3), 大韓石油公社, 57-61.
조석곤(2003), 『한국 근대 토지제도의 형성』, 도서출판 해남.
조영준(2012), 「근대 이전 우리나라의 세제」, 『한국세제사』 1, 한국조세연구원, 57-131.
주익종(2003), 「일제하 한국의 식민정부, 민간기업, 그리고 공업화」, 『경제사학』, 35, 63-87.
_____(2008), 『대군의 척후』, 푸른역사.
중앙대학교 부설 한국교육문제연구소(1974), 『문교사: 1945-1973』, 중앙대학교 출판국.
지용기(1971), 「종합에너지정책의 기본방향 및 장기개발계획」, 『석유기술』, 2(2), 대한석유공사, 2.
차명수(2014), 『기아와 기적의 기원: 한국경제사 1700-2010』, 도서출판 해남.
충주비료(1968), 『충비10년사』.
최덕빈(1965), 「우리나라 石油市場의 現況과 展望」, 『石油』, 1-1(1965. 1), 大韓石油公社, 37.
최상오(2012), 「대한민국 초기(1945-1961년)의 세제」, 『한국세제사』 1, 한국조세연구원, 271-371.
최용재·변창욱·이상호(2008), 『한국 산업·무역구조의 중장기 전망』, 산업연구원.
최우선 외(2016), 「통일인식 차이의 원인: 합리주의적 설명」, 『아세아연구』, 59(3), 84-112.

최재석(1965), 『한국 가족제도사 연구』, 일지사.
최종환·하진홍(2016), 「통일 관련 언론보도 논조 및 프레임 분석 연구: 김대중 및 박근혜 정부의 보수와 진보신문을 중심으로」, 『커뮤니케이션학 연구』, 24(2), 127-151.
최진만·한정택(2014), 「남북한 젊은 세대의 통일의식 비교 분석: 민족적 당위와 현실적 이익의 문제를 중심으로」, 『동서연구』, 26(1), 149-177.
최진호(2008), 「한국 지역 간 인구이동의 선별성과 이동 이유: 수도권을 중심으로」, 『한국인구학』, 31(3), 159-178.
통계청(2019), 『장래인구특별추계(시도편): 2017~2047』.
통일부 통일교육원(2014), 『2014년 학교 통일교육 실태조사 보고서』.
포스코(2018), 『포스코50년사 1968-2018』.
하혜영·김예성(2021), 『지방소멸 위기지역의 현황과 향후 과제』, 국회입법조사처.
한광호(2001), 「한국제조업의 생산성 결정요인: 비모수적 맴퀴스트 생산성 지수에 의한 분석」, 『경제학연구』, 49(4), 37-61.
한길수 저, 이문희 역(2025), 『한국의 계산적 민족주의』, 도서출판 해남.
한국개발연구원(1991), 『한국재정40년사』, 한국재정40년사편찬위원회.
_____(1991), 『한국재정40년사』 4, 한국재정40년사편찬위원회.
_____(2010), 『한국경제60년사』 I (경제일반), 한국경제60년사편찬위원회.
한국교육개발원(1997), 『한국 근대 학교교육 100년사 연구(Ⅲ)-해방이후의 학교교육』, 한국교육개발원.
한국에너지협의회(1993), 「경인에너지를 찾아서」, 『에너지협의회보』, 27, 54-55.
한국역사연구회 근대사분과 토지대장연구반(1995), 『대한제국기의 토지조사사업』, 민음사.
한국은행(1958), 「휴전후의 재정투융자」, 『한국은행조사월보』 12(6), 8-17.
_____(1973), 「우리나라 재정투융자의 전개 과정」, 『한국은행조사월보』 27(10), 17-39.
한국일보사(1981), 『재계회고』 1권.
한국조세연구원(2012), 『한국세제사』.
한국증권거래소(1970), 『한국증권거래소십년사』.
한국화학공학회(1983), 「京仁에너지株式會社」, 『化學工業과 技術』, 1(4), 266-268.
한삼건(2015a), 「일제강점기 공단 개발 추진됐던 울산, 공업도시 최적지로 떠올라」, 『경상일보』 1월 12일자.
_____(2015b), 「일제시대 울산공업도시 계획 수립, 17년뒤 박정희 정권서 부활」, 『경상일보』 2월 2일자.
한석지(2016), 「통일대박의 조건과 전망: 국민적 통일의식 증진을 중심으로」, 『세계지역연구논총』, 34(2), 129-154.
한운석(2015), 「독일 통일에 대한 한국에서의 인식」, 『내일을 여는 역사』, 58, 333-355.

함인희·한정자(2000),「집단별 통일의식 차이에 관한 연구: 청소년·여성·386세대를 중심으로」,『사회과학논총』, 5, 137-165.

허문구 외(2014),「인구구조 변화에 따른 지역경제 성장패턴 분석」,『산업연구원 issue paper』, 2014(356).

현대중공업(1992),『현대중공업사』.

湖南精油株式會社(1982),『湖南精油十五年史』.

홍성찬(1997),「1920년대의 경성주식현물취인시장(주)(京城株式現物取引市場(株))-경취(京取)와 그 관련기관의 설립을 중심으로-」,『경제사학』, 22, 51-82.

宮嶋博史(1991),『朝鮮土地調査事業史の研究』, 東京大学東洋文化研究所.

大藏省(1939),『明治大正財政史』(朝鮮編).

東亞經濟時報社,『朝鮮銀行會社組合要錄』, 1936-1943.

福島量一·山口光秀·石川 周 편(1973),『財政投融資』, 大藏財務協會.

新藤宗行(2006),『財政投融資』, 東京大学出版会.

深尾京司·中村尙史·中林眞幸 編(2017),『日本経済の歴史』 2(近世: 16世紀末から19世紀前半), 岩波書店.

遠藤湘吉(1966),『財政投融資』, 岩波書店.

日本政府(拓務省),『朝鮮總督府特別會計歳入歳出決定計算書』, 각 연도.

林采成(2009),「1950年代韓国における石炭産業の復興と成長: 軍派遣団の支援と民営炭鉱の登場, そして大韓石炭公社の合理化」,『エネルギー史』, 24, 1-26.

_____(2013),「石炭市場と大韓石炭公社」, 原朗·宣在源 편,『韓國経済発展への経路: 解放·戦争·復興』, 日本経済評論社.

_____(2016a),「1950年代韓国経済の復興と安定化: 合同経済委員会を中心に」,『歴史と経済』, 231, 28-36.

_____(2016b),「アメリカの戦後構想と東アジア」, 堀和生 編,『東アジア高度成長の歴史的起源』, 京都大学学術出版会, 59-104.

全民済(2012), 堀千穂子 訳,『韓国石油化学工業の曙: 全民済の挑戦』, 柘植書房新社.

鄭寅旭伝記編纂會編(2000),『先覚者鄭寅旭』, 春秋閣, 314-317.

朝鮮銀行史研究会(1987),『朝鮮銀行史』, 東洋経済新報社.

平山賢一(2018),「戦前·戦時期における金融市場の再評価-国債·株式パフォーマンスインデックス算出による投資成果の検証-」, 埼玉大学 経済学 博士学位論文.

平井廣一(1997),『日本植民地財政史研究』, ミネルヴァ書房.

Aghion, P., C. Antonin, and S. Bunel(2021), *The Power of Creative Destruction: Economic Upheaval and the*

Wealth of Nations, Harvard University Press.

Aghion, P., S. Guriev, and K. Jo(2021), "Chaebols and Firm Dynamics in Korea," *BOK Working Paper*, 2021-7.

Ahn, Jae-Hee(2011), "Analysis of Changes in Female Education in Korea from an Education-Labor Market Perspective," *Asian Women*, 27(2), 113-139.

Althusser, Louis(2000), "Ideology Interpellates Individuals as Subjects," in Paul du Gay, Jessica Evans, and Peter Redman, eds., *Identity: A Reader*, Sage, 31-38.

Amsden, Alice H.(1989), *Asia's Next Giant: South Korea and Late Industrialization*, Oxford University Press(이근달 역(1991), 『아시아의 다음 거인』, 시사영어사).

Archer, Margaret S.(1984), *The Constitution of Society: Outline of the Theory of Structuration*, Polity.

_____(1991), *Modernity and Self-Identity. Self and Society in the Late Modern Age*, Polity.

_____(1995), *Realist Social Theory: The Morphogenetic Approach*, Cambridge University Press.

_____(1996), *Culture and Agency: The Place of Culture in Social Theory*, Revised ed., Cambridge University Press.

_____(1998), "Introduction: Realism in the Social Sciences," in Margaret S. Archer et al., eds., *Critical Realism: Essential Readings*, Routledge, 189-205.

_____(2007), *Making Our Way through the World: Human Reflexivity and Social Mobility*, Cambridge University Press.

Baily, M. N., C. Hulten, and D. Campbell(1992), "Productivity Dynamics in Manufacturing Plants," *Brookings Papers on Economic Activity: Microeconomics*, 2, 187-249.

Bertocchi, Graziella and Monica Bozzano(2016), "Women, Medieval Commerce, and the Education Gender Gap," *Journal of Comparative Economics*, 44, 496-521.

Besley, Timothy and Torsten Persson(2011), *Pillars of Prosperity: The Political Economics of Development Clusters*, Princeton University Press.

Bonney, Richard, ed.(1995), *Economic Systems and State Finance*, Clarendon Press.

Bourdieu, Pierre(1997), *Outline of a Theory of Practice*, Cambridge University Press.

Butler, Judith(2006), *Gender Trouble: Feminism and the Subversion of Identity*, Routledge.

Caballero, R. J., T. Hoshi, and A. K. Kashyap(2008), "Zombie Lending and Depressed Restructuring in Japan," *American Economic Review*, 98(5), 1943-1977.

Camelio, J. A.(1960), "How POL is Used in Korea or 'Graft, Corruption, and Political Machinations'," RG 84, Korea, Seoul Embassy, Classified General Records, 1961, Entry CGR 56-63, Box 22, NARA.

Caves, D. W., L. R. Christensen, and W. E. Diewert(1982), "The Economic Theory of Index Numbers and the Measurement of Input, Output, and Productivity," *Econometrica*, 50, 1393-1414.

CEB·UNC-ROK(1958), "Task Order: Petroleum Refinery" (Nov. 26, 1958).

Chaisung, Lim(2007), "The Emergence of Private Coal Mines and DHCC's Management Stabilization in the 1950s," *The Review of Korean Studies*, 10(4), 149-185.

Chang, Ha-Joon, Antonio Andreoni, and Ming Leong Kuan(2013), "International Industrial Policy Experiences and the Lessons for the UK," Working Paper, Centre for Business Research, University of Cambridge.

Cho, Yoon Je(1997), 「韓國の政府介入,レント配分と經濟發展」, 靑木昌彦 外, 『東アジアの經濟發展と政府の役割』, 日本經濟新聞社.

Cohen, Anthony P.(1996), "Personal Nationalism: A Scottish View of Some Rites, Rights, and Wrongs," *American Ethnologist*, 23(4), 802-815.

Comin, D. and M. Gertler(2006), "Medium-Term Business Cycles," *American Economic Review*, 96, 523-551.

D'Andrade, Roy(1992), "Schemas and Motivation," in Roy D'Andrade and Claudia Strauss, eds., *Human Motives and Cultural Models*, Cambridge University Press, 23-44.

de Souza, Denise E.(2014), "Culture, Context and Society - The Underexplored Potential of Critical Realism as a Philosophical Framework for Theory and Practice," *Asian Journal of Social Psychology*, 17(2), 141-151.

Dincecco, Mark(2009), "Fiscal Centralization, Limited Government, and Public Revenues in Europe, 1650-1913," *The Journal of Economic History*, 69(1), 48-103.

_____(2015), "The Rise of Effective States in Europe," *The Journal of Economic History*, 75(3), 901-918.

Duckitt, John(2001), "A Dual-process Cognitive-motivational Theory of Ideology and Prejudice," *Advances in Experimental Social Psychology*, 33, 41-113.

Dwyer, Conelius J.(1956), "Report on the Petroleum Situation in Korea (to C. Tyler Wood, Economic Coordinator, United Nations Command, Seoul, Korea)," ICA, RG 469, Office of the Far Eastern Operations, Korea Division, Entry 478, Box 4, NARA.

Easterlin, Richard A., ed.(1976), *Population and Economic Change in Developing Countries*, Chicago and London: The University of Chicago Press.

Eckert, Carter J.(1991), *Offspring of empire: the Koch'ang Kims and the colonial origins of Korean capitalism, 1876-1954*, University of Washington Press(주익종 역(2008), 『제국의 후예』, 푸른역사).

Eichengreen, Barry(2012), "Government, Business and Finance in Korean Industrial Development,"

International Economic Journal, 26(3), 357-377.

Fearey, R. A.(1964a), "Defense Approves Procurement of POL from Ulsan Refinery under MAP" (Nov. 9, 1964), RG 59, Entry 5315, NND Project No.989581 Lot 66D225, Box 12, NARA.

______(1964b), "Status of Defense Action on Procurement from Ulsan Refinery of POL for Korean Armed Forces" (Oct. 27, 1964), RG 59, Entry 5315, NND Project No.989581 Lot 66D225, Box 12, NARA.

Figlio, David N. and Deborah Fletcher(2012), "Suburbanization, Demographic Change and the Consequences for School Finance," *Journal of Public Economics*, 96(11-12), 1144-1153.

Foster, L., J. Haltiwanger, and C. J. Krizan(2001), "Aggregate Productivity Growth: Lessons from Microeconomic Evidence," in C. R. Hulten et al., eds., *New Contributions to Productivity Analysis*, The University of Chicago Press, 303-372.

Frankema, Ewout and Anne Booth(2020), *Fiscal Capacity and the Colonial States in Asia and Africa, c.1850-1960*, Cambridge University Press.

Fukao, K. and H. U. Kwon(2006), "Why Did Japan's TFP Growth Slow Down in the Lost Decade? An Empirical Analysis Based on Firm-Level Data of Manufacturing Firms," *Japanese Economic Review*, 57, 195-228.

Ganguli, Ina, Ricardo Hausmann, and Martina Viarengo(2014), "Closing the Gender Gap in Education: What is the State of Gaps in Labour Force Participation for Women, Wives and Mothers?," *International Labour Review*, 153(2), 173-208.

Garwood, Edwin C.(1949), "Project Application for the Construction of Three Railroad Extensions in Korea," Nov 10, 1949, RG 469, Division of Korea Program, Subject Files, 1948-51, Box No.73, NARA.

Gelfand, Michele J. et al.(2011), "Differences Between Tight and Loose Cultures: A 33-Nation Study," *Science*, 332(6033), 1100-1104.

Gerschenkron, Alexander(1962), *Economic Backwardness in Historical Perspective*, Harvard University Press.

Giddens, Anthony(1981), *A Contemporary Critique of Historical Materialism*, University of California Press.

Go, Sun and Peter H. Lindert(2010), "The uneven rise of American public schools to 1850," *Journal of Economic History*, 70(1), 1-26.

Go, Sun and Ki-Joo Park(2019), "Universal Public Schooling in Colonial Korea and Taiwan," in David Mitch and Gabriele Cappelli, eds., *Globalization and the Rise of Mass Education*, Palgrave Macmillan, 101-127.

Goldin, Claudia(1990), *Understanding the Gender Gap: An Economic History of American Women*, Oxford University Press.

Goldin, Claudia and Lawrence F. Katz(2010), *The Race between Education and Technology*, Harvard University Press.

Good, D. H., M. I. Nadiri, and R. C. Sickles(1997), "Index Number and Factor Demand Approaches to the Estimation of Productivity," in M. H. Pesaran and P. Schmidt, eds., *Handbook of Applied Econometrics: vol. 2, Microeconomics*, Basil Blackwell, 14-80.

Gross, Neil(2009), "A Pragmatist Theory of Social Mechanisms," *American Sociological Review*, 74(3), 358-379.

Hearn, Jonathan(2007), "National Identity: Banal, Personal and Embedded," *Nations and Nationalism*, 13(4), 657-674.

Hedström, Peter and Richard Swedberg(1998), "Social Mechanisms: An Introductory Essay," in Peter Hedström and Richard Swedberg, eds., *Social Mechanisms: An Analytical Approach to Social Theory*, Cambridge University Press, 1-31.

Hempel, Carl G. and Paul Oppenheim(1948), "Studies in the Logic of Explanation," *Philosophy of Science*, 15(2), 135-175.

Hilsman, Roger(1964), "Petroleum Operating Agreement between the United States and the Republic of Korea," RG 59, Entry 5315, NND Project No.989581 Lot 66D225, Box 12, NARA.

Hirschman, Albert O. and Michael Rothschild(1973), "The Changing Tolerance for Income Inequality in the Course of Economic Development: With a Mathematical Appendix," *The Quarterly Journal of Economics*, 87(4), 544-566.

Hofstede, Geert and Michael Harris Bond(1988), "The Confucius Connection: From Cultural Roots to Economic Growth," *Organizational Dynamics*, 16(4), 5-21.

Holland, Dorothy(1992), "How Cultural Systems Become Desire: A Case Study of American Romance," in Roy D'Andrade and Claudia Strauss eds., *Human Motives and Cultural Models*, Cambridge University Press, 61-89.

Holmes, T. J. and J. A. Schmitz(2010), "Competition and Productivity: A Review of Evidence," *Annual Review of Economics*, 2, 619-642.

Hong, Sung Hyo and Ryan Sullivan(2015), "The Effects of Subsides for Childbearing on Migration and Fertility: Evidence from Korea," *The Singapore Economic Review*, 61(4), 1-16.

Hoover(1964), "Korean Oil Refinery" (Feb. 27, 1964), RG 59, Entry 5315, NND Project No.989581 Lot 66D225, Box 12, NARA.

Horrocks, Ivan(2009), "Applying the Morphogenetic Approach: Outcomes and Issues from a Case Study of

Information Systems Development and Organisational Change in British Local Government," *Journal of Critical Realism*, 8(1), 35-62.

Hui, C. Harry and Harry C. Triandis(1986), "Individualism-Collectivism: A Study of Cross-Cultural Researchers," *Journal of Cross-Cultural Psychology*, 17(2), 225-248.

Hwang, Kwang-Kuo(2012), *Foundations of Chinese Psychology: Confucian Social Relations*, Vol. 1, Springer.

IBRD(1969), *Current Economic Position and Prospects of the Republic of Korea*.

Ignatow, Gabriel(2009), "Culture and Embodied Cognition: Moral Discourses in Internet Support Groups for Overeaters," *Social forces*, 88(2), 643-669.

Ikeuchi, K., Y. G. Kim, H. U. Kwon, and K. Fukao(2021), "Productivity Dynamics in Japan and the Negative Exit Effect," *Contemporary Economic Policy*, 40(1), 204-217.

Ito, Y. and D. Miyakawa(2022), "Performance of Exiting Firms in Japan: An Empirical Analysis Using Exit Mode Data," *IMES Discussion Paper Series*, 2022-E-7.

Ives, Stephen B., Jr.(1962), "Possible Esso Proposal for Refinery in Korea," RG 59, Entry A1 1597E, Box 41, NARA.

_____(1963), "Financing of Crude Oil" (Apr. 10, 1963), RG 59, Entry A1 1597E, Box 47, NARA.

_____(1964), "Conference with Stuart Neson, Gulf Oil" (Feb. 14, 1964), RG 59, Entry 5315, NND Project No.989581 Lot 66D225, Box 12, NARA.

Jarvis, Francis G.(1963), Officer-in-Charge of Economic Affairs, SPA, "Petroleum: Korea," Apr. 11, 1963, RG 59, Entry A1 1597E, Box 47, NARA.

Kanchuger, Robert(1963), Office of the General Counsel, "Proposed Gulf Oil Investment in Korea," Jul. 5, 1963, RG 59, Entry A1 1597E, Box 47, NARA.

Kang, Pyungwon et al.(2013), "Neural Evidence for Individual and Cultural Variability in the Social Comparison Effect," *Journal of Neuroscience*, 33(41), 16200-16208.

Keegan, Warren J.(1984), *Multinational Marketing Management* (3rd ed.), London: Prentice-Hall International, 178-185.

Kelly, Gail P.(1990), "Education and Equality: Comparative Perspectives on the Expansion of Education and Women in the Post-War Period," *International Journal of Educational Development*, 10(2/3), 131-141.

Kim, Dae Young and John E. Sloboda(1981), "Migration and Korean Development," in Robert Repetto et al., *Economic Development, Population Policy, and Demographic Transition in the Republic of Korea*, Harvard University Press, 36-138.

Kim, Eunji(2023), "Entertaining Beliefs in Economic Mobility," *American Journal of Political Science*, 67(1),

39-54.

Klein, Helen Altman et al.(2009), "Cultural Differences in Cognition: Rosetta Phase I," *Psychological Reports* 105(2), 659-674.

Knodel, John(1997), "The Closing of the Gender Gap in Schooling: The Case of Thailand," *Comparative Education*, 33(1), 61-86.

Kohli, Atul(2004), *State-Directed Development: Political Power and Industrialization in the Global Periphery*, Cambridge University Press.

KOSCO and its stockholders(1948), "Korea Oil Storage Company," RG 59, Bureau of Economic Affairs, Office of Economic Defense and Trade Policy, Entry A1 1494D, Box 32, NARA.

Kruglanski, Arie W. et al.(2014), "On Motivational Readiness," *Psychological Review*, 121(3), 367-388.

Krugman, P.(1994), "The Myth of Asia's Miracle," *Foreign Affairs*, 73, 62-78.

Krys, Kuba et al.(2022), "Outside the "Cultural Binary": Understanding Why Latin American Collectivist Societies Foster Independent Selves," *Perspectives on Psychological Science*, 17(4), 1166-1187.

Lane, Nathan(2021), "Manufacturing Revolutions: Industrial Policy and Industrialization in South Korea," Working Paper, ZBW-Leibniz Information Centre for Economics.

Layder, Derek(2006), *Understanding Social Theory*, 2nd ed., Sage.

Le, Elisabeth(2010), *Editorials and the Power of Media: Interweaving of Socio-Cultural Identities*, John Benjamins Publishing Company.

Lee, Chung H.(1990), "Bookreview," *Korean Studies*, 14, 194-195.

_____(2000), "A Note on the Effect of Union Army Pensions on the Labor Force Participation of Older Males in Early-Twentieth-Century America," *Seoul Journal of Economics*, 13(3), 93-105.

Lee, Chung H. and Seiji Naya(1988), "Trade in East Asian Development with Comparative Reference to Southeast Asian Experience," *Economic Development and Cultural Change*, 36(3), Supplement, S123-S152.

Lipietz, Alain(1985), *Mirages et Miracles*, Verso.

Liu, Ernest(2019), "Industrial Policies in Production Networks," *The Quarterly Journal of Economics*, 134(4), 1883-1948.

Lutz, Catherine(1992), "Motivated Models," in Roy D'Andrade and Claudia Strauss eds., *Human Motives and Cultural Models*, Cambridge University Press, 181-196.

MaCurdy, Thomas and Thomas Nechyba(2001), "How Does a Community's Demographic Composition Alter Its Fiscal Burdens?," in Alan J. Auerbach and Ronald D. Lee, eds., *Demographic Change and*

Fiscal Policy, Cambridge: Cambridge University Press, 101-148.

Markus, Hazel R. and Shinobu Kitayama(1991), "Culture and the Self: Implications for Cognition, Emotion, and Motivation," *Psychological Review*, 98, 224-253.

Nehmer, Stanley D.(1963), "Gulf Oil Corporation Interest in Korean Oil Refinery" (Jul. 17, 1963), RG 59, Entry A1 1597E, Box 47, NARA.

Nisbett, Richard(2004), *The Geography of Thought: How Asians and Westerners Think Differently... and Why*, Simon and Schuster.

North, Douglass C.(1981), *Structure and Change in Economic History*, New York: W.W.Norton & Company.

North, Douglass C. and Barry R. Weingast(1989), "Constitutions and Commitment: The Evolution of Institutions Governing Public Choice in Seventeenth-Century England," *The Journal of Economic History*, 49(4), 803-832.

O'Brien, John(2015), "Individualism as a Discursive Strategy of Action: Autonomy, Agency, and Reflexivity Among Religious Americans," *Sociological Theory*, 33(2), 173-199.

Oh, I., A. Heshmati, C. Baek, and J. Lee(2006), "Comparative Analysis of Firm Dynamics by Size: Korean Manufacturing," Ratio Working Papers, 94.

Palais, James B.(1975), *Politics and Policy in Traditional Korea*, Harvard University Press(이훈상 역(1993), 『傳統韓國의 政治와 政策』, 신원문화사).

Park, Bo Kyung(2013), "Culture, Self, and Preference Structure: Transitivity and Context Independence are Violated More by Interdependent People," *Social Cognition*, 31(1), 106-118.

Pessoa, Luiz(2017), "Cognitive-Motivational Interactions: Beyond Boxes-and-Arrows Models of the Mind-Brain," *Motivation Science*, 3(3), 287-303.

Porpora, Douglas V.(2007), "Social Structure," in Mervyn Hartwig, ed., *Dictionary of Critical Realism*, Routledge, 422-425.

_____(2013), "Morphogenesis and Social Change," in Margaret S. Archer, ed., *Social Morphogenesis*, Springer, 25-37.

Porteba, James M.(1998), "Demographic Change, Intergenerational Linkages, and Public Education," *American Economic Review*, 88(2), 315-320.

Rhee, K. H. and H. K. Pyo(2010), "Financial Crisis and Relative Productivity Dynamics in Korea: Evidence from Firm-Level Data (1992-2003)," *Journal of Productivity Analysis*, 34, 111-131.

Rose, Nikolas(1996), "Identity, Genealogy, History," in Stuart Hall and Paul Du Gay, eds., *Questions of Cultural Identity*, Sage, 128-150.

Sarel, Michael(1996), "Growth in East Asia: What We Can and Cannot Infer," IMF Paper 95/98, International Monetary Fund.

Slovic, Paul and Ellen Peters(2006), "Risk Perception and Affect," *Current Directions in Psychological Science*, 15(6), 322-325.

Stinchcombe, Arthur L.(2005), *The Logic of Social Research*, University of Chicago Press.

Strauss, Anselm and Juliet Corbin(1994), "Grounded Theory Methodology: An Overview," in Norman K. Denzin and Yvonna S. Lincoln, eds., *Handbook of Qualitative Research*, Sage, 273-285.

Swidler, Ann(1986), "Culture in Action: Symbols and Strategies," *American Sociological Review*, 51(2), 273-286.

_____(2001), *Talk of Love: How Culture Matters*, University of Chicago Press.

Talhelm, Thomas and Alexander English(2020), "Historically Rice-farming Societies Have Tighter Social Norms in China and Worldwide," *Proceedings of the National Academy of Sciences*, 117(33), 19816-19824.

Talhelm, Thomas et al.(2014), "Large-scale Psychological Differences within China Explained by Rice versus Wheat Agriculture," *Science*, 344(6184), 603-608.

_____(2022), "How Rice Fights Pandemics: Nature-Crop-Human Interactions Shaped COVID-19 Outcomes," *Personality and Social Psychology Bulletin*, 01461672221107209.

Telegram from McConaughy to Secretary of State(1960a), No.740 (Dec. 23, 1960), RG 469, Entry 478, Box 4, NARA.

_____(1960b), No.783 (Mar. 30, 1960), RG 469, Entry 478, Box 4, NARA.

The Ambassador, Amembassy Seoul(1960), "Department's Telegram 719, 'An Oil Refinery for Korea'," RG 469, Office of the Far Eastern Operations, Korea Division, Entry 478, Box 4, NARA.

Thomson, Robert et al.(2018), "Relational Mobility Predicts Social Behaviors in 39 Countries and is Tied to Historical Farming and Threat," *Proceedings of the National Academy of Sciences*, 115(29), 7521-7526.

Todaro, Michael P.(1976), "International Migration in Developing Countries: A Survey," in Richard A. Easterlin, ed., *Population and Economic Change in Developing Countries*, Chicago and London: The University of Chicago Press, 361-402.

Trannhauser, J. U.(1960), "Report on visit by Mr. Ryun Namkoong," Jun. 28, 1960, RG 469, Entry 478, Box No.4, NARA.

Triandis, Harry(1995), *Individualism and Collectivism*, Westview Press.

U.S. House of Representatives, Subcommittee on International Organizations(1978), *Investigation of*

Korean-American Relations: Report, U.S. Govt. Print. Off., 234, 242.
VanDusen, W.(1962), "Status of Proposed Korean Petroleum Refinery," RG 59, Entry A1 1597E, Box 41, NARA.
Wade, Robert(1990), *Governing the Market*, Princeton University Press.
Wang, Yuhua(2022), *The Rise and Fall of Imperial China: The Social Origins of State Development*, Princeton University Press.
Westphal, Larry E.(1990), "Industrial Policy in an Export-Propelled Economy: Lessons from South Korea's Experience," *Journal of Economic Perspective*, 4(3), 41-59.
Whashin Industrial Co., Inc.(1961), *The Petroleum Refinery Project* (Dec. 20, 1961), RG 84, Korea, Seoul Embassy, Classified General Records, Entry CGR 56-63, Box 30, NARA.
Whyte, Martin(2010), *Myth of the Social Volcano*, Stanford University Press.
Wimmer, Andreas and Nina Glick Schiller(2002), "Methodological Nationalism and Beyond: Nation-State Building, Migration and the Social Sciences," *Global Networks*, 2(4), 301-334.
World Bank(1987a), *KOREA Managing the Industrial Transition*, Vol. I.
_____(1987b), *KOREA Managing the Industrial Transition*, Vol. II.
_____(1993), *East Asian Miracle*, Oxford University Press.
Yuki, Masaki and Kosuke Takemura(2014), "Intergroup Comparison and Intragroup Relationships: Group Processes in the Cultures of Individualism and Collectivism," in Masaki Yuki and Marilynn Brewer, eds., *Culture and Group Processes*, Oxford University Press, 38-65.
Yun-Casalilla, Bartolomé et al., eds.(2012), *The Rise of Fiscal States*, Cambridge University Press.
Zajonc, Robert B.(1980), "Feeling and Thinking: Preferences Need No Inferences," *American Psychologist*, 35(2), 151-175.
Zhang, Taisu(2023), *The Ideological Foundations of Qing Taxation: Belief Systems, Politics, and Institutions*, Cambridge University Press.

[ㄱ]

[ㄴ]

[ㄷ]

[ㄹ]

[ㅇ]

[ㅈ]

[ㅊ]

[ㅌ]

[ㅍ]

초출 일람

이 책의 각 장에 수록된 글은 각각 아래와 같이 전문 학술지에 게재된 바 있다. 단행본으로 출판하는 과정에서 분량을 축소하거나 오탈자를 교정하는 등의 수정을 가하였음을 밝힌다.

제1장: 김재호(2023), 「재정능력 함정으로부터의 탈출, 1800-2000」, 『경제사학』 83, 233-290.

제2장: 김재호(2022), 「재정투융자와 국가에 의한 자본형성, 1913-1988」, 『경제사학』 79, 207-262.

제3장: 이명휘(2022), 「제2차 세계대전기 조선의 주식시장과 조선증권취인소」, 『경제사학』 80, 509-556.

제4장: 박기주(2022), 「1970년대 중화학공업 육성정책에 대한 평가: '기업경영 분석' 자료를 중심으로」, 『경제사학』 79, 299-335.

제5장: 배석만(2023), 「경제개발기 국가와 기업: 삼성의 조선업 참여 과정」, 『韓國史學報』 91, 321-347.

제8장: 권혁욱(2025), 「아시아 금융위기 이후 한국경제 TFP 상승률의 변화: 기업 데이터를 이용한 분석」, 『시장경제연구』 54(1), 95-119.

제9장: 김지영 · 고선(2023), 「한국 여성 초중등교육의 확대, 1960-1990」,

『경제사학』 81, 61-88.

제10장: 이철희·황영지(2022), 「한국의 지역 간 인구 불균형 확대의 인구학적 요인 분석」, 『한국인구학』 45(2), 105-135.

제11장: 임동균(2022), 「인지-동기 모델을 활용한 한국경제 발전 과정의 미시적 토대 분석」, 『담론201』 25(3), 103-133.

편자 및 저자

편자

조영준 – 서울대학교 경제학부 교수
한국경제와 K학술확산 연구센터(KEKA) 소장

저자(가나다순)

고　선 – 중앙대학교 경제학부 교수

권혁욱 – 日本大学 경제학부 교수

김재호 – 전남대학교 경제학부 교수

김지영 – 인천대학교 동북아국제통상물류학부 교수

박기주 – 성신여자대학교 경제학과 교수

배석만 – KAIST 인문사회과학연구소 연구교수

유동우 – 울산대학교 경영경제융합학부 교수

이명휘 – 이화여자대학교 경제학과 교수

이철희 – 서울대학교 경제학부 교수

임동균 – 서울대학교 사회학과 교수

임채성 – 立教大学 경제학부 교수

한길수 – Monash Univ. 미디어·영화·저널리즘학부 교수

황영지 – 서울대학교 국가미래전략원 연구원